충북대학교 법학전문대학원 총서 ⑲

가족법강의 I

-친족법-

정 현 수 저

진 원 사

이 책은 충북대학교 법학전문대학원 법학연구소의
지원에 의하여 출판되었음

머 리 말

그동안 법학부와 법학전문대학원에서 강의를 위해 조금씩 정리해 두었던 내용을 보완해서 한 권의 교재를 출간하게 되었다. 이번의 출간은 학내에서 가족법 강의를 담당하고 있는 필자의 최소한의 자기 책임을 다하고자 하는 의무감에서이기도 하지만, 지난해 대폭적으로 개정된 개정가족법이 2013년 7월 1일부터 시행됨에 따라 2학기 강의부터는 그 내용을 학생들에게 전달해 줄 필요가 있기 때문이다.

하지만 이번에 발간하는 책은 아직은 너무나도 빈약한 내용이자 미완성이라고 할 수 있다. 원래의 계획은 친족법과 상속법을 모두 정리한 내용으로 출간하려 하였지만, 필자의 게으름의 소치와 능력의 한계로 그 일부만을 대상으로 하였다. 즉, 본서는 가족법강의Ⅰ로서 그 내용에서 친족법을 주된 대상으로 한다. 상속법에 관하여는 가족법강의Ⅱ로 하여 본서의 출판 후 집필을 계속할 예정이다.

본서는 학생들이 기본적인 가족관련 내용을 습득하고, 또한 이를 바탕으로 다소나마 수험대비에 도움이 될 수 있도록 하는데 집필의 목적을 두고 있다. 따라서 본서의 기본 편제나 내용은 기존에 출판된 역저와 크게 다를 바 없으며, 그 내용 또한 간결하게 요점만을 정리하는 것으로 하였다. 이러한 점에서 보면 독창적인 내용이 거의 없는 기존 역작의 모방이라고 밖에 할 수 없으므로 편저라고 하는 것이 타당할지도 모르겠다. 아무쪼록 본서가 학생들의 가족법에 대한 체계적 이해와 실력향상에 다소나마 도움이 될 수 있다면 다행으로 생각하겠다.

끝으로 출판 사정이 어려움에도 불구하고 본서가 햇빛을 볼 수 있도록 출간에 관심을 가지고 지원을 하여 주신 진원사의 양진수 사장님 이하 직원분들께 진심어린 감사를 드린다.

2013년 6월 26일
개신골 연구실에서
정 현 수

참고문헌

권순한, 친족 · 상속법(제3판), 도서출판 fides, 2011.

김용한, 친족상속법(보정판), 박영사, 2003.

김상용, 가족법연구Ⅱ, 법문사, 2006.

김주수 · 김상용, 친족 · 상속법(제10판), 법문사, 2011.

박동섭, 친족상속법(3정판), 박영사, 2009.

박동섭, 주석 가사소송법(3정판), 박영사, 2004.

배경숙 · 최금숙, 친족상속법강의, 제일법규, 2006.

송덕수, 신민법강의(제6판), 박영사, 2013.

양형우, 민법의 세계(제5판), 진원사, 2013.

이경희, 가족법, 법원사, 2008.

이영준, 민법총칙, 박영사, 2007.

이은영, 민법Ⅱ(제4판), 박영사, 2005.

이희배, 가족법학론집, 동림사, 2001.

정광현, 신친족상속법요론, 1962.

지원림, 민법강의(제6판), 홍문사, 2008.

한봉희, 가족법(개정판), 푸른세상, 2007.

大村敦志, 家族法, 有斐閣, 2004.

법원공무원교육원, 「가족관계등록실무」, 2008.

법원행정처, 법원실무제요-가사-, 1994.

목 차

제1장 家族法 총설 / 11

제2장 親族關係 / 37

제3장 婚姻法 / 57

제4장 離婚法 / 129

제5장 父母와 子 / 193

제6장 親權과 後見 / 273

제7장 扶 養 / 349

가족법강의 I

제1장 家族法 총설

제1절 家族法의 의의와 특성

1. 가족법의 의의

인간은 필연적으로 사회적 공동생활을 하게 되는데, 이러한 사회공동생활에서의 사람과 사람의 결합관계는 부부 · 친자 등과 같은 소위 가족적(친족적 · 신분적)인 생활관계와 재화의 매도인과 매수인, 고용주와 피고용인, 물건이나 금전의 대주(貸主)와 차주(借主) 등과 같은 재산적인 생활관계로 구분할 수 있다. 민법에서는 전자인 친족관계를 규율하는 법률을 가족법(친족법 · 신분법)이라고 하고, 후자인 재산관계를 규율하는 법률을 재산법이라고 한다.

위와 같이 가족법은 민법 중 가족관계, 즉 혼인과 친족 등 가족의 생활관계를 규율하는 법률이다. 가족적 공동생활관계의 질서를 유지하기 위해서는 국가적·사회적 차원에서의 각종 통제를 필요로 하게 된다. 이러한 친족관계의 발생이나 소멸의 여부를 확정하고 그에 의하여 발생하는 권리 · 의무를 규율하는 법이 가족법이라고 할 수 있다.

한편, 우리나라에서 가족법(Family Law)이란 용어는 친족법과 상속법을 합하여 사용하고 있는 것이 일반적이다. 그러나 친족법과 상속법은 각각의 특성면에서 많은 차이점을 가지고 있다. 친족법은 부부 · 친자를 중심으로 하는 혼인관계, 친자관계, 친족관계 등 기본적 신분관계를 대상으로 하면서, 재산법과는 다른 친족법 자체의 독자적인 법원리에 의해 규율되고 있다. 반면에 상속법은 사람의 사후에 발생하는 소유권의 취득, 채권 · 채무의 청산 등 재산법적 내용이 중심이 되고 있다. 따라서 상속법이 일정한 친족관계가 있는 사람들 사이에서의 재산의 이전에 관하여 규율하고 있는 점에서 친족법과 관련이 없지는 않지만, 친족법과 상속법을 합하여 가족법이라고 부르는 태도는 타당하지 않을 것이다.[1)]

---

1) 권순한, 친족 · 상속법, 3면; 한봉희, 가족법, 15면.

2. 가족법의 특성

우리의 사적인 법률관계는 재산관계와 가족관계로 구분되는데, 재산관계는 인위적·타산적·합리적인 관계에 있는 반면, 가족관계는 비합리적(비타산적) 관계 즉, 자연적·협동적·맹목적인 관계에 있다고 한다. 따라서 이러한 차이는 당연히 이것을 규율하는 법의 성격에서도 다를 수밖에 없는데, 재산법과 비교하여 가족법(친족법)에서 강하게 나타나고 있는 특색을 살펴보면 다음과 같다.

(1) 보 수 성

가족법의 영역에서는 사회의 전통적 관습이나 습속 등의 전통적인 힘이 재산법의 영역에서 보다 더 강하게 작용하여 왔다. 따라서 가족법에서는 일반적으로 보수적인 경향과 민족적인 색채가 널리 인정된다. 이러한 점에서 재산법이 거래의 필요에 따라 변하는 진보성을 가지며, 또한 민족이나 국가를 넘어 세계적으로 보편화되고 있는 경향을 보이고 있는 것과는 다르다.

판 례 사회의 거듭된 관행으로 생성한 어떤 사회생활규범이 법적 규범으로 승인되기에 이르렀다고 하기 위하여는 그 사회생활규범은 헌법을 최상위 규범으로 하는 전체 법질서에 반하지 아니하는 것으로서 정당성과 합리성이 있다고 인정될 수 있는 것이어야 하고, 그렇지 아니한 사회생활규범은 비록 그것이 사회의 거듭된 관행으로 생성된 것이라고 할지라도 이를 법적 규범으로 삼아 관습법으로서의 효력을 인정할 수 없다(대판 2003. 7. 24, 2001다48781).

(2) 윤 리 성

가족법에서는 부부・친자・형제자매와 같은 전인격적이며 필연적・본질적인 결합이 있기 때문에 윤리성이 작용하고 있다. 이로 인하여 가족법에는 공리사상보다 인륜에 입각한 정의・선악 등과 같은 윤리관에 의해 지배되는 영역이 재산법에 비하여 훨씬 많다.

(3) 강행법규성

가족법에는 관습적・보수적인 요소나 윤리적인 요소가 다분히 포함되고 있으며, 또한 부부·친자를 근간으로 하는 가족관계는 당사자 사이의 이해에 관한 일들뿐만 아니라 사회적인 의미를 갖고 선량한 풍속과 공공의 질서에도 관계가 있는 사항들이 있기 때문에, 가족법규정의 대부분은 강행법규적인 성격을 갖는다. 즉, 재산법 특히 계약법은 대부분 임의법규인데 비하여, 가족법은 이미 사회적으로 형성·승인된 가족관계의 유지를 목적으로 하므로 대체적으로 강행법규이다.

따라서 가족법에는 계약자유의 원칙이 적용되지 않으므로, 개인이 가족법의 적용을 계약 등에 의하여 배제한다든지, 신분관계의 유형이나 내용을 임의로 정하는 것(예컨대, 공동생활을 하지 않는 정신적인 관계만 유지하는 혼인을 약정하는 것) 등은 허용되지 않는다. 다만, 예외적으로 부부재산계약(제829조)이나 상속의 승인·포기(제1019조) 등과 같이 재산적 성질이 짙은 사항에 대하여는 당사자의 의사에 따른 사적자치를 인정한다.[2)]

이상과 같은 가족법의 특성들은 현대에 와서 헌법상의 남녀평등 및 기본권 보장의 제원리와 가족에 관계되는 국제조약의 내용에 합치되어야 하기 때문에 상당히 퇴색되어 가는 경향이다.

제2절 家族法上 法律行爲

1. 가족법상의 권리

(1) 가족권의 의의

가족권(신분권)이란 부모와 자녀, 배우자 등 일정한 친족 상호간에 인정되는 지위와 그 지위로부터 나오는 권리를 말한다(즉, 배우자로서의 권리, 친권, 부양청구권, 상속권 등).

---

2) 가족법(친족법) 규정이 원칙적으로 강행법규라고 하여 그 전분야에 걸쳐 사적자치가 허용되지 않는 영역이라고 해서는 안 될 것이다. 친족법 분야에서도 혼인의 자유·입양의 자유처럼 사적자치가 허용되어 있으며, 다만 제3자에게 미치는 영향을 고려하여 일정한 방식으로 하도록 하는 등의 제약이 따르고 있을 뿐이다(송덕수, 신민법강의, 1754면(E-2)).

(2) 가족권의 특성

1) 일신전속적 권리·의무

가족권은 일신전속적인 권리인 동시에 의무적인 성질이 강하다. 따라서 가족권은 권리자 스스로 행사하는 것이 원칙이므로 대리를 허용하지 않는다. 또한 가족권은 권리의 일신전속성으로 인하여 임의로 이를 양도하거나 처분을 할 수 없다(귀속상의 일신전속권). 예컨대, 부부간의 동거의 권리, 부양청구권(제979조) 등은 양도할 수 없다.

2) 배타적 권리

가족권은 일정한 신분을 가진 사람만이 행사할 수 있는 배타적 권리이므로, 가족권이 침해된 경우에는 방해배제청구나 손해배상청구가 인정된다.

2. 가족행위의 종류

가족법상의 법률행위는 가족관계(또는 신분관계)에 관한 법률효과를 발생하게 하는 법률행위로서(법률요건) 재산법상의 일반적 법률행위와는 차이가 많다.

(1) 형성적 가족행위

형성적 가족행위는 직접적으로 가족관계의 발생·변경·소멸을 가져오는 법률행위이다. 혼인, 협의이혼, 입양, 협의파양, 인지 등과 같은 형성적 가족행위는 모두 요식행위이며 가족관계등록신고를 필요로 한다.

(2) 지배적 가족행위

지배적 가족행위는 특정한 친족법상의 지위에 기하여 타인의 신상에 친족법적인 영향을 미치게 하는 행위이다. 예컨대, 친권의 행사, 후견인과 후견감독인의 동의 등이 여기에 해당한다.

(3) 부수적 가족행위

부수적 가족행위는 형성적 가족행위나 그밖의 사실에 의하여 발생된 가족관계에 부수되어 행해지는 행위이다. 예컨대, 부부재산계약(제829조), 협의이혼에 부수하는 재산분할계약(제839조의 2), 상속의 한정승인이나 포기(제1028조, 제1041조) 등이 여기에 해당한다.

3. 가족행위의 특성

(1) 가족행위의 요식성

가족관계의 변동은 당사자뿐만 아니라 가족관계에 기한 재산관계나 제3자에게도 큰 영향을 미치므로, 가족관계의 내용이나 그 변동을 공시할 필요성이 크다. 따라서 가족관계의 공시를 위해 일정한 신고를 하도록 하여 일종의 요식행위로 규정하는 것이 많다.

(2) 방식의 내용

1) 「가족관계의 등록 등에 관한 법률」에 의한 신고

혼인(제812조, 제814조)·협의이혼(제836조)·입양(제878조)·협의상 파양(제904조에 의한 제878조의 준용)·임의인지(제859조)는 가족관계등록법이 정한 바에 의하여 신고하여야 한다. 특히, 당사자의 합의에 의한 가족행위는 창설적 신고를 원칙으로 한다.

2) 가정법원에의 신고

상속의 한정승인이나 포기(제1019조, 제1030조, 제1041조)는 법률이 정한 기간 내(제1019조 제1항)에 가정법원에 신고하지 않으면 효력이 생기지 않는다. 다만, 단순승인은 별도의 신고가 없이도 이루어질 수 있다(제1026조, 법정단순승인제도).

3) 유 언

유언의 경우 유언자의 의사를 명확히 확정하고 유언자의 사후에 분쟁이 발생하는 것을 방지하기 위하여 민법에서 정한 엄격한 방식에 의하도록 하고 있다(제1060조).

(3) 가족행위의 요식성의 완화

가족행위의 요식성은 제3자에게 공시하기 위한 것이므로, 제3자에 대하여 영향을 미치지 않는 한 이를 완화하여 해석할 필요가 있다.

1) 무효행위의 전환에 의한 요식성의 완화

① 부(父)가 혼인외의 자에 대하여 혼인중의 자로 친생자출생신고를 한 경우, 인지의 효력을 인정한다(가족관계등록법 제57조). 또한 허위친생자출생신고에 대하여 입양의 실질적 요건을 갖춘 경우 입양의 효력을 인정한다(대판 1977. 7. 26, 77다492).

② 비밀증서 유언이 무효인 경우 자필증서 유언의 요건을 갖춘 때에는 자필증서에 의한 유언으로 인정한다(제1071조).

2) 국제사법에 의한 경우

외국에서 외국의 방식(거행지법)으로 혼인하더라도 혼인이 성립한다(국제사법 제36조).

(4) 가족행위의 요식성은 제3자에 대한 가족관계의 공시를 목적으로 하므로, 그렇지 않은 행위의 경우에는 방식을 요하지 않는다. 즉, 가족행위 중 동의행위는 원칙적으로 불요식이다. 예컨대, 미성년자가 혼인하는 때에 부모나 미성년후견인의 동의를 요하는 경우와 같이 가족행위에 대한 동의는 요식행위가 아니다.

4. 가족법과 민법총칙의 관계

우리 민법은 독일민법식 판덱텐체계(Pandektensystem)에 따라 민법의 일반원칙을 규정하고 있는 총칙 편을 두고 있다. 따라서 형식적으로만 보면, 민법전의 편제상 제1편의 총칙은 가족법(친족 · 상속)에도 통칙적으로 효력을 갖는다고 할 수 있다. 그러나 민법총칙은 실질적으로 재산법에 관한 일반원칙을 규정하고 있기 때문에 가족법(특히, 친족법)의 총칙이라고는 볼 수 없는 규정이 대부분이다.[3] 가족법은 재산법과는 다른 독자적인 특성이나 법원리를 가지고 있기 때문이다. 따라서 민법총칙의 내용이 가족법에 적용되는지의 여부는 가족법상 규정하고 있는 각종의 법률행위의 취지와 성질을 고려하여 개별적으로 판단하여야 할 것이다. 이러한 점을 명확히 하기 위하여 총칙편의 각 규정을 간략히 검토한다.

(1) 가족법에도 적용되는 민법총칙 규정

1) 법원과 신의칙

법원(法源), 신의성실의 원칙 및 권리남용금지의 원칙(제1조, 제2조)에 관한 내용은 민법 전체를 지배하는 통칙적 규정으로서 가족법에 모두 적용된다.

> 판례 판례는 중혼남편의 이복동생이 중혼성립 후 10여년 후 중혼취소청구를 한 사안에서, 중혼당사자는 이미 사망한 후이고 아무런 이해관계 없는 원고의 취소청구는 권리남용이 된다고 한다(대판 1993. 8. 24, 92므907)

> 판례 인지청구권은 본인의 일신전속적인 신분관계상의 권리로서 포기할 수도 없으며 포기하였더라도 그 효력이 발생할 수 없는 것이고, 이와 같이 인지청구권의포기가 허용되지 않는 이상 거기에 실효의 법리가 적용될 여지도 없다. 인지청구권의 행사가 상속재산에 대한 이해관계에서 비롯되었다 하더라도 정당한 신분관계를 확정하기 위해서라면 신의칙에 반하는 것이라 하여 막을 수 없다(대판 2001. 11. 27, 2001므1353).

2) 권리능력

자연인의 권리능력(제3조)에 관한 규정은 가족법에도 원칙적으로 적용되지만, 태아에 관하여는 상속과 유증을 받을 권리(제1000조 제3항, 제1064조), 인지를 받을 권리(제858조)를 예외적으로 인정한다. 우리 민법은 태아에 대하여는 개별적 보호주의를 채택하고 있기 때문이다.

3) 주소(제18조~제21조), 부재와 실종(제22조~제30조)

이러한 규정은 기술적(技術的) 규정이므로 가족법에도 적용된다. 상속의 개

3) 권순한, 친족 · 상속법, 7면; 김주수 · 김상용, 친족 · 상속법, 18면; 이경희, 가족법, 8면; 한봉희, 가족법, 19면.

시장소는 피상속인의 주소지가 되는데(제998조), 이 주소는 총칙상의 주소(제18조~제21조)를 의미한다. 그리고 부재자의 재산관리에 관한 규정은 미성년자의 재산관리인 등에 준용된다.

4) 물 건

물건에 관한 규정(제98조~제102조)도 기술적 규정이므로 가족법에 그대로 적용된다.

5) 반사회질서의 법률행위

반사회질서의 법률행위(제103조)에 관한 규정은 가족법에도 적용된다. 즉, 중혼금지규정, 근친혼금지규정 등은 제103조를 구체화한 것이다. 불공정한 법률행위(제104조)에 관한 규정이 가족행위에도 적용될 수 있을 것인가는 제103조와 제104조의 관계를 어떻게 보는가에 따라 다르게 해석될 수 있지만, 예컨대 혼인당사자가 경솔·무경험으로 인하여 혼인한 경우에 이를 무효로 한다는 것은 사회질서를 문란케 할 염려가 있으므로 제104조는 가족행위에 적용되지 않는다고 보는 것이 타당할 것이다.

6) 무효행위의 전환

무효행위의 전환에 관한 규정(제138조)은 실질적으로 요건의 구비가 전제되면 가족행위에도 적용된다. 가족법에서는 무효행위의 요식행위로의 전환을 인정한다. 즉, 부가 혼인외의 출생자를 친생자로 출생신고한 경우 인지의 효력을 인정하며(가족관계등록법 제57조), 허위친생자출생신고에 입양의 실질적 요건을 갖춘 경우 입양의 효력을 인정한다(대판 1977. 7. 26, 77다492).

7) 기 간

기간에 관한 규정(제155조~제161조)에 관한 규정은 가족법에도 원칙적으로 적용된다. 다만, 여기에는 중대한 예외가 있는데 즉, 기간계산의 기산일이 총칙편에서는 초일불산입원칙(제157조)에 따라 다음날(翌日)부터 계산하는 데 반하여, 가족법은 당일부터 계산한다(제158조).

(2) 가족법에는 적용되지 않는 민법총칙규정

1) 행위능력

① 원 칙

행위능력에 관한 규정은 재산법상의 행위능력규정으로서 가족법에는 원칙적으로 적용되지 않는다. 가족법상의 법률행위는 별도의 규정이 없는 한 의사능력을 기준으로 하며,[4] 제한능력자의 가족행위에 대하여는 별도의 규정을 두고 있다.

② 개별적 검토

가. 피한정후견인: 피한정후견인은 원칙적으로 완전한 행위능력을 가진다.

나. 미성년자: 미성년자가 자신의 子에 대하여 인지를 하는 경우 의사능력이 있으면 단독으로 인지할 수 있다. 그리고 미성년자는 만 17세가 되면 의사능력이 있는 한 단독으로 유언을 할 수 있다.

다. 피성년후견인: 피성년후견인이 인지하는 경우에는 성년후견인의 동의를 요한다(제856조). 또한 피성년후견인은 의사능력이 있는 경우 부모나 성년후견인의 동의를 얻어 완전한 법률행위를 할 수 있다(예컨대, 약혼, 혼인, 이혼, 입양, 파양 등). 다만 피성년후견인이 유언하는 데는 성년후견인의 동의를 요하지 않는다(제1063조).

③ 기 타

가. 부부재산계약: 부부재산계약은 혼인에 종된 계약이라는 점에서 의사능력만 있으면 된다고 보는 견해[5]와 재산법적 신분행위에 해당한다는 이유로 행위능력을 요한다는 견해[6]가 대립한다.

나. 상속의 승인 · 포기: 상속의 승인 · 포기와 같은 상속법상의 행위에는 행위능력이 필요하다고 본다. 즉, 미성년자나 피한정후견인이 상속의 승인 ·

---

4) 권순한, 친족 · 상속법, 9면; 김주수 · 김상용, 친족 · 상속법, 19면; 박동섭, 친족상속법, 11면.
5) 김용한, 친족상속법, 135면; 김주수 · 김상용, 친족 · 상속법, 136면; 이경희, 가족법, 91면.
6) 박동섭, 친족상속법, 12면; 양형우, 민법의 세계, 1683면; 이은영, 민법 Ⅱ, 570면.

포기를 하는 경우에는 법정대리인의 동의를 얻던지 또는 법정대리인이 대행하여야 한다(제5조, 제10조, 제911조, 제916조, 제949조).

다. 지배적 가족행위: 지배적 가족행위의 경우에는 행위능력이 요구된다. 예컨대, 미성년자는 친권행사자가 될 수 없고(제911조, 제948조), 제한능력자는 후견인이 될 수 없다(제937조).

2) 법 인

법인은 가족법상 권리나 의무의 주체가 될 수 없으므로, 법인에 관한 규정은 가족법에 적용되지 않는다. 따라서 법인은 상속인이 되지 못하지만, 유증(포괄유증)을 받을 수는 있다. 또한 법인은 미성년후견인이 될 수 없지만, 성년・한정・특정후견인이나 후견감독인이 될 수 있다(제930조 제3항, 제940조의 7, 제959조의 3 제2항, 제959조의 5 제2항, 제959조의 9 제2항, 제959조의 10 제2항).

3) 의사표시

의사표시에 관한 제107조 이하의 규정은 가족법에 적용될 수 없는 것이 원칙이다.

① 비진의표시, 통정허위표시: 비진의표시(제107조)나 통정허위표시(제108조)에 관한 규정은 당사자의 의사를 우선으로 하는 가족법에는 적용되지 않는다. 가족법이 실질적 의사를 중시하는 점이나 특별규정(제815조 1호, 제883조 1호)을 두고 있는 점에서 비진의표시나 통정허위표시는 항상 무효이고, 선의의 제3자에게도 대항할 수 있다.

한편, 재산관계와 밀접한 관계가 있는 신분행위 예컨대, '상속재산분할의 협의'(제1013조), '재산상속의 포기'(제1041조) 등에 관하여는 민법 제108조가 적용된다(다수설).

② 착 오: 착오(제109조)에 관하여도 무효가 원칙이기 때문에 가족법에는 적용이 없다(착오를 이유로 하는 인지의 취소에 관한 제861조의 특별규정이 있음). 따라서 중대한 과실이 있는 자도 그 무효를 주장할 수 있고, 선의의 제3자에게도 무효를 주장할 수 있다.

③ 사기·강박: 사기・강박에 관한 규정(제110조)은 민법총칙의 규정이 아니

라 가족법의 특별규정(제816조 3호의 혼인취소, 제838조의 이혼취소, 제884조 3호의 입양취소, 제861조의 인지취소)이 적용되어 취소할 수 있다. 즉, 가족법에 취소의 방법과 취소기간, 취소의 효과 등을 별도로 규정한다.

【참 고】 가족행위의 취소의 특징
재산행위와는 달리 가족행위의 취소에는 원칙적으로 소급효가 인정되지 않는다(제824조, 제897조). 소급효를 인정하는 경우에는 취소 전의 출생자의 보호, 선의의 제3자보호 등의 문제가 발생하기 때문이다. 그리고 가족행위의 취소의 효과는 누구에게나 대항할 수 있을 뿐만 아니라 취소방법은 재판절차에 의하여야 한다(제816조, 제838조, 제884조 등).

4) 대 리

가족행위는 대리(제114조~제136조)와 친하지 않으므로, 원칙적으로 대리가 허용되지 않는다. 다만, 예외적으로 대리규정이 유추적용되는 경우가 있다. 예컨대, 부부의 일상가사대리에 있어서 제126조가 유추적용되는 경우(대판 1987. 11. 10, 87다카1235), 대락입양(제869조 제2항, 제908조의 2 제1항 5호) 등이 있다.

5) 무효행위의 전환과 추인

① 의사표시에 관한 규정은 가족법에 적용되지 않지만, 무효행위의 전환에 관한 규정(제138조)은 실질적으로 요건의 구비가 전제되면 가족행위에도 적용된다. 예컨대, 혼외자를 혼인중의 자로 출생신고한 것에 인지신고로서의 효력을 인정하는 경우(가족관계등록법 제57조) 등이다.

> 판 례 당사자 사이에 양친자 관계를 창설하려는 명백한 의사가 있고 기타 입양의 성립요건이 모두 구비된 경우에는 요식성을 갖춘 입양신고 대신 친생자출생신고가 있다 하더라도 입양의 효력이 있다(대판 1977. 7. 26, 77다492).

② 무효행위의 추인규정(제139조)은 가족법에서도 인정하는 것이 통설이다. 민법총칙에서는 원칙적으로 무효행위의 추인을 인정하지 않으며 다만 무효임을 알고 추인한 경우 새로운 법률행위로만 인정한다(제139조, 즉 비소급적 유효). 민법총칙과 달리 가족법상의 추인의 경우, 학설과 판례는 무효행위의 추인에 관한 제139조는 신분법에는 적용될 수 없다고 하면서 무효인 신분행위의 추

인을 인정할 뿐만 아니라 소급적 추인을 인정한다.[7] 즉, 무효인 혼인(예컨대, 가장혼인)을 추인하는 경우, 추인 시점부터가 아니라 소급하여 혼인 당초부터 유효한 혼인이 된다.

6) 조건과 기한

가족법상의 법률행위는 조건이나 기한과 친하지 않으므로, 조건·기한(제147조~제154조)은 가족법에 적용되지 않는 것이 원칙이다. 혼인·이혼·입양 등의 가족행위는 신속한 효과의 발생을 요하지만, 조건은 행위의 효력발생·소멸을 불확정하게 하고, 기한은 효과의 발생을 장래로 미루기 때문이다. 다만, 가족행위 중 약혼이나 유언은 사회질서에 어긋나지 않는 범위 내에서 조건·기한을 붙일 수 있다(제1073조 제2항, 제1089조 제2항).

7) 소멸시효

소멸시효에 관한 규정(제162조~제184조)은 가족법상의 권리에는 적용되지 않는 것이 원칙이다. 신분권의 소멸에 관한 기간은 대부분 제척기간이며,[8] 더욱이 소멸시효는 채권 등의 재산권에 관하여만 인정되는 것이기 때문이다. 예컨대, 사실상 별거가 오래 지속되더라도 그것만으로는 이혼이 되지 않는다.

다만, 부부간의 권리(제180조 제2항)와 상속재산에 관한 권리의 소멸(제181조)에 대한 총칙편의 시효규정은 가족법에도 적용되지만, 이것은 본래 신분관계를 기초로 한 재산권의 소멸시효규정이며, 가족법상의 권리의 시효규정은 아니라고 본다.[9]

---

7) 김용한, 친족상속법, 23면; 김주수·김상용, 친족·상속법, 21면; 박동섭, 친족상속법, 10면; 대판 1991. 12. 27, 91므30.

8) 한편, 유류분반환청구권에 있어서(제1117조) 사실을 안 날부터 1년은 소멸시효기간이지만, 상속개시시부터 10년의 기간에 대하여 학설은 제척기간으로 보는 것이 다수설이며, 판례는 10년의 기간도 소멸시효기간으로 본다(대판 1993. 4. 13, 92다3595).

9) 김주수·김상용, 친족·상속법, 21면.

제3절 家族法의 法源

1. 서 언

가족법의 중요한 법원은 민법 제4편 친족과 제5편 상속규정이다. 민법의 친족·상속편은 가족관계 법률의 중심이 되고 있기 때문에 이를 일반적으로 형식적 의미에서의 가족법이라고 한다. 또한 가족관계를 정하는 법규는 가족법 이외의 민법 중 총칙편의 미성년·성년후견·한정후견·특정후견 규정(제4조~제14조의 2)이나 실종선고에 관한 규정(제27조~제29조), 그리고 채권에서의 생명침해에 대한 위자료청구권(제752조) 같은 규정도 있다. 이 외에도 가족에 관련된 법률로서는 가족관계의 등록 등에 관한 법률, 가사소송법, 혼인신고특례법, 국적법, 입양특례법, 비송사건절차법 등이 있다. 이러한 법률들은 전체로서의 가족법을 형성하고 있는데, 이것을 실질적 의미에서의 가족법이라고 한다.

2. 가족관계의 등록 등에 관한 법률

(1) 의 의

가족관계등록법은 사람의 출생부터 사망까지의 신분관계를 공적으로 기록하고 이를 공시하기 위하여 가족관계등록부의 작성 등을 규율하기 위한 법이다. 이 법은 종전의 호주제도의 폐지에 관한 개정 민법의 시행(2008. 1. 1)과 동시에 호적법을 대체할 신분등록법으로서 제정·공포(2007. 5. 17. 법률 제8435호)된 후, 2008년 1월 1일부터 시행되고 있다.

가족관계등록법은 신분관계에 관한 공시제한의 강화 및 개인의 존엄과 양성평등이라는 헌법이념에 부응하고 이를 구체화하기 위하여 종전의 '가'단위의 신분등록부 편제방식을 폐지하고 개인별로 가족관계등록부를 편제한다. 이 법은 민법의 친족편과 가장 밀접한 관련을 가지고 있는 것으로서, 국민의 출생·혼인·사망 등 가족관계의 발생 및 변동사항에 관한 등록과 그 증명에 관한 사항을 규정함을 목적으로 한다(제1조).

(2) 가족관계등록법의 특징

1) 가족관계등록제도 시행

법에서는 '가' 중심의 호적이 사라지고 개인별로 가족관계등록부(이하, 등록부)를 편제하고 있다(제9조). 가족관계등록부는 가족법상의 중요한 사항을 기재한 공정증서 그 자체를 말한다. 등록부는 종전의 호주를 기준으로 가단위로 편제되던 호적부와는 달리 '본인을 기준으로 한 가족기록부 형태'로서 '가족관계 등록기준지'(이하, 등록기준지)에 따라 개인별로 구분하여 작성하되 개인의 출생에서 사망까지 가족관계의 발생 및 변동사항 등 가족관계를 효율적으로 공시하면서 신분관련정보의 철저한 보호라는 새로운 신분등록제도의 이념을 충족할 수 있도록 편제하는 방식을 채택하고 있다(제9조 제1항 · 제2항).

등록부에는 개인의 가족과 신분 등에 관한 모든 사항이 포괄적으로 기록되는데, 개인의 출생 등을 원인으로 작성되어 그 후의 신분사항의 변동에 따라 보완되며 사망 등에 의하여 폐쇄된다. 등록부에 기록되는 사항(제9조 제2항)은 개인의 등록기준지(제1호) 외에 신분사항과 가족관계사항으로 나누어 볼 수 있는데, 신분사항에는 개인의 성명, 본, 성별, 출생연월일, 주민등록번호(제2호)와 본인의 출생 · 혼인 · 사망 등 가족관계의 발생 및 변동에 관한 사항(제3호)을 기재하도록 하고 있다. 그리고 가족관계에 관한 사항은 대법원규칙으로 정하도록 위임하고 있는데, 가족사항으로는 본인의 부모 · 양부모, 배우자, 자녀의 인적사항(성명 · 성별 · 본 · 출생연월일 · 주민등록번호)이 기록된다(제15조 제1항 제1호 나목 참조).[10] 따라서 등록부에는 개인의 형제자매가 기록되지 않으므로, 형제자매를 알기 위해서는 부모의 등록부를 열람하여야 한다.

2) 가족관계등록사무의 국가사무화

구 호적법에서는 시(구) · 읍 · 면의 장이 호적사무의 관장자이고 호적사무에 소요되는 비용은 그 사무를 관장하는 지방자치단체의 부담으로 하고 있었다(구 호적법 제2조, 제7조). 그러나 법에서는 가족관계의 발생 및 변동사항에 관

10) 가족들의 구체적 신분변동사항은 기재하지 않는데, 이것은 개인정보를 최대한 보호하고자 하는데 있다.

한 등록과 그 증명에 관한 사무를 대법원이 관장하고[11] 등록사무에 드는 비용을 국가가 부담한다고 규정(제2조, 제7조)함으로써 등록사무가 국가사무임을 명백히 하고 있다. 「가족관계의 등록 등에 관한 규칙」(이하, 규칙) 제3조에서는 등록사무에 드는 비용은 「보조금의 예산 및 관리에 관한 법률」에 따른 보조금으로 부담한다고 규정하고 있다.

3) 전산화 환경에 맞춘 가족관계등록부의 도입

법에서는 전산정보처리조직으로 개인별 인적사항을 입력하고, 본인 외의 관련정보는 등록사항별 증명서 발급시 연결정보로 추출하여 현출되는 등록부 개념을 도입하였다. 따라서 종래의 종이호적부나 전산호적부와 같은 가족관계등록원부 개념은 존재하지 않으며, 국민들에게 보여지는 것은 등록부가 아니라 등록사항별 증명서이다.[12]

4) 다양한 목적별 증명서의 발급

전산화된 신분정보의 처리에 있어서는 정보의 통합처리보다는 분산처리가 더욱더 효과적인 개인정보보호 방법이라고 할 수 있는데, 이는 정보사회의 전제조건이라고도 할 수 있다. 예컨대, 필요사항만을 증명 · 열람케 한다는 목적별 공부식 증명방법이 여기에 해당한다. 따라서 법에서는 증명목적에 따른 다양한 증명서 발급제도를 도입하여 등록부에 기록된 사항별로 입증목적에 따라 기본적으로 5가지의 증명서(가족관계증명서, 기본증명서, 혼인관계증명서, 입양관계증명서, 친양자입양관계증명서)를 발급하는 것으로 하고 있으며(제15조 제1항 제1호~제5호), 또한 법 제15조 제1항 상의 증명서의 기록사항 중 일부사항을 증

---

11) 등록사무의 관장기관을 대법원으로 규정한 것은 등록사무의 사법행정적 성격을 강조하며, 적합한 등록사무 관장기관에 대한 법무부와의 무익한 논쟁에 종지부를 찍고자 하는 선언적이고 확인적인 의미라고 하고 있다(법원공무원교육원, 「가족관계등록실무」, 2008, 9면).

12) 등록부는 종래의 종이 호적이나 전산호적처럼 원부가 존재하는 것이 아니라 등록사항에 관한 전산정보자료를 개인별로 구분 · 편제한 전산상의 데이터의 조합을 의미한다. 따라서 등록부는 전산정보조직에 의하여 개인의 신분에 관한 데이터가 저장되어 있을 뿐이고 어떤 틀에 맞춰 정보들이 형태를 이루고 있는 것은 아니다. 다만 가족관계등록사항에 관한 증명을 위해서는 증명서의 양식에 맞춰 전산정보자료를 끌어내어서 현출하는 방식으로 등록사항을 나타내주게 된다.

명하는 증명서(즉, 일부사항증명서)를 작성할 수 있도록 하고 있다(가족관계등록규칙 제21조의 2). 이것은 증명의 필요범위에 따라 출력을 제한하는 등 입증목적과 관련 없는 개인정보의 유출을 방지함으로써 개인의 신상정보를 최대한 보호하고자 하는 것이다. 특히, 개인의 신분사항에 대한 발급증명서의 종류 및 기록사항과 관련하여 법 제15조에서는 발급증명서의 종류를 한정적으로 열거하고 있으므로 등록부 자체에 대한 열람, 개인의 가족관계에 관한 등록사항의 일체를 기재한 전부증명서의 발급은 허용되지 않는다.[13)]

5가지 증명서 중 가족의 신분정보사항을 포함하고 있는 가족관계증명서도 기본적인 신분정보사항(성명, 출생연월일, 주민등록번호, 성별, 본)만 기재되며, 또한 종전의 호적등본과 달리 가족 중 본인의 배우자, 부모, 자녀의 3대에 한하여 기재되고, 조부모, 형제자매, 손자 등은 기재되지 않는다. 또한 5가지 증명서 중 배우자가 나타나는 증명서는 가족관계증명서(현재 유효한 혼인 중인 배우자만 나타남)와 혼인관계증명서(혼인 및 이혼에 관한 경력이 모두 나타남)뿐이다. 한편, 법에서는 등록사항별 증명서의 발급청구권자를 원칙적으로 본인, 배우자, 직계혈족, 형제자매 및 그 대리인으로 한정하여(제14조) 개인의 신분사항에 관한 정보보호를 강화하였다.

5) 신고지 처리원칙

법에서는 호적전산화가 완료됨에 따라 종전의 본적지 처리원칙을 폐지하고 신고지 처리원칙에 의하여 전국 어디서나 등록신고를 할 수 있고, 그 신고에 기하여 신고를 접수한 그 가족관계등록관서가 직접 등록사무를 처리하도록 하여(제4조),[14)] 신고서류의 본적지 송부에 따른 업무부담이 상당히 줄어들게 되었고 국민편의가 증대되었다.

---

13) 등록부 자체의 열람 및 발급 등은 개인의 프라이버시보호와 관련된 중대한 사안이므로 법에 열람 및 증명서의 발급을 금지하는 명문의 규정을 둘 필요가 있다(김상용, "신분등록제도의 개선방향",「가족법연구 II」, 법문사, 2006, 295면).

14) 접수지(신고지) 처리 원칙의 예외로써 재외국민의 경우 재외공관에서의 등록사무처리가 불가능하므로 재외공관의 장은 접수한 신고서류를 등록기준지 시·읍·면의 장에게 송부하여 처리하도록 하고 있다(제36조).

6) 감독 및 처벌규정 강화

법에서는 구 호적법시행규칙 및 호적예규에서 규정하고 있던 감독법원의 신고서류에 대한 조사 및 시정지시, 보고명령 등 필요한 조치를 취할 수 있는 권한을 규정하여 그 근거를 명확히 하였다(제115조 제2항). 또한 법은 시(구)·읍·면의 장에 대한 과태료 부과사유를 직무를 해태한 경우 등에서 감독법원의 시정지시나 보고명령 위반으로 변경하고 과태료 액수도 10만원 이하에서 50만원 이하로 강화하여 실질적인 감독이 이루어지도록 하였다(제120조). 그리고 거짓의 신고를 한 사람이나 거짓으로 보증을 한 사람 등에게 형사처벌을 강화하거나 신설하여 등록사무처리의 진정성을 제고하였다(제118조).

7) 신고사건의 진실성 담보 강화

법에서는 창설적 신고의 경우 신고사건 본인이 시(구)·읍·면의 사무소에 출석하지 않는 경우에는 불출석한 신고사건 본인의 신분증명서를 제시하거나 인감증명서를 첨부하여야 하고 이에 위반하는 신고서는 수리할 수 없도록 하였다(제23조 제2항). 이에 더하여 규칙은 특히 우편에 의한 신고서류를 접수하는 경우 신분확인절차에 대하여 자세히 규정(규칙 제32조 제1항 전단, 제40조 제3항~제5항)하고 있는 등 신고사건의 진실성 담보를 강화하였다.

8) 기타의 절차개선 사항

① 국적통보에 의한 등록부 작성제도

구 호적법에서는 법무부장관으로부터 귀화허가를 받은 사람은 귀화허가서와 친족관계를 소명하는 자료 등을 첨부하여 호적관서에 별도로 국적취득신고를 하여야 호적이 편제되도록(구 호적법 제109조의 2 등) 하고 있었다. 그러나 법에서는 법무부장관이 해당 등록관서에 귀화허가 사항을 통보하면 등록관서가 직접 귀화자의 등록부를 작성하게 된다(제94조 등). 이것은 국적취득(변동)에 있어서의 구 호적법상의 신고제에서 통보제로 변경된 것이라고 할 수 있다.

② 협의이혼신고절차의 개선

민법에서는 협의이혼신고시 법원의 협의이혼의사확인을 받았음에도 다시 성년자인 증인 2인의 연서를 받도록 규정하고 있다(제836조 제2항). 그러나 법은 협의이혼 신고서에 법원의 이혼의사확인서등본을 첨부한 경우에는 민법 제836조 제2항에서 정한 증인 2인의 연서가 있는 것으로 간주함으로써 불필요한 절차반복을 피하고 신고인의 불편을 해소하고자 하였다(제76조).

③ **사망신고절차의 개선**

구 호적법상에서의 사망신고는 호주·친족·동거자 또는 사망장소를 관리하는 자로 한정되어 있었으나, 법에서는 사망신고적격자의 범위를 사망장소의 동장 또는 통·이장으로 확대하여(제85조 제2항) 핵가족의 보편화에 따라 증가하는 독거노인 등에 대하여 사망신고가 제대로 되지 않는 문제점을 해소하고자 하였다.

〈 구 호적법과 가족관계등록법의 쟁점별 비교 〉

구 분	구 호적법	법
관장기관	관장: 지자체, 감독: 가정법원장	대법원
편제단위	호주 기준, 가별 편제	개인별 편제
기준인	호주	본인
편제기준지	본적(호주와 가족은 동일 본적 유지)	등록기준지(당사자의 임의선택)
기재되는 가족의 범위	호주와 가족(배우자, 혈족과 그 배우자 및 가에 입적한 자)	－본인, 배우자, 자녀, 본인의 부모
신분변동사항의 기재 범위	호주와 가족의 신분변동사항(출생, 혼인, 이혼, 입양, 사망 등) 일체를 기재	－본인의 신분변동사항 일체 기재 －가족은 생년월일 기재로 출생사실 확인
증명방식	－전부증명(호적등본) －일부증명(호적초본)	5가지의 가족관계등록사항별 증명서(가족관계·기본·혼인관계·입양관계·친양자입양관계증명서)와 일부사항증명서
증명서의 발급 신청권자	열람·발급대상에 기본적으로 제한 없음(청구사유 소명필요)	－본인·배우자·직계혈족·형제자매 및 그 대리인 －예외: 국가 등이 청구하는 경우 －친양자입양관계증명은 제한사유 추가

(3) 가족관계등록신고

1) 신고장소

신고는 신고사건 본인의 등록기준지 또는 신고인의 주소지나 현재지에서 할 수 있다(제20조 제1항). 그리고 대한민국의 국민이 아닌 사람(외국인)에 관한 신고는 그 거주지 또는 신고인의 주소지나 현재지에서 할 수 있다(제20조 제2항). 다만, 시에 있어서 출생·사망의 신고는 그 신고의 장소가 신고사건 본인의 주민등록지 또는 주민등록을 할 지역과 같은 경우에는 신고사건 본인의 주민등록지 또는 주민등록을 할 지역을 관할하는 동을 거쳐 할 수 있다. 이 경우 동장은 소속 시장을 대행하여 신고서를 수리하고, 동이 속하는 시의 장에게 신고서를 송부하며, 그밖에 대법원규칙으로 정하는 등록사무를 처리한다(제21조).

한편, 출생신고는 그 자의 출생지에서 할 수 있고(제45조), 사망신고는 사망지·매장지 또는 화장지에서도 할 수 있다(제86조).

2) 신고방법

신고는 서면이나 말로 할 수 있다(제23조 제1항). 말로 신고하려 할 때에는 신고인은 시·읍·면의 사무소에 출석하여 신고서에 기재하여야 할 사항을 진술하여야 하며, 시·읍·면의 장은 신고인의 진술 및 신고연월일을 기록하여 신고인에게 읽어 들려주고 신고인으로 하여금 그 서면에 서명하거나 기명날인하게 하여야 한다(제31조 제1항, 제2항). 특히, 말로 신고하는 경우 신고인이 질병 또는 그밖의 사고로 출석할 수 없는 때에는 대리인으로 하여금 신고하게 할 수 있지만, 인지신고·입양신고·파양신고·혼인신고·이혼신고는 대리인에 의한 신고가 허용되지 않는다(제31조 제3항).

또한 신고는 타인에게 제출을 위탁하거나 우송하는 것도 가능하다. 특히, 신고인의 생존 중에 우송한 신고서는 그 사망 후라도 시·읍·면의 장은 이를 수리하여야 하며, 이에 의하여 신고서가 수리되었을 때에는 신고인의 사망시에 신고한 것으로 본다(제41조).

3) 가족관계등록신고의 종류

① 창설적 신고

창설적 신고는 신고하여야 신분관계가 형성(발생·소멸)되는 것을 말하는데, 혼인신고, 협의이혼신고, 임의인지신고, 입양신고, 협의파양신고 등이 여기에 해당한다.

② 보고적 신고

보고적 신고는 이미 발생한 법률효과의 사실을 보고하는데 지나지 않는 신고를 말한다. 이에 해당하는 것으로는 ㉠ 출생·사망신고, 실종선고 및 그 취소의 신고, 개명신고, ㉡ 판결에 의한 신고로서 혼인이나 협의이혼의 무효·취소의 신고, 재판상 이혼이나 재판상 파양신고, 강제인지에 기한 인지신고, ㉢ 친권변동신고, 후견개시·경질·종료신고 등이다.

③ 쌍방의 성질을 동시에 갖는 신고

생부가 혼인외의 자녀에 대하여 친생자출생의 신고를 한 경우 그 신고는 인지의 효력이 생긴다(가족관계등록법 제57조). 이 경우는 보고적 신고로서의 출생신고와 창설적 신고로서의 인지신고를 겸하게 된다.[15]

4) 신고의 효력발생

신고함으로써 비로소 가족관계가 발생(또는 소멸)하는 등록부신고의 경우, 신고를 수리한 때에 효력이 발생하며, 등록부에 기록되어야 비로소 효력이 발생하는 것은 아니다. 등록부에 기록되면 그 기록은 진실한 것으로 추정받게 되어 추정력은 인정될 수 있지만 공신력은 없다. 따라서 입증에 의하여 번복할 수 있다(대판 1994. 6. 10, 94다1883 참조).

3. 가사소송법

(1) 의 의

가사소송법은 가사분쟁을 해결하기 위한 절차를 규정하고 있는 법으로써,

---

15) 김주수·김상용, 친족·상속법, 56면.

가사에 관한 소송과 비송 및 조정에 대한 절차의 특례를 규정함을 목적으로 한다(가소법 제1조). 가사소송법에 특별한 규정이 있는 경우를 제외하고 가사소송사건에 대하여는 민사소송법, 가사비송사건에 대하여는 비송사건절차법 그리고 가사조정사건에 대하여는 민사조정법을 준용한다(제12조, 제34조, 제49조).

(2) 가사소송절차의 내용

가사소송법은 가정법원의 관장사항으로 전속관할사항(가소 제2조 제1항)과 기타사항(가소 제2조 제2항)을 규정한다.

1) 전속관할사항

가사사건의 성질에 따라 가사소송사건과 가사비송사건으로 구별하고 있다. 그리고 가사소송사건은 가류·나류·다류 사건으로, 가사비송사건은 라류·마류 사건으로 세분한다. 한편, 가사소송사건 중 가류 사건은 재판사항(소송사항)이고, 나·다류 사건은 조정사항이다. 가사비송사건에서는 마류 사건을 조정의 대상으로 하고 있다(제2조, 제50조)

소송과 비송의 구별에 관하여는 학설이 대립하고 있지만, 일반적으로 소송사건은 대립하는 당사자들 사이의 법적 분쟁에 대하여 법원이 주로 실체법상의 판단기준을 적용하여 당사자의 주장의 당부를 판단하는 절차를 말한다. 반면에 비송사건은 대립되는 당사자 사이의 법적분쟁을 전제로 하지 않고 국가가 정책적인 고려에서 사인의 법적 사항의 처리에 대하여 사법기관인 법원에게 특히 후견·감독의 직무를 맡김으로서 법원의 재량에 의하여 합목적적으로 사건을 처리하는 절차라고 할 수 있다.[16] 가사비송사건의 재판은 결정으로 하는 것이 아니고, 심판으로 한다. 심판에 대하여는 일정한 경우에 한하여 즉시항고가 인정될 뿐이다(제43조).

① 가사소송사건

㈎ **가류 사건**: 가족(신분)행위의 무효 또는 친생자관계존부확인소송 등이 여기에 해당한다. 가류 사건의 특징은 ㉠ 소의 성질이 확인의 소이며, 조정의

16) 박동섭, 주석 가사소송법, 466면; 법원행정처, 법원실무제요-가사-, 1994, 6~7면.

대상이 아니다. ㉡ 임의로 처분할 수 없는 사항이므로, 당사자 사이에 합의가 되어도 효력을 인정받을 수 없다.

판례 친생자관계의 존부 확인과 같이 현행 가사소송법상의 가류 가사소송사건에 해당하는 청구는 성질상 당사자가 임의로 처분할 수 없는 사항을 대상으로 하는 것으로, 이에 관하여 조정이나 재판상 화해가 성립하더라도 효력이 없다(대판 2007. 7. 26, 2006므2757, 2764).

(나) 나류 사건: 각종의 가족행위의 취소소송, 이혼·파양소송, 친생부인, 인지청구 등 가족(신분)관계의 형성을 목적으로 하는 형성소송사건이 여기에 해당한다. 나류 사건의 특징은 ㉠ 형성의 소이며, 조정의 대상이다(조정전치주의 적용). ㉡ 그러나 임의로 처분할 수 있는 사항(이혼이나 파양, 사실혼의 존부, 인지 등)에 대하여만 조정이 성립할 수 있고, 그렇지 않은 경우에는 합의가 되어도 조정이 성립되지 않는다. 예컨대, 혼인취소의 경우는 당사자가 임의로 처분할 수 있는 사항이 아니므로 조정의 성립만으로는 확정판결과 동일한 효력을 인정할 수 없다(통설).

가류·나류 사건에는 직권탐지주의가 적용되므로, 당사자의 주장에 구애받지 않고 직권으로 필요한 증거조사와 사실조사를 하여 진실여부를 판단한다.

판례 친생부인 조정조서는 당사자가 임의로 처분할 수 없는 사항에 관한 것이어서 그 효력이 없다(대판 1968. 2. 27, 67므34).

(다) 다류 사건: 이혼에 따른 손해배상청구 및 원상회복의 청구 등 가족관계에 따른 손해배상청구에 관한 경우가 여기에 해당한다. 그리고 민법 제839조의 3에 따른 재산분할청구권 보전을 위한 사해행위 취소 및 원상회복의 청구도 여기에 포함된다. 다류 사건의 특징은 이행의 소이고, 조정의 대상이며, 임의처분이 가능하다.

다류 사건은 본래는 민사사건으로 다루어야 할 것이지만 가족관계와 관련된 손해배상이나 채권자취소권 문제이기 때문에 가족관계 소송과 병합하는 등의 편의를 위해 가사사건으로 규정한 것이다. 이혼에 따른 손해배상청구(위자료 포함)는 배우자에 대한 청구뿐만 아니라 이혼원인을 제공한 제3자에게 손해배상을 청구하는 것도 가정법원의 전속관할이다.

> **판례** 이혼을 원인으로 하는 손해배상청구는 제3자에 대한 청구를 포함하여 가사소송법 제2조 제1항 (가)목 (3) 다류 2호의 가사소송사건으로서 가정법원의 전속관할에 속한다. 피고와 원고 남편 사이의 간통 등 부정행위로 인하여 원고가 남편과 협의이혼을 함으로써 원고의 혼인관계가 파탄에 이르렀음을 원인으로 위자료 및 이에 대한 지연손해금의 지급을 구하는 손해배상청구는 이혼을 원인으로 하는 제3자에 대한 손해배상청구에 해당하고, 따라서 위 손해배상청구는 가정법원의 전속관할에 속한다(대판 2008. 7. 10, 2008다17762).

② **가사비송사건**

㈎ **라류 사건**: 라류 사건에는 성년·한정후견개시와 그 종료의 심판, 실종선고와 그 취소, 친권행사방법의 결정, 부재자재산에 관한 처분 등 44개 항목이 해당하는데, 이는 상대방의 존재를 전제로 하지 않은 비쟁송적인 것으로서 가정법원의 후견적 허가나 감독처분이 요구된다(순수한 의미의 비송사건). 따라서 라류 사건의 특징은 상대방이 없는 사건이며, 상대방이 없으므로 조정의 대상이 아니다.

㈏ **마류 사건**: 마류 사건에는 이혼시 재산분할청구, 친권자의 지정과 변경 등이 여기에 해당하는데, 이는 상대방의 존재를 전제로 하는 쟁송적인 것으로서 가정법원의 합목적적인 재량에 의한 판단이 요구된다(즉, 소송과 비송의 중간적 성격을 띤 사건임). 마류 사건의 특징은 ㉠ 비송사건이지만 상대방이 있다. 따라서 당사자가 협의로 정할 수 있지만, 협의가 성립되지 않을 때 법원에 청구하는 사건이 중심이 된다. ㉡ 조정의 대상이며(조정전치주의 적용), 임의로 처분이 가능한 사건이므로 당사자간에 합의가 되면 조정이 성립할 수 있다.

③ **청구의 병합**

가사사건들에 관하여는 청구의 병합이 가능하지만, 가사사건에 관한 소송에서 통상의 민사사건에 속하는 청구를 병합할 수는 없다.

판례 가사소송법 제2조 제1항 소정의 나류 가사소송사건과 마류 가사비송사건은 통상의 민사사건과는 다른 종류의 소송절차에 따르는 것이므로, 원칙적으로 위와 같은 가사사건에 관한 소송에서 통상의 민사사건에 속하는 청구를 병합할 수는 없다(대판 2006. 1. 13, 2004므1378).

〈 가사사건의 유형 〉

가사소송사건			가사비송사건	
가류	나류	다류	라류	마류
* 혼인의 무효 * 이혼의 무효 * 인지의 무효 * 친생자관계 존부확인 * 입양의 무효 * 파양의 무효 ↓ 확인의 소	* 사실상 혼인관계존부확인 * 혼인의 취소 * 이혼의 취소 * 재판상 이혼 * 아버지의 결정 * 친생부인 * 인지청구 * 입양의 취소 * 파양의 취소 등 ↓ 형성의 소	* 약혼해제 또는 사실혼관계 부당파기로 인한 손해배상청구 및 원상회복의 청구 * 혼인의 무효·취소 또는 이혼을 원인으로 하는 손해배상청구 등 ↓ 이행의 소	* 성년·한정후견개시와 그 종료의 심판 * 실종선고와 그 취소 * 친권행사방법의 결정 등 * 자녀의 성과 본의 변경허가 * 친양자 입양허가 * 미성년·성년·한정·특정후견인의 선임 또는 변경 등	* 부부의 동거·부양·협조·생활비용 부담에 관한 처분 * 재산분할에 관한 처분 * 친권자 지정과 변경 * 자녀의 양육에 관한 처분과 변경 * 기여분의 결정 * 상속재산의 분할에 관한 청구 등
	조정전치주의			조정전치주의

【참 고】
사실상혼인관계존부확인판결에 의한 혼인신고는 학설은 보고적 신고(소의 성질은 존재확인의 소의 경우는 '형성의 소', 부존재확인의 소의 경우는 '확인의 소')로 보지만, 판례는 창설적 신고(소의 성질은 '확인의 소')로 본다(대판 1973. 1. 16, 72므25).

2) 기타 사항

가정법원은 다른 법률이나 대법원규칙에서 가정법원의 권한으로 정한 사항에 대하여도 심리·재판한다(제2조 제2항). 이 경우의 사건에 관한 절차는 법률이나 대법원규칙으로 따로 정하는 경우를 제외하고는 라류 가사비송사건의 절차에 따른다(제2조 제3항).

(3) 가사소송절차의 특징

1) 가사조정제도

① 조정전치주의

가사조정제도는 가정법원의 가사분쟁해결에서 중심적 역할을 하며, 조정전치주의가 도입되고 있다(가소 제50조). 조정의 원칙은 당사자의 이익 외에 이해관계인의 이익을 고려하고 분쟁의 평화적·종국적 해결을 이룩할 수 있는 방안을 마련하여 당사자를 설득하는 것이다(제58조 제1항). 그리고 자녀에 관계되는 사항을 결정함에는 자녀의 복지를 우선적으로 고려하여야 한다(제58조 제2항).

② 조정의 성립

당사자 사이에 합의된 사항을 조서에 기재함으로써 성립되며(제59조 제1항), 조정의 효력은 재판상 화해와 동일하다(제59조 제2항).

③ 본인출석주의

당사자 본인이나 법정대리인은 변론기일의 소환장을 받으면 반드시 본인이 출석하여야 하고, 대리인을 출석하게 하려면 재판장의 허가를 얻어야 한다(제7조).

2) 보도금지

가정법원에서 처리하였거나 처리 중에 있는 사건에 관하여는 성명·연령·직업·용모 등에 의하여 당사자 본인임을 알 수 있는 정도의 사실이나 사진을 신문·잡지 기타 출판물에 게재하거나 방송할 수 없다(제10조).

3) 직권탐지주의

가류·나류 사건의 소송절차에서 가정법원은 당사자의 주장을 기다리지 않고서 또는 이에 구속됨이 없이 직권으로 필요한 증거조사와 사실조사를 하여 진실여부를 판단하여야 한다(제17조).

4) 사정판결

가정법원의 판결에 대한 불복으로 항소하는 경우, 그것이 설령 이유 있더라도 제1심 판결의 취소나 변경이 사회정의와 형평의 이념에 배치되거나 가정평화와 미풍양속의 유지에 적합하지 아니하다고 인정되는 때에는 항소를 기각할 수 있다(제19조 제3항).

5) 확정판결의 대세효

신분관계에 관한 기판력의 대세적 효력을 인정한다. 가류·나류 가사소송사건의 청구를 인용한 확정판결은 제3자에게도 효력이 있다(제21조).

6) 이행확보

가사채무에 관하여는 민사소송법의 규정에 의한 강제집행을 할 수 있음은 물론이다. 그러나 가사채무는 그 성질상 강제집행이 어려운 경우가 많다. 이러한 어려움을 보충하기 위하여 가사소송법은 사전처분(제62조), 가압류와 가처분(제63조), 이행명령(제64조), 금전임치(제65조), 과태료와 감치(제67조) 등의 여러 제도를 두고 있다.

제 2 장 親族關係

제1절 親 族

1. 의 의

제767조(친족의 정의) 배우자, 혈족 및 인척을 친족으로 한다.

친족은 혈연과 혼인을 통하여 결부되는 자 사이에서 발생하는 신분관계를 말한다. 즉, 민법상 친족은 배우자, 혈족, 인척 등 3종이다(제767조).

2. 친족의 종류와 범위

(1) 친족의 종류

1) 혈 족

제768조(혈족의 정의) 자기의 직계존속과 직계비속을 직계혈족이라 하고 자기의 형제자매와 형제자매의 직계비속, 직계존속의 형제자매 및 그 형제자매의 직계비속을 방계혈족이라 한다.

혈족은 혈연의 연결이 있는 사람을 말하는데, 혈족에는 자연혈족과 법정혈족이 있다.

① 자연혈족

자연혈족이란 자연적으로 혈연이 연결된 자로서 부모와 자, 형제자매, 조부모와 손자 등을 말한다. 자연혈족관계는 출생에 의하여 발생하고, 사망으로 인하여 소멸한다. 이처럼 사망으로 자연혈족관계가 소멸하지만, 생존자들 사이의 혈족관계에는 영향이 없다.

㈎ **직계혈족**: 부모와 자 같이 혈연이 위에서 아래로 연결되는 혈족을 직계혈족이라고 하는데, 직계존속(부모, 조부모·외조부모, 증조부·외증조부)과 직계비속(자, 손, 증손)이 모두 해당된다. 그리고 직계혈족에는 부계, 모계를 불문한다.

㈏ 방계혈족: 형제자매 · 숙부모 · 조카와 같이 공동시조로부터 옆으로 갈라져 나오는 혈족을 방계혈족이라고 하는데, 자기의 형제자매와 그 직계비속(조카), 직계존속의 형제자매(삼촌 · 이모)와 그 직계비속(종형제, 이종, 고종)이 해당한다.

한편, 형제자매에는 이복형제자매(부계의 방계혈족)와 이성동복형제자매(모계의 방계혈족)이 포함된다.

판례 혈족의 범위를 정한 제768조에서 말하는 '형제자매'라 함은 부계 및 모계의 형제자매를 모두 포함하므로, 이복형제가 정치자금법 제45조 제1항 단서의 '친족'에서 제외되는 것은 아니다(대판 2007. 11. 29, 2007도7602).

판례 제1000조 제1항 3호의 '피상속인의 형제자매'라 함은 민법 개정시 친족의 범위에서 부계와 모계의 차별을 없애고, 상속의 순위나 상속분에 관하여도 남녀간 또는 부계와 모계간의 차별을 없앤 점 등에 비추어 볼 때, 부계 및 모계의 형제자매를 모두 포함하는 것으로 해석하는 것이 상당하다(대판 1997. 11. 28, 96다5421).

---

② **법정혈족**

제772조(양자와의 친계와 촌수) ① 양자와 양부모 및 그 혈족, 인척사이의 친계와 촌수는 입양한 때로부터 혼인중의 출생자와 동일한 것으로 본다.
② 양자의 배우자, 직계비속과 그 배우자는 전항의 양자의 친계를 기준으로 하여 촌수를 정한다.

㈎ 의 의: 법정혈족은 법률에 의하여 혈연관계가 있는 것으로 의제된 혈족을 의미하며, 대표적으로 양자와 양부모 사이가 여기에 해당한다.

㈏ 내 용

㉠ 양친자관계는 입양의 성립에 의해 발생하는데(제878조), 이로 인하여 양자와 양부모 및 그 혈족 · 인척과의 사이에는 친족관계가 발생한다(제772조 제1항). 그리고 양자나 그 직계비속이 혼인한 경우, 새로운 배우자는 양친과 그 혈족과의 사이에 법정친족관계가 발생한다(제772조 제2항).

㉡ 양자는 입양한 때부터 혼인중의 출생자와 동일한 것으로 본다(제772조 제1항). 따라서 양자는 언제나 혼인중의 자로 되지만, 출생시부터가 아닌 입양한 때부터 양부모의 혼인중의 자의 지위를 취득한다.

양자는 입양이 되더라도 친생부모와 자연혈족관계를 유지하므로, 친가와의 친족관계도 존속한다. 그러나 일반입양과 달리 친양자입양의 경우에는 친양자입양이 확정된 때(즉, 입양을 성립시키는 가정법원의 입양심판이 확정된 때)에는 입양전의 친족관계는 종료한다(제908조의 3 제2항).

㉢ 부부공동입양 후 양부모가 이혼을 한 경우, 양부자관계나 양모자관계는 소멸되지 않는다(대판 2001. 5. 24, 2000므1493). 한편, 입양 후 양친이 혼인한 경우, 양친의 새로운 배우자와 양자 사이에는 새로 입양계약을 하지 않는 한 인척관계가 생길 뿐이고, 양친자관계는 성립하지 않는다(제777조, 제769조).

㉣ 양친자관계는 일방 당사자의 사망에 의해 종료하지만, 이는 사망한 당사자에 국한하며, 그 입양을 통하여 연결된 양친족관계(법정혈족 및 인척관계)까지 종료하는 것은 아니다. 따라서 양자가 사망하더라도 생존하고 있는 양자의 직계비속과 양부모 사이의 친족관계에는 변함이 없다. 다만, 입양의 취소 또는 파양의 경우에는 양자 및 그의 직계비속과 양부모 등 양가와의 친족관계는 모두 종료한다.

(다) 종래 법정혈족관계로 보던 적모서자관계(嫡母庶子關係), 계모자관계(繼母子關係)는 민법개정(1990년)으로 인해 인척관계로만 인정된다. 따라서 이들 사이에서는 상속권이 인정되지 않는다. 그러나 적모서자관계나 계모자관계는 모자관계, 혈족도 아니지만, 인척이며 직계혈족의 배우자이므로 상호간에 부양의무는 인정된다(제974조 제1호). 다만, 계모자간의 부양이나 적모서자간의 부양은 2차적 부양에 해당한다.

한편, 자동차종합보험 가족운전자 한정운전 특별약관에서의 모에는 가족공동생활을 하고 있는 계모도 포함된다(판례).

판례 1990. 1. 13. 법률 제4199호로 민법이 개정됨으로써 계모는 더 이상 법률상의 모는 아닌 것으로 되었으나, 피보험자의 계모가 父의 배우자로 실질적으로 가족의 구성원으로 가족공동체를 이루어 생계를 같이 하고 피보험자의 어머니의 역할을 하면서 피보험자동차를 이용하고 있다면, 특별약관조항을 둔 취지에 비추어 볼 때 이러한 경우의 계모는 자동차종합보험의 가족운전자 한정운전 특별약관상의 모에 포함된다(대판 1997. 2. 28, 96다53857).

판례 보통거래약관 및 보험제도의 특성에 비추어 볼 때 약관의 해석은 일반 법률행위와는 달리 개개 계약 당사자가 기도한 목적이나 의사를 기준으로 하지 않고 평균적 고객의 이해가능성을 기준으로 하되 보험단체 전체의 이해관계를 고려하여 객관적 획일적으로 해석하여야 할 것이므로(대판 1995. 5. 26, 94다36704 참조), 자동차종합보험의 가족운전자 한정운전 특별약관 소정의 기명피보험자의 모에 기명피보험자의 법률상의 모가 아닌, 기명피보험자의 부(父)의 사실상의 배우자는 포함되지 아니한다고 해석함이 상당하다(대판 2009. 1. 30, 2008다68944).

판례 헌재결 2011. 2. 24, 2009헌바89(구민법 부칙 제4조 위헌소원(합헌), 계모자관계의 친족관계)

1990년 개정 민법의 시행일인 1991. 1. 1.부터 그 이전에 성립된 계모자 사이의 법정혈족관계를 소멸시키도록 한 민법(1990. 1. 13. 법률 제4199호) 부칙 제2조 중 "전처의 출생자와 계모 사이의 친족관계"에 관한 부분은 헌법에 위반되지 아니한다. 헌법재판소는 위 규정은 가족생활에서의 인간의 존엄에 관한 기본권 및 가족생활을 자유롭게 형성할 권리, 가족제도의 보장 및 이에 관한 신뢰보호원칙을 침해하지 아니하고, 상속과 관련된 재산권과 이에 관한 신뢰보호원칙도 침해하지 아니하며, 평등원칙에도 위반되지 아니한다고 판단하였다.

2) 姻 戚

제769조(인척의 계원) 혈족의 배우자, 배우자의 혈족, 배우자의 혈족의 배우자를 인척으로 한다.

제775조(인척관계 등의 소멸) ① 인척관계는 혼인의 취소 또는 이혼으로 인하여 종료한다.

② 부부의 일방이 사망한 경우 생존배우자가 재혼한 때에도 제1항과 같다.

① 의 의

인척이란 혼인에 의하여 형성된 친족으로서, 민법은 인척의 계원(系源)을 혈족의 배우자, 배우자의 혈족, 배우자의 혈족의 배우자로 하고 있다. 인척관계는 혼인에 의해 발생하고, 혼인의 취소나 이혼으로 인하여 종료되고, 부부의 일방이 사망한 후 생존배우자가 재혼한 때에도 종료한다(제775조).

② 종 류

㈎ 혈족의 배우자: 계부, 계모·적모(1촌), 형제의 처(형수·제수), 자매의 夫, 조카의 처나 夫 등이 여기에 해당한다.

㈏ 배우자의 혈족: 배우자의 부모나 조부모, 형제자매, 백숙부(伯叔父), 종형제(從兄弟), 고모(姑母) 등이 해당한다.

㈐ 배우자의 혈족의 배우자: 배우자의 계부모·적모(1촌), 배우자의 백숙부, 배우자의 형제자매의 처나 남편, 배우자의 고모 · 이모(姨母)의 夫 등이 해당한다.

③ 인척의 범위

친족관계로 인한 법률상의 효력이 미치는 인척의 범위는 4촌 이내이다(제777조 2호).

【참 고】
구 민법상 인척의 범위에 포함되던 '혈족의 배우자의 혈족(사돈관계)'은 인척에서 제외되었다(1990년 민법개정). 따라서 사돈은 친족(즉, 인척)이 아니므로 겹사돈이 가능하게 되었다.

3) 배 우 자

① 배우자는 혼인 당사자인 부부를 지칭하는 것으로서 법률혼 부부를 말한다. 다만, 예외적으로 특별법이나 판례 · 학설에서 사실혼부부에 대하여 배우자로 인정하는 경우가 있다. 배우자를 친족의 종류로 인정하는 입법례는 거의 없는데, 배우자를 친족의 범위에 포함시키는 것은 우리 민법의 특색이라고 할 수 있다.

② 배우자는 혈연의 창조자, 촌수를 만들어 내는 근원적인 사람으로서, 배우자 사이에는 촌수가 없다.

(2) 친족의 범위

> 第777條(친족의 범위) 친족관계로 인한 법률상 효력은 이 법 또는 다른 법률에 특별한 규정이 없는 한 다음 각호에 해당하는 자에 미친다.
> 1. 8촌 이내의 혈족
> 2. 4촌 이내의 인척
> 3. 배우자

법률상의 효력이 미치는 친족의 범위는 ① 8촌 이내의 혈족(부계·모계혈족 포함), ② 4촌 이내의 인척, ③ 배우자로 한정된다(제777조). 우리 민법은 친족의 범위에서 부모양계(父母兩系) 평등주의를 실현하고 있다.

〈 친족의 범위를 정하는 방법 〉

> ㈎ 개별적 한정주의: 부양, 상속 등 개별사항에 대하여 친족의 범위를 한정적으로 규정하는 주의(서구 가족법의 입법태도).
> ㈏ 총괄적 한정주의: 친족의 범위를 개별사항에 대하여 한정적으로 규정하지 않고 일반적·포괄적으로 규정하는 주의(가제도에 기반을 두었던 일본 민법이 채택한 제도, 우리 민법 제777조).

3. 친계(親系)와 촌수(寸數)

(1) 친 계

1) 의 의

친계란 세대간의 혈족의 연결관계를 말하는데, 직계친, 방계친, 존속친, 비속친, 부계친, 모계친, 남계친, 여계친 등으로 나누어진다.

2) 친계의 형태

① 직계친·방계친

직계친은 혈연이 수직으로 내려가서 연결되는 친족을 말하고(부모와 자, 조부모와 손자녀 등), 방계친은 공동시조로부터 갈라져 연결되는 친족을 말한다(형제자매, 백·숙부, 종형제자매 등).

② 존속친·비속친

이는 항렬을 기준으로 하여, 부모 및 그와 동일한 항렬이나 그 상위의 항렬에 속하는 친족[직계존속(부, 조부 등), 방계존속(백·숙부 등)]을 존속친이라고 하며, 자 및 그와 동일한 항렬 또는 그 하위의 항렬에 속하는 친족[직계비속(자, 자손 등), 방계비속(조카, 종손 등)]을 비속친이라고 한다. 존속친·비속친의 구별은 항렬에 의한 것이므로 나이와는 관계가 없다.

③ 부계친·모계친

父와 그의 혈족(조부모, 백·숙부, 고모 등)을 부계친이라고 하며, 母와 그의 혈족(외조부모, 외숙, 이모 등)을 모계친이라고 한다.

④ 남계친·여계친

혈통이 남자만에 의하여 연결되는 친족관계를 남계친이라고 하며, 혈통이 부계에 의하여 연결되지만 그 중간에 여자가 혈통의 연결자로 개입되어 있는 친족관계를 여계친이라고 한다. 남계친·여계친의 구별은 현재로서는 의미를 상실하고 있다.

(2) 존 수

제770조(혈족의 촌수의 계산) ① 직계혈족은 자기로부터 직계존속에 이르고 자기로부터 직계비속에 이르러 그 세수를 정한다.
② 방계혈족은 자기로부터 동원의 직계존속에 이르는 세수와 그 동원의 직계존속으로부터 그 직계비속에 이르는 세수를 통산하여 그 촌수를 정한다.

제771조(인척의 촌수의 계산) 인척은 배우자의 혈족에 대하여는 배우자의 그 혈족에 대한 촌수에 따르고, 혈족의 배우자에 대하여는 그 혈족에 대한 촌수에 따른다.

> 제772조(양자와의 친계와 촌수) ① 양자와 양부모 및 그 혈족, 인척사이의 친계와 촌수는 입양한 때로부터 혼인중의 출생자와 동일한 것으로 본다.
> ② 양자의 배우자, 직계비속과 그 배우자는 전항의 양자의 친계를 기준으로 하여 촌수를 정한다.

1) 의 의

촌수는 친족관계의 원근을 측정하는 척도의 단위를 말한다. 민법은 촌수라고 하고 있지만(제770조~제772조), 동일한 의미로 친등(親等)이라는 용어도 사용하고 있다(상속순위에 관한 제1000조 제2항).

2) 촌수계산법

① 계급촌수제(階級寸數制)

고대 중국에서 유래한 제도로서, 혈연의 원근만에 의하지 않고 신분의 존비, 정(情)의 밀도도 촌수결정의 기준으로 한다.

② 세수촌수제(世數寸數制)

로마법에서 유래하는 제도로서, 오로지 촌수에만 의하여 친계의 원근을 일률적으로 정한다.

㈎ **로마법방식**: 직계친의 경우 혈연의 원근만으로 세대수를 정하지만, 방계친을 계산할 때는 공동시조에서 각각에 이르는 세대수를 통산한다(우리 민법의 태도).

㈏ **교회법방식**: 직계친의 계산에서는 로마법주의와 같으나, 방계친의 계산에서는 공동시조에서 각자에 이르는 세대수를 각각 계산하여 많은 쪽의 세대수를 촌수로 계산한다.

[ex] 자기와 조카의 촌수: 공동시조인 아버지까지 올라가서 각각 계산하여야 하므로 자기와 아버지 사이가 1촌, 조카와 할아버지 사이는 2촌이 되어, 결국 조카는 2촌이 된다.

3) 민법상의 촌수

① 자연혈족

직계혈족은 자기로부터 직계존속에 이르는 세수에 따라 또는 자기로부터 직계비속에 이르는 세수에 따라 각각 정한다(제770조 제1항). 따라서 부모와 자는 1촌, 조부모와 손자는 2촌이다.

그리고 방계혈족은 자기로부터 공동의 직계존속에 이르는 세수와 그 공동의 직계존속으로부터 그 다른 직계비속에 이르는 세수를 합하여 그 촌수를 정한다(제770조 제2항). 따라서 형제자매는 2촌이고, 숙부와는 3촌이 된다.

[ex] 나와 외숙부의 손자는? 5촌의 모계혈족(친족)

② 법정혈족

양자는 입양된 때부터 혼인중의 출생자와 동일한 것으로 보고(제772조 제1항), 양자의 배우자, 직계비속과 그 배우자는 양자의 친계를 기준으로 하여 촌수를 정한다(제772조 제2항).

[ex] 양부의 종형제자매는 양자와 몇 촌인가? 5촌(양부와 양자간 1촌 + 양부와 종형제 등 4촌)

③ 인 척

인척의 촌수는 배우자의 혈족에 대하여는 배우자의 그 혈족에 대한 촌수에 따르고, 혈족의 배우자에 대하여는 그 혈족에 대한 촌수에 따른다(제771조).

[ex] 나와 처남 사이의 촌수: 처의 남동생에 대한 촌수(2촌의 인척)

④ 배 우 자

부부 사이에는 혈연관계가 없으므로 촌수가 없다.

[촌수의 계산과 친족의 범위]

```
              7, 8대조
    |           |
              6대조-------종6대조(8)
    |           |(6)
              현조부모--------종현조부(7)
    |           |(5)
              고조부모--종고조부(6)---재종고조부(8)
    |           |(4)
증조부모      증조부모--종증조부(5)----재종증조부(7)
    |(3)        |(3)
 조부모         조부모--종조부, 대고(4)--재종조부(6)--3종조부(8)
    |(2)        |(2)  \
  부모          부모 --백숙부, 고모--종백숙, 종고모--재종백숙, 재종고모
    |(1)        |(1)  \   (3)  \            (5)                 (7)
배우자 ---나 --형제(2)--종형제(4)-- 재종(6)-- 3종(8)
    |           |(1)   ↓             ↓
                자 ---질(조카)---종질----재종질
    |           |(2)      (3)          (5)         (7)
                손 ---종손(4)--재종손(6)--3종손(8)
    |           |(3)
               증손--종증손(5)--재종증손(7)
    |           |(4)
              고(현)손--종고(현)손(6)--재종고(현)손(8)
    |           |(5)
              5대손--5대종손(7)
    |           |(6)
              6대손 --6대종손(8)
              7, 8대손
```

4. 친족관계의 변동

(1) 친족관계의 발생·소멸원인

1) 친족관계의 발생원인

친족관계의 발생원인은 출생, 혼인, 인지, 입양(친양자입양 포함)의 4가지이다.

2) 친족관계의 소멸원인

> 제775조(인척관계 등의 소멸) ① 인척관계는 혼인의 취소 또는 이혼으로 인하여 종료한다.
> ② 부부의 일방이 사망한 경우 생존배우자가 재혼한 때에도 제1항과 같다.
>
> 제776조(입양으로 인한 친족관계의 소멸) 입양으로 인한 친족관계는 입양의 취소 또는 파양으로 인하여 종료한다.

친족관계는 사망, 혼인취소, 이혼, 입양의 취소, 파양, 인지취소, 친생부인 등으로 종료·소멸한다.

① 부부 일방의 사망

부부 일방의 사망에 의해 사망자와 他者 사이의 모든 친족관계가 소멸한다. 그러나 사망자를 매개로 하여 맺어진 잔존자들 사이의 친족관계는 그대로 존속한다(친족간의 부양의무나 대습상속권 유지). 다만, 생존배우자가 재혼한 경우에는 인척관계가 소멸한다(제775조 제2항).

② 혼인의 취소와 이혼

배우자관계 및 그에 따른 인척관계가 소멸한다. 다만, 혼인의 취소에는 소급효가 없으므로 취소된 혼인에 의해 출생한 子는 혼인중의 자의 지위를 유지한다.

5. 친족관계의 법률상의 효과

(1) 민법상의 효과

1) 민법 제777조의 범위의 친족에게 일반적으로 인정되는 효과

① 친권상실선고의 청구(제924조)

② 미성년인 자의 친권자의 대리권과 재산관리권의 상실선고의 청구(제925조), 친권에 대한 실권회복선고의 청구(제926조), 후견인 선임청구(제936조)

③ 생계를 같이 하는 친족간의 부양의무(제974조 3호) 등이다.

2) 일정범위의 친족에게만 개별적으로 인정되는 효과

① 성년·한정후견개시와 그 종료의 심판청구(제9조, 제11조, 제12조, 제14조), 특별후견의 심판청구(제14조의 2)

② 타인의 생명침해에 대한 손해배상청구(제752조), 혼인의 장애사유(제809조 제2항, 제815조 2호 · 4호), 인지에 대한 이의의 소의 제기(제862조), 미성년자의 입양에 대한 입양취소청구(제885조), 후견인의 자격(제932조, 제934조), 상속권(제1000조, 제1003조), 유류분권(제1112조) 등이 있다.

(2) 형법 · 소송법상의 효과

1) 형벌이 감면되는 경우

범인은닉죄(제151조 제2항), 증거인멸죄(제155조 제4항), 권리행사방해죄(제328조), 절도죄(제334조), 사기 · 공갈죄(제354조), 횡령 · 배임죄(제361조), 장물죄(제363조) 등의 경우에는 형벌이 감면된다.

2) 형벌이 가중되는 경우

자기 또는 배우자의 직계존속에 대한 살인죄(제250조 제2항), 상해·폭행죄(제257조 제2항, 제258조 제3항, 제259조 제2항, 제260조 제2항), 유기·학대죄(제271조 제2항, 제273조 제2항) 등의 경우에는 형벌이 가중된다.

3) 소송법상·특별법상 효과

법관 등의 제척원인(민소법 제41조, 형소법 제17조) 등이 있다.

제2절 家　族

1. 가족의 의미

가족이란 한 집안의 구성원을 말하는데, 2005년의 민법 개정시 호주제도의 폐지에 따라 새로운 가족개념이 도입되었다. 가족에는 '본인'을 기준으로 '배우자, 혈연가족인 직계혈족 및 형제자매'뿐만 아니라 '생계를 같이 하는 직계혈족의 배우자, 배우자의 직계혈족 및 배우자의 형제자매'가 포함된다(제779조). 다만, 제779조상의 가족개념은 친권・부양・상속 등의 법률관계와는 무관한 상징적 규정이라고 할 수 있다. 가족간의 부양의무나 상속권 등은 별도의 규정에서 정하고 있기 때문이다(제826조, 제974조 이하, 제1000조 등).

2. 가족의 범위

> 제779조(가족의 범위) ① 다음의 자는 가족으로 한다.
> 1. 배우자, 직계혈족 및 형제자매
> 2. 직계혈족의 배우자, 배우자의 직계혈족 및 배우자의 형제자매
>
> ② 제1항 제2호의 경우에는 생계를 같이 하는 경우에 한한다.

가족의 범위는 친족여부의 판단과 마찬가지로 '본인'을 기준으로 하여 그와의 친인척관계 및 생계공동체의 구성여부에 의하여 판단된다.

(1) 당연가족형

가족은 우선 배우자와 혈연가족인 직계혈족 및 형제자매로 한정된다(제779조 제1항 제1호). 배우자와 혈연가족이라는 가족의 범위는 현재의 보편적인 핵가족보다 넓은 개념으로써 전통적인 가부장중심의 대가족과는 달리 남녀평등하게 범위가 결정된다는 것과 동거하지 않는 형제자매가 포함된다는 점에서 크게 다르다.

1) 배우자는 현재 혼인관계에 있는 자를 의미하며, 사별한 배우자 또는 이혼한 배우자는 가족에 포함되지 않는다.

2) 가족에는 직계혈족인 조부모, 부모, 자녀, 손자녀 등이 모두 포함되므로 생존해 있는 한 3대 이상의 가족관계도 존재할 수 있으며, 더욱이 부계와 모계를 모두 포함하므로 그 범위가 매우 넓어졌다.

3) 또한 가족에는 본인을 기준으로 부계 및 모계의 혈연관계가 있는 자는 모두 형제자매에 포함되는데, 과거 부계혈연관계가 있는 사람만이 형제자매로 나타나던 것에 비하여 범위가 넓어지게 되었다.

【주 의】
형제자매간에는 생계를 같이 하는 경우(8촌의 혈족, 4촌의 인척을 포함)에만 부양의무가 있다(제974조 제3호). 다만, 형제자매는 생계를 같이 하는지 여부와 무관하게 가족이 된다.

(2) 생계공동형

가족에는 생계공동체 즉, 생계를 같이 하는 직계혈족의 배우자, 배우자의 직계혈족 및 배우자의 형제자매가 편입된다(제779조 제1항 제2호, 동조 제2항).

여기서 직계혈족의 배우자로서 직계존속의 경우에는 혈연관계를 같이 하지 않는 재혼한 배우자(조부 · 조모의 재혼한 배우자, 계부, 계모 등)가 해당되며, 직계비속의 경우에는 며느리, 사위 등이 해당된다.

더욱이 배우자의 직계혈족에는 배우자가 전혼에서 출생한 자녀, 시부모, 장인 · 장모 등이 가족에 포함되어 가족의 범위가 매우 넓어졌으며, 또한 배우자의 형제자매인 시숙, 시누이, 처남, 처제 등이 가족에 포함된다.

【주 의】
직계혈족의 배우자나 배우자의 직계혈족은 생계를 같이 해야 가족이 되지만, 부양의무에 있어서는 생계를 같이 하는지와 무관하다(직계혈족 및 그 배우자간에 해당하기 때문임).

3. 자녀의 성과 본 및 이름

(1) 자녀의 성과 본의 결정과 변경

1) 자녀의 성과 본의 결정

① 자녀는 父의 성과 본을 따르는 것을 원칙으로 한다(제781조 제1항).

【참 고】
부자동성(父子同姓)의 원칙과 성불변(姓不變)의 원칙은 부계혈통주의의 산물이다(구민법상 호주제도의 기반이 되던 것이었음).

② 父가 외국인인 경우에는 子는 모의 성과 본을 따를 수 있다(제781조 제2항).

③ 父를 알 수 없는 자는 모의 성과 본을 따른다(제781조 제3항). 父를 알 수 없는 경우란 혼인외의 자가 부로부터 인지를 받지 못하고 있는 경우가 이에 해당한다.

2) 부모의 협의에 의한 자녀의 성과 본의 결정

① 의 의

자녀는 父의 성과 본을 따르는 것을 원칙으로 하지만, 예외적으로 부모가 혼인신고시 모의 성과 본을 따르기로 협의한 경우에는 어머니의 성을 따를 수 있다(제781조 제1항). 이것은 자녀의 성의 결정에 '부성승계의 원칙'과 '혈통주의에 의한 성의 결정'을 유지하면서 모의 성의 승계가능성을 부여한 것이다(자녀의 성 결정의 강제성 완화, 성결정의 임의성 부여).

한편, 자녀의 복리를 위하여 자녀의 성과 본을 변경할 필요가 있을 때에는 이를 변경할 수 있는데(제781조 제6항), 이 경우에는 부모의 협의에 의해서는 변경할 수 없고, 부 · 모 또는 子의 청구에 의하여 법원의 허가를 받아야 한다.

② 요 건

㈎ 자녀의 성과 본은 부모가 '혼인신고시'에 협의로 미리 정하여야 하며, 혼인 후에 자가 출생한 때에 협의로 정하는 것이 아니다. 혼인신고시에 미리 자녀의 성과 본을 정하게 함으로써 그 혼인에서 출생한 자녀들의 성과 본은 동일하게 된다.

【참 고】
별도의 협의가 없어 子가 아버지의 성과 본을 따른 후에 그 부부가 이혼한 다음 동일한 당사자가 재결합하면서 모의 성과 본을 따르기로 협의하면, 그 후에 출생한 자녀는 모의 성과 본을 따르게 되므로, 동일한 부모 사이에서 출생한 자녀들의 성과 본이 출생시부터 서로 다른 경우도 있을 수 있다.

㈏ 혼인신고시에 부모의 협의로 자녀가 모의 성과 본을 따를 수 있지만, 부나 모의 성과 본이 아닌 제3의 성과 본을 따르기로 정할 수 없다.

③ 절 차

자녀가 모의 성과 본을 따르기로 하는 부모의 협의가 있는 때에는 혼인신고시 혼인당사자의 협의서를 첨부하여야 한다(가족관계등록법 제71조). 또한 자녀의 출생신고를 할 때에도 부모의 협의가 있었다는 사실을 신고서에 기재하여야 한다(동법 제44조 5호).

④ 효 과

자녀가 모의 성과 본을 따르더라도 부자관계에는 법률상 아무런 영향을 미치지 않는다. 따라서 부모가 혼인신고시 모의 성과 본을 따르기로 협의하면, 모의 성과 본을 따르기 때문에 종전의 입부혼(入夫婚) 제도는 폐지되었다.

3) 혼인외의 출생자의 성과 본의 유지

혼인외의 출생자는 부의 인지가 있기 전에는 모의 성과 본을 따르고, 인지가 되면 원칙적으로 부의 성과 본을 따른다. 다만, 혼인외의 출생자가 인지된 경우에도 子는 부모의 협의에 따라 종전의 성과 본을 계속 사용할 수 있다. 만일 부모가 협의할 수 없거나 협의가 이루어지지 않은 경우에는 자는 법원의 허가를 받아 종전의 성과 본을 계속 사용할 수 있다(제781조 제5항).[1] 이것은 자의 복리를 위하여 성과 본이 자동으로 변경되지 않을 수 있도록 한 것이다.

4) 부모를 알 수 없는 경우의 성과 본의 창설

부모를 알 수 없는 子는 법원의 허가를 받아 성과 본을 창설한다(제781조 제4항 본문). 다만, 성과 본을 창설한 후 부 또는 모를 알게 된 때에는 부 또는 모의 성과 본을 따를 수 있다(제781조 제4항 단서).

여기에서 부모를 알 수 없는 子란 주로 고아나 기아의 경우를 의미한다. 고아나 기아가 성과 본을 창설한 후 나중에 부나 모를 알게 되면 부 또는 모의 성과 본을 따를 수 있지만, 이는 강제적인 것은 아니므로 종전의 창설된 성과 본을 그대로 유지할 수도 있다.

---

1) 가정법원은 자의 종전의 성과 본의 계속사용허가 청구가 있는 경우에는 부・모 및 자(단 13세 이상인 때)의 의견을 들을 수 있다(가사소송규칙 제59조의 2 제1항).

판례 민법상의 본이란 원래 소속 시조발상의 지명을 표시하여 혈족계통을 나타내는 제도이므로 자신의 종전 이름으로 본을 창설하겠다는 신청은 본 제도의 취지에 어긋난다고 할 것이다(대결 1984. 3. 31, 84스8, 9).

5) 성과 본의 변경청구

① 의 의

子의 복리를 위하여 子의 성과 본을 변경할 필요가 있을 때에는 부, 모 또는 子의 청구에 의하여 법원의 허가를 받아 이를 변경할 수 있다(성불변의 원칙→성변경 가능성, 가정법원이 직권으로 할 수 없음). 다만, 子가 미성년자이고 법정대리인이 청구할 수 없는 경우에는 제777조의 규정에 따른 친족 또는 검사가 청구할 수 있다(제781조 제6항). 이는 주로 재혼가정에서 자라는 자녀들이 계부(繼父)와 성이 달라서 고통 받는 경우의 문제를 해결하기 위하여 도입한 규정이다. 즉, 이러한 경우에는 자녀의 성을 변경하여 정체성에 대한 혼란을 덜어주고, 가족에 대한 귀속감을 갖게 하는 것이 자녀의 복리에 부합하기 때문이다.[2)]

자녀의 성·본 변경문제는 친양자 제도를 이용하여 해결할 수도 있으나, 친양자로 입양하려면 친생부모의 동의가 필요하고(제908조의 2 제1항 3호), 친양자로 입양되면 입양 전의 친족관계가 종료되기 때문에(제908조의 3 제2항) 성 변경제도가 필요하게 된다. 외국의 입법례를 보더라도 자녀의 복리를 위하여 필요하다고 인정되는 경우에는 법원의 허가를 받아 자녀의 성을 변경할 수 있도록 허용하는 것이 보편적인 경향이다.[3)]

---

2) 재혼 또는 입양가정의 성변경은 '특별한 사정이 없는 한' 거의 대부분 허가되고 있지만, 모의 성으로의 변경심판청구사건에서는 재혼 또는 입양가정보다 엄격한 기준이 적용된다(이현재, "자의 성과 본의 변경심판에 있어서 자의 복리", 가족법연구 제22권 2호(2008. 7), 74면). 그러나 부가 사망하거나 장기간 연락이 두절된 경우 또는 유치원·학교 등에서 이미 모의 성을 사용하고 있는 경우에는 자녀가 성 변경을 간절히 원하면 심리를 보다 완화하여 허가할 수 있도록 하고 있다(법률신문 2008. 3. 13자).

3) 예컨대, 스위스민법 제30조 제1항, 독일민법 제1618조, 영국의 1989년 아동법, 스웨덴의 1982년 성명법, 오스트리아의 1988년 3월 22일 성명변경에 관한 법률, 덴마크의 1988년 2월 22일 성명법 등. 물론 이때 최고의 기준이 되는 것은 자의 복리원칙이다.

② **변경절차**

㈎ 자녀의 성과 본의 변경은 신분관계의 혼란을 가져올 염려가 있으므로, 당사자의 의사만으로는 할 수 없고 청구권자의 청구에 의하여 가정법원의 허가를 받아야 한다(가소 제2조 제1항 라류사건 4의 3호). 이 경우 법원은 '자의 복리'를 기준으로 성의 변경허가 여부를 판단하여야 한다. 이처럼 부의 성과 본을 다른 성과 본으로 변경하는 경우에는 법원의 허가를 받으면 되므로, 부의 동의를 받을 필요는 없다. 다만, 가정법원은 성과 본의 변경청구가 있는 경우, 부·모 및 자(단 13세 이상인 때)의 의견을 들을 수 있고, 자의 부모 중 자와 성과 본이 동일한 사람의 사망 그밖의 사유로 의견을 들을 수 없는 때에는 자와 성과 본이 동일한 최근친 직계존속의 의견을 들을 수 있다(가사소송규칙 제59조의 2 제2항).

㈏ 자녀의 성과 본을 변경하고자 하는 사람은 재판확정일로부터 1개월 이내에 재판서의 등본 및 확정증명서를 첨부하여 신고하여야 한다(가족관계등록법 제100조 제1항). 그리고 신고서에는 변경 전의 성·본, 변경한 성·본 그리고 재판확정일을 기재하여야 한다(동법 제100조 제2항).

판례 제781조 제6항에 정한 '자의 복리를 위하여 자의 성과 본을 변경할 필요가 있을 때'에 해당하는지 여부는 자의 나이와 성숙도를 감안하여 자 또는 친권자·양육자의 의사를 고려하되, 먼저 자의 성·본 변경이 이루어지지 아니할 경우에 내부적으로 가족 사이의 정서적 통합에 방해가 되고 대외적으로 가족 구성원에 관련된 편견이나 오해 등으로 학교생활이나 사회생활에서 겪게 되는 불이익의 정도를 심리하고, 다음으로 성·본 변경이 이루어질 경우에 초래되는 정체성의 혼란이나 자와 성·본을 함께 하고 있는 친부나 형제자매 등과의 유대관계의 단절 및 부양의 중단 등으로 인하여 겪게 되는 불이익의 정도를 심리한 다음, 자의 입장에서 위 두 가지 불이익의 정도를 비교형량하여 자의 행복과 이익에 도움이 되는 쪽으로 판단하여야 한다. 이와 같이 자의 주관적·개인적인 선호의 정도를 넘어 자의 복리를 위하여 성·본의 변경이 필요하다고 판단되고, 범죄를 기도 또는 은폐하거나 법령에 따른 각종 제한을 회피하려는 불순한 의도나 목적이 개입되어 있는 등 성·본 변경권의 남용으로 볼 수 있는 경우가 아니라면, 원칙적으로 성·본 변경을 허가함이 상당하다(대결 2009. 12. 11, 2009스23).

③ **효 과**

성과 본의 변경에 의해서 부자·모자관계에는 영향이 없다. 예컨대, 자가 계부의 성과 본으로 변경하였다고 해서 생부와의 부자관계가 소멸하는 것은 아니며, 계부와 그 자 사이에 법률상 부자관계가 성립하는 것도 아니다. 따라서 생부와의 상속관계나 부양관계는 존속하며, 계부와의 상속관계가 인정되는 것도 아니다. 다만, 계부는 직계혈족의 배우자이므로, 상호간의 부양의 권리의무는 인정된다(제974조). 계부와의 법률상 부자관계가 성립하기 위해서는 입양(친양자입양 포함)을 하는 등의 절차를 거쳐야 한다.

(2) 이름의 결정과 변경

1) 이름의 결정

사람의 이름은 출생신고시에 결정하여 신고한다. 자녀의 이름에는 한글 또는 통상 사용되는 한자를 사용하여야 한다. 통상 사용하는 한자의 범위는 대법원규칙으로 정한다(가족관계등록법 제44조 제3항).

2) 이름의 변경(개명)

① 가정법원의 개명허가

이름을 변경하고자 하는 사람은 주소지를 관할하는 가정법원의 허가를 받고, 그 허가서의 등본을 받은 날로부터 1개월 이내에 신고하여야 한다. 신고서에는 변경 전의 이름, 변경한 이름, 허가연월일을 기재하여야 하고, 허가서의 등본을 첨부하여야 한다(가족관계등록법 제99조 제1항 · 제2항 · 제3항).

② 개명허가의 기준

가정법원의 개명허가와 관련하여, 개명을 허가할 만한 상당한 이유가 있다고 인정되고, 개명신청권의 남용으로 볼 수 있는 경우가 아니라면, 원칙적으로 개명을 허가함이 상당하다고 본다(대판 2005. 11. 16, 2005스26).

판례 개명신청을 하는 사람이 신청이유로 제시하는 바가 개인적인 평가 또는 판단에서 나왔다고 하더라도 그것이 일시적 · 즉흥적인 착상이 아니고 신중한 선택에 기하였다고 판단되는 한 그것이 그 자체로 현저히 불합리한 것이 아니라면 그것만으로 이를 개명의 상당한 이유에 해당하지 않는다고 볼 수 없다. 개명은 범죄를 기도 또는 은폐하거나 법령에 따른 각종 제한을 회피하거나 부정한 금전적 이익을 얻으려는 의도가 개입되는 등으로 개명신청권의 남용으로 볼 수 있는 경우에는 이를 허용하여서는 안 된다 (대결 2009. 10. 16, 2009스90).

☞ 본 판례는 파산선고 및 면책결정을 받은 자가 자신의 이름이 '흔하고 개성이 없고 시대에 뒤떨어진다'는 등의 이유로 개명신청을 한 사안에서, 그 개명신청의 이유가 주관적이라는 사정만으로 개명을 허가할 상당한 이유에 해당하지 않는다고 볼 수 없고, 개명신청자 스스로 파산선고 및 면책결정을 받은 사실을 개명신청 이유의 하나로 표명하고 있는 등 개명신청권의 남용이 있다고 볼 수 없다는 이유로, 개명을 불허한 원심결정을 파기한 사례이다.

제 3 장 婚姻法

제1절 約 婚

1. 의 의

약혼이란 1남 1녀가 장차 혼인할 것을 목적으로 하는 계약(혼인예약)이다. 따라서 약혼은 혼인의사 없이 동거생활을 하는 동서(同棲), 실질적인 혼인생활을 하면서 혼인신고만을 하지 않고 있는 사실혼 등과 구별된다. 또한 약혼은 우리의 관습이었던 정혼(定婚)과도 다르다. 정혼은 혼인하려는 남녀 당사자가 혼인을 약속하는 것이 아니라, 남녀 양가의 주혼자인 부모간의 합의에 의해 자녀의 혼인이 성립되는 제도로서 계약원리에 위반되는 봉건적 관행이었다. 따라서 정혼은 일종의 약혼의 대리로서 이는 무효이다.

2. 약혼의 성립

제800조(약혼의 자유) 성년에 달한 자는 자유로 약혼할 수 있다. 제801조(약혼연령) 18세가 된 사람은 부모나 미성년후견인의 동의를 받아 약혼할 수 있다. 이 경우 제808조를 준용한다. 제802조(성년후견과 약혼) 피성년후견인은 부모나 성년후견인의 동의를 받아 약혼할 수 있다. 이 경우 제808조를 준용한다.

(1) 요 건

1) 실질적 요건

① 당사자의 의사의 합치

약혼은 혼인하려는 당사자의 의사의 합치로 성립하며(낙성계약), 혼인에서의 신고와 같은 특별한 방식이 요구되지 않는다. 이러한 합의는 당사자 간에 직접 이루어져야 하며, 대리는 허용되지 않는다. 예컨대, 정혼의 경우 당사자 본인의 승낙이 없는 이상 무효이다.

참조판례 명시적으로 약혼의 의사를 표시하지 않았다고 해도 약 2년간에 걸친 교제 및 성적 교섭을 통하여 상대방에게 혼인의 성립에 대한 신뢰를 주었다면 당사자 사이에 약혼의 성립을 인정하는 것이 타당하다(서울가판 1995. 7. 13, 94드37503).

* 본 판례는 약혼으로 인정할만한 외형은 없지만, '약혼성립에 대한 신뢰보호'를 위해 약혼성립을 긍정한 점에 의의가 있다.

② 약혼연령에 달할 것

성년에 달한 자는 자유로이 약혼할 수 있다(제800조). 그러나 당사자가 미성년자인 때에는 남·녀 모두 만 18세에 달하여야 약혼을 할 수 있다(제801조). 따라서 이 연령에 미달하는 경우에는 부모의 동의가 있어도 약혼할 수 없다. 한편, 약혼연령은 경솔한 혼인결정을 예방하려는 목적 등을 가지고 있기 때문에, 연령미달자의 약혼은 제817조의 유추적용에 의하여 취소할 수 있다고 하여야 할 것이다.[1]

③ 미성년자나 피성년후견인의 경우 동의권자의 동의 필요

㈎ 미성년자의 약혼: 부모의 동의를 받아야 하며, 부모 중 한쪽이 동의권을 행사할 수 없을 때는 다른 한쪽의 동의를 받아야 하고, 만일 부모가 모두 동의권을 행사할 수 없을 때에는 미성년후견인의 동의를 받아야 한다(제801조, 제808조 제1항).

㈏ 피성년후견인의 약혼: 부모나 성년후견인의 동의를 받아 약혼할 수 있다(제802조).

㈐ 약혼에는 일반적인 행위능력이 필요치 않으므로, 피한정후견인은 타인의 동의 없이 단독으로 약혼할 수 있다. 다만, 약혼 후 한정후견개시의 심판을 받은 경우 약혼해제사유가 된다(제804조 제2호).

㈑ 동의를 요하는 약혼에 동의권자의 동의가 없는 경우, 그 효과에 대한 규정은 없지만 혼인의 경우에 준하여 약혼취소사유가 되는 것으로 해석한다(제816조 제1호의 유추적용).[2]

1) 김주수·김상용, 친족·상속법, 73면; 박동섭, 친족상속법, 75면; 양형우, 민법의 세계, 1703; 한봉희, 가족법, 65면.

④ 2중 약혼 등이 아닐 것

배우자있는 자의 약혼이나 이중약혼은 원칙적으로 무효이다. 선량한 풍속과 사회질서에 위반되기 때문이다. 다만, 사회적 질서에 반하지 않는 배우자의 약혼은 유효하다(예컨대, 사실상 이혼상태에 있으면서 이혼의 진지한 의사가 있는 자의 약혼).[3)]

판례 상대방이 내연의 처가 있고 그 사이에 4남매의 자녀를 둔 남자이어서 정식으로 혼인하기 어려운 사정임을 알고 있었다면 그 남자의 꾀임에 빠져 동거생활 중 그 사이에 아들을 분만하였다 하여도 진실한 혼인예약이 성립될 수 없다(대판 1965. 7. 6, 65므12).

【참 조】
배우자의 사망이나 이혼을 조건으로 한 약혼도 무효로 본다(대판 1955. 7. 14, 4288민상156 참조).

⑤ 혼인장애사유가 없을 것

혼인이 무효가 되는 근친관계(제815조 제2 · 3 · 4호)에 있는 자 사이의 약혼은 불능을 목적으로 한 계약이므로 무효이다(제809조).[4)] 이 경우 선의의 당사자는 손해배상을 청구할 수 있을 것이다.

판례 부첩관계를 맺음에 있어서 처의 사망 또는 이혼이 있을 경우에 첩과 혼인신고를 하여 입적하게 한다는 부수적 약정도 공서양속에 위반한 무효한 행위이다(대판 1955. 7. 14, 4288민상156).

⑥ 조건이나 기한

약혼에 조건이나 기한을 붙인 경우, 그것이 선량한 풍속 그밖에 사회질서에 위반하지 않는 한 유효한 약혼으로 본다. 예컨대, 시기(始期)를 붙인 약혼은 그 성질상 유효할 것이다.[5)]

2) 김주수 · 김상용, 친족 · 상속법, 74면.
3) 김주수 · 김상용, 친족 · 상속법, 74면; 박동섭, 친족상속법, 75면.
4) 김주수 · 김상용, 친족 · 상속법, 74면; 박동섭, 친족상속법, 76면.

2) 형식적 요건(방식)의 필요 여부

약혼에는 형식요건을 필요로 하지 않기 때문에 약혼의 법적 성질은 불요식의 낙성계약(諾成契約)이라고 할 수 있다. 따라서 약혼에는 혼인에서의 신고와 같은 특별한 방식이 요구되지 않는다(대판 1998. 12. 8, 98므961). 약혼시 예물의 교환이나 그밖의 의식 등은 약혼성립의 입증자료일 뿐, 그 성립요건은 아니다. 즉, 예물의 교환이나 의식이 없었다고 하여 약혼이 무효가 되는 것은 아니다.

> 판례 일반적으로 약혼은 특별한 형식을 거칠 필요 없이 장차 혼인을 체결하려는 당사자 사이에 합의가 있으면 성립하는 데 비하여, 사실혼은 주관적으로는 혼인의 의사가 있고, 또 객관적으로는 사회통념상 가족질서의 면에서 부부공동생활을 인정할 만한 실체가 있는 경우에 성립한다(대판 1998. 12. 8, 98므961).

(2) 효 과

> 제803조(약혼의 강제이행금지) 약혼은 강제이행을 청구하지 못한다.

1) 혼인체약의무

약혼은 혼인성립의 약속이기 때문에 당사자는 서로 성실하게 교제하고, 정당한 사유(제804조)가 없는 한 혼인관계를 성립시킬 의무를 부담한다. 그러나 혼인은 자유로운 의사에 의하여 성립되어야 하기 때문에 약혼에 대하여 강제이행을 청구할 수는 없다(제803조). 다만, 당사자의 일방이 이행의무를 위반하였을 때에는 과실 있는 상대방에 대하여 손해배상을 청구할 수 있다(제806조 제1항).

2) 제3자에 의한 약혼관계의 침해

부모 등 제3자가 약혼자의 권리(또는 약혼관계)를 침해한 경우에는 불법행위로 인한 손해배상을 청구할 수 있다.

---

5) 김주수 · 김상용, 친족 · 상속법, 74면; 박동섭, 친족상속법, 76면; 한봉희, 가족법, 66면.

판례 남자와 여자가 장래에 있어서 부부로서 혼인할 것을 약속하고 사실상 부부로서 같이 살림을 하고 있는 경우 이른바 내연관계에 있어서는 남자는 민법상 부권은 없다 할지라도 이 약혼상의 권리는 보유하고 있다 할 것이니 제3자가 약혼 중의 여자를 간음하여 남자로 하여금 혼인을 할 수 없게 하였다면 약혼으로 인한 남자의 권리를 침해한 것이라고 할 것이고 이는 불법행위를 구성한다(대판 1961. 10. 19, 4293민상531).

3) 약혼중의 자

약혼자 사이에는 가족법적 지위가 없기 때문에,[6] 약혼만으로는 친족관계가 발생하지 않는다. 또한 약혼 중에 출생한 자녀는 혼인 외의 자가 되지만, 그 후 약혼 당사자가 혼인하면 준정(準正)으로 인하여 그 자는 혼인중의 자가 된다(제855조 제2항).

3. 약혼의 해제

제804조(약혼해제의 사유) 당사자 한쪽에 다음 각 호의 어느 하나에 해당하는 사유가 있는 경우에는 상대방은 약혼을 해제할 수 있다.
1. 약혼 후 자격정지 이상의 형을 선고받은 경우
2. 약혼 후 성년후견개시나 한정후견개시의 심판을 받은 경우
3. 성병, 불치의 정신병, 그 밖의 불치의 병질(病疾)이 있는 경우
4. 약혼 후 다른 사람과 약혼이나 혼인을 한 경우
5. 약혼 후 다른 사람과 간음(姦淫)한 경우
6. 약혼 후 1년 이상 생사(生死)가 불명한 경우
7. 정당한 이유 없이 혼인을 거절하거나 그 시기를 늦추는 경우
8. 그 밖에 중대한 사유가 있는 경우

제805조(약혼해제의 방법) 약혼의 해제는 상대방에 대한 의사표시로 한다. 그러나 상대방에 대하여 의사표시를 할 수 없는 때에는 그 해제의 원인있음을 안 때에 해제된 것으로 본다.

제806조(약혼해제와 손해배상청구권) ① 약혼을 해제한 때에는 당사자일방은 과실있는 상대방에 대하여 이로 인한 손해의 배상을 청구할 수 있다.
② 전항의 경우에는 재산상 손해 외에 정신상 고통에 대하여도 손해배상의 책임이 있다.

6) 약혼자 사이에 가족법적 지위가 인정되고 있는 입법례도 있다(독일민법, 스위스민법 등).

> ③ 정신상 고통에 대한 배상청구권은 양도 또는 승계하지 못한다. 그러나 당사자간에 이미 그 배상에 관한 계약이 성립되거나 소를 제기한 후에는 그러하지 아니하다.

(1) 약혼의 해제사유

1) 법정해제사유

약혼 중 정당한 사유(제804조 제1호~제8호)가 발생하는 경우에는 언제든지 약혼을 해제할 수 있다. 다만, 정당한 사유 없이 약혼을 해제하는 때에는 손해배상청구의 원인이 된다.

① 약혼 후 자격정지 이상의 형을 선고받은 경우

② 약혼 후 성년후견개시나 한정후견개시의 심판을 받은 경우

③ 성병, 불치의 정신병, 그 밖의 불치의 병질이 있는 경우

이 사유의 발생시기는 약혼 전이건, 약혼 후이건 묻지 않는다.

④ 약혼 후 다른 사람과 약혼이나 혼인을 한 경우

약혼 후 다른 사람과 약혼하는 이른바 이중약혼은 무효로 보는 견해가 일반적이지만, 이와는 별도로 선행의 약혼은 해제사유로 된다.

⑤ 약혼 후 다른 사람과 간음한 경우

약혼 전의 간음행위는 여기에 포함되지 않으므로 일방적인 약혼해제사유가 될 수 없다. 즉, 약혼단계에서의 간음행위 등의 부정행위가 약혼해제사유로 된다. 한편, 약혼 후에 간음할 한 경우, 일단 혼인을 하면 이는 혼인 전의 간음이므로 이혼사유가 되지 않는다(대판 1991. 9. 13, 91므85, 92).

> 판 례 제840조 1호의 재판상 이혼사유인 배우자에 부정한 행위가 있었을 때라 함은 혼인한 부부간의 일방이 부정한 행위를 한 때를 말하는 것이므로, 혼인 전 약혼단계에서 부정한 행위를 한 때에는 1호의 이혼사유에 해당한다고 할 수는 없다(대판 1991. 9. 13, 91므85, 92).

⑥ 약혼 후 1년 이상 생사가 불명한 경우

⑦ 정당한 이유 없이 혼인을 거절하거나 그 시기를 늦추는 경우

정당한 이유란 예컨대, 학업을 마친 후에 혼인하겠다든가, 외국에 체류 중

귀국에 장애가 생긴 경우, 경제사정의 악화, 건강의 악화로 치료를 요하는 경우 등을 말한다.[7]

⑧ 그 밖에 중대한 사유가 있는 경우

중대한 사유는 추상적 약혼해제사유로서 무엇이 여기에 해당할 것인지는 가정법원의 판단사항이라고 할 수 있다. 예컨대, 약혼시 상대방에게 학력·직업·경력·직급 등을 속인 경우 등이 중대한 사유에 해당될 것이다. 또한 중대한 사유는 추상적 사유이기 때문에 위와 같은 개별적 약혼의 해제사유 외에도 혼인의 성립을 어렵게 하거나 불가능하게 하는 사유가 해당될 것이다(예컨대, 학대, 폭행, 심한 주벽이나 도박벽, 심한 성격불일치 등).[8] 다만, 임신불능은 약혼해제의 사유가 되지 않는다(대판 1960. 8. 18, 4292민상995).

판 례 약혼은 혼인할 것을 목적으로 하는 혼인의 예약이므로 당사자 일방은 자신의 학력, 경력 및 직업과 같은 혼인의사를 결정하는 데 있어 중대한 영향을 미치는 사항에 관하여 이를 상대방에게 사실대로 고지할 신의성실의 원칙상의 의무가 있다(대판 1995. 12. 8, 94므1676, 1683).

2) 당사자의 일방적 해제

법정해제사유에 관계없이 당사자 일방이 임의로 약혼을 해제하는 것도 가능하다. 다만, 이 경우에는 상대방에 대하여 손해배상의 책임을 지게 된다(제806조).

3) 당사자의 합의에 의한 해제

당사자의 합의에 의해서도 약혼을 해제할 수 있다.

(2) 해제방법

1) 상대방에 대한 의사표시

약혼의 해제는 상대방에 대한 의사표시(말, 전화, 우편 모두 상관없음)로 하며

7) 김주수·김상용, 친족·상속법, 77면.

8) 한봉희, 가족법, 67~68면.

(제805조 본문), 그 성질은 상대방 있는 단독행위이다.

2) 의사표시를 할 수 없는 경우

상대방에 대하여 의사표시를 할 수 없는 때(예컨대, 생사불명)는 그 해제의 원인이 있음을 안 때에 해제된 것으로 본다(제805조 단서).

(3) 약혼해제의 효과

1) 손해배상의 청구

① 약혼이 해제되면, 당사자 사이에는 처음부터 그러한 약혼이 없었던 것과 같이 된다. 그러나 약혼의 해제가 당사자 일방의 귀책사유로 인한 경우(즉, 정당한 이유 없는 약혼해제의 경우), 타방 당사자는 과실 있는 상대방에 대하여 손해배상을 청구할 수 있다(제806조 제1항; 가소 제2조 제1항 다류사건 1호, 제50조). 과실 여부의 판단에 대하여는 약혼으로 인하여 생긴 당사자의 생활관계 또는 약혼의 해제에 이르게 된 경위와 책임 등 여러 가지 사정을 고려하여 종합적으로 판단하여야 한다.

② 당사자 상호간에 유책인 경우에는 과실상계규정(제396조)을 준용하여 손해배상액의 범위를 결정하여야 할 것이다.[9]

③ 손해배상의 범위에는 재산상 손해뿐만 아니라 정신상 고통에 대한 손해(위자료)도 포함된다(제806조 제2항). 예컨대, 약혼준비 및 약혼식에 소요된 비용(적극손해), 약혼으로 인한 일실이익(혼인을 위하여 사직한 경우 등), 혼인중매비용 등이 포함될 수 있다.

④ 위자료청구권은 행사상의 일신전속권이므로 타인에게 양도 또는 승계하지 못한다(제806조 제3항 본문). 다만, 당사자 사이에 이미 그 배상에 관한 계약이 성립되거나 소를 제기한 후에는 양도 또는 승계할 수 있다(제806조 제3항 단서). 이 경우는 이미 배상액이 구체화되어 재산적 청구권으로 전환되었기 때문이다(대판 1993. 5. 27, 94므143).

---

9) 김주수 · 김상용, 친족 · 상속법, 79면; 이경희, 가족법, 137면.

⑤ 손해배상청구권은 약혼 당사자 이외의 부모 등에게도 인정된다. 그리고 당사자 외에 약혼관계를 부당하게 침해한 제3자도 손해배상책임을 부담한다.

판례 이혼위자료청구권은 상대방 배우자의 유책불법한 행위에 의하여 혼인관계가 파탄상태에 이르러 이혼하게 된 경우 그로 인하여 입게 된 정신적 고통을 위자하기 위한 손해배상청구권으로서 이혼시점에서 확정, 평가되고 이혼에 의하여 비로소 창설되는 것이 아니며, 이혼위자료청구권의 양도 내지 승계의 가능 여부에 관하여 민법 제806조 제3항은 약혼해제로 인한 손해배상청구권에 관하여 정신상 고통에 대한 손해배상청구권은 양도 또는 승계하지 못하지만 당사자간에 배상에 관한 계약이 성립되거나 소를 제기한 후에는 그러하지 아니하다고 규정하고 같은 법 제843조가 위 규정을 재판상 이혼의 경우에 준용하고 있으므로 이혼위자료청구권은 원칙적으로 일신전속적 권리로서 양도나 상속 등 승계가 되지 아니하나 이는 행사상 일신전속권이고 귀속상 일신전속권은 아니라 할 것인바, 그 청구권자가 위자료의 지급을 구하는 소송을 제기함으로써 청구권을 행사할 의사가 외부적 객관적으로 명백하게 된 이상 양도나 상속 등 승계가 가능하다(대판 1993. 5. 27, 92므143).

판례 약혼을 부당히 파기당한 자뿐만 아니라 당연히 정신적 고통을 받게 되는 同人의 부모 또한 손해배상을 청구할 수 있다(대판 1975. 1. 14, 74므11).

판례 약혼해제로 인한 손해배상청구에 있어 약혼을 부당히 파기한 약혼 당사자뿐만 아니라 약혼 당사자의 부모된 자가 부당파기에 가담한 경우에는 그들도 포함하여 손해배상을 청구할 수 있다(대판 1975. 1. 14, 74므11).

2) 약혼예물반환청구권

① 약혼예물의 성격

예물은 혼인의 성립을 전제로 한 증여이기 때문에 혼인이 성립되지 않은 경우 부당이득이 되어 반환청구권이 인정된다. 판례에서는 약혼으로 인하여 수수한 예물이나 금품은 약혼의 성립을 입증하는 증거물임과 동시에 혼인의 불성립을 해제조건으로 하는 증여로 보고 있다(대판 1976. 12. 28, 76므41, 42).

② 혼인성립 후 혼인이 해소된 경우

혼인(사실혼 포함)이 성립한 후 이혼 등으로 그 혼인이 해소된 경우에는 약혼

예물이나 그 밖의 증여물의 반환문제는 생기지 않는다. 혼인이 성립한 이상 해제조건은 성취 불능이 되어 무조건의 증여로 되기 때문이다(대판 1996. 5. 14, 96다5506). 다만, 혼인성립 후 극히 짧은 기간(예컨대 1, 2년의 단기간) 내에 그 혼인이 해소된 경우에는 신의형평의 원칙상 혼인의 불성립으로 보아 반환청구권을 인정한다.[10] 판례는 결혼생활이 단기간에 파탄된 경우 집을 살 때 보탠 돈은 전액 반환하여야 한다고 한다(대판 2003. 11. 14, 2000므1257, 1264). 따라서 혼인이 성립되어 상당기간 지속된 이상 그 후 혼인이 파탄되고 그 파탄책임이 예물수령자(예컨대, 며느리)에게 있더라도 그 예물은 수령자의 소유로 확정된다(대판 1996. 5. 14, 96다5506).

> 판 례 약혼예물의 수수는 약혼의 성립을 증명하고 혼인이 성립한 경우 당사자 내지 양가의 정리를 두텁게 할 목적으로 수수되는 것으로 혼인의 불성립을 해제조건으로 하는 증여와 유사한 성질을 가지므로, 예물의 수령자측이 혼인 당초부터 성실히 혼인을 계속할 의사가 없고 그로 인하여 혼인의 파국을 초래하였다고 인정되는 등 특별한 사정이 있는 경우에는 신의칙 내지 형평의 원칙에 비추어 혼인 불성립의 경우에 준하여 예물반환 의무를 인정함이 상당하나 그러한 특별한 사정이 없는 한 일단 부부관계가 성립하고 그 혼인이 상당한 기간 지속된 이상 후일 혼인이 해소되어도 그 반환을 구할 수는 없는 것이므로 비록 혼인 파탄의 원인이 며느리에게 있더라도 혼인이 상당기간 계속된 이상 약혼예물의 소유권은 며느리에게 있다(대판 1996. 5. 14, 96다5506).

③ 혼인이 불성립한 경우

㈎ 약혼의 합의해제의 경우: 이 경우 예물의 반환 여부는 합의로 결정한다. 만일 예물반환에 관한 합의가 없는 경우에는 부당이득법리에 따라 반환을 청구할 수 있다.[11]

㈏ 당사자 일방의 과실로 약혼이 파기된 경우: 일방의 과실로 인하여 약혼이 해제된 경우, 과실이 없는 당사자는 그가 제공한 예물의 반환청구권을 가지고 받은 예물의 반환의무는 없다. 즉, 무과실의 당사자만이 반환청구권을 행사할 수 있고(제806조 제1항 유추적용), 과실 있는 당사자(유책자)는

---

10) 김주수 · 김상용, 친족 · 상속법, 81면; 이경희, 가족법, 137면; 한봉희, 가족법, 70면.

11) 약혼을 합의에 의하여 해제한 경우, 당사자 사이에 손해배상에 대한 아무런 합의가 없었다면, 손해배상청구권을 포기한 것으로 볼 수 있을 것이다(김주수 · 김상용, 친족 · 상속법, 79면).

적극적으로 반환청구를 할 수 없으며 오히려 자신이 받은 예물을 반환하여야 한다.

판례 약혼예물의 수수는 혼인불성립을 해제조건으로 하는 증여와 유사한 것으로 보아 혼인의 불성립이 확정되었을 때는 약혼해제에 관하여 과실이 있는 유책자는 그가 제공한 약혼예물을 적극적으로 반환청구할 권리가 없다(대판 1976. 12. 28, 76므41, 42).

【참조견해】
유책당사자는 손해배상책임을 지므로, 이와 별도로 예물반환청구권도 상실하게 하는 것은 부당하고 손해배상책임의 범위를 정하면서 배상액 인정에 이를 반영하는 것이 바람직하다는 이유로 유책당사자도 반환청구권이 있다는 견해도 있다.[12)]

㈐ 약혼 당사자의 일방이 사망한 경우: 약혼 후 혼인에 이르기 전에 약혼당사자 일방이 사망한 경우에도 교부된 약혼예물은 반환되어야 하는지 의문이다. 이러한 경우 우리 민법은 규정을 두지 않고 있다. 이에 따라 예물반환청구권은 발생한다는 견해[13)]와 원칙적으로 반환할 필요가 없다고 보는 것이 사회통념에 적합하다는 견해[14)]가 있다. 도의관념이나 사회통념상 반환청구를 부인하는 것이 타당할 것이다.[15)]

㈑ **당사자 쌍방의 과실로 약혼이 해제된 경우**: 약혼 당사자 쌍방유책의 경우에는 부당이득의 법리에 따라 예물의 반환을 청구할 수 있지만, 과실상계의 법리(제396조)를 적용하여 반환범위를 정한다는 견해가 일반적이다.

제2절 婚 姻

1. 혼인의 성립

혼인법은 양성평등과 일부일처제를 기초로 하여 양성의 자유로운 합의에

12) 송덕수, 신민법강의, 1765면; 오종근, "약혼예물의 반환에 관한 일고찰", 판례월보 제232호, 27면.
13) 김주수 · 김상용, 친족 · 상속법, 81면.
14) 이경희, 가족법, 137면.
15) 한봉희, 가족법, 70면.

의한 결합인 혼인에서 출발한다. 따라서 혼인의 성립요건도 이러한 혼인법의 기본이념에 합치되어야 한다. 즉, 혼인이 유효하게 성립하기 위해서는 민법에서 정한 일정한 요건을 갖추어야 하는데, 그것은 실질적 요건과 형식적 요건으로 나누어진다. 혼인은 당사자간의 합의에 의하여 성립하는 계약으로서, 혼인의사의 합치와 함께 혼인신고가 있어야 성립한다(법률혼주의).

(1) 실질적 요건

1) 당사자 사이의 혼인의사의 합치

① 혼인의사의 의미

㈎ 실질적 의사설: 혼인의사를 사회통념에 따라 사회습속상의 혼인(정신적·육체적 결합)을 형성하려는 의사 즉, 효과의사로 파악하는 견해(신고의사 포함)이다. 따라서 당사자가 실체적 부부관계를 형성할 의사 없이 혼인신고를 하여 혼인의 법률상 효과의 취득만을 구하는 가장혼인을 무효라고 본다(다수설).

㈏ 형식적 의사설: 신분행위가 모두 요식행위로 되어 있음에 착안하여 혼인의사를 법적으로 부부관계를 형성시키기 위한 등록부에의 신고의사로 파악하는 견해로써, 가장혼인을 유효로 본다.

㈐ 법적 의사설: 혼인의사를 민법상의 정형에 맞는 혼인을 하려는 의사로 파악하는 견해로써,[16] 혼인의 실질적 의사와 혼인신고의사를 모두 요구한다. 따라서 가장혼인을 무효로 본다.

【참 조】 실질적 의사설과 형식적 의사설의 구체적 차이점
가장혼인의 효력 및 사실혼 당사자의 일방이 한 혼인신고의 효력에서 나타난다.

㈑ 판 례: 실질적 의사설을 취하여 가장혼인 등을 무효로 본다(의사능력 결여혼, 대락혼, 정혼, 강제혼, 가장혼인은 모두 무효).

16) 조미경, "혼인의사와 신고", 가족법연구 제10호(1996), 75면.

> **판 례** 단순히 피청구인으로 하여금 초등학교의 교사직으로부터 면직당하지 않게 할 수단으로 호적부상 부부가 되는 것을 가장하기 위하여 이루어졌을 뿐 당사자 사이에 혼인의 합의, 즉 정신적 · 육체적 결합을 생기게 할 의사로서 신고된 것이 아니라면 청구인과 피청구인간의 혼인관계는 무효이다(대판 1980. 1. 29, 79므62).

> **판 례** 혼인의 합의란 법률혼주의를 택하고 있는 우리나라 법제하에서는 법률상 유효한 혼인을 성립케 하는 합의를 말하는 것이므로 비록 양성간의 정신적 · 육체적 관계를 맺는 의사가 있다는 것만으로는 혼인의 합의가 있다고 할 수 없다(대판 1983. 9. 27, 83므22).

> **판 례** 청구인과 근 30년간 부첩관계를 맺고 그 사이에서 2남 2녀를 출산한 피청구인이 청구인의 본처가 사망하자 청구인에게 혼인신고를 요구하여, 청구인이 이를 응락하고 혼인신고를 하도록 딸에게 교부한 인장을 피청구인이 사용하여 혼인신고서를 작성하여 이 사건 혼인신고를 한 것이라면, 설사 당사자 사이에 이후 동거하기로 하는 합의가 따로 없이 혼인신고 후에도 계속 별거하면서 왕래하려는 의사만 있었더라도 혼인의 실질적 합의가 없었다고는 할 수 없다(대판 1990. 12. 26, 90므293).

② 혼인의사의 존재시기

혼인의사는 신고서 작성시는 물론 수리시에도 존재하여야 한다(임의적 혼인신고의 경우). 따라서 혼인신고서를 제출하기 전에 당사자 일방이 혼인의사를 철회한 경우, 그 후에 타방당사자가 그 작성된 신고서를 제출하여 수리되어도 혼인의사의 합치는 없는 것이 되어 그 혼인은 무효이다(대판 1983. 12. 27, 83므28).

【참 고】 조정이나 재판에 의한 혼인신고의 경우
이 경우는 보고적 신고이기 때문에 신고서를 작성할 때나 신고가 수리될 때에 당사자의 의사는 필요치 않다고 할 수 있으며, 따라서 철회는 불가능하다.

③ 의사능력

혼인의사의 성립에는 의사능력을 필요로 하며, 혼인의사의 합치는 대리할 수 없다.

판례 남편이 뇌졸중으로 혼수상태에 빠져 있는 사이에, 또는 남편이 사망하기 1일전이나 2개월 전에 아내가 혼인신고를 하였다면 그 혼인은 무효이다(대판 1996. 6. 28, 94므1089; 서울가판 1997. 5. 23, 96드98106).

④ 조건부·기한부 혼인의사

선량한 풍속이나 사회질서에 반하는 조건부・기한부 혼인 등은 무효이다. 혼인의 의사는 남녀가 평생 동거할 의사이기 때문이다.

2) 혼인적령의 도달

제807조(혼인적령) 만 18세가 된 사람은 혼인할 수 있다.

① 민법상 혼인연령은 남자・여자 모두 만18세이다(제807조). 이 연령은 가족등록부상의 연령을 기준으로 하며(가예 제141호), 연령기산시 출생일을 산입한다(제158조).

② 부적령의 혼인은 당사자나 그 법정대리인이 취소할 수 있다(제817조).

3) 부모 등의 동의

제808조(동의가 필요한 혼인) ① 미성년자가 혼인을 하는 경우에는 부모의 동의를 받아야 하며, 부모 중 한쪽이 동의권을 행사할 수 없을 때에는 다른 한쪽의 동의를 받아야 하고, 부모가 모두 동의권을 행사할 수 없을 때에는 미성년후견인의 동의를 받아야 한다.
② 피성년후견인은 부모나 성년후견인의 동의를 받아 혼인할 수 있다.

① 미성년자

㈎ 미성년자의 혼인에는 부모의 동의가 있어야 한다(제808조 제1항). 부모의 혼인동의권은 자에 대한 보호적 기능에서 나온 것이다.

㉠ 동의권을 행사하는 부모는 반드시 친권자일 필요가 없으므로, 이혼한 경우라도 부・모는 동의권을 갖는다.

㉡ 친권을 상실한 부 또는 모의 혼인동의권에 대하여는 동의권을 줄 필요가 없다는 견해[17]와 동의권을 가진다고 해석하는 견해[18]가 있다.

㉢ 양자의 경우, 친생부모와 양부모가 공존하는 때에는 양부모의 동의만으로 혼인할 수 있다고 해석한다.[19]

㈏ 부모 중 한쪽이 동의권을 행할 수 없을 때(부모의 일방이 사망하거나 부모 일방을 알 수 없는 경우 등)에는 다른 한쪽의 동의를 받아야 하고, 부모가 모두 동의권을 행사할 수 없을 때에는 미성년후견인의 동의를 받아야 한다(제808조 제1항).

② **피성년후견인**

피성년후견인이 혼인할 때에는 부모나 성년후견인의 동의를 얻어야 한다(제808조 제2항). 그러나 피한정후견인은 제한 없이 단독으로 혼인할 수 있다.

③ 동의 없는 신고는 수리가 거부되나, 잘못하여 수리되면 혼인은 성립하여 당사자 또는 그 법정대리인이 취소할 수 있을 뿐(제816조 제1호), 무효가 되지는 않는다(대판 1966. 5. 13, 66므1).

【참 고】
부모의 동의는 혼인신고의 수리요건이지, 혼인의 성립요건은 아니다.

4) 일정한 근친혼이 아닐 것

> 제809조(근친혼 등의 금지) ① 8촌 이내의 혈족(친양자의 입양 전의 혈족을 포함한다) 사이에서는 혼인하지 못한다.
> ② 6촌 이내의 혈족의 배우자, 배우자의 6촌 이내의 혈족, 배우자의 4촌 이내의 혈족의 배우자인 인척이거나 이러한 인척이었던 자 사이에서는 혼인하지 못한다.
> ③ 6촌 이내의 양부모계(養父母系)의 혈족이었던 자와 4촌 이내의 양부모계의 인척이었던 자 사이에서는 혼인하지 못한다.

---

17) 김주수 · 김상용, 친족 · 상속법, 91면; 송덕수, 신민법강의, 1770면(E-21).

18) 박동섭, 친족상속법, 90면.

19) 양부모의 사망시에는 친생부모의 동의 없이 혼인할 수 있다는 견해가 있다(김주수 · 김상용, 친족 · 상속법, 92면). 반면에 우리나라는 친가와의 법률상의 관계가 단절되지 않는 보통양자법 체제이고 친권자의 미성년자인 자에 대한 보호적 기능이나 혼인의 신중한 결정이라는 면에서 친생부모의 동의가 필요하다(친양자의 경우는 예외)는 견해도 있다(한봉희, 가족법, 75면).

【참 고】 동성동본금혼규정으로부터 근친혼금지규정으로의 전환
1997년의 헌법재판소의 헌법불합치결정(헌재결 1997. 7. 16, 95헌가6 내지 13)과 그에 따른 대법원호적예규 제535호(1997. 7. 30)에 따라 8촌 이내의 동성동본인 혈족(직계혈족, 8촌 이내의 방계혈족이 포함됨)간의 혼인은 무효이고, 9촌 이상의 동성동본인 혈족간의 혼인이나 그 배우자간의 혼인은 유효한 혼인이므로 취소할 수 없게 하였다.

① 일정한 범위의 근친자 사이의 혼인은 금지되는데, 자연혈족 사이에서는 우생학적·사회윤리적 이유에서, 그 이외의 자 사이에서는 사회윤리적 이유에서이다.

㈎ 혈족의 경우: 8촌 이내의 혈족(친양자의 입양전의 혈족을 포함) 사이의 혼인은 금지된다(제809조 제1항). 혈족에는 자연혈족 외에 법정혈족(양부모계의 혈족), 부계혈족, 모계혈족까지 포함된다. 따라서 부계혈족인 동성이복 형제자매간의 혼인도 금지되며, 성이 다른 모계혈족인 이성동복 형제자매간의 혼인도 금지된다.

한편, 친양자입양의 경우에는 입양전의 친족관계가 종료하지만(제908조의 3 제2항), 입양전의 8촌까지의 혈족과는 혼인이 금지된다.

㈏ 인척의 경우: 6촌 이내의 혈족의 배우자, 배우자의 6촌 이내의 혈족, 배우자의 4촌 이내의 혈족의 배우자(처남의 부인)인 인척이거나 이러한 인척이었던 자 사이의 혼인은 금지된다(제809조 제2항). 따라서 형부와 처제 사이, 형수와 시동생 사이에서는 혼인하지 못한다.

이와 같이 우리 민법에서는 인척의 계원에 따라 혼인이 금지되는 범위에 차이를 두고 있는데, 민법 제777조 상의 인척의 범위 규정에 맞추어서 모든 인척은 4촌 이내에서 혼인이 금지되는 것으로 하는 것이 타당할 것이다.[20]

【참 고】
법률상 효력이 미치는 인척의 범위는 4촌까지이지만(제777조), 혼인이 금지되는 인척의 범위는 그 계원에 따라 달리하고 있다.

㈐ 양친자관계의 경우: 6촌 이내의 양부모계의 혈족이었던 자와 4촌 이내의

20) 김주수·김상용, 친족·상속법, 97면.

양부모계의 인척이었던 자 사이에서의 혼인은 금지된다(제809조 제3항). 이것은 입양관계가 소멸된 후 입양소멸 전의 양가의 혈족이나 인척과의 사이에서의 혼인금지범위를 정한 것이다.

② 제809조에 위반된 혼인신고는 수리되지 않지만(제813조), 일단 수리되면 혼인은 성립하게 되고, 다만 무효로 되거나 취소할 수 있는 것으로 된다(제815조, 제816조).

5) 중혼(重婚)이 아닐 것

제810조(중혼의 금지) 배우자있는 자는 다시 혼인하지 못한다.

① 가족법은 일부일처혼(一夫一妻婚)을 혼인의 기본원리로 하기 때문에, 이를 유지하기 위하여 혼인의 이중성(즉, 중혼)을 인정하지 않는다(제810조).

② 금지되는 혼인은 법률혼에 한정되므로 사실혼은 포함하지 않는다. 예컨대, 사실혼관계에 있는 자가 타인과 혼인신고를 하거나 법률혼관계에 있는 자가 타인과 사실혼관계에 돌입하는 경우는 중혼에 해당하지 않는다(즉, 사실혼해소 및 이혼사유가 될 뿐이다).

【중혼의 예】
전혼에 관한 이혼취소심이 진행되는 동안에 타인과 혼인했는데 취소심판이 승소로 확정된 경우(대판 1984. 3. 27, 84므9), 이혼심판승소확정 후 타인과 혼인했는데 재심청구로 인하여 이혼심판청구를 기각하는 재심심판이 확정된 경우(대판 1985. 9. 10, 85므35; 대판 1991. 5. 28, 89므211), 성명을 변조하고 호적을 이중으로 만들어 혼인한 경우(대판 1986. 6. 24, 86므9), 인정사망 후 재혼하였으나 배우자가 생존한 경우, 실종선고 후 잔존배우자가 악의로 재혼하였는데 그 실종선고가 취소된 경우 등.

③ 중혼의 효력

중혼이 성립하더라도 당연무효가 아니라 후혼의 취소원인일 뿐이므로(제816조 제1항), 중혼은 유효하게 성립한다.[21] 따라서 중혼자가 사망하면 전혼배우

21) 후혼이 중혼으로 취소되기 전에 전혼이 이혼으로 인하여 해소된 경우에는 후혼의 하자는 없어진 것이 되므로 취소할 수 없다고 본다(김주수 · 김상용, 친족 · 상속법, 100면; 양형우, 민법의 세계, 1713면).

자·후혼배우자 모두 상속권을 가지고(대판 1996. 12. 23, 95다48308 참조), 중혼자는 양배우자에 대하여 상속권을 갖는다.

한편, 중혼부부도 아직 중혼취소의 확정판결이 없는 한, 법률상의 부부이므로 재판상 이혼청구를 할 수 있고 협의이혼도 할 수 있다(대판 1991. 12. 10, 91므344; 가예 169호).

(2) 형식적 요건

> 第812條(혼인의 성립) ① 혼인은 「가족관계의 등록 등에 관한 법률」에 정한 바에 의하여 신고함으로써 그 효력이 생긴다.
> ② 전항의 신고는 당사자 쌍방과 성년자인 증인 2인의 연서한 서면으로 하여야 한다.
>
> 第813條(혼인신고의 심사) 혼인의 신고는 그 혼인이 제807조 내지 제810조 및 제812조 제2항의 규정 기타 법령에 위반함이 없는 때에는 이를 수리하여야 한다.
>
> 第814條(외국에서의 혼인신고) ① 외국에 있는 본국민사이의 혼인은 그 외국에 주재하는 대사, 공사 또는 영사에게 신고할 수 있다.
> ② 제1항의 신고를 수리한 대사, 공사 또는 영사는 지체 없이 그 신고서류를 본국의 등록기준지를 관할하는 가족관계등록관서에 송부하여야 한다.

혼인은 가족관계의 등록 등에 관한 법률이 정한 바에 의하여 신고하여야 성립한다(제812조 제1항, 가족관계등록법 제71조). 따라서 민법은 법률혼주의 즉, 신고혼주의를 채택하고 있다. 우리나라에서 혼인신고를 비롯한 신분관계신고제도는 1923년 조선민사령(제11조)의 개정에서 비롯되어 오늘에 이르고 있다.

1) 혼인신고의 법적 성질

혼인신고는 단순한 효력발생요건이 아니라 창설적 효력을 가지는 혼인의 성립요건으로 본다(다수설, 대판 1973. 1. 16, 72므25 참조). 민법은 신고함으로써 그 효력이 생긴다고 하고 있지만, 당사자가 신고하는 방식에 좇아서 혼인의사를 표시하고 이것이 합치됨으로써 혼인이 성립한다고 해석하여야 하기 때문이다.[22)]

---

22) 김주수 · 김상용, 친족 · 상속법, 103면; 양형우, 민법의 세계, 1710면.

2) 혼인신고의 방법 및 절차

① 혼인신고는 본인(당사자)의 등록기준지 또는 신고인의 주소지나 현재지에서 할 수 있다(가족관계등록법 제20조).

② 혼인신고는 서면 또는 말로 할 수 있다(가족관계등록법 제23조 제1항). 서면에 의한 신고는 당사자 쌍방과 성년자인 증인 2인이 연서(連署)한 서면으로 하여야 한다(제812조 제2항). 신고서에 당사자가 서명날인하면 신고서의 제출은 반드시 당사자가 하여야 할 필요는 없다. 말로 신고하는 경우에는 시읍면 사무소에 출석하여 신고서에 기재하여야 할 사항을 진술하여야 한다(가족관계등록법 제31조 제1항).

③ 혼인신고는 반드시 당사자 본인이 하여야 하며, 대리인으로 하여금 신고하게 할 수 없다(가족관계등록법 제31조 제3항). 다만, 신고서의 대리제출은 가능하며, 이것은 일종의 사자(使者)로 본다.

④ 본인이 생존 중에 유효하게 작성하여 우송한 신고서는 본인의 사망 후에 도달하더라도 효력이 있다. 즉, 이 경우에는 신고인의 사망시에 신고한 것으로 본다(가족관계등록법 제41조).

⑤ 혼인신고의 심사 및 수리

㈎ 가족관계등록공무원은 혼인의 실질적 요건(제807조~제811조), 혼인신고의 방식(제812조 제1항 · 제2항), 기타의 법령의 위반여부를 심사(형식적 심사권)하여 수리하여야 한다(제813조). 즉, 담당공무원에게 실질적 심사권(예, 혼인의사의 진부 여부)은 인정되지 않는다(대판 1987. 9. 22, 87다카1164).

> 참조판례 혼인이 생존한 사람들 간에서만 이루어질 수 있는 것인 이상 호적(가족관계등록)공무원의 형식적 심사권의 대상에는 그 혼인의 당사자가 생존하였는지 여부를 조사하는 것도 당연히 포함된다(대판 1991. 8. 13, 91스6).

㈏ 신고는 가족관계등록공무원이 수리함으로써 완료된다. 즉, 혼인신고는 가족관계등록공무원이 그 신고서를 접수함으로써 그 효력이 발생하는 것이고 가족관계등록부의 기재는 그 효력요건이 아니다(대판 1991. 12. 10, 91므344 참조).

3) 당사자 일방에 의한 혼인신고

㈎ 사실혼관계의 당사자 일방이 혼인신고에 협력하지 않을 경우에 사실상 혼인관계존재확인의 청구를 하여 조정혼인 또는 심판혼인이 성립할 수 있으므로 당사자 일방에 의한 일방적 혼인신고는 원칙적으로 무효이다.

그러나 한쪽 당사자가 모르는 사이에 혼인신고가 이루어진 경우에도 그 후 양쪽당사자가 그 혼인에 만족하고 그대로 부부생활을 계속하고 있다면 그 혼인은 처음부터 유효하다고 할 것이다(대판 1965. 12. 28, 65므61). 그리고 사실혼관계에 있는 이상 당사자 사이에 관계를 해소하기로 합의하였거나, 일방이 혼인의사를 철회하지 않는 이상 일방에 의한 혼인신고도 무효가 아니라고 한다(대판 1980. 4. 22, 79므77; 대판 2000. 4. 1, 99므1329 참조).

【무효인 혼인의 추인】
일방적인 혼인신고를 당사자가 추후에 승인(추인)하였을 때는 추인한 그 날부터가 아니라 혼인 당초부터 유효한 혼인이 된다(대판 1991. 12. 27, 91므30).

판 례 혼인, 입양 등의 신분행위에 관하여 제139조 본문을 적용하지 않고 추인에 의하여 소급적 효력을 인정하는 것은 무효인 신분행위 후 그 내용에 맞는 신분관계가 실질적으로 형성되어 쌍방 당사자가 이의 없이 그 신분관계를 계속하여 왔다면, 그 신고가 부적법하다는 이유로 이미 형성되어 있는 신분관계의 효력을 부인하는 것은 당사자의 의사에 반하고 그 이익을 해칠 뿐 아니라 그 실질적 신분관계의 외형과 등록부의 기재를 믿은 제3자의 이익도 침해할 우려가 있기 때문에 추인에 의하여 소급적으로 신분행위의 효력을 인정함으로써 신분관계의 형성이라는 신분관계의 본질적 요소를 보호하는 것이 타당하다는 데에 그 근거가 있다고 할 것이므로, 당사자 간에 무효인 신고행위에 상응하는 신분관계가 실질적으로 형성되어 있지도 아니하고 또 앞으로도 그럴 가망이 없는 경우에는 무효의 신분행위에 대한 추인의 의사표시만으로 그 무효행위의 효력을 인정할 수 없다(대판 1991. 12. 27, 91므30; 대판 2004. 11. 11, 2004므1484).

㈏ 그 외에 혼인신고특례법에 따른 당사자 일방에 의한 혼인신고가 가능하다. 배우자 일방이 전쟁 등에 참가하여 사망한 후에도 가정법원의 확인을 받아서 잔존배우자 일방이 단독으로 혼인신고를 할 수 있다. 혼인신고를 하면 배우자 일방의 사망시에 혼인신고가 된 것으로 본다(동법 제1조, 제4조).

【참 고】
이 경우 외에는 생존자와 사망자 사이의 혼인신고는 인정될 수 없다.

4) 재외 한국인의 혼인신고

㈎ 국내에서의 신고와 같은 절차에 의할 수도 있고(직접신고), 그 외국에 주재하는 대사·공사 또는 영사에게 신고할 수 있다(영사혼, 제814조 제1항). 이 경우에는 신고서의 수리시에 혼인의 효력이 발생한다(창설적 신고).

㈏ 거주하는 외국(혼인거행지)의 법률이 정하는 방식으로써 혼인을 성립시킬 수 있다(국제사법 제36조 제2항). 이러한 혼인은 국내에서 혼인신고가 되지 않더라도 법률혼으로 인정되며, 이 경우의 신고는 보고적 신고이다.

판 례 우리나라 사람들이 혼인거행지인 일본국의 호적법에 따라 혼인신고를 마친 경우에도 혼인은 유효하다(대판 1991. 12. 10, 91므535)고 하고 있다.

5) 조정·재판에 의한 혼인신고

사실상혼인관계에 있는 자는 사실상혼인관계존재확인청구를 할 수 있는데, 그 전에 조정을 신청하여야 하고(가소법 제50조, 제2조 1항), 조정에 의하여 합의가 이루어지지 않을 때에는 소를 제기할 수 있다(가소법 제2조 1항 나류 1호). 판례는 사실상혼인관계존재확인의 승소판결을 받더라도 혼인신고를 하여야 비로소 혼인이 성립한다고 하여 창설적 신고로 보고 있지만(대판 1973. 1. 16, 72므25), 다수설은 이를 보고적 신고로 본다.[23)]

6) 혼인신고의 효력

혼인신고가 수리되면 법령에 위반한 경우라도 일단 효력이 발생하고, 일정한 위법이 있을 경우에는 혼인의 무효나 취소의 문제가 생길 뿐이다. 한편, 신고절차에 하자가 있어도 신고가 되면 일단 효력이 발생한다. 즉, 일방당사자의 서명날인이 빠진 경우 등과 같이 신고의 형식적 요건을 결여한 경우라도

23) 김주수·김상용, 친족·상속법, 109면; 송덕수, 신민법강의, 1770면; 한봉희, 가족법, 78면.

일단 수리된 때에는 당사자 사이에 혼인의사가 있는 한 혼인의 효력에 영향이 없고, 혼인은 완전히 유효하게 성립하므로 혼인의 취소문제는 발생하지 않는다(신고절차의 하자의 치유).

판 례 호적(가족관계등록)공무원이 그 신고서를 수리함으로써 효력이 발생하는 것이고 호적부(등록부)의 기재는 그 효력요건이 아니므로, 비록 위법하게 편제된 호적이 이중호적이라는 이유로 말소되더라도 그 호적(등록부)에 기재된 혼인의 효력에는 아무런 지장이 없다(대판 1988. 5. 31, 88스6).

2. 혼인의 무효와 취소

(1) 서 언

혼인의 소멸사유로는 사망(실종선고 포함), 이혼, 혼인의 무효와 취소 등을 들 수 있다. 사망의 경우는 혼인이 자연적으로 해소되는 것이지만, 이와 달리 이혼과 혼인의 무효·취소는 혼인을 인위적으로 해소시키는 것이다. 더욱이 이혼, 혼인의 무효·취소는 그 이론적 근거와 기능 및 법률효과에서 현저한 차이점을 가지고 있다.

이혼은 본래 제정법(statute)에서 기원한 것으로써, 혼인의 유효성을 전제요건으로 하는 것이다. 따라서 이혼은 혼인 후에 발생된 어떤 특정 원인에 의해서 원래 유효한 혼인을 해소하는 것을 목적으로 한다. 반면에 혼인의 무효·취소는 교회법(Canon Law) 또는 형평법에서 비롯된 것으로써, 그 무효성 또는 불완전성을 전제요건으로 하고 있다. 그러므로 혼인의 무효·취소는 혼인당시 존재하고 있던 특정원인(예컨대, 혼인이 혼인의 본질에 반하는 경우, 혼인의 사회질서에의 불일치, 혼인의 하자 등)으로 인하여 유효한 혼인이 아니라는 점을 확정할 것으로 목적으로 하고 있다.[24] 즉, 혼인의 무효와 취소는 혼인의 유효요건을 결여하고 있지만 혼인신고가 수리된 경우 그 효력을 부정하는 것이다.

---

24) 한봉희, 가족법, 81~82면 참조.

한편, 혼인의 무효·취소는 성질상 재산법상의 일반 법률행위와는 본질적으로 다르다고 할 수 있기 때문에, 민법총칙 규정은 거의 적용되지 않는다. 왜냐하면 혼인에는 혼인공동체와 제3자와의 관계, 출생자의 보호문제 등 재산법상의 법률행위에서와는 다른 특수한 사정이 존재할 뿐만 아니라, 무효나 취소를 하더라도 원상회복이 불가능하기 때문이다. 따라서 민법은 혼인이 무효로 되는 경우를 제한하고 있으며, 혼인의 취소데 대하여도 소급효를 인정하지 않고 있다(제824조).

(2) 혼인의 무효

第815條(혼인의 무효) 혼인은 다음 각 호의 어느 하나의 경우에는 무효로 한다. 1. 당사자간에 혼인의 합의가 없는 때 2. 혼인이 제809조 제1항의 규정을 위반한 때 3. 당사자간에 직계인척관계(直系姻戚關係)가 있거나 있었던 때 4. 당사자간에 양부모계의 직계혈족관계가 있었던 때

1) 무효사유

① 당사자 사이에 혼인의 합의가 없는 경우(제815조 제1호)

혼인은 당사자의 자유로운 의사의 합치에 의해 성립하는 것이기 때문에 합의 없는 혼인은 당연히 무효가 된다. 혼인의 합의와 관련해서는 가장혼인과 일방적 혼인신고의 경우가 문제된다.

㈎ 합의의 의미

㉠ 형식적 의사설: 단순히 혼인신고를 하여 등록부상 부부의 형태를 형성하려는 의사, 즉 혼인신고의 의사(표시의사)의 합치를 말한다고 하는 견해이다(소수설).

㉡ 실질적 의사설: 사회관습적 의미의 부부관계 또는 사회통념상 인정되는 부부관계를 설정하려는 효과의사와 혼인신고서를 제출하려는 의사를 모두 포함한다고 보는 견해이다. 이 견해(판례)에서는 가장혼인을 무효로 본다.

판 례 일방에게만 실질적 혼인의사가 존재하는 경우(무효)

당사자 일방에게만 그와 같은 참다운 부부관계의 설정을 바라는 효과의사가 있고 상대방에게는 그러한 의사가 결여되었다면 비록 당사자 사이에 혼인신고 자체에 관하여 의사의 합치가 있어 일응 법률상의 부부라는 신분관계를 설정할 의사는 있었다고 하더라도 그 혼인은 당사자 간에 혼인의 합의가 없는 것이어서 무효라고 보아야 한다(대판 2010. 6. 10, 2010므574).

㉢ 법적 의사설: 민법상 정형에 맞는 혼인을 하려는 의사의 합치를 의미한다는 견해이다.

(나) 무효혼인의 구체적 사례: 당사자의 일방 또는 쌍방의 人的 착오로 인하여 신고되어 혼인의사가 전혀 없는 경우(서울가심 1971. 10. 29, 71드1233), 당사자의 일방 또는 쌍방이 신고의 수리 이전에 혼인의사를 철회하였을 경우(대판 1983. 12. 27, 83므28), 심신상실자가 혼인신고당시에 의사능력을 결여한 경우(대판 1996. 6. 28, 94므1089), 가장혼인, 강제혼인 또는 합의된 내용이 사회통념상 부부관계의 실질을 갖지 못할 경우(조건부·기한부 혼인, 同性婚) 등이다.

판 례 단순히 피청구인으로 하여금 교사직으로부터 면직당하지 않게 할 수단으로 호적상 부부가 되는 것을 가장하기 위하여 이루어졌을 뿐 당사자 사이에 혼인의 합의 즉 정신적·육체적 결합을 생기게 할 의사로서 혼인신고가 된 것이 아니면 청구인과 피청구인간의 혼인관계는 민법 제815조 제1호에 해당하여 무효라고 할 것이다(대판 1980. 1. 29, 79므62).

판 례 중국 국적의 조선족 여자들과 참다운 부부관계를 설정할 의사 없이 단지 그들의 국내 취업을 위한 입국을 가능하게 할 목적으로 형식상 혼인하기로 한 것이라면, 피고인들과 조선족 여자들 사이에는 혼인의 계출에 관하여는 의사의 합치가 있었으나 참다운 부부관계의 설정을 바라는 효과의사는 없었다고 인정되므로 피고인들의 혼인은 우리나라의 법에 의하여 혼인으로서의 실질적 성립요건을 갖추지 못하여 그 효력이 없다(대판 1996. 11. 22, 96도2049).

판 례 중국 국적의 조선족 여성과 혼인한 것으로 신고한 자가 혼인할 의사가 전혀 없음에도 그 여성을 한국에 입국시킬 목적으로 혼인신고를 하여 공전자기록에 불실의 사실을 기재하게 하였다는 등의 범죄사실로 유죄판결을 받아 확정된 경우, 위 혼인은 혼인의사의 합치가 결여되어 무효임이 명백하므로 혼인무효판결을 받지 않았더라도 가족관계등록법 제105조에 따라 가정법원의 허가를 받아 가족관계등록부를 정정할 수 있다(대결 2009. 10. 8, 2009스64).

㈐ 일방적 혼인신고

㈀ 신고는 가족관계등록법에 따른 적법한 신고(즉, 당사자의 합의에 의한 신고)여야 한다. 따라서 혼인의 합의 없이 일방에 의하여 이루어진 혼인신고(예컨대, 여배우 몰래한 혼인신고)는 물론 사실혼 계속 중 일방이 상대방 모르게 신고를 하였다면 그 혼인신고는 적법하지 않고 그 혼인이 유효할 수 없다(대판 1983. 12. 27, 83므22).

판례 결혼식을 올린 다음 동거까지 하였으나 성격의 불일치 등으로 계속 부부싸움을 하던 끝에 사실혼관계를 해소하기로 합의하고 별거하는 상황 하에서 당사자 일방이 상대방의 승낙 없이 자기 마음대로 혼인신고를 하였다면 그 혼인은 무효이다(대판 1986. 7. 22, 86므41).

㈁ 신고의 적법성에 대한 완화된 판례의 묵시적 합의 인정

㉠ 사실혼 상태 하에서 일방적으로 혼인신고를 한 경우: 혼인의사가 존재하는 상태에서의 일방적 혼인신고는 유효한 것으로 본다. 특히, 판례에 의하면 사실혼의 존속 중 일방이 한 신고는 혼인의사가 있는 한 무효는 아니며, 사실혼에서 혼인의사를 추정할 수 있다고 한다(대판 2000. 4. 11, 99므1329).

판례 관례에 따라 결혼식을 하고 부부로서 상당기간 동거하며 그 사이에 자녀까지 출산하여 혼인의 실제는 갖추었으나 혼인신고만이 되어 있지 않은 관계에서 당사자 일방의 부재중 혼인신고가 이루어졌다 하더라도 특별한 사정이 없는 이상, 그 신고에 의하여 이루어진 혼인을 당연히 무효라고 할 수는 없다(대판 1980. 4. 22, 79므77).

판례 혼인의 합의란 법률혼주의를 채택하고 있는 우리나라 법제하에서는 법률상 유효한 혼인을 성립하게 하는 합의를 말하는 것이므로, 비록 사실혼관계에 있는 당사자 일방이 혼인신고를 한 경우에도 상대방에게 혼인의사가 결여되었다고 인정되는 한 그 혼인은 무효라 할 것이나, 상대방의 혼인의사가 불분명한 경우에는 혼인의 관행과 신의성실의 원칙에 따라 사실혼관계를 형성시킨 상대방의 행위에 기초하여 그 혼인의사의 존재를 추정할 수 있으므로 이와 반대되는 사정, 즉 혼인의사를 명백히 철회하였다거나 당사자 사이에 사실혼관계를 해소하기로 합의하였다는 등의 사정이 인정되지 아니하는 경우에는 그 혼인을 무효라고 할 수 없다(대판 2000. 4. 11, 99므1329).

판례 판례는 사실혼 중의 일방의 신고는 혼인해소를 합의하거나 혼인의사를 철회한 등의 특별한 사정이 없는 한 혼인은 무효라 할 수 없다고 보지만(대판 1980. 4. 22, 79므77), "혼인식을 거행하고 사실혼관계에 있었으나 일방이 뇌졸중으로 혼수상태에 빠져 있는 사이에 혼인신고가 이루어졌다면 특별한 사정이 없는 한 위 신고에 의한 혼인은 무효이다"(대판 1996. 6. 28, 94므1089)고 한다.

㉡ 일방적 신고를 알고도 이의제기를 하지 않은 경우: 처음부터 유효이거나 아니면 무효인 혼인의 추인이 되어 유효한 신고로 된다.

판례 협의이혼한 후 배우자 일방이 일방적으로 혼인신고를 하였더라도 그 사실을 알고 혼인생활을 계속한 경우 상대방에게 혼인할 의사가 있었거나 무효인 혼인을 추인하였다고 볼 수 있으므로 그 혼인은 유효하다(대판 1995. 11. 21, 95므731).

② 근친자 사이의 혼인인 경우

(가) 8촌 이내의 혈족(친양자의 입양 전의 혈족을 포함) 사이의 혼인(제815조 제2호, 제809조 제1항)

(나) 당사자간에 직계인척관계가 있거나 있었던 때(제815조 제3호)

현재 직계인척관계에 있는 경우 외에 과거에 직계인척관계에 있었던 경우를 포함한다. 예컨대, 계모자 사이, 계부자 사이, 적모서자 사이, 시아버지와 며느리 사이, 장모와 사위 사이의 혼인 등은 무효이다.

(다) 당사자간에 양부모계의 직계혈족관계가 있었던 때(제815조 제4호)

양친자관계가 유지되고 있는 경우에는 양부모계의 8촌 이내의 혈족과의 혼인은 무효로 된다. 그러나 양친자관계가 종료한 후에는, 양자는 종전 양부모계의 직계혈족관계에 있었던 자와의 사이에서의 혼인만을 무효로 한다. 예컨대, 양부였던 사람과 양녀 간의 혼인, 양모가 양자였던 남자와 혼인하는 경우는 무효이다. 따라서 양부모계의 직계혈족 이외의 법정혈족이었던 사람과의 혼인 중 2~6촌 방계혈족간의 혼인은 취소할 수 있는 혼인이 된다(제816조 제1호).

2) 혼인무효의 효과

① **혼인무효의 법적 성질**

㈎ **당연무효설**(확인소송설): 무효의 사유가 있는 혼인은 법원의 판결 없이도 법률상 당연히 무효라고 하는 견해이다. 따라서 이 견해에 의하면, 기간의 제한 없이 언제든지 무효를 주장할 수 있고, 그 주장방법에도 제한이 없게 된다. 즉, 당사자는 일반원칙에 따라서 무효확인의 소를 제기할 수도 있고, 그러한 판결이 없이도 이해관계인은 다른 소송에서 혼인의 무효를 주장할 수 있는데 (예컨대, 일상가사채무의 이행청구소송에서 혼인무효의 항변), 그 소송의 성질은 확인소송이라고 한다(다수설, 판례).[25]

㈏ **소급적무효설**(형성소송설): 혼인신고가 이루어진 이상 혼인무효의 판결이 있기까지는 어느 누구도 그 혼인을 유효한 것으로 다루어야 하고, 법원의 무효판결이 선고되어야 비로소 혼인은 소급적으로 무효가 된다는 견해이다.[26] 혼인의 무효는 판결로 창설되는 것이므로 이 소는 형성의 소라고 한다.

② **혼인무효의 소의 당사자 등**

㈎ 혼인무효의 소는 당사자·법정대리인 또는 4촌 이내의 친족이 언제든지 제기할 수 있다(가소 제23조). 부부의 일방이 소를 제기하는 경우에는 소의 상대방은 타방배우자이고, 상대방이 사망한 경우에는 검사를 상대방으로 한다(동법 제24조 제1항·제3항). 그리고 제3자(법정대리인·4촌 이내의 친족)가 소를 제기하는 경우에는 부부를 상대방(피고)으로 하고, 부부 중 일방이 사망한 경

25) 김주수·김상용, 친족·상속법, 113면; 한봉희, 가족법, 84면; 대판 1956. 12. 22, 55다399 참조.

26) 이경희, 가족법, 71면.

우에는 생존자를 상대방으로 하며, 부부가 모두 사망한 경우에는 검사를 상대방으로 한다(동법 제24조 제2항 · 제3항).

(나) 혼인무효 · 인지무효 등 청구사건은 가사소송법상 가류 사건으로 당사자의 임의처분이 허용되지 않으므로, 조정이나 화해의 대상이 될 수 없다. 따라서 혼인무효에는 조정전치주의가 적용되지 않는다. 다만 혼인무효로 인한 손해배상청구사건은 다류 사건으로써 조정의 대상이 된다.

③ 혼인무효의 효과

第825조(혼인취소와 손해배상청구권) 제806조의 규정은 혼인의 무효 또는 취소의 경우에 준용한다.

(가) 당사자간의 효과

(ㄱ) 절대적 무효: 혼인이 무효가 되면 소급적으로 부부관계가 없던 것으로 되어 아무런 법률상의 효과도 발생하지 않는다. 즉, 당사자 사이는 물론 제3자에 대하여도 혼인의 효력은 발생하지 않는다(대세적 효력). 따라서 무효혼의 경우 배우자가 사망하더라도 배우자상속권이 인정되지 않으며, 무효혼의 배우자가 상속재산을 처분한 것도 무효로 된다.

(ㄴ) 손해배상청구권: 혼인이 무효가 되면 약혼해제의 경우와 같이 당사자의 일방은 과실 있는 상대방에 대하여 재산상 · 정신상의 손해배상을 청구할 수 있다(제825조, 제806조). 이 경우 가정법원에 우선 조정을 신청하여야 한다(가소 제2조 제1항 다류사건 2호, 제50조). 한편, 선의 · 무과실의 당사자는 위자료청구권을 양도하거나 승계하지 못하지만, 당사자 사이에 협의가 성립되거나 소를 제기한 경우는 가능하다(제825조, 제806조).

【참 고】 재산분할청구(소극)
무효인 사실혼종료·해소의 경우 재산분할청구를 인정하지 않고 있는 판례(대결 1995. 7. 3, 94스30)의 취지를 유추하여 무효혼인의 경우에도 재산분할청구, 일상가사의 연대책임을 인정할 수 없다고 본다.

(나) 子에 대한 효과: 무효혼에서 출생한 자는 혼인외의 출생자로 된다(제855

조 제1항). 그런데 무효혼에서 출생한 자가 미성년자인 경우 그 친권자지정에 대한 별도의 규정이 없어 친권행사자나 양육자를 지정하는 문제가 발생한다. 혼인무효청구를 인용하는 경우에는 혼인의 취소나 재판상 이혼의 경우와 동일하게 해결하는 것이 타당할 것이다.

한편, 혼인신고가 위법하여 무효인 경우에도 무효인 혼인 중 출생한 자를 그 호적(가족관계등록부)에 출생신고하여 등재한 이상 그 子에 대한 인지의 효력이 있다(대판 1971. 11. 15, 71다1983).

3) 관련 문제

① 무효인 혼인의 추인

당사자간에 혼인의 합의가 없어서 무효인 혼인이라 하더라도, 후일 양당사자간에 혼인의 합의에 이르게 되면 그 혼인을 무효로 할 것이 아니라는 것이 통설과 판례이다.

판례 ㉠ 제139조(무효행위의 추인)는 재산법에 관한 총칙규정이고 신분법에 관하여는 그대로 적용될 수 없으므로 혼인신고가 한쪽 당사자가 모르는 사이에 이루어져 무효인 경우에도 그 후 양쪽 당사자가 그 혼인에 만족하고 그대로 부부생활을 계속한 경우에는 그 혼인을 무효로 할 것이 아니다(대판 1965. 12. 28, 65므61).

㉡ 일방적인 혼인신고 후 혼인의 실체 없이 몇 차례의 육체관계로 子를 출산하였다는 사실만으로 무효인 혼인을 추인하였다고 보기 어렵다(대판 1993. 4. 19, 93므430).

【참 고】 무효인 신분행위의 추인
"혼인, 입양 등의 신분행위에 관하여 민법 제139조 본문을 적용하지 않고 추인에 의하여 소급적 효력을 인정하는 것은…"(대판 1991. 12. 27, 91므30)이라고 하여 소급적 추인을 인정한다.

② 혼인해소 후의 혼인무효확인청구

협의이혼이나 당사자의 사망으로 혼인관계가 해소된 경우에도 과거의 혼인관계의 무효확인을 구할 수 있다는 것이 판례의 태도이다. 또한 배우자의 사망 후에도 혼인무효확인소송을 제기할 수 있으며, 이 경우에는 검사를 상대방으로 한다(가소 제24조 제3항).

판 례 확인의 소는 다른 특별한 사정이 없는 한 분쟁의 당사자 간에 '현재'의 권리 또는 법률관계에 관하여 즉시 확정할 이익이 있는 경우에 허용될 뿐 일반적으로 과거의 법률관계는 확인의 소의 대상이 될 수 없다(대판 1996. 5. 10, 94다35565, 35572). 다만 과거 일정기간 동안의 혼인관계의 존부의 문제라 해도 혼인무효의 효과는 기왕에 소급하는 것이고 그것이 적출자의 추정 등 당사자의 신분법상의 관계 또는 연금관계법에 기한 유족연금의 수급자격, 재산상속권 등 재산법상의 관계에 있어 현재의 법률상태에 직접적인 중대한 영향을 미치는 이상 그 무효확인을 구할 정당한 법률상의 이익이 있다(대판 1978. 7. 11, 78므7).

판 례 일반적으로 과거의 법률관계는 확인의 소의 대상이 될 수 없으나, 혼인, 입양과 같은 신분관계나 회사의 설립, 주주총회의 결의무효, 취소와 같은 사단적 관계, 행정처분과 같은 행정관계와 같이 그것을 전제로 하여 수많은 법률관계가 발생하고 그에 관하여 일일이 개별적으로 확인을 구하는 번잡한 절차를 반복하는 것보다 과거의 법률관계 그 자체의 확인을 구하는 편이 관련된 분쟁을 일거에 해결하는 유효 적절한 수단일 수 있는 경우에는 예외적으로 확인의 이익이 인정된다(대판 1995. 3. 28, 94므1447).

(2) 혼인의 취소

혼인의 취소는 민법에서 정한 법정원인 이외의 다른 사유로 취소할 수 없다. 혼인의 취소는 당사자 사이에 혼인신고가 되어 있으나 그 혼인에 위법사유가 있어서 혼인의 효력을 장래에 향하여 소멸시키는 것이다. 즉, 혼인의 무효는 혼인이 처음부터 존재하지 않았던 것으로 됨에 비하여, 혼인의 취소는 법원의 취소심판이 확정될 때까지는 유효하므로 소급효가 인정되지 않는다(제824조).

1) 취소사유

제816조(혼인취소의 사유) 혼인은 다음 각 호의 어느 하나의 경우에는 법원에 그 취소를 청구할 수 있다.

1. 혼인이 제807조 내지 제809조(제815조의 규정에 의하여 혼인의 무효사유에 해당하는 경우를 제외한다. 이하 제817조 및 제820조에서 같다) 또는 제810조의 규정에 위반한 때
2. 혼인당시 당사자일방에 부부생활을 계속할 수 없는 악질 기타 중대 사유 있음을 알지 못한 때
3. 사기 또는 강박으로 인하여 혼인의 의사표시를 한 때

① 혼인연령 미달자의 혼인

제817조(연령위반혼인 등의 취소청구권자) 혼인이 제807조, 제808조의 규정에 위반한 때에는 당사자 또는 그 법정대리인이 그 취소를 청구할 수 있고 제809조의 규정에 위반한 때에는 당사자, 그 직계존속 또는 4촌 이내의 방계혈족이 그 취소를 청구할 수 있다.

만 18세가 되지 않은 자의 혼인은 취소할 수 있다(제816조 제1호, 제807조). 혼인적령 미달자의 혼인은 각 당사자 또는 그 법정대리인이 취소할 수 있다(제817조 전단). 그러나 당사자가 혼인 취소 전에 혼인연령에 도달하거나 혼인 중 포태한 때에는 취소하지 못한다(제819조 유추적용).[27]

② 동의 없는 혼인

제819조(동의 없는 혼인의 취소청구권의 소멸) 제808조를 위반한 혼인은 그 당사자가 19세가 된 후 또는 성년후견종료의 심판이 있은 후 3개월이 지나거나 혼인 중에 임신한 경우에는 그 취소를 청구하지 못한다.

미성년자나 피성년후견인이 혼인하는 경우에는 동의권자의 동의를 요한다(제808). 이러한 동의가 없는 혼인은 취소사유가 되는데(제816조 제1호), 당사자 또는 그 법정대리인이 그 취소를 청구할 수 있다(제817호).

다만, 당사자가 19세가 된 후 또는 성년후견종료의 심판이 있은 후 3개월이 지나거나 혼인 중에 임신한 경우에는 그 취소를 청구하지 못한다(제819조).

③ 근 친 혼

제820조(근친혼 등의 취소청구권의 소멸) 제809조의 규정에 위반한 혼인은 그 당사자간에 혼인 중 포태(胞胎)한 때에는 그 취소를 청구하지 못한다.

제809조에 위반된 혼인 중 무효원인이 되는 경우(제815조 제2호, 제3호)를 제외한 혼인은 취소할 수 있다(제816조).

㉠ 직계인척과의 혼인은 무효혼이므로, 직계인척 이외의 인척(즉, 6촌 이내

27) 김주수 · 김상용, 친족 · 상속법, 117면; 이경희, 가족법, 69면; 한봉희, 가족법, 86면.

의 혈족의 배우자, 배우자의 6촌 이내의 혈족, 배우자의 4촌 이내의 혈족의 배우자인 인척이거나 이러한 인척이었던 자)과의 혼인이 그 취소사유에 해당한다(제815조 제3호, 제816조 제1호).

㉡ 양자가 양부모계의 8촌 이내의 혈족과 혼인한 경우는 무효혼이다. 다만, 입양관계가 소멸한 경우, 양자가 양부모계의 혈족이었던 자와 혼인을 하는 때에는 양부모계의 직계혈족관계에 있었던 경우를 제외한 그 이외의 경우(즉, 6촌 이내의 양부모계의 혈족이었던 자와 4촌 이내의 양부모계의 인척이었던 자 사이)의 혼인이 취소사유가 된다(제815조 제4호, 제816조 제1호).

취소혼인 근친혼에 대하여는 당사자, 그 직계존속 또는 4촌 이내의 방계혈족이 그 취소를 청구할 수 있다(제817조). 다만, 취소혼에 해당하는 근친혼이더라도 혼인중에 포태한 경우에는 그 혼인을 취소할 수 없다(제820조).

【참 고】 처제와 형부가 혼인한 경우
처제와 형부는 혈족의 배우자 또는 배우자의 혈족으로서 6촌 이내의 인척에 해당하므로, 제809조 제2항, 제816조 제1호에 의해 혼인은 취소사유가 된다. 그러나 혼인 중 자를 포태하였다면 그 혼인은 취소할 수 없다.

④ 중 혼

제818조(중혼의 취소청구권자) 당사자 및 그 배우자, 직계혈족, 4촌 이내의 방계혈족 또는 검사는 제810조를 위반한 혼인의 취소를 청구할 수 있다.

㈀ 중혼사유: 배우자 있는 사람이 중복하여 혼인한 경우에는 후혼에 혼인취소 사유가 발생한다(제816조 제1호, 제810조). 예컨대, 협의이혼 후 재혼하였으나 협의이혼이 무효이거나 취소된 경우, 재혼이 중혼으로 된다. 즉, 협의이혼이 이혼의사의 합치 없이 이혼신고가 되었다는 이유로 무효가 되면 그 후의 재혼은 중혼이 되어 혼인취소사유가 된다(대판 1987. 1. 20, 86므74). 또한 재판상 이혼을 한 후 재혼하였으나 재심청구에 의해 이혼판결이 취소되고 이혼청구가 기각되어 이혼이 되지 않은 경우에도 재혼이 중혼으로 된다(대판 1985. 9. 10, 85므35).

㈁ 제소기간: 취소청구권의 소멸기간에 관하여는 명문의 규정을 두지 않

고 있으므로, 중혼이 존속하는 이상 언제든지 중혼의 취소 청구를 할 수 있다. 중혼당사자의 일방이 사망한 후라도 그 사망에 의하여 중혼으로 인하여 형성된 신분관계가 소멸하는 것은 아니므로 전혼의 배우자는 생존한 중혼의 일방당사자를 상대로 중혼의 취소를 구할 이익이 있다(대판 1991. 12. 10, 91므535).[28] 취소할 수 있는 것은 중혼당사자의 선의·악의를 불문하고 나중의 혼인(後婚)이며, 전혼(前婚)은 이혼원인이 되는데 지나지 않는다(제840조 제1호).

한편, 민법은 다른 사유에 관하여는 취소권소멸규정을 두면서(제819조~제823조) 중혼의 경우에는 이를 두지 않고 있는데, 이것은 다른 혼인취소사유보다 중혼의 반윤리성이 훨씬 높기 때문이다. 다만, 취소권소멸규정이 없다고 하여 이를 오랫동안 행사하지 않을 경우에는 권리남용이 될 수 있다(대판 1993. 8. 24, 92므907).

【참 고】 중혼취소권과 실효의 법리
중혼취소권은 '실효의 법리'에 의해 쉽게 소멸을 인정해서는 안 된다(대판 1993. 8. 24, 92므907). 중혼은 일부일처제에 어긋나는 것으로 취소에 기간제한이 없다. 다만 장기간이 경과한 후의 취소주장은 예외적인 경우에 한해 권리남용으로 될 여지는 있다(대판 1998. 6. 12, 96다52670).

판례 중혼남편의 이복동생이 중혼성립 후 10여년 후 중혼취소청구를 한 사안에서, 판례는 중혼당사자는 이미 사망한 후이고 아무런 이해관계 없는 원고의 취소청구는 권리남용이 된다고 한다(대판 1993. 8. 24, 92므907).

판례 甲남이 법률상 부부였던 乙녀를 상대로 이혼심판을 청구하여 승소판결을 선고받고 그 심판이 확정되자 곧 丙녀와 혼인신고를 마쳤으나 그 후 乙녀의 재심청구에 의하여 그 이혼심판의 취소 및 이혼청구기각의 심판이 확정되었다면 甲남과 丙녀 사이의 혼인은 중혼에 해당하므로 취소되어야 한다(대판 1994. 10. 11, 94므932). 이 경우 乙녀가 실제로는 혼인생활을 계속할 의사가 없다든가, 이혼심판을 믿고 혼인한 선의의 제3자인 丙녀나 그 자녀들의 이익이 크게 침해된다는 등의 사유만으로는 중혼의 취소를 구하는 심판청구가 권리남용이라고 할 수 없다(대판 1991. 5. 28, 89므211).

28) 중혼자의 사망으로 혼인이 해소된 후에도 친족관계의 종료, 대습상속의 배제 등을 위해 중혼을 취소할 실익이 있다.

(ㄷ) 취소청구권자: 중혼의 당사자 및 그 배우자, 직계혈족, 4촌 이내 방계혈족 또는 검사가 그 취소를 청구할 수 있다(제818조).

가사소송에서 검사를 취소청구권자로 규정한 유일한 경우로써, 그 이유는 혼인질서의 유지라는 공익적 견지에서 나온 것이다(즉, 공익적 취소).

판 례 취소청구권자에 대한 헌법불합치결정(헌재결 2010. 7. 29, 2009헌가8)

중혼의 취소청구권자를 규정한 민법 제818조는 그 취소청구권자로 직계존속과 4촌 이내의 방계혈족을 규정하면서도 직계비속을 제외하였는바, 직계비속을 제외하면서 직계존속만을 취소청구권자로 규정한 것은 가부장적 · 종법적인 사고에 바탕을 두고 있고, 직계비속이 상속권 등과 관련하여 중혼의 취소청구를 구할 법률적인 이해관계가 직계존속과 4촌 이내의 방계혈족 못지않게 크며, 그 취소청구권자의 하나로 규정된 검사에게 취소청구를 구한다고 하여도 검사로 하여금 직권발동을 촉구하는 것에 지나지 않은 점 등을 고려할 때, 합리적인 이유 없이 직계비속을 차별하고 있어, 평등원칙에 위배되는 것으로서 헌법에 위반된다.

판 례 배우자 있는 갑이 이름을 바꿔 새로이 취적함으로써 이중호적을 만들어 을과 다시 혼인한 경우 중혼이다. 이 경우에 갑이 배우자 A와 혼인신고만 하였을 뿐 실제 동거한 일이 없다 하더라도 갑과 을의 혼인이 중혼임은 마찬가지이다(대판 1986. 6. 24, 86므9).

판 례 혼인이 일단 성립되면 그것이 위법한 중혼이라 하더라도 당연히 무효가 되는 것은 아니고 법원의 판결에 의하여 취소될 때에 비로소 그 효력이 소멸될 뿐이므로 아직 그 혼인취소의 확정판결이 없는 한 법률상의 부부라 할 것이어서 재판상 이혼의 청구도 가능하다(대판 1991. 12. 10, 91므344).

---

⑤ 악질 등 중대한 사유가 있는 혼인

> 제822조(악질 등 사유에 의한 혼인취소청구권의 소멸) 제816조 제2호의 규정에 해당하는 사유 있는 혼인은 상대방이 그 사유 있음을 안 날로부터 6월을 경과한 때에는 그 취소를 청구하지 못한다.

혼인 당시 당사자 일방에게 부부생활을 계속할 수 없는 악질 그밖의 중대한 사유가 있음을 알지 못하고 혼인한 때에는 취소할 수 있다(제816조 제2호). 그밖에 중대한 사유에는 정신병 등이 해당할 것이다.

이 경우 취소청구권자에 대하여는 규정을 두지 않고 있지만, 당사자에 한한다고 해석된다. 그러나 그 사유 있음을 안 날로부터 6개월을 경과한 때에는 취소권이 소멸한다(제822조, 제816조 제2호).

⑥ 사기·강박에 의한 혼인

> **제823조(사기, 강박으로 인한 혼인취소청구권의 소멸)** 사기 또는 강박으로 인한 혼인은 사기를 안 날 또는 강박을 면한 날로부터 3월을 경과한 때에는 그 취소를 청구하지 못한다.

사기 또는 강박으로 인하여 혼인의 의사표시를 한 때에는 그 혼인을 취소할 수 있다(제816조 제3호).

여기서 사기의 정도는 경미한 것이 아니고 혼인의사표시에 중대한 영향을 미칠 정도로 위법성의 정도가 높아야 한다. 사기의 정도가 중대한 것으로는 허위사실을 고지하여 착오에 빠지게 하는 경우 등이다. 사기에 의한 착오가 상대방의 동일성에 관한 것일 때에는 혼인무효의 원인이 되며, 상대방의 성질・재산・지위 등에 관계된 때에는 취소의 문제가 된다.[29]

한편, 강박이란 말이나 행동을 통하여 공포심을 느끼게 하여 혼인의사를 표시하게 하는 것을 말한다. 사기자 또는 강박자는 혼인당사자 이든 제3자이든 불문하며, 제3자가 사기를 행하는 경우에 혼인상대방이 이를 알고 있을 필요는 없다(즉, 혼인상대방의 선의・악의를 불문하고 취소가능).[30]

사기・강박으로 인한 혼인의 경우, 취소권자에 관하여는 규정하는 바가 없기 때문에 당사자인 피사기자 또는 피강박자라고 보아야 한다. 그러나 사기를 안 날 또는 강박을 면한 날로부터 3개월을 경과한 때에는 취소청구권이 소멸된다(제823조).

---

29) 한봉희, 가족법, 87면.

30) 즉, 사기・강박에 관한 민법총칙의 규정(제110조)이 적용되지 않는다. 따라서 상대방이 선의인 경우나 또는 제3자가 사기・강박을 한 때에도 언제나 취소할 수 있으며, 이러한 혼인의 취소는 선의의 제3자에 대하여도 대항할 수 있다.

〈 혼인취소원인, 취소권자, 상대방, 취소권의 소멸 〉

취소원인(제816조)	취소청구권자	상대방	제척기간
혼인적령 미달(1호)	당사자 또는 그 법정대리인(제817조)	다른 일방의 배우자 또는 검사	당사자가 혼인적령에 달하거나 혼인 중에 포태한 때(제819조 유추적용)
동의 결여(1호)	당사자 또는 그 법정대리인(제817조)	혼인적령 미달과 동일	당사자가 성년에 이른 후 또는 성년후견종료의 심판이 있은 후 3개월을 경과하거나 혼인중에 포태한 때(제819조)
근친혼(1호)	당사자, 그 직계존속 또는 4촌 이내의 방계혈족(제817조)	* 부부의 일방이 제기할 경우: 다른 일방의 배우자 또는 검사 * 친족이 제기하는 경우: 부부 쌍방 또는 생존하는 배우자 또는 검사	혼인당사자간에 혼인 중 자를 포태한 때(제820조)
중혼(1호)	당사자, 그 배우자, 직계혈족, 4촌 이내의 방계혈족, 검사(제818조)	근친혼과 동일	중혼이 존재하는 한 취소권은 소멸치 않음.
악질 등 중대한 사유(2호)	상대방(당사자)	혼인적령 미달과 동일	그러한 사유 있음을 안 날로부터 6개월이 지난 후(제822조)
사기 · 강박(3호)	당사자	혼인적령 미달과 동일	사기임을 안 날 또는 강박을 면한 날로부터 3개월이 지난 후(제823조)

2) 취소의 방법

혼인의 취소는 취소권자의 의사표시만으로는 안 되며, 반드시 소에 의하여야 한다(즉, 재판상 취소). 이 취소의 소는 무효와는 달리 형성의 소이기 때문에 다른 소의 전제로서 주장할 수 없다.

그리고 혼인취소를 하기 위해서는 먼저 가정법원에 조정을 신청(조정전치주의 적용)하여야 한다(가소 제50조 제1항). 그러나 혼인취소는 당사자의 임의처분이 불가능하다. 따라서 당사자가 혼인취소를 하기로 하는 합의가 성립하더라도 혼인취소를 하는 것으로 하는 조정이 성립할 수 없다.

3) 취소의 효과

> **제824조(혼인취소의 효력)** 혼인의 취소의 효력은 기왕에 소급하지 아니한다.
>
> **제824조의 2(혼인의 취소와 자의 양육 등)** 제837조 및 제837조의 2의 규정은 혼인의 취소의 경우에 자의 양육책임과 면접교섭권에 관하여 이를 준용한다.
>
> **제825조(혼인취소와 손해배상청구권)** 제806조의 규정은 혼인의 무효 또는 취소의 경우에 준용한다.

① 혼인관계의 종료(불소급의 원칙)

혼인의 취소는 취소 이후의 장래에 대하여만 효력을 갖는다. 즉, 혼인이 취소되더라도 그 이전에 있었던 혼인관계를 부정할 수 없기 때문에, 혼인취소에는 소급효가 인정되지 않는다(제824조).

㉠ 따라서 그 혼인에서 출생한 자는 혼인중의 자의 지위를 유지하며, 혼인에 의한 성년의제도 효력을 유지한다.

㉡ 한편, 배우자의 일방이 사망한 후 혼인이 취소된 경우에 취소된 혼인의 배우자가 상속인자격을 상실하는지에 관하여 문제된다. 판례는 제824조(혼인취소의 효력)의 규정에 따라 취소는 소급되지 않으므로 상속권을 잃지 않는다고 한다(대판 1996. 12. 23, 95다48308).

> **판례** 민법 제824조는 "혼인의 취소의 효력은 기왕에 소급하지 아니한다"고 규정하고 있을 뿐 재산상속 등에 관해 소급효를 인정할 별도의 규정이 없는 바, 혼인 중에 부부 일방이 사망하여 상대방이 배우자로서 망인의 재산을 상속받은 후에 그 혼인이 취소되었다는 사정만으로 그 전에 이루어진 상속관계가 소급하여 무효라거나 또는 그 상속재산이 법률상 원인 없이 취득한 것이라고는 볼 수 없다(대판 1996. 12. 23, 95다48308).

② 인척관계의 종료

혼인에 의해 형성된 인척관계는 혼인취소에 의해 즉시 소멸한다(제775조 제1항). 이에 비해 배우자의 사망에 의한 혼인해소의 경우에는 생존배우자가 재혼해야 인척관계가 소멸한다(제775조 제2항).

③ **손해배상청구(위자료)와 재산분할청구권**

민법에 준용규정은 없으나 혼인이 취소된 때에는 일방은 타방에 대하여 재산분할을 청구할 수 있다(가소 제2조 제1항 마류 제4호). 또한 혼인취소의 경우에도 약혼해제의 경우와 같이 과실 없는 배우자는 과실 있는 상대방 또는 사기·강박에 가담한 제3자에 대하여 재산상·정신상의 손해배상을 청구할 수 있다(제825조, 제806조). 이는 가정법원의 조정사항이다(가소 제2조 제1항 다류사건 2호, 제50조).

④ **미성년자녀에 대한 친권행자자 등의 지정**

혼인이 취소된 경우 가정법원은 직권으로 친권자를 정한다(제909조 제5항). 그리고 혼인취소신고시에 친권자 지정에 관하여 신고하여야 한다(가족관계등록법 제79조 제2항). 또한 혼인취소의 경우에는 이혼에 관한 규정(자의 양육책임에 관한 제837조와 면접교섭권에 관한 제837조의 2)을 준용한다(제824조의 2). 즉, 양육자결정, 양육비용의 부담, 면접교섭권 행사여부 및 그 방법 등 양육에 관한 사항은 당사자의 협의로 정하고 협의가 이루어지지 않거나 협의할 수 없는 때에는 가정법원이 직권으로 또는 당사자의 청구에 의하여 정한다(제824조의 2, 제837조, 제837조의 2).

⑤ 민법은 혼인의 취소에 관하여 민법총칙상의 특칙을 규정하고 있다. 그 중요한 특징으로는 ㉠ 특정원인이 있는 경우 재판을 통하여 취소가 인정되며(재판상의 취소), ㉡ 혼인질서의 유지라는 면에서 혼인의 취소는 공익적 취소이며 검사도 취소권자가 된다(제818조). ㉢ 민법총칙상의 취소의 소급효규정(제141조)은 혼인의 취소에는 적용되지 않는다는 점 등이다.

3. 혼인의 효과

혼인에 의하여 당사자는 부부라고 하는 혼인생활공동체를 형성하게 된다. 그 공동생활은 정신적·육체적 생활공동이며, 주거 및 성(性)의 공동이자 협조와 성실의 공동으로서 자녀에 대한 공동양육을 필요로 하는 생활공동체이다. 이에 따라 혼인의 효과는 부부라고 하는 공동생활에 관계되어 발생하는 일반적 효과와 부부가 공동의 경제생활을 함에 있어서 재산상의 권리의무관계로 나타나는 재산법적 효과로 구분한다.

(1) 일반적 효과(신분상의 효과)

1) 친족관계의 발생

① 혼인하면 부부는 서로 배우자라는 신분을 가진 친족이 되고(제777조 제3호), 상대방이 사망한 경우에 상속인(대습상속권 포함)이 된다(제1003조).

② 부부는 서로 상대방의 4촌 이내의 혈족(부계 · 모계), 4촌 이내의 혈족의 배우자와의 사이에 서로 인척관계가 성립한다(제777조 제2호).

2) 가족관계등록부의 기록

혼인신고에 의해 부부 각자의 가족관계등록부에 혼인에 관한 사항이 기록된다(가족관계등록법 제9조 제2항 제3호).

3) 부부의 성(姓)

각자의 혼인 전의 성을 그대로 유지한다(즉, 성불변의 원칙, 부부별성의 원칙).

4) 동거·부양·협조의무

> 제826조(부부간의 의무) ① 부부는 동거하며 서로 부양하고 협조하여야 한다. 그러나 정당한 이유로 일시적으로 동거하지 아니하는 경우에는 서로 인용하여야 한다.
> ② 부부의 동거장소는 부부의 협의에 따라 정한다. 그러나 협의가 이루어지지 아니하는 경우에는 당사자의 청구에 의하여 가정법원이 이를 정한다.

부부 사이의 의무 규정(제826조)은 부부가 평등하게 혼인공동생활을 하기 위한 혼인공동체의 본질적 의무규정으로서 의미를 갖는다.

① 동거의무

㈎ 부부는 서로 동거할 의무를 부담한다. 동거란 부부로서의 동거를 의미하고 단순히 주거를 같이한다는 장소적 관계를 의미하는 것이 아니다. 따라서 주거를 같이 하지 않아도 동거를 성립할 수 있고, 동일한 주거 내에서 생활을

별도로 하는 '가정내 이혼'은 동거가 아니다. 동거의무에는 성생활의 의무도 포함된다.

한편, 동거의무는 부부가 정당한 사유로 인하여 일시적 동거하지 않는 경우에는 서로 인용하여야 한다(제826조 제1항 단서). 정당한 사유로는 예컨대, 직업상의 필요(유학, 파견), 정신적·육체적 장애(마약, 정신질환 등으로 인한 요양), 자녀의 교육상의 필요(기러기 아빠) 등 특수한 사정이 존재하는 경우를 말한다.

(나) 동거장소: 부부의 협의에 의하여 정하며, 협의가 이루어지지 않은 경우에는 당사자의 청구에 의하여 가정법원이 정한다(제826조 제2항).

(다) 동거의무의 불이행(동거거부): 부부의 일방이 정당한 이유 없이 동거의무에 위반하는 경우에는 동거청구의 소를 제기할 수 있으며(가소 제2조 제1항 마류사건 1호), 조정전치주의가 적용된다. 그러나 이로 인하여 가정법원의 동거를 명하는 심판이 있는 경우에도 부부관계의 본질상 직접강제뿐만 아니라 간접강제는 허용되지 않는다. 다만, 정당성이 없는 동거의무의 위반은 재판상 이혼원인인 악의의 유기에 해당할 수 있으며(제840조 제2호), 부양의무 및 협조의무의 면제사유가 될 수 있다(대판 1991. 12. 10, 91므245).

한편, 동거의무를 유책하게 위반한 것에 대하여는 비재산적 손해(즉, 위자료)의 배상을 청구할 수 있으며, 이러한 위자료청구가 허용되기 위해서 먼저 이혼청구가 전제되어야 할 필요는 없다.

판 례 민법 제826조 제1항이 규정하고 있는 부부간의 동거·부양·협조의무는 정상적이고 원만한 부부관계의 유지를 위한 광범위한 협력의무를 구체적으로 표현한 것으로서 서로 독립된 별개의 의무가 아니라고 할 것이므로, 부부의 일방이 정당한 이유 없이 동거를 거부함으로써 자신의 협력의무를 스스로 져버리고 있다면, 상대방의 동거청구가 권리남용에 해당하는 등의 특별한 사정이 없는 한, 상대방에게 부양료의 지급을 청구할 수 없다(대판 1991. 12. 10, 91므245).

판 례 동거의무 또는 그를 위한 협력의무의 불이행으로 인한, 혼인 중의 손해배상청구

부부의 일방이 상대방에 대하여 동거에 관한 심판을 청구한 결과로 그 심판절차에서 동거의무의 이행을 위한 구체적인 조치에 관하여 조정이 성립한 경우에 그 조치의 실현을 위

하여 서로 협력할 법적 의무의 본질적 부분을 상대방이 유책하게 위반하였다면, 부부의 일방은 바로 그 의무의 불이행을 들어 그로 인하여 통상 발생하는 비재산적 손해의 배상을 청구할 수 있고, 그에 반드시 이혼의 청구가 전제되어야 할 필요는 없다(대판 2009. 7. 23, 2009다32454).

② 부양·협조의무

㈎ 부양의무: 부부는 서로 부양할 의무를 지는데(제826조 제1항), 부부간의 부양은 미성숙 자녀의 양육을 비롯한 부부의 일체의 공동생활을 영위하기 위하여 필요한 것을 서로 공여하는 것을 말한다.

부양의무도 동거·협조의무와 함께 혼인공동생활을 평화롭고 원만하게 유지하기 위한 본질적인 의무에 속한다. 따라서 부부는 상호간에 자기의 재산상태와 사회적 지위에 맞는 동일한 수준의 생활을 유지할 수 있도록 부양하여야 한다. 부양비 또는 혼인생활비용에는 의식주에 관련된 비용뿐만 아니라 의료비, 자녀의 출산비, 양육비, 교육비 등이 모두 포함된다.

㈀ 1차적 부양의무(생활유지적 부양): 부부간의 부양의무는 2차적 부양의무인 친족간의 부양의무(생활부조적 부양)와는 달리 일방이 경제적 여유가 있을 때만 부양하는 것이 아닌 무조건적 부양에 해당한다.

㈁ 일방이 부양의무를 위반한 경우: 부부의 일방이 부양의무를 이행하지 않는 경우에는 다른 일방은 부양청구권을 행사하여 부양료를 지급받을 수 있다. 특히, 부양의무의 불이행에 대하여는 직접강제뿐만 아니라 가사소송법상 가사채무의 이행확보절차에 따른 간접강제(의무이행명령, 과태료의 제재, 감치 등) 등의 강제집행도 가능하다(가소 제62조~제65조, 제67조, 제68조). 부양료지급심판은 내용상 재산적 급여의 지급을 명하는 것이기 때문에 강제집행을 할 수 있다.

한편, 부양의무를 현저히 위반하는 경우는 악의의 유기로서 이혼사유가 될 수 있다(제840조 제2호).

판례 배우자가 정당한 이유 없이 서로 동거, 부양, 협조하여야 할 부부로서의 의무를 포기하고 다른 일방을 버린 경우에는 재판상 이혼사유인 악의의 유기에 해당하는 것이다(대판 1998. 4. 10, 96므1431).

㈐ 과거의 부양료: 부부간의 상호부양의무는 부부의 일방에게 부양을 받을 필요가 생겼을 때 당연히 발생한다. 그런데 부양료를 받지 못한 부부의 일방이 과거의 부양료에 대한 지급을 청구할 수 있는가에 관한 문제에 대하여는 학설과 판례가 일치하지 않고 있다. 학설상 다수설은 과거의 부양료지급청구가 허용되어야 한다는 입장이지만,[31] 판례에서는 과거의 부양료에 관하여는 특별한 사정이 없는 한 부양을 청구한 이후의 부분에 대하여만 부양료의 지급을 구할 수 있다고 본다.

판 례 부부간의 상호부양의무에 있어 이행청구 전 과거의 부양료에 대한 청구를 할 수 있는가?

제826조 제1항에 규정된 부부간의 상호부양의무는 부부의 일방에게 부양을 받을 필요가 생겼을 때 당연히 발생하는 것이기는 하지만, 과거의 부양료에 관하여는 부양을 받을 자가 부양의무자에게 부양의무의 이행을 청구하였는데도 부양의무자가 부양의무를 이행하지 아니함으로써 이행지체에 빠진 이후의 것에 대하여만 부양료의 지급을 청구할 수 있을 뿐, 부양의무자가 부양의무의 이행을 청구받기 이전의 부양료의 지급은 청구할 수 없다고 보는 것이 부양의무의 성질이나 형평의 관념에 합치된다(대결 2008. 6. 12, 2005스50).

㈑ 부부의 공동생활에 필요한 비용부담(제833조)과의 관계: 부부의 공동생활에 필요한 비용의 부담은 당사자간의 특별한 약정이 없으면 부부가 공동으로 부담한다.

부부가 혼인생활비용을 공동으로 분담하는 것은 부부간의 부양의무를 이행하는 것과 같기 때문에 부부간의 부양의무규정(제826조 제1항)과 혼인생활비용 공동부담규정(제833조)과의 관계는 중첩적 성격을 띤 규정으로 본질적으로 유사하다고 보아야 할 것이다.[32] 형식상으로 두 규정의 관계를 구분한다면 부부의 부양의무규정은 모든 부부에게 공통으로 인정되는 규정이고, 혼인생활비용 공동부담규정은 법정재산제에 따르는 부부에게 적용되며 여러 가지 혼인비용부담에 대한 의무를 규정한 것으로 보아야 할 것이다.[33]

31) 부양료는 생활능력이 없거나 생활이 어려운 배우자에게는 필요적인 재산상의 생활급부인데다 과거에 마땅히 받았어야 할 부양료를 나중에 반환받는 부당이득적 성질을 가진 것이므로 과거의 부양료지급은 인정되어야 할 것이다(한봉희, 가족법, 106면).

32) 이경희, 가족법, 80면.

(나) **협조의무**: 협조의무는 부부공동생활을 유지하기 위한 부부의 중요한 의무로서 분업상의 역할을 수행하는 것이라고 한다. 협조의무는 경제적인 것이라기보다는 정신적·이념적 의무가 강한 것이기는 하지만 반드시 이에 한정되지는 않는다.

(ㄱ) 분업의 결정: 부부의 분업을 어떻게 할 것인지는 당사자의 협의로 정하지만, 특별한 약정이 없는 경우에는 부부 각자의 직업이나 자력 등 제반사정을 고려하여 개별적으로 판단하여야 한다.

(ㄴ) 협조의무의 불이행: 부부의 일방이 정당한 사유 없이 협조의무를 위반한 경우, 그 이행을 위하여 조정 또는 심판을 청구할 수 있지만 성질상 동거의무위반의 경우와 마찬가지로 강제이행은 하지 못한다. 그리고 협조의무위반은 그 위반의 정도에 따라서는 가정생활의 파탄을 초래할 수 있으므로 제840조 제6호에 해당하는 이혼사유가 될 수 있을 것이다.

③ 정조의무

(가) 혼인은 정신적·육체적 공동체이므로, 정조의무는 혼인공동체를 유지하기 위한 부부의 본질적 의무이다. 민법상 정조의무에 대한 명문의 규정은 없지만, 의무위반시 이혼사유가 되므로(제840조 제1호의 부정한 행위에 해당함), 부부간에는 정조의무가 있는 것으로 본다.

(나) **정조의무위반의 효과**: 부정행위(간통 등)의 경우 배우자에게 손해배상책임을 진다(제843조, 제806조). 그리고 부정행위의 상대방도 배우자 있음을 알고서 정을 통한 때에는 공동불법행위자로서 배상책임을 지게 된다(제760조).

참고판례 간통에 의한 불법행위책임의 성립범위

乙녀가 배우자 있는 甲남과 동거생활을 함으로써 甲의 자녀들이 일상생활에 있어 甲으로부터 애정을 품고 그 감호교육을 받을 수 없게 되었다 하여도 乙이 악의로서 甲의 자녀에 대한 감호 등을 적극적으로 저지하는 등 특별한 사정이 없는 한 乙의 행위는 甲의 자녀에 대하여 불법행위를 구성하는 것은 아니다(대판 1981. 7. 28, 80다1295; 대판 2005. 5. 13, 2004다1899).

33) 한봉희, 가족법, 105면; 大村敦志, 家族法, 有斐閣, 2004, 62면.

5) 성년의제

제826조의 2(성년의제) 미성년자가 혼인을 한 때에는 성년자로 본다.

① 의의 및 입법취지

미성년자라도 혼인을 한 때에는 성년에 달한 것으로 본다(제826조의 2). 미성년자가 혼인을 한 후에도 미성년자로 남게 되면 친권이나 후견에 따르게 되는 문제가 발생한다. 따라서 미성년자라도 혼인을 하면 성년이 된 것으로 의제하여 행위능력을 인정하고 독립된 법률행위를 할 수 있도록 하기 위하여 인정하고 있는 제도가 성년의제제도이다. 이러한 혼인에 의한 성년의제는 법률혼에 한하고 사실혼에는 적용되지 않는다(다수설).

② 성년의제의 효과

㈎ 혼인한 미성년자는 민법상 행위능력을 가지며, 자기의 子에 대하여 친권을 행사할 수 있게 된다.

㈏ 타인의 후견인이 될 수 있고, 유언증인의 능력, 유언집행자가 될 수 있는 자격, 소송능력 등에서 성년으로 의제된다.

㈐ 입양을 할 수 있는 능력에 대하여는 이를 긍정하는 견해도 있지만,[34] 양자제도의 취지로 보아 양부모가 되기 위해서는 성년에 달해야 하므로 이를 부정하여야 할 것이다.[35]

㈑ 성년의제는 민법 이외의 법률에는 적용되지 않는다. 즉, 공법 기타의 사회법규 등에는 적용되지 않으므로 대통령선거법, 국회의원선거법, 근로기준법, 미성년자보호법 등의 경우에는 여전히 미성년자에 지나지 않는다.

③ 혼인의 해소와 성년의제

혼인에 의하여 성년으로 의제된 미성년자가 성년(19세)에 도달하지 않은 사이에 혼인이 해소(이혼·혼인취소·배우자의 사망)된 경우, 성년의제의 효과는 소

---

34) 박동섭, 친족상속법, 129면; 송덕수, 신민법강의, 1782면.

35) 김주수·김상용, 친족·상속법, 131면; 이경희, 가족법, 75면.

멸하지 않는다(통설). 그 이유는 거래의 안전을 보호하고, 혼인 중에 출생한 子의 친권문제 등에서 야기되는 혼란을 방지하기 위해서이다. 한편, 혼인무효의 경우에는 성년의제는 처음부터 발생하지 않는다.

(2) 혼인의 재산적 효과(부부재산제)

부부가 부부생활을 원만하게 영위하고 있는 동안에는 부부 사이의 재산관계에 대하여 법률이 간섭할 필요가 없다. 그러나 혼인이 해소된 경우, 부부의 일방과 제3자와의 사이에 재산상의 분쟁이 생긴 경우 등에 대비하여 부부간의 재산관계는 명백하게 할 필요가 있다. 이에 대하여 민법은 원칙적으로 혼인할 당사자가 혼인의 성립 전에 혼인후의 재산적 법률관계를 합의에 의해 해결하도록 하고, 이러한 약정이 없는 경우나 체결된 부부재산계약이 무효인 경우에 대비하여 보충적으로 법정재산제를 규정하고 있다.

1) 부부재산계약

> 第829조(부부재산의 약정과 그 변경) ① 부부가 혼인성립 전에 그 재산에 관하여 따로 약정을 하지 아니한 때에는 그 재산관계는 본관 중 다음 각조에 정하는 바에 의한다.
> ② 부부가 혼인성립 전에 그 재산에 관하여 약정한 때에는 혼인중 이를 변경하지 못한다. 그러나 정당한 사유가 있는 때에는 법원의 허가를 얻어 변경할 수 있다.
> ③ 전항의 약정에 의하여 부부의 일방이 다른 일방의 재산을 관리하는 경우에 부적당한 관리로 인하여 그 재산을 위태하게 한 때에는 다른 일방은 자기가 관리할 것을 법원에 청구할 수 있고 그 재산이 부부의 공유인 때에는 그 분할을 청구할 수 있다.
> ④ 부부가 그 재산에 관하여 따로 약정을 한 때에는 혼인성립까지에 그 등기를 하지 아니하면 이로써 부부의 승계인 또는 제삼자에게 대항하지 못한다.
> ⑤ 제2항, 제3항의 규정이나 약정에 의하여 관리자를 변경하거나 공유재산을 분할하였을 때에는 그 등기를 하지 아니하면 이로써 부부의 승계인 또는 제삼자에게 대항하지 못한다.

① 의 의

부부재산계약이란 장래 혼인하려는 당사자가 혼인 후의 재산적 법률관계를 미리 약정하는 계약을 말한다. 혼인 후에는 부부의 재산관계는 민법의 규정(제830조 이하)에 의하여 특별한 취급을 받는다. 다만, 부부가 될 자가 혼인신고전에 계약을 체결한 재산에 관하여는 이러한 규정의 적용을 받지 않는 것으로 하고 있다(제829조).

부부재산계약은 부부의 재산귀속이나 재산관리권, 생활비용의 부담 등을 그 내용으로 한다. 부부재산계약은 그동안 거의 행해지지 않고 있었지만, 그 계약을 체결함으로써 권리·의무관계가 명확하게 되고 분쟁발생의 예방효과 및 이행촉진 효과를 기대할 수 있을 것이다.

② 요 건

㈎ 당사자: 장차 혼인하려는 당사자 사이에 체결되는 계약이어야 한다. 부부재산계약의 체결능력에 관하여는 규정을 두지 않고 있으므로, 해석론상 혼인체결의 능력(즉, 의사능력)만 있으면 부부재산계약을 체결할 수 있으며, 재산상의 행위능력은 요하지 않는다고 본다(다수설).[36)]

㈏ 계약체결시기: 부부재산계약은 혼인계약에 따르는 부수적인 계약으로써, 부부가 될 당사자가 '혼인성립 전'(즉, 혼인신고전)에 그 재산에 관하여 약정을 한 경우에 성립한다(제829조 제1항). 당사자는 혼인중의 재산관계에 대하여 자유롭게 계약을 체결할 수 있지만, 혼인성립 전이나 혼인해소 또는 취소 후의 재산관계를 결정할 수 없다. 부부재산계약은 혼인한 때에 효력이 발생하며, 특히 혼인이 해소되면(혼인취소, 이혼, 사망의 경우) 부부재산계약은 종료하므로 혼인해소 후의 재산관계를 정할 수는 없다.

㈐ 계약의 체결방식

㈀ 민법은 체결방식에 관하여 규정하지 않고 있으므로, 특별한 방식을 필요로 하지 않는다. 즉, 부부재산계약은 불요식이므로 구두로도 가능하며, 공증·증인 등의 특별한 방식을 요하지 않는다. 또한 계약의 체결에는 가정법원의 허가를 필요로 하지 않는다.

㈁ 제3자에 대한 대항요건: 부부재산계약은 당사자사이에는 등기하지 않

---

36) 김주수·김상용, 친족·상속법, 136면; 이경희, 가족법, 91면.

아도 유효하지만, 대외적으로 부부의 승계인(예컨대, 상속인, 포괄적 수유자 등) 또는 제3자에 대항하기 위해서는 혼인신고시까지(혼인 전에) 등기(관리인등기)를 하여야 한다(제829조 제4항). 계약의 변경이 있는 경우에도 등기하여야 부부의 승계인 또는 제3자에게 대항할 수 있다(제829조 제5항). 따라서 부부재산계약 등기는 대항요건일 뿐 효력요건이 아니다.

[ex] 혼인하려는 당사자 일방이 상대방에 대하여 부동산을 증여하기로 약정한 경우, 이를 등기하여야 부동산의 양수인 등 제3자에게 대항할 수 있다. 한편, 등기나 등록 등 공시방법이 별도로 요구되는 재산에 관하여는 그 공시절차를 밟지 않으면 부부재산약정등기만으로 제3자에게 대항할 수 없다고 해석된다.

③ 계약의 내용

부부의 혼인중의 재산관계에 관한 것이라면 계약의 내용에도 특별한 제한을 두지 않고 있으므로 자유롭게 결정할 수 있다(계약자유의 원칙). 다만, 재산계약의 내용이 혼인의 본질적 요소나 남녀평등 내지 선량한 풍속 기타 사회질서에 반하는 경우(예컨대, 부부간의 부양의무 면제, 처의 재산행위능력을 제한하는 계약 등)에는 무효이다. 또한 부부재산계약은 신분적 계약이므로 원칙적으로 조건부 또는 기한부로 체결할 수 없다(무효).[37)]

한편, 이혼시의 재산분할에 대하여도 부부재산계약으로 정할 수 있을 것인가에 관한 문제가 제기된다. 이러한 문제와 관련해서는 이혼시 재산분할은 혼인종료 후의 재산관계에 관한 것이므로 부부재산계약의 내용으로 할 수 없다고 보아 그 약정은 효력이 없다고 하는 견해[38)]와 혼인해소시의 재산분할에 대비하기 위하여 부부재산계약이 이용될 수 있을 것이라는 해석론을 제기하는 견해도 있다.[39)]

---

37) 김주수 · 김상용, 친족 · 상속법, 137면; 박동섭, 친족상속법, 135면.

38) 김주수 · 김상용, 친족 · 상속법, 137면; 박동섭, 친족상속법, 135면.

39) 양형우, 민법의 세계, 1727면; 지원림, 민법강의, 1839면. 즉, 이혼의 경우 법정부부재산제의 특칙이라고 할 제839조의 2에 따라 재산관계가 청산되는데, 부부재산계약에 의하여 법정부부재산제의 적용이 배제되므로 동조도 적용되지 않는다고 할 것이므로, 이러한 점에서 보면 혼인해소시의 재산분할에 대비하기 위하여 부부재산계약이 이용될 수 있을 것이라고 한다.

④ 부부재산계약의 변경

㈎ 원 칙: 혼인성립 전에 체결된 부부재산계약은 혼인 중에 변경하지 못한다(제829조 제2항 본문). 따라서 당사자의 합의가 있더라도 자유로이 변경할 수 없다. 혼인 중에 계약을 변경하지 못하도록 하는 이유는 夫의 부당한 압력으로 불리한 계약이 되는 것을 방지하기 위한 것이다. 이는 부부재산계약을 혼인성립 전에 체결하게 한 이유이기도 하다.

㈏ 예외적 허용

㉠ 정당한 사유가 있는 경우: 가정법원의 허가를 얻어서 변경할 수 있다(제829조 제2항 단서).

㉡ 부부 일방이 타방의 재산을 부적당하게 관리하여 재산을 위태롭게 하는 경우: 배우자에게 재산관리권을 주었는데 부적당한 관리로 인하여 재산을 위태롭게 한 경우에는 가정법원에 자기가 관리할 것을 청구할 수 있고, 그 재산이 부부의 공유인 때에는 그 분할을 청구할 수 있다(제829조 제3항).

㉢ 부부는 약정(부부재산계약)에 의하여 관리자를 변경하거나 공유재산을 분할할 수 있다(제829조 제5항). 이 경우에는 혼인 중에 가정법원의 허가를 얻지 않더라도 계약에 따라 관리자변경이나 공유재산의 분할을 할 수 있다.

㉣ 관리자를 변경하거나 공유재산을 분할하였을 때는 그 등기를 하지 않으면 이로써 부부의 승계인 또는 제3자에게 대항하지 못한다(제829조 제5항).

⑤ 부부재산계약의 효과 및 종료

㈎ **부부재산계약의 효과**: 부부재산계약에 의하여 재산의 귀속과 관리에 관한 규정(법정재산제에 관한 제830조, 제831조)의 적용이 배제된다. 그러나 일상가사로 인한 채무의 연대책임(제832조)은 배제되지 않는다. 민법 제832조의 연대책임은 부부공동생활의 원만한 유지를 위하여 상호간에 공동으로 가사의 책임을 지도록 하는 내부적 효과를 발생시킬 뿐만 아니라 부부와 거래하는 제3자를 보호하기 위하여 부부가 연대하여 변제하도록 하는 대외적 효력을 발생시키므로 부부재산계약으로 배제할 수 없다.

(나) 부부재산계약의 종료

㉠ 혼인 중 부부재산계약의 종료: 사기·강박 등에 의한 부부재산계약은 취소될 수 있다(제816조 제3호 유추적용). 취소의 효과는 제3자의 권리를 해치지 않는 범위 내에서 소급한다. 그리고 부부재산계약의 결과가 사해행위가 되는 경우 부부의 채권자는 채권자취소권을 행사할 수 있다(제406조). 재산계약이 취소되면 법정재산제로 전환된다.[40]

㉡ 혼인의 해소로 인한 부부재산계약의 종료: 이혼·혼인취소·배우자 일방의 사망으로 인하여 혼인관계가 소멸하면 재산계약도 종료된다. 재산계약이 효력을 잃더라도 소급효는 없다(제824조).

2) 법정재산제

> 第830조(특유재산과 귀속불명재산) ① 부부의 일방이 혼인전부터 가진 고유재산과 혼인중 자기의 명의로 취득한 재산은 그 특유재산으로 한다.
> ② 부부의 누구에게 속한 것인지 분명하지 아니한 재산은 부부의 공유로 추정한다.
>
> 第831조(특유재산의 관리 등) 부부는 그 특유재산을 각자관리, 사용, 수익한다.

① 의 의

부부재산계약이 없는 경우 부부의 재산관계는 모두 제830조~제833조에서 규정하고 있는 법정재산제에 의한다(제829조 제1항). 법정재산제는 크게 별산제와 공유제로 구분할 수 있는데, 우리 민법 제830조에서는 법정재산제의 형태로 별산제를 채택하고 있다. 별산제는 부부평등의 원리에 따라 처에게 독립된 재산의 소유를 인정한다는 점에서 공적을 인정할 수 있지만, 혼인생활의 경제적 측면에서 볼 때는 처에게 명목적인 재산제에 그치는 결과가 되고 만다. 따라서 별산제 하에서는 부부의 실질적 평등과 관련하여 이혼시 재산분할청구권(제839조의 2) 및 처의 가사노동의 경제적 평가 등이 중요한 의의를 갖게 된다.

---

40) 김주수 · 김상용, 친족 · 상속법, 138면; 박동섭, 친족상속법, 136면.

② 부부별산제

㈎ 특유재산

㉠ 재산의 귀속과 관리: 부부의 일방이 혼인 전 취득한 고유재산과 혼인 중에 자기명의로 취득한 재산(상속재산, 증여재산 등: 각자의 단독소유재산)은 그의 특유재산으로 한다(제830조 제1항). 그리고 이 특유재산은 부부 각자가 관리・사용・수익한다(제831조).

㉡ 특유재산의 추정과 번복: 부부의 일방명의로 취득한 재산은 그 명의자의 특유재산으로 한다고 하고 있는데(제830조 제1항), 여기에서 특유재산으로 '한다'의 의미는 '추정'으로 해석한다(대판 1986. 9. 9, 85다카1337, 1338). 다만, 부부일방명의의 재산에 대하여 그 재산취득에 타방배우자가 대가를 부담하였음을 입증하면 특유재산의 추정은 번복된다(이 경우 판례에서는 부부간에 명의신탁을 한 것으로 이론구성을 한다). 따라서 재산취득에 상대방 배우자가 대가나 채무를 부담하였다거나 적극적인 재산증식의 노력이 있었다는 등의 실질적인 사유에 관한 아무런 증명이 없는 이상 그 추정은 번복할 수 없다(대판 1998. 6. 12, 97누7707).

판례 ⓐ 부부의 일방이 혼인 중 그의 단독 명의로 취득한 재산은 그 명의자의 특유재산으로 추정되고, 그 재산의 취득에 있어 다른 일방의 협력이 있었다거나 내조의 공이 있었다는 것만으로는 그 추정이 번복되지 않지만, 다른 일방이 실제로 당해 재산의 대가를 부담하여 취득하였음을 증명한 경우에는 그 추정이 번복되고, 그 대가를 부담한 다른 일방이 실질적인 소유자로서 편의상 명의자에게 이를 명의신탁한 것으로 인정할 수 있다(대판 2008. 9. 25, 2006두8068). 즉, 실질적으로 다른 일방 또는 쌍방이 그 재산의 대가를 부담하여 취득한 것이 증명된 때에는 특유재산의 추정은 번복되어 다른 '일방의 소유'이거나 '쌍방의 소유'라고 보아야 한다(대결 2007. 8. 28, 2006스3, 4).

ⓑ 부동산매입자금의 원천이 남편의 수입에 있더라도 처가 남편과 18년간의 결혼생활을 하면서 여러 차례 부동산을 매입하였다가 이익을 남기고 처분하는 등의 방법으로 증식한 재산으로 그 부동산을 매입하게 된 것이라면, 부동산 취득은 부부 쌍방의 자금과 증식노력으로 이루어진 것으로서 부부의 공유재산이라고 볼 여지가 있다(대판 1995. 10. 12, 95다25695).

ⓒ 혼인 중 부부의 일방 명의로 취득되어 그의 특유재산으로 추정되는 부동산을 다른 일방이 형식적인 절차를 통하여 명의신탁해지를 원인으로 한 소유권이전등기를 경료받았다고 한다면, 그 특유재산의 추정을 번복할 만한 주장・증명이 없는 이상, 그 등기시에 명의신탁해지의 형식을 빌어 부부 사이에 당해 부동산의 증여가 이루어진 것으로 보아

야 한다(대판 1998. 12. 22, 98두15177).

ⓓ 부부의 일방이 혼인중 단독명의로 취득한 부동산은 그 명의자의 특유재산으로 추정되므로 당해 부동산의 취득자금의 출처가 명의자가 아닌 다른 일방 배우자인 사실이 밝혀졌다면 일단 그 명의자가 배우자로부터 취득자금을 증여받은 것으로 추정할 수 있고, 이 경우 당해 부동산이 명의자의 특유재산이 아니고 다른 일방 배우자로부터 명의신탁된 것이기 때문에 그 취득자금을 증여받은 것으로 볼 수 없다는 점에 대하여는 납세자가 이를 주장·증명하여야 한다(대판 2008. 9. 25, 2006두8068).

ⓔ 사실혼 관계에 있는 배우자간의 명의신탁

부동산실권리자명의등기에 관한 법률 제5조에 의하여 부과되는 과징금에 대한 특례를 규정한 같은 법 제8조 제2호 소정의 '배우자'에는 사실혼 관계에 있는 배우자는 포함되지 않는다(대판 1999. 5. 14, 99두35). 그러나 명의신탁등기가 이 법률에 따라 무효가 되었다고 할지라도 그 후 신탁자와 수탁자가 혼인하여 그 등기의 명의자가 배우자로 된 경우에는 조세포탈, 강제집행의 면탈 또는 법령상 제한의 회피를 목적으로 하지 않는 한, 이 경우에도 위 법률 제8조 제2항의 특례를 적용하여 그 명의신탁등기는 당사자가 혼인한 때로부터 유효하게 된다(대판 2002. 10. 25, 2002다23840).

판례 부부 중 일방이 상속받은 재산이거나 이미 처분한 상속재산을 기초로 형성된 부동산이더라도 이를 취득하고 유지함에 있어 상대방의 가사노동 등이 직·간접으로 기여한 것이라면 재산분할의 대상이 되는 것이고, 이는 부부 중 일방이 제3자로부터 증여받은 재산도 마찬가지이다(대결 2009. 6. 9, 2008스111).

㈏ 공유재산

부부 중 누구의 소유인지 분명하지 않은 재산(즉, 귀속불명재산)은 부부의 공유재산으로 추정한다(제830조 제2항). 이 경우에는 지분도 균등한(1/2) 것으로 추정된다. 공유재산에는 부부가 협력하여 구입한 가정용품 기타 재산도 포함된다(혼인해소시 지분에 대한 소유를 주장할 수 있음).

한편, 가재도구 등과 같은 혼수품은 당연히 부부의 공유로 추정되는 것은 아니다(헌재결 2002. 7. 18, 2002헌마202). 따라서 가재도구 등의 혼수품은 비록 상대방이 점유하고 있더라도 소유권에 기한 반환청구나 원상회복으로 반환을 구할 수 있다고 한다(대판 2004. 11. 14, 2000므1257, 1264). 혼수품은 타방당사자에게 증여되는 것이 아니라 혼인이 성립된 후에도 제830조 제1항의 고유재산에 해당하기 때문이다.

(3) 혼인생활비용의 부담

> 第833조(생활비용) 부부의 공동생활에 필요한 비용은 당사자간에 특별한 약정이 없으면 부부가 공동으로 부담한다.

혼인생활비용은 부부가 통상의 공동생활을 유지하는데 필요한 비용을 말한다(예컨대, 의식주, 출산비, 의료비, 양육비, 교육비 등). 민법은 부부의 공동생활에 필요한 비용은 당사자 사이에 특별한 약정이 없는 경우 부부가 공동으로 부담한다(제833조)고 함으로써, 혼인비용의 부담에 관하여 부부의 공동책임원리를 규정하고 있다. 혼인비용의 구체적 부담방법은 부부가 협의하여 정하고, 협의가 되지 않을 때는 가사소송법에 의하여 가정법원의 조정 · 심판에 따라 결정된다(가소 제2조 제1항 마류사건 1호).

(4) 일상가사대리권과 일상가사채무의 연대책임

> 第827조(부부간의 가사대리권) ① 부부는 일상의 가사에 관하여 서로 대리권이 있다.
> ② 전항의 대리권에 가한 제한은 선의의 제삼자에게 대항하지 못한다.
>
> 第832조(가사로 인한 채무의 연대책임) 부부의 일방이 일상의 가사에 관하여 제삼자와 법률행위를 한 때에는 다른 일방은 이로 인한 채무에 대하여 연대책임이 있다. 그러나 이미 제삼자에 대하여 다른 일방의 책임 없음을 명시한 때에는 그러하지 아니하다.

1) 의 의

일상가사란 부부가 혼인생활을 하는데 있어서 항상 필요로 하는 통상적인 가사를 말한다. 부부는 일상가사에 대하여 서로 대리할 수 있으며(제827조 제1항), 부부의 일방이 일상가사에 관하여 부담하는 채무에 대하여는 다른 일방도 연대책임을 진다(제832조 본문).

판 례 민법 제832조에서 말하는 일상의 가사에 관한 법률행위라 함은 부부가 공동생활을 영위하는데 통상 필요한 법률행위를 말하므로 그 내용과 범위는 그 부부공동체의 생활

구조, 정도와 그 부부의 생활 장소인 지역사회의 사회통념에 의하여 결정되며, 문제가 된 구체적인 법률행위가 당해 부부의 일상의 가사에 관한 것인지를 판단함에 있어서는 그 법률행위의 종류·성질 등 객관적 사정과 함께 가사처리자의 주관적 의사와 목적, 부부의 사회적 지위·직업·재산·수입능력 등 현실적 생활상태를 종합적으로 고려하여 사회통념에 따라 판단하여야 한다(대판 2000. 4. 25, 2000다8267).

판례 부부간의 가사대리권은 부부가 공동체로서 가정생활상 상시 행하여지는 행위에 한하는 것이라 할 것이므로 처가 자가용 차를 구입하기 위하여 타인으로부터 금전을 차용하는 행위는 이에 속한다고 할 수 없다(대판 1985. 3. 26, 84다카1621).

2) 일상가사의 범위

① 일상가사의 범위 내의 것

의식주를 위한 생활필수품의 구입, 가구 구입, 전기·가스·수도공급계약, 미성년자녀의 양육·교육비, 가족의 보건·의료·오락비 등이 여기에 속한다.

판례 남편의 진급시험 준비비용을 대기 위해 돈을 빌린 행위도 결국 부부생활을 함께 유지하기 위한 목적이므로 일상가사행위에 해당한다(대판 1999. 3. 9, 98다46877).

판례 부인이 남편 명의로 분양받은 45평형 아파트의 분양금을 납입하기 위한 명목으로 금전을 차용하여 분양금을 납입하였고, 그 아파트가 남편의 유일한 부동산으로서 가족들이 거주하고 있는 경우, 그 금전차용행위는 일상가사에 해당한다(대판 1999. 3. 9, 98다46877).

② 일상가사의 범위 외의 것

부부 타방의 부동산 처분, 저당권 설정행위, 과도한 금전소비대차, 어음행위, 주택의 임대 등은 일상가사에 속하지 않는다.

판례 교회의 건축헌금을 마련하기 위한 금전차용, 생활공간을 마련하기 위한 주택자금의 차용이라고 하더라도 소득수준을 지나치게 일탈한 경우(대판 1997. 11. 28, 97다31229)는 일상가사의 범위에 해당하지 않는다.

판 례 처가 부담한 금 4천만원의 계금채무는 혼인공동체의 통상의 사무에 포함되는 일상의 가사로 인한 채무라기보다 처 자신의 사업상의 필요에 의한 채무이다(대판 2000. 4. 25, 2000다8267).

③ 일상가사의 판단기준

일상가사의 구체적 범위 및 내용은 부부공동체의 생활정도와 지역적 관습 및 사회통념에 의해 결정된다. 따라서 어떤 행위가 일상가사로 인한 행위인가의 여부를 판단함에는 법률행위의 종류·성질 등 객관적 사정과 함께 가사처리자의 주관적 의사와 목적, 부부의 사회적 지위·직업·재산·수입능력 등 현실적 생활상태를 종합적으로 고려하여 사회통념에 따라 판단하여야 한다(대판 2000. 4. 25, 2000다8267).

3) 일상가사대리권과 권한을 넘은 표현대리(제126조)의 적용문제

일상가사의 범위를 넘은 사항에 관하여는 부부 각자가 책임을 진다. 그러나 일상가사의 범위 밖에 있는 행위(재산처분, 담보제공 등), 즉 부부의 일방이 일상가사의 범위를 넘어 법률행위를 한 경우 민법 제126조의 표현대리를 인정할 것인가에 관한 문제가 발생한다.

① 학 설

㈎ 제126조 직접적용설(적용긍정설): 제827조의 일상가사대리권을 기본대리권으로 하여 민법 제126조(권한유월)의 표현대리규정을 적용하는 견해이다.[41] 즉, 다수설은 일상가사의 범위를 넘는 부부 일방의 법률행위에 대하여 夫가 妻에게 대리권을 주었다고 믿을 만한 정당한 사유(선의·무과실)가 있는 경우에는 표현대리를 적용하여 제3자를 보호하고 있다. 다만, 다수설에 의할 경우 부부 일방의 책임확장을 초래할 수 있으므로, 부부 일방은 예상하지 못한 손해를 입게 될 가능성이 많다. 이는 부부별산제의 원칙에 반하는 것이다.[42]

41) 양형우, 민법의 세계, 1732면; 송덕수, 신민법강의, 1785면.

42) 김주수·김상용, 친족·상속법, 150~152면.

㈏ 제126조 유추적용설(적용부정설): 일상가사대리제도는 대리권의 범위가 일상가사에 한정되므로 월권행위에 대하여 표현대리를 적용할 것이 아니라, 일상가사의 범위를 신축적으로 운용하여 제3자를 보호하는 것이 타당하다는 견해이다. 즉, 일반적·추상적 일상가사의 범위 내에서만 표현대리의 규정이 유추적용되고, 그밖의 행위에 대하여는 대리권의 수여가 있는 경우에 한하여 표현대리가 적용되는 것이 타당하다고 한다.

② 판 례

판례는 기본적으로 적용긍정설에 따라 부부가 일상가사의 범위를 벗어난 사항에 대한 대리행위를 한 경우 표현대리를 직접 적용한다(대판 1968. 11. 26, 68다1727, 1728). 일상가사대리권 외에 저당권설정의 기본대리권이 있는 처가 그 범위를 넘어서 남편의 부동산에 관하여 근저당권설정을 해준 경우(대판 1995. 12. 22, 94다45098), 처의 다른 대리권을 기초로 표현대리를 인정한다.

판 례 처가 특별한 수권 없이 남편을 대리하여 위와 같은 행위를 하였을 경우에 그것이 민법 제126조 소정의 표현대리가 되려면 처에게 일상가사대리권이 있었다는 것만이 아니라 상대방이 처에게 남편이 그 행위에 관한 대리의 권한을 주었다고 믿었음을 정당화할 만한 객관적인 사정이 있어야 한다(대판 1998. 7. 10, 98다18988).

③ 비상가사대리권의 문제

부부의 일방이 장기부재(여행, 입원, 복역, 군복무 등)인 경우 일상가사의 처리뿐만 아니라 재산관리를 위탁하는 것이 보통이므로 일상가사의 범위를 훨씬 뛰어넘는 비상가사대리권이 발생한다는 견해도 있지만,43) 판례는 이를 부정한다(제126조의 표현대리 문제로 파악함).

판 례 대리가 적법하게 성립하기 위하여는 대리행위를 한 자, 즉 대리인이 본인을 대리할 권한을 가지고 그 대리권의 범위 내에서 법률행위를 하였음을 요하며, 부부의 경우에도 일상의 가사가 아닌 법률행위를 배우자를 대리하여 행함에 있어서는 별도로 대리권을 수여하는 수권행위가 필요한 것이지, 부부의 일방이 의식불명의 상태에 있어 사회통념상

43) 김주수·김상용, 친족·상속법, 151면.

> 대리관계를 인정할 필요가 있다는 사정만으로 그 배우자가 당연히 채무의 부담행위를 포함한 모든 법률행위에 관하여 대리권을 갖는다고 볼 것은 아니다(대판 2000. 12. 8, 99다37856).

④ 일상가사대리권의 제한

부부 일방의 경험부족 등의 경우, 배우자 일방에 대한 불요식의 의사표시로써 일상가사대리권을 제한할 수 있다. 다만, 일상가사대리 전부를 부인할 수는 없으며, 제한의 범위를 특정하여야 한다. 그러나 제3자가 그 제한을 알지 못하는 경우에는 그 제한으로써 제3자에게 대항하지 못한다(제827조 제2항). 한편, 부부재산계약으로 일상가사대리권을 제한할 수는 있지만, 배제할 수는 없다고 보는 것이 일반적이다.

4) 사실혼부부의 일상가사대리권

법률혼부부뿐만 아니라 사실혼부부에 대하여도 일상가사대리권을 인정하면서, 이를 기본대리권으로 하여 제126조상의 표현대리의 성립을 긍정한다(대판 1980. 12. 23, 82다2077).

> 판례 원고와 소외인이 동거를 하면서 사실상의 부부관계를 맺고 실질적인 가정을 이루어 대외적으로도 부부로 행세하여 왔다면, 원고와 소외인 사이에 일상가사에 관한 사항에 관하여 상호대리권이 있다고 보아야 한다(대판 1980. 12. 23, 82다2077).

5) 일상가사채무의 연대책임

① 부부의 일방이 일상의 가사에 관하여 제3자와 법률행위를 한 때에는 다른 일방은 이로 인한 채무에 대하여 연대책임을 진다(제832조 본문). 일상가사로 인한 연대책임은 부부생활의 일체성으로 인하여 제413조 이하의 연대채무보다 밀접한 부담관계가 있다. 즉, 일상가사채무로 인한 연대책임은 통상의 연대책임과는 달리 절대효의 범위가 넓기 때문에 부부의 일방은 타방의 채권으로써 무제한으로 상계할 수 있고, 면제의 효과는 전면적으로 발생하며, 일방의 채무의 시효소멸은 타방의 채무도 소멸시킨다. 따라서 부부는 완전히 동

일한 내용의 채무를 병존적으로 부담하고, 부담부분에 관한 연대채무의 규정(제418조 제2항, 제419조, 제421조)은 적용되지 않는다.

【참 고】 보통의 연대채무
구상의 편의를 위하여 시효완성, 면제에 대해서는 부담부분에 한하여만 절대효를 인정하고, 부담부분에 한하여 다른 연대채무자가 상계할 수 있으며, 부담부분은 균등한 것으로 추정한다.

② 이미 발생한 연대책임은 혼인해소 후에도 소멸하지 않으나, 보통의 연대채무(즉, 내부적 부담부분이 있는 통상의 연대채무)로 변경되어 존속한다.44) 즉, 혼인이 해소된 후에도 연대채무는 유지되며, 분할채무로 되는 것은 아니다.

③ **연대책임의 배제**

일상가사에 관한 채무라도 부부의 일방이 미리 제3자에 대하여 다른 일방의 책임 없음을 명시한 때에는 연대책임을 부담하지 않는다(제832조 단서). 이 경우에는 제3자에게 개별적으로 채무의 종류와 액수를 명시하여 연대책임의 배제에 관한 의사표시를 하여야 한다.

4. 사 실 혼

(1) 서 설

1) 의 의

사실혼이란 혼인의 실질관계는 모두 갖추었지만 법률이 정한 방식, 즉 혼인신고가 없기 때문에 법률상 혼인으로 인정되지 않는 부부관계를 의미한다. 따라서 동거생활이라 하여 이를 모두 사실혼이라 할 수 없고, 혼인신고 이외에 법률혼에 준하여 법적 보호를 필요로 하는 실체를 구비하고 있는지에 따라 판단하여야 한다.

2) 법적 성질

초기에는 사실혼을 장래 적법한 혼인을 할 것을 목적으로 하는 혼인의 예약

44) 김주수 · 김상용, 친족 · 상속법, 154면; 박동섭, 친족상속법, 145면; 권순한, 친족 · 상속법, 93면.

으로 보았으나 이는 혼인의 실체를 이루는 사회적 사실과 괴리된 이해이고 사실혼 부부의 법적 보호에 흠결이 있는 결과를 가져오게 된다고 하여, 현재는 사실혼을 준혼관계로 이해하는 것이 통설이자 판례의 태도이다.

판례 사실상의 혼인관계에 있는 부부관계가 정당한 이유 없이 파기되었을 경우에 당사자 일방은 과실 있는 상대방에 대하여 채무불이행으로 인한 손해배상을 청구할 수 있는 동시에 불법행위로 인한 손해배상도 청구할 수 있다(대판 1970. 4. 28, 69므37).

(2) 성립요건

1) 주관적 요건

사실혼이 성립하기 위해서는 당사자의 혼인의사가 존재하여야 한다. 혼인의사는 법률혼에 준하는 의사이지만, 실질적으로 부부가 되겠다는 의사이면 충분하다. 종교적인 의식이나 관습상의 의식, 상당한 기간 부부로서의 동거 등은 부부의사의 인정에 중요한 참고가 될 것이지만, 이러한 요소들은 사실혼의 성립요건은 아니다.[45]

2) 객관적 요건

사회통념상 부부공동생활이라고 인정할 만한 사회적 실체가 존재하여야 한다. 본래 부부생활공동체는 완전한 생활공동으로서 정신적·육체적 공동생활이며, 이러한 생활의 실체는 사실혼의 경우에도 법률혼의 경우와 다르지 않다. 따라서 단기간의 동거 또는 간헐적인 정교관계가 있는 것만으로는 사실혼으로 보호받을 수 없다.

판례 사실혼관계가 성립하기 위해서는 주관적으로 혼인할 의사가 있고 객관적으로도 부부공동생활이라고 인정할만한 혼인생활의 실체가 존재해야 한다(대판 1998. 12. 8, 98므961).

45) 김주수·김상용, 친족·상속법, 256면; 박동섭, 친족상속법, 223면.

판례 이혼한 후 독신으로 지내는 청구인과 미혼남성인 피청구인이 남의 이목을 피하면서 동침하는 등 교제하면서 그 관계에 관하여 피청구인의 부모에게 알린다든가 혼인승낙을 받은 바 없고, 더군다나 결혼식을 치른 바도 없다면, 양인간의 간헐적 정교관계만으로는 비록 그들 사이에 자식이 태어났다 하더라도 서로 혼인의사의 합치가 있었다거나 혼인생활의 실체가 존재한다고는 할 수 없어 사실상의 혼인관계가 성립하였다고 볼 수 없다(대판 1984. 8. 21, 84므45).

3) 사회적 정당성

① 사실혼의 성립에는 혼인의사의 합치 및 혼인공동생활의 존재를 제외한 기타 혼인의 사실적 요소(제807조~제811조)는 필요하지 않다. 그러므로 혼인적령에 미달한 자의 사실혼, 부모의 동의를 얻지 않은 미성년자의 사실혼은 법률상 보호를 받을 수 있다.

② 반면에 선량한 풍속과 사회질서에 위반되는 사실혼은 보호받을 수 없게 된다. 즉, 무효혼에 해당하는 근친간(제815조 제2호 · 제3호 · 제4호)의 사실혼이나 중혼적 사실혼과 같은 중대한 장애사유가 있는 경우에는 법률혼에 준하는 보호를 받을 수 없다. 그러나 무효혼이 되는 근친이 아닌 경우에는 제809조에 위반한 사실혼이라도 법률상 보호되어야 할 것이다.

판례 비록 민법에 의하여 혼인이 무효로 되는 근친자 사이의 사실혼관계라고 하더라도, 그 근친자 사이의 혼인이 금지된 역사적 · 사회적 배경, 그 사실혼관계가 형성된 경우, 당사자의 가족과 친인척을 포함한 주변 사회의 수용 여부, 공동생활의 기간, 자녀의 유무, 부부생활의 안정성과 신뢰성 등을 종합하여 그 반윤리성 · 반공익성이 혼인법질서의 유지 등의 관점에서 현저하게 낮다고 인정되는 경우에는 근친자 사이의 혼인을 금지하는 공익적 요청보다는 유족의 생활안정과 복리향상이라는 유족연금제도의 목적을 우선할 특별한 사정이 있고, 이와 같은 특별한 사정이 인정되는 경우에는 그 사실혼관계가 혼인무효인 근친자 사이의 관계라는 사정만으로 유족연금의 지급을 거부할 수 없다.

2005. 3. 31. 법률 제7427호로 개정된 민법은 부칙 제4조에서 혼인의 무효 · 취소에 관한 경과조치로 "이 법 시행 전의 혼인에 종전의 규정에 의하여 무효 또는 취소의 원인이 되는 사유가 있는 경우에도 이 법의 규정에 의하여 혼인의 무효 또는 취소의 원인이 되지 아니하는 경우에는 이 법 시행 후에는 혼인의 무효를 주장하거나 취소를 청구하지 못한다"고 정하고 있고, 이 경과규정의 취지는 특별한 사정이 없는 한 사실혼관계에 대하여도 미친다. 따라서 2005년 개정된 민법 시행 이후에는 1990년 1. 13. 법률 제4199호

로 개정된 민법이 시행되던 당시의 형부와 처제 사이의 사실혼관계에 대하여 이를 무효사유 있는 사실혼관계라고 주장할 수 없다(대판 2010.11. 25, 2010두14091).

(3) 사실혼의 효과

사실혼은 준혼으로 보게 되는 경우 법률혼의 효과가 어느 정도 사실혼에 유추적용될 것인지가 문제된다. 사실혼에는 가능한 한 법률혼적 효과를 인정하여야 한다는 것이 일반적인 견해이다.

1) 부부공동생활을 전제로 한 효과

생활공동체의 존재를 전제로 하는 민법규정은 사실혼에 준용된다. 즉, 동거·부양·협조의 의무(제826조)·정조의무, 배우자권, 혼인생활비용(제833조), 부부재산계약(제829조 2항 본문),[46] 일상가사대리권(제827조) 및 일상가사채무의 연대책임(제832조), 특유재산의 각자관리 및 귀속불명재산의 부부공유추정(제830조, 제831조) 등은 사실혼에도 유추적용된다(대판 1998. 8. 21, 97므544, 551).

판 례 사실혼관계에 있는 부부의 일방이 사실혼 중에 자기 명의로 취득한 재산은 그 명의자의 특유재산으로 추정되나 실질적으로 다른 일방 또는 쌍방이 그 재산의 대가를 부담하여 취득한 것이 증명된 때에는 특유재산의 추정은 번복되어 그 다른 일방의 소유이거나 쌍방의 공유라고 보아야 할 것이다(대판 1994. 12. 22, 93다52068,52075).

2) 혼인신고를 전제로 한 효과

혼인신고를 전제로 획일적으로 인정되거나, 제3자에게도 영향을 미치는 효과에 관한 민법의 규정은 준용되지 않는다. 즉, 사실혼 배우자와 그 혈족과의 사이에 친족관계가 발생하지 않으며, 상속권도 인정되지 않는다(대판 1999. 5. 11, 99두1540). 또한 성년의제(제826조의 2)도 적용되지 않는다.

3) 子에 대한 효과

사실혼에서 출생한 자는 혼인중의 출생자가 되지 못한다. 법률상의 모자관

46) 부부간에는 유효하지만, 등기할 수 없어서 제3자에게 대항할 수 없다(다수설).

계는 해산에 의하여 발생하므로 인지는 필요 없다(대판 1967. 10. 4, 67다1791). 다만, 父와의 법률상의 친자관계는 부의 인지가 있어야만 발생한다.

① 부의 인지가 없는 경우

사실혼에서 출생한 자는 부의 인지가 없는 경우, 모의 姓과 本을 따르고 모가 친권자가 된다(제781조 제3항, 제909조 제1항). 그리고 자와 모 및 모의 혈족 사이에 부양의무(제974조 이하)와 상속권(제1000조)도 발생한다.

② 부의 인지가 있는 경우

부가 인지하면 부자간에 법률상의 친자관계가 발생하기 때문에(제855조) 자는 원칙적으로 부의 성과 본을 따른다(제781조 제1항 본문). 다만, 인지된 자는 부모의 협의 또는 법원의 심판에 의하여 인지 전에 사용하던 성과 본을 계속 사용할 수 있다(제781조 제5항). 한편, 인지된 혼외자에게는 불법행위로 인한 손해배상청구에 있어서 제752조에 의한 위자료청구권이 인정된다(대판 1975. 12. 23, 75다413).

4) 제3자에 대한 효과

사실혼부부관계는 제3자에 대한 관계에서도 혼인관계와 마찬가지로 보호를 받는다. 판례에 의하면, 사실혼관계의 夫를 살해한 자는 사실혼의 처와 자에게 정신적·재산적 손해배상책임을 인정하였으며(대판 1962. 4. 26, 62다72), 사실혼 배우자의 일방이 제3자의 불법행위로 상해를 입은 경우에 타방 배우자의 정신적 고통에 대한 위자료청구권을 인정하고 있다(대판 1969. 7. 22, 69다684). 또한 판례에서는 사실혼의 처와 정교를 맺은 자에 대하여 사실혼부부의 불법행위로 인한 손해배상청구권을 인정하였으며(대판 1959. 2. 19, 4290民上749), 제3자가 부당하게 간섭하여 사실혼을 파탄시킨 자에 대하여도 손해배상책임을 인정하였다(대판 1965. 5. 31, 65므14).

5) 민법 이외의 사실혼 보호 입법

사실혼부부는 민법 이외의 다른 법률에서도 보호받고 있는데, 이는 생존권 확보를 위한 사회입법적 측면에서의 구제제도로 볼 수 있다.

① 근로기준법(제82조), 공무원연금법(제3조 제1항 제2호), 군인연금법(제3조

제1항 제4호), 사립학교교원연금법(제2조 제1항), 선원법(제90조) 등에서는 사실혼 배우자를 법률혼 배우자와 동일하게 취급하고 있다.

【참 고】
사실상 배우자 외에 법률상 배우자가 따로 있는 경우, 그 사실상 배우자와의 관계가 특별법상의 사실혼에 해당하지 않는다.

판례 사실상 배우자 외에 법률상 배우자가 따로 있는 경우라면 이혼의사의 합치가 있었는데도 형식상의 절차 미비 등으로 법률혼이 남아 있는 등의 예외적인 경우를 제외하고는 그 사실상 배우자와의 관계는 군인연금법상의 '사실혼'에 해당한다고 볼 수 없다(대판 2007. 2. 22, 2006두18584).

판례 비록 중혼적 사실혼일지라도 군인 또는 군인이었던 자의 퇴직 후 61세 전에 법률혼인 전 혼인의 배우자가 사망함으로써 전 혼인이 해소됨과 동시에 통상적인 사실혼이 된 경우 등과 같은 특별한 사정이 있다면, 전 혼인의 배우자 사망 후에는 사실상 혼인관계에 있던 자를 군인연금법 제3조 제1항 제4호에 규정된 배우자로 보아야 한다(대판 2010. 9. 30, 2010두9631).

판례 형법 제271조 1항에서 말하는 법률상 보호의무 가운데는 민법 제826조 제1항에 근거한 부부간의 부양의무도 포함되며, 나아가 법률상 부부는 아니지만 사실혼 관계에 있는 경우에도 위 민법 규정의 취지 및 유기죄의 보호법익에 비추어 위와 같은 법률상 보호의무의 존재를 긍정하여야 하지만, 사실혼에 해당하여 법률혼에 준하는 보호를 받기 위하여는 단순한 동거 또는 간헐적인 정교관계를 맺고 있다는 사정만으로는 부족하고, 그 당사자 사이에 주관적으로 혼인의 의사가 있고 객관적으로도 사회관념상 가족질서적인 면에서 부부공동생활을 인정할 만한 혼인생활의 실체가 존재하여야 한다(대판 2008. 2. 14, 2007도3952).

판례 사실혼 관계에 있는 배우자간의 명의신탁

부동산실권리자명의등기에 관한 법률 제5조에 의하여 부과되는 과징금에 대한 특례를 규정한 같은 법 제8조 제2호 소정의 '배우자'에는 사실혼 관계에 있는 배우자는 포함되지 않는다(대판 1999. 5. 14, 99두35). 그러나 명의신탁등기가 이 법률에 따라 무효가 되었다고 할지라도 그 후 신탁자와 수탁자가 혼인하여 그 등기의 명의자가 배우자로 된 경우에는 조세포탈, 강제집행의 면탈 또는 법령상 제한의 회피를 목적으로 하지 않는 한,

이 경우에도 위 법률 제8조 제2항의 특례를 적용하여 그 명의신탁등기는 당사자가 혼인한 때로부터 유효하게 된다(대판 2002. 10. 25, 2002다23840).

② 주택임대차보호법상 임차권의 승계

사실혼 배우자의 일방이 사망한 경우에 타방 배우자의 임차권 및 채권적 전세권의 승계를 인정한다. 즉, 임차인이 사망한 경우, 그에게 상속인이 없으면 사실혼 배우자가 임차권을 승계한다(제9조 제1항). 그리고 상속권자가 있는 경우에 그 상속권자가 가정공동생활을 하고 있으면 임차권을 상속하게 되고, 가정공동생활을 하고 있지 않은 경우에는 2촌 이내의 친족과 사실혼 배우자가 공동으로 승계한다(제9조 제2항).

(4) 사실혼의 해소

사실혼은 당사자의 일방의 사망, 당사자간의 합의, 당사자 일방의 일방적 파기 등에 의해 해소된다.

1) 일방의 사망에 의한 해소

사실혼은 당사자 일방의 사망(실종선고 포함)에 의하여 해소된다. 그러나 사실혼은 준혼관계로 보고 있기 때문에 생존배우자의 보호를 위하여 일정한 범위 내에서 법률관계가 존속하는 것으로 보아야 하는 경우가 발생한다.

① 생존배우자의 거주권 보호

주택임대차보호법은 사실혼배우자에게 일방 배우자가 사망한 경우에도 임차권과 채권적 전세권의 승계를 인정하고 있다(동법 제9조, 제12조).

② 상속권 및 특별연고자로서의 분여

생존배우자의 상속권은 현재 입법조치가 없기 때문에 상속은 불가능하다고 보아야 한다.[47] 그러나 상속인이 없는 경우 사실혼의 배우자는 특별연고자로

47) 사실혼 해소의 경우에도 이혼시의 재산분할청구권을 유추적용하여 인정하는 것과의 균형상 사망에 의한 사실혼 해소의 경우에도 사실혼 배우자에게 상속권을 인정하는 것이 타당하다는 견해가 있다(이경희, 가족법, 146면).

서 상속재산의 분여청구를 할 수는 있다(제1057조의 2).

③ **재산분할청구권의 인정 여부**

판례는 부정하고 있는데, 그 근거로서는 법률혼도 일방 당사자의 사망으로 인하여 종료된 경우에는 생존 배우자에게 상속권만 인정할 뿐 재산분할청구권은 인정되지 않는 점 등을 들고 있다.

> 판례 부부재산에 관한 청산의 의미를 갖는 재산분할에 관한 법률 규정은 부부의 생활공동체라는 실질에 비추어 인정되는 것으로서 사실혼관계에도 이를 준용 또는 유추적용할 수 있기 때문에 사실혼관계에 있었던 당사자들이 생전에 사실혼관계를 해소한 경우 재산분할청구권을 인정할 수 있으나, 법률상 혼인관계가 일방 당사자의 사망으로 인하여 종료된 경우에도 생존 배우자에게 재산분할청구권이 인정되지 아니하고 단지 상속에 관한 법률 규정에 따라서 망인의 재산에 대한 상속권만이 인정된다는 점 등에 비추어 보면, 사실혼관계가 일방 당사자의 사망으로 인하여 종료된 경우에는 그 상대방에게 재산분할청구권이 인정된다고 할 수 없다(대판 2006. 3. 24, 2005두15595).

2) 합의에 의한 해소

① 사실혼당사자가 협의에 의하여 사실혼을 해소하기로 합의하면 법률상 아무런 제한 없이 사실혼을 해소할 수 있다. 여기에서의 합의는 협의이혼의 경우와 같이 당사자의 진정한 의사의 합치를 말한다. 그리고 부부재산 중 공유재산의 청산방법에 대하여도 합의에 의해 결정할 수 있을 것이다.

② 사실혼해소를 합의하고도 일방이 합의내용을 이행하지 않을 경우, 특히 그 일방이 혼인공동생활의 유지를 원할 때에는 사실상혼인관계부존재확인청구를 할 수 있다고 보아야 할 것이다.[48)]

③ 재산분할청구권 규정은 사실혼관계에도 유추적용할 수 있다.

3) **일방적 해소**

사실혼의 경우에는 법률혼의 해소와는 달리 특별한 사유나 방식을 필요로 하지 않고 일방적으로 언제나 자유로이 해소할 수 있다.

---

48) 김주수 · 김상용, 친족 · 상속법, 265면; 한봉희, 가족법, 129면.

판례 사실혼은 정당사유와 상관없이 당사자 일방의 의사에 의하여 해소될 수 있고 당사자 일방의 파기로 인하여 공동생활의 사실이 없게 되면 사실상의 혼인관계는 해소되는 것이며, 다만 정당한 사유 없이 해소된 때에는 유책자가 상대방에 대하여 손해배상의 책임을 지는 데 지나지 않는다(대판 1977. 3. 22, 75므28; 대결 2009. 2. 9, 2008스105).

① 정당사유가 있는 경우

재판상의 이혼원인(제840조)에 준하는 행위나 사실이 있는 때에는 사실혼관계를 일방적으로 해소하여도 아무런 책임을 지지 않는다.

② 정당사유가 없는 경우

(가) 손해배상의 청구

정당한 사유 없이 사실혼이 일방적으로 해소된 경우, 무책배우자는 유책배우자에 대하여 재산상·정신상으로 입은 손해배상을 청구할 수 있다. 즉, 사실혼은 준혼관계이므로 정당한 이유가 없는 경우 유책자는 상대방에 대하여 준혼계약위반에 따른 채무불이행책임 내지 불법행위책임을 진다(대판 1970. 4. 28, 69므37).

정당사유의 여부는 일반적으로 이혼사유나 혼인취소사유에 준하여 판단할 수 있다. 따라서 사실혼 중의 연애행위(대판 1965. 5. 31, 65므14), 성적 불능(대판 1966. 1. 31, 65므65) 등은 정당사유로 인정되지만, 임신불능(대판 1960. 8. 18, 4292민상995)은 정당사유에 해당하지 않는다.

사실혼의 부당파기로 인한 손해배상의 범위에는 재산적 손해와 정신적 손해가 포함되고, 그 재산적 손해에는 사실혼관계의 성립유지와 인과관계가 있는 모든 손해가 포함된다(대판 1989. 2. 14, 88므146). 그리고 정신적 손해는 유책행위에 이르게 된 경위와 정도, 파탄의 원인과 책임, 당사자의 연령·직업·가족상황, 재산상태, 동거기간 등 여러 사정을 참작하여 그 액수를 정하여야 할 것이다(대판 1998. 8. 21, 97므544·551).

(나) 제3자에 대한 손해배상청구

사실혼의 파기에 가담한 제3자에게도 불법행위를 이유로 한 손해배상을 청구할 수 있다. 앞에서 본바와 같이 사실혼 배우자와 정교를 맺은 제3자에 대하여 손해배상을 청구할 수 있으며, 사실혼 파탄에 가담한 제3자에 대하여도 위자료를 청구할 수 있다(대판 1983. 9. 27, 83므26). 그런데 사실혼 당사자에게는 채무불이행이나 불법행위를 이유로 한 손해배상을 청구할 수 있지만, 사실혼의 파기에 가담한 제3자에 대하여는 불법행위책임만 물을 수 있을 뿐 채무불이행책임을 물을 수는 없다.

판례 사실상의 혼인관계에 있는 부부관계가 정당한 이유 없이 파기되었을 경우에는 당사자 일방은 과실 있는 상대방에 대하여 채무불이행으로 인한 손해의 배상을 청구할 수 있는 동시에, 고의 또는 과실로서 권리를 침해한 것이라 하여 불법행위로 인한 손해의 배상을 청구할 수도 있다고 하겠으며, 당사자 이외의 제3자가 위 사실혼파기에 가담한 바 있다면 그 제3자에 대하여는 그 불법행위로 인한 손해의 배상을 청구할 수 있는 권리만이 있다고 할 것인 바, 사실혼관계 당사자 아닌 제3자에 대하여도 채무불이행으로 인한 손해배상책임을 물을 수 있다는 전제하에 그 제3자의 불법행위로 인한 손해배상채무의 소멸시효완성의 항변을 배척하였음은 위법이다(대판 1970. 4. 28, 69므37).

(다) 재산분할청구

사실혼관계의 일방적 해소의 경우에도 이혼시의 재산분할청구권 규정(제839조의 2)이 준용 또는 유추적용된다. 판례에 의하면, 사실혼관계는 당사자 일방의 의사에 의하여 해소될 수 있으므로, 사실혼관계의 당사자 중 일방이 의식불명이 된 상태에서 상대방이 사실혼관계의 해소를 주장하면서 재산분할심판청구를 한 경우 그 사실혼관계는 상대방의 의사에 의하여 해소되었고 그에 따라 재산분할청구권이 인정된다고 본다(대결 2009. 2. 9, 2008스105).

판례 사실혼관계는 사실상의 관계를 기초로 하여 존재하는 것으로서 당사자 일방의 의사에 의하여 해소될 수 있고 당사자 일방의 파기로 인하여 공동생활의 사실이 없게 되면 사실상의 혼인관계는 해소되는 것이며, 다만 정당한 사유 없이 해소된 때에는 유책자가 상대방에 대하여 손해배상의 책임을 지는데 지나지 않는다. 따라서 사실혼관계의 당사자 중 일방이 의식불명이 된 상태에서 상대방이 사실혼관계의 해소를 주장하면서 재산분할심판청구를 한 경우, 사실혼관계는 상대방의 의사에 의하여 해소되었고 그에 따라 재산분할청구권이 인정된다(대결 2009. 2. 9, 2008스105).

㈑ 중혼적 사실혼

중혼적 사실혼은 원칙적으로 보호받지 못한다. 따라서 중혼적 사실혼이 해소되는 경우, 판례는 사실혼 당사자간의 재산분할청구권이나 사실혼의 부당파기에 대한 손해배상청구권을 원칙적으로 부정한다. 다만, 중혼적 사실혼이라도 도중에 법률혼이 이혼된 경우에는 그 때부터 보호받을 수 있다고 보아, 법률혼이 해소된 이후에 사실혼 배우자가 취득한 재산에 한하여는 그 사실혼 해소시에 재산분할청구를 인정한다(대판 1995. 9. 26, 94므1638 참조). 또한 법률혼 관계가 사실상 이혼상태에 있는 등 특별한 사정이 있는 때에는 사실혼 배우자는 보호받을 수 있다고 한다. 즉, 중혼적 사실혼에서 법률혼에 이러한 특별한 사정이 있는 경우에는 그 사실혼이 해소되면 재산분할청구를 할 수 있고, 사실혼 부당파기의 경우 위자료를 청구할 수 있으며, 일방의 사망시에 생존한 사실혼 배우자는 공무원연금법에 의한 유족으로 보호받을 수 있게 된다(대판 1995. 7. 3, 94스30; 대판 1993. 7. 27, 93누1497 등 참조).

판 례 법률상 배우자 있는 자는 그 법률혼 관계가 사실상 이혼상태라는 등의 특별한 사정이 없는 한 사실혼 관계에 있는 상대방에게 그와의 사실혼 해소를 이유로 재산분할을 청구함은 허용되지 않는다(대판 1995. 7. 3, 94스30).

판 례 A가 B와의 법률혼 중에 가출하여 C와 동거에 들어 간 경우, A · B간의 혼인이 해소되지 않은 한, A · C간의 적법한 사실혼관계는 성립할 수 없고, 따라서 C는 A에 대하여 사실혼해소를 이유로 재산분할청구 내지 손해배상청구를 할 수 없다(대판 1996. 9. 20, 96므530).

판 례 비록 우리 법제가 일부일처주의를 채택하여 중혼을 금지하는 규정을 두고 있다 하더라도 이를 위반한 때를 혼인 무효의 사유로 규정하지 않고 단지 혼인취소의 사유로만 규정하고 있는 까닭에(민법 제816조) 중혼에 해당하는 혼인이라도 취소되기 전까지는 유효하게 존속하는 것이고, 이는 중혼적 사실혼이라 하여 달리 볼 것이 아니다. 또한 비록 중혼적 사실혼관계일지라도 법률혼인 전 혼인이 사실상 이혼상태에 있다는 등의 특별한 사정이 있다면 법률혼에 준하는 보호를 할 필요가 있을 수 있다(대판 2009. 12. 24, 2009다64161).

4) 子의 양육문제

사실혼이 해소되는 경우에도 법률혼이 해소되는 경우, 즉 이혼에 있어서와 같이 가장 핵심이 되는 문제는 당사자와 자녀의 보호문제이다. 사실혼이 해소되는 경우 자녀의 양육책임에 대하여 학설은 민법 제837조(이혼과 자의 양육책임)를 유추적용하여야 한다고 한다.[49] 반면에 판례는 제837조의 유추적용을 부정하고 있는데, 자녀의 복리를 고려할 경우 그 태도를 변경할 필요성이 있다.

> 판 례 子에 대한 양육자 지정청구는 이혼이나 혼인의 무효·취소의 판결을 하는 경우에 한하여 신청할 수 있으며, 사실혼관계나 일시적인 정교관계에서 출생한 경우로까지 확대해석할 수는 없다(대판 1979. 5. 8, 79므3).

(5) 사실상 혼인관계존부확인청구제도

1) 의 의

사실상 혼인관계존부확인청구제도는 사실혼을 법률혼으로 하기 위하여 가사소송법과 가족관계등록법이 인정하고 있는 제도로써, 우리 가족법상의 특별한 제도라고 볼 수 있다. 따라서 사실혼관계가 성립하고 있는데도 당사자의 일방이 혼인신고에 협력하지 않는 때에는 다른 일방은 가정법원에 사실상혼인관계존재확인의 소를 제기하여 법률혼을 성립시킬 수 있다. 이를 위해서는 먼저 가정법원에 조정을 신청하여야 하는데, 조정이 성립되는 경우 이를 조정혼인이라고 한다.

2) 소의 절차 및 관련 문제

① 조정신청

사실상 혼인관계존재확인을 위해서는 먼저 조정을 신청하여야 하고(가소 제2조 제1항 나류사건 1호, 제50조), 조정이 성립하면 조정을 신청한 자가 1월 내에 혼인신고를 하여야 한다(가족관계등록법 제72조). 만일 조정을 하지 않기로 하는

---

49) 김주수·김상용, 친족·상속법, 269면; 박동섭, 친족상속법, 235면; 한봉희, 가족법, 130면.

결정이 있거나 조정이 성립되지 않은 것으로 종결된 때 또는 조정에 갈음하는 결정이 이의신청에 의하여 효력을 상실한 때 등에 의하여 조정이 성립하지 않으면 조정을 신청한 때에 소가 제기된 것으로 본다(가사소송법 제49조).

② 혼인의사의 존재시기

사실상 혼인관계존재확인판결을 받기 위해서는 현재에도 혼인의사가 존재하는 경우이어야 하는지 아니면 과거에 혼인의사가 있어서 사실혼관계가 있었다면 현재에는 사실혼관계가 파탄되어 사실혼관계가 존재하지 않더라도 청구를 인용할 수 있을 것인지가 문제된다. 혼인의사의 존부는 사실혼 성립당시를 기준으로 하여야 하며 당해 사건 변론종결시까지 혼인의사의 존속을 요구하지 않는다고 보아야 할 것이다. 왜냐하면 당사자의 일방이 사실혼 성립 당시에는 혼인의사가 있었으나 당해 사건 변론종결시에는 혼인의사가 없는 경우 사실상 혼인관계존부확인청구를 할 수 없다면 이 제도에 의한 혼인신고제도의 실효성이 상실되기 때문이다.[50] 판례에서는 과거에 사실혼이 존재했더라도 현재 사실혼이 해소되어 사실혼이 존재하지 않는 경우에는 사실상 혼인관계존재확인청구를 인용하지 않는다(대판 1977. 3. 22, 75므28; 1998. 7. 24, 97므18).

판례 사실상 혼인관계는 사실상의 관계를 기초로 하여 존재하는 것이므로 당사자 일방의 의사에 의하여 해소될 수 있고, 당사자 일방의 파기로 인하여 공동생활의 사실이 없게 되면 사실상의 혼인관계는 해소되는 것이며 다만 정당한 사유 없이 해소된 때에는 유책자가 상대방에 대하여 손해배상의 책임을 지는데 지나지 않는다(대판 1977. 3. 22, 75므28).

③ 혼인신고

(가) 신고의 성질: 사실상 혼인관계존재확인의 재판이 확정된 경우에는 소를 제기한 사람은 재판의 확정일로부터 1개월 이내에 재판서의 등본 및 확정증명서를 첨부하여 혼인신고를 하여야 한다(가족관계등록법 제72조). 이 경우의 혼인신고의 성질에 관하여는 견해가 대립한다. 학설은 보고적 신고로 보지만(다수설), 판례는 이 소의 성질을 확인의 소로 파악하고 이에 기한 신고를 창설적

50) 박동섭, 친족상속법, 236면; 한봉희, 가족법, 123면.

신고로 보고 있다(대결 1991. 8. 13, 91스6; 이경희, 가족법, 151면).

(나) 소송 중 상대방의 제3자와의 혼인신고: 사실상혼인관계존재확인의 소가 진행되는 동안 피청구인이 타인과 한 혼인신고의 효력이 문제된다. 가족관계등록법 제72조에 의한 혼인신고를 창설적 신고라고 이해하는 판례는 청구인이 피청구인을 상대로 한 사실혼관계확인청구소송이 승소로 확정되었다고 하더라도 그에 기하여 혼인신고를 하지 아니한 이상 민법 제810조 소정의 중혼이 될 수 없고, 따라서 제816조가 규정한 혼인의 취소사유도 되지 않는다고 한다(대판 1973. 1. 26, 72므25).

(다) 사망자와의 혼인신고: 우리 민법상 사망자간이나 생존한 자와 사망한 자 사이의 혼인은 인정되지 않는다. 따라서 사망자와의 사실혼관계존재확인의 심판이 있더라도 이미 당사자 일방이 사망한 경우에는 혼인신고특례법이 정하는 예외적인 경우와 같이 그 혼인신고의 효력을 소급하는 특별한 규정이 없는 한(동법 제2조, 제3조), 이미 그 당사자 간에는 법률상의 혼인이 불가능하므로 혼인신고를 할 수 없다.

판례 사망자 사이 또는 생존하는 자와 사망한 자 사이에는 혼인이 인정될 수 없고, 혼인신고특례법과 같이 예외적으로 혼인신고의 효력의 소급을 인정하는 특별한 규정이 없는 한 그러한 혼인신고가 받아들여질 수도 없다. 사실혼 배우자의 일방이 사망한 경우 생존하는 당사자가 혼인신고를 하기 위한 목적으로는 사망자와의 과거의 사실혼관계 존재확인을 구할 소의 이익이 있다고는 할 수 없다(대판 1995. 11. 14, 95므694).

④ 사실혼 배우자의 사망 후의 과거의 사실상 혼인관계존재확인청구의 가능 여부

사실혼 당사자의 일방이 사망한 경우 다른 일방이 과거의 사실상 혼인관계존재확인청구를 할 수 있을 것인지가 문제된다. 이에 대하여 학설과 판례는 긍정적이다. 즉, 사실혼 당사자의 일방이 사망한 때에는 ‘다른 사유를 원인으로 한 친생자관계존부확인의 소’에 관한 민법 제865조와 인지청구에 관한 민법 제863조의 규정을 유추해석하여 생존당사자는 상대방의 사망사실을 안 날로부터 2년 이내에 검사를 상대로 사실혼관계존재확인청구를 할 수 있다고 한다.[51] 과거의 사실상 혼인관계확인청구도 확인의 이익이 있는 한 청구가 허용되어야 할 것이다. 다만, 확인을 받더라도 혼인신고를 할 수는 없다. 따라서 당사자의 사망으로 사실혼이 해소된 때에는 혼인신고를 하기 위한 사실상 혼인관계존재확인의 소는 허용되지 않는다.

판례 형식혼주의(법률혼주의)를 채택하기 시작한 조선민사령 또는 조선호적령 시행전의 구 관습법 하에서 혼인신고 없이 혼례식만을 거행한 당사자에 대하여 민법 부칙 제2조에 따라 현행 법률혼으로서의 효력이 인정된다고 하더라도 위 혼인당사자가 모두 사망한 이상 그 혼인관계는 소멸하여 버렸고 현행법상 부부 쌍방이 모두 사망한 경우 제3자가 그 혼인신고를 할 수 있는 방법이 없으므로, 위 사망한 당사자의 혼인신고를 하기 위하여 그들 사이에 과거의 혼인사실의 존재확인을 구함은 확인의 이익이 없어 부적법하다(대판 1988. 4. 12, 87므104).

판례 사실혼 배우자의 일방이 사망한 경우 생존하는 당사자가 혼인신고를 하기 위한 목적으로서는 사망자와의 과거의 사실혼관계 존재확인을 구할 소의 이익이 있다고는 할 수 없고, 이러한 과거의 사실혼관계가 생존하는 당사자와 사망자와 제3자 사이의 현재적 또는 잠재적 분쟁의 전제가 되어 있어 그 존부확인청구가 이들 수많은 분쟁을 일거에 해결하는 유효적절한 수단일 수 있는 경우에는 확인의 이익이 인정될 수 있는 것이지만, 그러한 유효적절한 수단이라고 할 수 없는 경우에는 확인의 이익이 부정되어야 한다(대판 1995. 11. 14, 95므694).

3) 제도의 실효성

사실상 혼인관계존부확인청구제도는 우리 가족법의 특수한 제도라고 하지만 혼인신고를 법이 강제하는 것은 애정을 기초로 하는 혼인의 본질에서 문제가 되고 설혹 혼인신고가 되더라도 이미 그러한 부부는 파탄상태에 있는 것이므로 혼인공동체의 유지는 사실상 어렵게 될 것이다. 다만 의미를 갖는다면, 사실혼이 법률혼으로 되어 그 결과 사실혼부부가 법률혼부부로 보호받게 되고, 사실혼부부에게서 출생한 자가 혼중자로 되는 것(準正) 등이다.

51) 박동섭, 친족상속법, 237면; 한봉희, 가족법, 124면; 대판 1995. 3. 28, 94므1447.

제4장 離婚法

제1절 婚姻의 解消

혼인의 해소는 유효하게 성립하여 존속하고 있던 혼인관계가 장래에 향하여 종료되는 것이다. 혼인의 해소원인에는 배우자의 사망(실종선고, 부재선고, 인정사망 포함)과 이혼이 있다. 이러한 혼인의 해소원인은 혼인계속 중에 발생한다는 점에서 혼인의 성립과정에서 발생하는 혼인의 취소원인과는 구별된다.

1. 배우자의 사망

(1) 혼인관계의 종료

배우자의 일방이 사망하면 혼인관계는 해소되어 혼인을 전제로 한 제반효과가 소멸한다. 따라서 배우자관계의 소멸로 각종 의무(동거·부양·협조의무 등)가 소멸하며, 재혼도 자유롭게 할 수 있게 되고, 또한 부부재산계약도 효력을 상실한다.

그러나 소급효는 발생하지 않으므로 이미 발생한 일상가사로 인한 연대책임에는 영향이 없고, 생존배우자의 인척관계도 당연히 소멸하는 것이 아니라 생존배우자가 재혼한 때에 한하여 소멸한다(제775조 제2항).

(2) 상 속

생존배우자는 사망자의 재산을 상속하게 된다(제1003조). 이 경우 생존배우자는 망인(피상속인)의 직계존속·비속이 있으면 이들과 공동상속하고, 이들이 없는 경우에는 단독상속한다. 공동상속의 경우 배우자는 다른 상속인보다 5할(50%)을 가산하여 받는다(제1009조 제2항).

2. 실종선고에 의한 해소

(1) 실종자의 사망간주

실종선고는 실종자의 사망간주제도이므로(제28조), 부부의 일방이 실종선고를 받으면 그 실종기간이 만료된 때에 혼인이 해소된다. 다만, 실종선고 후 그 취소 전에 선의로 행한 행위의 효력에는 영향을 미치지 않는다(제29조 제1항 단서). 따라서 실종선고와 그 취소선고 사이에 재혼이 이루어진 경우, 재혼 당사자 쌍방이 선의인 때에는 재혼은 유효하고, 재혼 당사자의 일방이나 쌍방이 악의인 때에는 전혼이 부활하므로 후혼은 중혼이 되어 취소될 수 있고(제810조, 제816조 제1호, 제818조 전단), 전혼에는 이혼원인(제840조 제1호)이 발생한다(다수설).

(2) 실종선고 후 그 취소 전에 선의로 사실혼관계를 형성한 경우

사실혼은 아직 혼인신고를 하지 않은 경우이기 때문에 실종선고가 취소되면 전혼은 부활한다. 따라서 당사자는 사실혼을 파기할 수 있으며, 이 경우에는 불법행위나 채무불이행이 되지 않는다. 다만, 사실혼 당사자의 일방만 악의인 경우에는 선의자는 그 악의자에 대하여 사실혼의 부당파기 또는 사기혼인에 대한 손해배상을 청구할 수 있다.

3. 이혼에 의한 해소

이혼은 완전·유효하게 성립한 혼인을 당사자 쌍방 또는 일방의 의사에 의하여 해소하는 제도이다. 우리 민법상의 이혼에는 협의상 이혼과 재판상 이혼의 두 가지 유형이 있다.

제2절 協議上의 離婚

1. 의 의

부부는 협의에 의해 이혼할 수 있는데(제834조), 이 경우의 이혼이 협의이혼이다. 협의이혼은 합의해지에 비견되는 계약의 일종으로서, 일정한 방식으로 신고하여야 하는 요식행위이다(제836조 참조).

종래 협의이혼은 재판이혼과 비교할 때 이혼기간을 단축하고, 부부간의 정서적 갈등을 완화하며 경제적 부담도 경감할 수 있다고 하는 이점을 가지고 있는 반면, 경솔한 이혼이 될 수 있다는 단점을 내포하고 있는 제도라고 하여 왔다. 즉, 종래의 협의이혼제도에서는 당사자의 이혼의사의 합치, 가정법원의 확인, 가족관계등록법에 의한 신고 등 간편한 절차만으로도 이혼의 효력이 발생함으로써 혼인의 보호보다는 그 자유로운 해소에 중점을 두고 있었다. 이러한 이혼제도에서는 자녀의 양육사항 등에 대하여 부모가 협의하지 않고도 이혼을 할 수 있기 때문에 이혼 후 자녀의 양육에 공백상태가 발생할 수 있다는 문제점을 가지고 있었다. 이로 인하여 이혼 당사자가 이혼 후 자녀의 양육문제에 대하여 숙고하고, 협의할 수 있으며, 혼인관계가 실제로 완전히 파탄되어 회복 불가능한 상태에 있는지의 여부에 대하여 재고할 수 있도록 하는 숙려기간의 필요성이 제기되어 왔다.

따라서 협의이혼의 남용을 방지하기 위한 제도개선으로써, 2007년 민법의 일부개정시 이혼숙려기간(제836조의 2 제1항)의 도입[1]과 함께 이혼가정자녀의 양육환경을 향상시키기 위하여 협의이혼시 자녀의 양육사항 및 친권자 지정에 대한 합의를 의무화하였다(제836조의 2 제4항). 이러한 개정은 협의이혼시 가정법원이 이혼부부의 이혼의사의 확인과 함께 자녀의 양육에 관한 합의사항에 대하여도 실질적인 심사를 하도록 제도화한 것이다.

2. 성립요건

(1) 실질적 요건

> 제834조(협의상 이혼) 부부는 협의에 의하여 이혼할 수 있다.
>
> 제835조(성년후견과 협의상 이혼) 피성년후견인의 협의상 이혼에 관하여는 제808조 제2항을 준용한다.

1) 다만, 이 제도에 대한 실효성은 다소 의심된다. 대체로 이혼에 이르게 된 부부는 이혼에 이르기까지의 과정에서 숙고에 숙고를 거쳐 마지막으로 법원에 오기 때문이다.

① 당사자 사이의 이혼의사의 합치

협의이혼이 되기 위해서는 이혼의사의 합치가 있어야 한다. 합의가 없는 협의이혼은 무효이다. 이혼의사의 의미가 무엇인지에 대하여는 혼인의사의 내용과 마찬가지로 견해가 대립한다.

㈎ 학 설

㉠ 실질적 의사설: 이혼의사는 사회통념상 이혼을 하려는 의사, 즉 혼인의 실체(공동생활체)를 종료·해소할 의사이고, 단지 이혼신고의 의사만으로는 부족하다는 견해이다(다수설). 따라서 가장이혼은 무효라고 한다.

㉡ 형식적 의사설: 이혼의사라는 것은 이혼신고의사, 즉 법률상 이혼신고를 한다고 하는 의사가 있으면 충분하고, 실질적으로 이혼할 의사까지 필요한 것은 아니라고 한다(소수설). 따라서 이 견해에 의하면 가장이혼도 유효하게 된다.

㈏ 판 례: 가장이혼의 효력에 대하여 종래에는 무효라고 하였으나(대판 1967. 2. 7, 66다2542), 현재는 형식적 의사설에 따라 유효라고 판시하고 있다(대판 1997. 1. 24, 95도448).

【참 고】
가장이혼 같은 경우(강제집행면탈목적)에는 이혼신고가 있으면 그 이혼은 일단 유효한 것으로 추정되며, 구체적인 반증이 있을 때에 한해서 그 추정이 번복됨으로써 이혼이 무효로 된다.

[종례의 판례] 혼인의 파탄이란 사실도 없이 부부가 종전과 다름없이 동거생활을 계속하면서, 통모하여 형식상으로만 협의이혼 신고를 하고 있는 것이라면, 신분행위의 의사주의적 성격에 비추어, 이는 무효한 협의이혼이라 할 것이다(대판 1967. 2. 7, 66다2542).

[현행의 판례] ㉠ 협의이혼에서 이혼의사는 법률상 부부관계를 해소하려는 의사를 말하므로, 일시적으로 법률상 부부관계를 해소하려는 당사자간의 합의 하에 협의이혼신고가 된 이상 협의이혼에 다른 목적이 있더라도 양자간에 이혼의사가 없다고는 말할 수 없고, 따라서 협의이혼은 무효로 되지 아니 한다(대판 1993. 6. 11, 93므171).

㉡ 협의상 이혼이 가장이혼으로서 무효로 인정되려면 누구나 납득할만한 특별한 사정이

인정되어야 하고, 그렇지 않으면 이혼당사자 간에 일시적으로나마 법률상 적법한 이혼을 할 의사가 있었다고 보는 것이 이혼신고의 법률상 및 사실상의 중대성에 비추어 상당하다(대판 1997. 1. 24, 95도448).

ⓒ 혼인 당사자가 더 이상 혼인관계를 지속할 의사가 없고 이혼의사의 합치가 있는 경우에는 비록 법률적으로 혼인관계가 존속한다고 하더라도, 간통에 대한 사전 동의인 종용에 해당하는 의사표시가 그 합의 속에 포함되어 있는 것으로 보아야 할 것이고, 그러한 합의가 없는 경우에는 비록 잠정적 · 임시적 · 조건적으로 이혼의사가 쌍방으로부터 표출되어 있다고 하더라도 간통 종용의 경우에 해당하지 않는다(대판 2009. 7. 9, 2008도984; 대판 2000. 7. 7, 2000도868).

ⓓ 혼인관계가 존속하는 상태에서 남편이 처의 의사에 반하여 폭행 또는 협박으로 성교행위를 한 경우 강간죄가 성립하는지 여부는 별론으로 하더라도, 적어도 당사자 사이에 혼인관계가 파탄되었을 뿐만 아니라 더 이상 혼인관계를 지속할 의사가 없고 이혼의사의 합치가 있어 실질적인 부부관계가 인정될 수 없는 상태에 이르렀다면, 법률상의 배우자인 처도 강간죄의 객체가 된다(대판 2009. 2. 12, 2008도8601).

㈐ 조건부 이혼과 이혼의사의 존재시기

㉠ 이혼에는 조건 및 기한을 붙일 수 없다(신분행위의 특색).

【참 고】
부부가 혼인 중에 장래 협의이혼을 하기로 약정하는 협의이혼의 예약은 무효이다(예컨대, 2010년까지만 혼인한다(계약동거). 금년도 변시에 떨어지면 이혼한다. 일방이 간통하면 이혼한다. 등).

㉡ 이혼에 합의한 후 이혼신고서 수리전에 이혼의사를 철회하면, 그 이혼은 무효이다. 즉, 이혼의사는 이혼신고서의 작성 당시는 물론이고, 그 신고서의 제출 · 수리시에도 존재하여야 한다.

판례 가족관계등록공무원이 착오로 철회신고서가 제출된 사실을 간과한 나머지 그 후에 제출된 이혼신고서를 수리하였다고 하더라도 협의상 이혼의 효력이 생길 수 없다(대판 1994. 2. 8, 93도2869).

② 부모 등의 동의

이혼의사는 부부관계(즉, 혼인의 실체)를 영구적으로 종료하려는 효과의사이기 때문에 당사자의 이혼의사의 합치에는 의사능력이 있어야 한다. 따라서 피성년후견인은 의사능력을 가지고 있는 한 이혼합의를 할 수 있지만, 협의이혼을 하는 데는 부모나 성년후견인의 동의를 받아야 한다(제835조, 제808조 제2항).

그러나 미성년자는 혼인으로 인해 성년의제 되므로 부모 등의 동의 없이 이혼할 수 있다. 그리고 피한정후견인은 원칙적으로 완전한 행위능력을 가지므로 누구의 동의를 받을 필요 없이 이혼할 수 있다.

(2) 형식적 요건

> 第836条(이혼의 성립과 신고방식) ① 협의상 이혼은 가정법원의 확인을 받아 「가족관계의 등록 등에 관한 법률」의 정한 바에 의하여 신고함으로써 그 효력이 생긴다.
> ② 전항의 신고는 당사자쌍방과 성년자인 증인 2인의 연서한 서면으로 하여야 한다.
>
> 第836条의 2(이혼의 절차) ① 협의상 이혼을 하려는 자는 가정법원이 제공하는 이혼에 관한 안내를 받아야 하고, 가정법원은 필요한 경우 당사자에게 상담에 관하여 전문적인 지식과 경험을 갖춘 전문상담인의 상담을 받을 것을 권고할 수 있다.
> ② 가정법원에 이혼의사의 확인을 신청한 당사자는 제1항의 안내를 받은 날부터 다음 각 호의 기간이 지난 후에 이혼의사의 확인을 받을 수 있다.
> 1. 양육하여야 할 자(포태 중인 자를 포함한다. 이하 이 조에서 같다)가 있는 경우에는 3개월
> 2. 제1호에 해당하지 아니하는 경우에는 1개월
>
> ③ 가정법원은 폭력으로 인하여 당사자 일방에게 참을 수 없는 고통이 예상되는 등 이혼을 하여야 할 급박한 사정이 있는 경우에는 제2항의 기간을 단축 또는 면제할 수 있다.
> ④ 양육하여야 할 자가 있는 경우 당사자는 제837조에 따른 자(子)의 양육과 제909조 제4항에 따른 자(子)의 친권자결정에 관한 협의서 또는 제837조 및 제909조 제4항에 따른 가정법원의 심판정본을 제출하여야 한다.
> ⑤ 가정법원은 당사자가 협의한 양육비부담에 관한 내용을 확인하는 양육비부담 조서를 작성하여야 한다. 이 경우 양육비부담조서의 효력에 대하여는 「가사소송법」 제41조를 준용한다.

이혼이 되기 위해서는 그 성립요건으로 이혼신고를 필요로 한다. 다만, 이혼신고를 하기 위해서는 가정법원으로부터의 이혼의사 확인절차를 거쳐야 한다.

〈 협의이혼 절차 〉

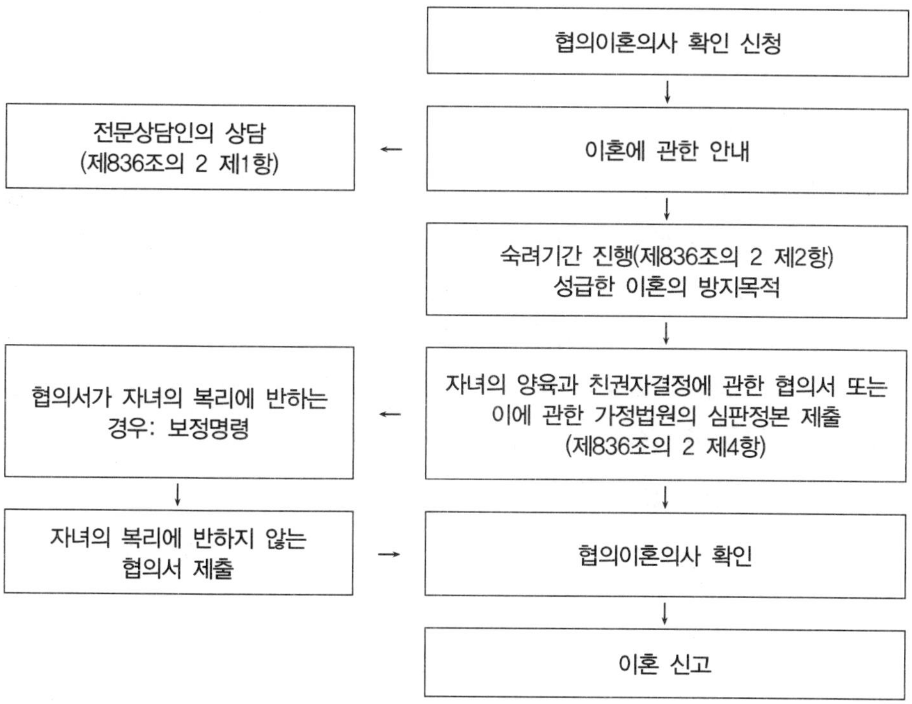

1) 가정법원의 협의이혼의사확인

이혼신고의 경우에는 혼인신고의 경우와 달리 축출이혼(또는 강압이혼)의 방지를 위해 당사자 쌍방의 이혼의사에 대한 가정법원의 확인이 있어야 한다(1979년부터 시행). 따라서 협의이혼을 하려는 사람은 등록기준지 또는 주소지를 관할하는 가정법원의 확인을 받아 신고하여야 한다. 다만, 국내에 거주하지 않는 경우에 그 확인은 서울가정법원의 관할로 한다(제836조 제1항; 가족관계등록법 제75조 제1항). 이러한 이혼의사의 확인은 협의이혼에 관한 실질적 심사의 의미를 가진다.

가정법원의 확인을 받기 위해서는 먼저 부부가 함께 등록기준지 또는 주소지를 관할하는 가정법원에 출석하여 협의이혼의사 확인신청서를 제출하여야 한다(가족관계의 등록 등에 관한 규칙 제73조 제1항). 다만, 부부 중 한쪽이 재외국민이거나 수감자로서 출석하기 어려운 경우에는 다른 쪽이 출석하여 협의이혼의사확인신청서를 제출하고 이혼에 관한 안내를 받아야 한다. 재외국민이나 수감자로서 출석이 어려운 자는 서면으로 안내를 받을 수 있다(가족관계의 등록 등에 관한 규칙 제73조 제2항).

① 이혼에 관한 안내 및 상담

협의상 이혼을 하려는 자는 가정법원이 제공하는 이혼에 관한 안내를 받아야 한다(제836조의 2 제1항 전단). 이러한 이혼에 관한 안내는 이혼절차 외에 이혼에 따른 효과(즉, 자녀나 재산에 관한 사항 등)가 그 내용이 될 것이며, 이혼당사자가 안내를 받는 것은 의무이다. 그리고 가정법원은 필요한 경우 당사자에게 상담에 관하여 전문적인 지식과 경험을 갖춘 전문상담인의 상담을 받을 것을 권고할 수 있다(제836조의 2 제1항).

② 숙려기간의 경과

가정법원에 이혼의사의 확인을 신청한 당사자는 이혼에 관한 안내를 받은 날부터 일정한 기간이 지난 후에 이혼의사의 확인을 받을 수 있다(제836조의 2 제2항). 이 숙려기간은 양육하여야 할 자녀가 있는 경우는 3개월, 양육하여야 할 자녀가 없는 경우는 1개월이다.[2] 다만, 가정법원은 폭력으로 인하여 당사자 일방에게 참을 수 없는 고통이 예상되는 등 이혼을 하여야 할 급박한 사정이 있는 경우에는 이혼 숙려기간을 단축 또는 면제할 수 있다(제836조의 2 제3항).

---

2) 가족관계등록예규 제276호(전부개정 2008.06.11) 협의이혼의 의사확인사무 및 가족관계등록사무 처리 지침 제1조(확인기일의 지정)
① 생략.
② 부부 사이에 미성년인 자녀(포태 중인 자 포함)가 있는 경우 확인기일의 지정은 민법 제836조의 2 제2항 제1호를 준수하되, 이혼에 관한 안내를 받은 날이 미성년인 자녀가 성년 도달 전 1개월 이내에 해당하는 경우 1개월이 지난 후로 확인기일을 지정하고, 성년 도달 전 1개월 후부터 3개월 이내 사이에 해당하는 경우 성년에 달한 날 이후로 확인기일을 지정한다.
③ 제1항의 기일지정을 하는 때에 담당 판사는 제2항에 따른 기일지정기준을 확인하여야 한다.

③ 자의 양육과 친권자 결정에 관한 협의서 또는 심판정본 제출

협의이혼을 하고자 하는 부부에게 양육하여야 할 자(포태중인 자를 포함)가 있는 경우, 당사자는 제837조에 따른 양육자의 결정, 양육비용의 부담, 면접교섭권의 행사여부 및 그 방법 등이 기재된 양육사항과 제909조 제4항에 따른 친권자결정에 관한 협의서 또는 제837조 및 제909조 제4항에 따른 가정법원의 심판정본을 이혼확인시 의무적으로 제출하여야 한다(제836조의 2 제4항). 따라서 자녀에 대한 양육사항이나 친권자 등에 관한 사항이 정해지지 않으면 이혼의사확인을 받을 수가 없기 때문에 협의이혼을 할 수 없게 된다.

④ 양육비부담조서의 작성

가정법원은 당사자가 협의한 양육비부담에 관한 내용을 확인하는 양육비부담조서를 작성하여야 하는데, 이러한 양육비부담조서의 작성도 의무적인 것이다. 이 경우 양육비부담조서는 집행력 있는 심판과 동일한 효력을 가지므로 집행권원이 된다(제836조의 2 제5항, 가사소송법 제41조).

【참 고】 양육비채무의 이행확보제도
양육비직접지급명령제도(가소 제63조의 2 제1항), 담보제공명령제도(가소 제63조의 3 제1항), 일시금지급명령제도(가소 제63조의 3 제4항) 등.

⑤ 협의이혼의사 확인

이혼 숙려기간이 지난 뒤 가정법원은 부부 양쪽을 출석시켜 그 진술을 듣고 이혼의사의 유무, 당사자 사이에 미성년자인 자녀가 있는지 여부와 그 자녀에 대한 친권자 지정의 협의 또는 가정법원에의 지정청구 여부를 확인한다(가족관계등록 규칙 제74조 제1항 · 제2항). 부부 양쪽의 이혼의사가 확인되면 가정법원은 확인서를 작성하고, 이혼신고서에 확인서등본을 첨부하여 부부 양쪽에게 교부하거나 송달하여야 한다(동 규칙 제78조).

⑥ 협의이혼의사확인의 효력

협의이혼의사확인은 당사자들의 이혼합의를 근간으로 한 그 의사의 확인(또는 증명)일 뿐 이혼허가는 아니며, 소송법상의 특별한 효력이 주어지는 것도 아니다. 따라서 이혼의사확인 절차를 거쳤더라도 협의이혼의 의사표시가 사기나 강박에 의하여 이루어졌다면 이혼을 취소할 수 있으며, 이혼의사확인에 의하여 그 협의이혼에 관한 의사표시의 하자가 치유되지는 않는다.

판례 협의이혼의사 확인절차는 확인당시에 당사자들이 이혼을 할 의사를 가지고 있는가를 밝히는 데 그치는 것이고 그들이 의사결정의 정확한 능력을 가졌는지 또는 어떠한 과정을 거쳐 협의이혼의사를 결정하였는지 하는 점에 관하여서는 심리하지 않는다. 협의이혼의사의 확인은 어디까지나 당사자들의 합의를 근간으로 하는 것이고 법원의 역할은 그들의 의사를 확인하여 증명하여 주는 데 그치는 것이며 법원의 확인에 소송법상의 특별한 효력이 주어지는 것도 아니므로, 이혼협의의 효력은 민법상의 원칙에 의하여 결정되어야 할 것이고, 이혼의사 표시가 사기, 강박에 의하여 이루어졌다면 민법 제838조에 의하여 취소할 수 있다고 하지 않으면 안 된다(대판 1987. 1. 20, 86므86).

판례 법원에 의한 협의이혼의사확인절차는 확인당시에 당사자들이 이혼할 의사를 가지고 있었는가를 밝히는데 그치는 것이므로 협의이혼의사의 확인이 있었다는 것만으로 재판상 이혼사유가 될 수 없으며 그 의사확인 당시에 더 이상 혼인을 계속할 수 없는 중대한 사유가 있었다고 추정될 수도 없다(대판 1988. 4. 25, 87므28). 협의이혼하기로 하고 위자료까지 지급하였다 하더라도 이것만 가지고는 혼인생활을 계속하기 어려운 중대한 사유에 해당한다 할 수 없다(대판 1975. 4. 8, 74므28).

2) 협의이혼 신고

① 신고는 협의상 이혼을 하고자 하는 사람이 가정법원으로부터 확인서등본을 교부 또는 송달받은 날부터 3개월 이내에 그 등본을 첨부하여 행하여야 한다. 3개월의 기간이 경과한 때에는 그 가정법원의 확인은 효력을 상실한다(가족관계등록법 제75조 제2항 · 제3항). 이혼신고서의 제출은 일방이 하여도 유효하다.

② 협의이혼은 가정법원의 확인을 받아 당사자 쌍방과 성년자인 증인 2인의 연서한 서면으로 신고하여야 한다(제836조 제1항). 다만, 협의이혼신고서에 가정법원의 이혼의사확인서등본을 첨부한 경우에는 제836조 제2항에서 정한 증인 2인의 연서가 있는 것으로 본다(가족관계등록법 제76조).

③ 당사자간에 이혼합의가 있고 가정법원의 이혼의사 확인까지 받았더라도 신고가 없는 이상 이혼은 성립하지 않는다. 따라서 이혼신고는 창설적 신고이다.

④ 가정법원으로부터 이혼의사확인을 받았더라도 이혼신고 전에는 이혼의사를 철회할 수 있으며(가족관계등록 규칙 제80조 참조), 이혼의사의 철회 후 타방이 한 협의이혼신고는 무효이다.

판례 부부가 이혼하기로 협의하고 가정법원의 협의이혼의사 확인을 받았다고 하더라도 호적법(가족관계등록법)에 정한 바에 의하여 신고함으로써 협의이혼의 효력이 생기기 전에는 부부의 일방이 언제든지 협의이혼의사를 철회할 수 있는 것이어서, 협의이혼신고서가 수리되기 전에 협의이혼의사의 철회신고서가 제출되면 협의이혼신고서는 수리할 수 없는 것이므로, 설사 호적공무원이 착오로 협의이혼의사 철회신고서가 제출된 사실을 간과한 나머지 그 후에 제출된 협의이혼신고서를 수리하였다고 하더라도 협의상 이혼의 효력이 생길 수 없다(대판 1994. 2. 8, 93도2869).

판례 협의상 이혼은 가정법원의 확인을 받아 호적법(가족관계등록법)의 정한 바에 의하여 신고함으로써 효력이 생기는 것임은 민법 제836조가 규정하고 있는 바와 같으니, 위와 같은 협의이혼 확인이 있었다는 것만으로는 이혼의 효력이 생긴 것이라 할 수 없다(대판 1983. 7. 12, 83므11).

---

(3) 협의이혼의 무효와 취소

이혼의 무효는 항상 협의이혼의 무효만을 의미한다. 재판상 이혼은 재판절차를 거쳐 이혼판결이 선고되기 때문에 무효로 될 수 없다.

1) 협의이혼의 무효

① 사유(민법에 따로 규정이 없음)

㉠ 이혼신고서가 수리되었으나 당사자 사이에 이혼합의가 없는 경우,

☞ 부부공동체의 해체의사 없이 채권자의 강제집행을 면할 목적으로 가장이혼하는 경우(실질적 의사설에 의할 경우에는 무효이지만, 형식적 의사설과 판례에 의하면 유효함).

㉡ 유효하게 이혼신고서를 작성한 후 그 수리 이전에 상대방 또는 가족관계등록공무원에게 이혼의사를 철회한 경우,

㉢ 의사무능력자의 협의이혼 등의 경우에는 원칙적으로 그 이혼은 무효이다.

② 무효의 효과

㉠ 당연무효: 협의이혼의 무효는 당연무효이다. 따라서 재판에 의한 무효선언에 의해서 소급적으로 무효가 되는 것은 아니다. 다만, 등록부를 정정하기 위해서는 가정법원에 협의이혼 무효확인의 소를 제기하여 판결을 받아야 한다(가소 제2조 제1항 가류사건 2호).

㉡ 확정판결의 효력: 협의이혼의 무효청구를 인용하는 확정판결은 제3자에게도 효력이 있다(가소 제21조 제1항). 이혼무효가 판결로 확정되었을 때에는 소를 제기한 자는 판결확정일로부터 1개월 이내에 판결의 등본 및 그 확정증명서를 첨부하여 가족관계등록부의 정정신청을 하여야 한다(가족관계등록법 제107조).

2) 협의이혼의 취소

> 제838조(사기, 강박으로 인한 이혼의 취소청구권) 사기 또는 강박으로 인하여 이혼의 의사표시를 한 자는 그 취소를 가정법원에 청구할 수 있다.
>
> 제839조(준용규정) 제823조의 규정은 협의상 이혼에 준용한다.

① 취소사유

사기·강박에 의하여 이혼한 경우에는 그 취소를 청구할 수 있다(제838조). 사기자·강박자는 배우자이건 제3자이건 묻지 않으며, 제3자가 행한 사기·강박에 의한 이혼은 상대방 배우자가 선의인 경우에도 그 취소를 청구할 수 있다.

> 판례 2명의 딸을 출산한 후 정신이상증세를 보인 처가 그 후 어느 정도 회복되었는데 남편이 그러한 처(심신박약상태)를 기망하여 법원에 데리고 가서 협의이혼한 경우, 처는 이혼을 취소할 수 있다(대판 1987. 1. 20, 86므86).

② 취소방법

협의이혼의 취소는 사기 또는 강박을 당한 배우자만이 할 수 있고, 그 상대방은 다른 일방의 배우자이다. 이혼을 취소하려면 먼저 가정법원에 조정을 신청하여야 하며(가소 제2조 제1항 나류사건 3호, 제50조), 조정이 성립되지 않으면 제소신청을 할 수 있다(동법 제49조).

취소판결을 받은 때에는 재판이 확정된 경우에 소를 제기한 사람은 재판의 확정일로부터 1개월 이내에 재판서의 등본 및 확정증명서를 첨부하여 그 취지를 신고하여야 하며, 신고서에는 재판확정일을 기재하여야 한다. 이 경우 그 소의 상대방도 마찬가지로 재판의 등본 및 확정증명서를 첨부하여 이혼취소의 재판이 확정된 취지를 신고할 수 있다(가족관계등록법 제78조, 제58조).

③ 제척기간

협의이혼의 취소의 소는 사기를 안 날, 강박을 면한 날로부터 3개월 이내에 제기하여야 한다(제838조, 제839조, 제823조). 3개월이 지나거나 추인한 때는 취소청구권이 소멸한다.

④ 효 과

㈎ 민법총칙규정이 적용되지 않는다. 따라서 사기나 강박을 원인으로 이혼이 취소된 경우, 선의의 제3자에게도 대항할 수 있다(제110조 제3항 참조).

판례 이혼협의의 효력은 민법상의 원칙에 의하여 결정되어야 하며, 만일 이혼의사 표시가 사기 · 강박에 의하여 이루어졌다면 제838조에 의하여 취소할 수 있다(대판 1987. 1. 20, 86므86).

㈏ 이혼이 취소되면 혼인의 취소와 달리 소급효가 인정되어야 하며, 제824조는 준용되지 않는다(통설). 취소의 판결이 선고되어 확정되면, 그 협의이혼은 신고시로 소급하여 효력을 잃는다. 따라서 당사자가 이혼신고 후에 재혼한 때에는 취소로 인하여 그 재혼은 중혼이 된다(대판 1984. 3. 27, 84므9).

한편, 피성년후견인이 부모나 성년후견인의 동의를 얻지 않고 협의이혼한 경우에 관하여는 제835조와 같은 규정을 두지 않고 있다. 만일 피성년후견인이 부모나 성년후견인의 동의를 얻지 않고 협의이혼을 한 경우, 그 신고가 수리된 이상 이혼은 유효하다고 보아야 할 것인가? 이에 관하여는 취소규정이 없기 때문에 이혼은 계속해서 유효하다고 하는 견해[3)]와 피성년후견인의 보호를 위하여 제816조 제1호를 유추적용하여 취소할 수 있다고 하는 견해[4)]가 대립한다.

> 판 례 청구인과 피청구인(갑)이 협의이혼한 것이 피청구인(갑)의 기망에 인한 것이었음을 이유로 청구인이 제기한 협의이혼취소심판이 청구인 승소로 확정되었다면 청구인과 피청구인(갑)은 당초부터 이혼하지 않은 상태로 되돌아갔다 할 것이니 위 취소심판 계속 중 피청구인(갑), (을) 사이에 이루어진 혼인은 중혼의 금지규정에 위반한 것으로 혼인의 취소사유에 해당한다(대판 1984. 3. 27, 84므9)라고 하여 이혼취소는 소급효가 있음을 밝히고 있다.

(4) 사실상의 이혼

1) 의 의

사실상의 이혼은 부부가 형식적으로는 법률혼 상태에 있지만, 이혼에 합의를 하고 별거에 들어가 부부공동생활의 실체가 없는 상태를 말한다. 법률상 배우자 사이에 이혼에 관한 협의가 성립하여 법률혼이 형식적으로만 존재하는 것은 혼인의 사망을 의미한다고도 할 수 있다. 따라서 이러한 경우는 협의이혼의 요식성으로 인하여 형식적으로는 혼인의 유효성이 인정될 수밖에 없지만, 그렇다고 하여 혼인과 동일한 효력을 인정하는 데는 어려움이 있다.

2) 효 과

사실상의 이혼상태에 있는 부부에 대하여는 신고주의의 원칙을 해하지 않는 범위 내에서 협의이혼의 효과를 준용하는 것이 바람직할 것이다.

① 당사자간의 혼인에 기한 권리의무의 소멸

부부간의 동거·부양·협조의무와 정조의무는 소멸하고, 일상가사대리권과 가사채무의 연대책임도 인정되지 않는다. 이 경우에는 제3자 보호가 문제되지만, 제129조의 표현대리제도를 활용할 수 있을 것이다.

② 신분관계의 불변

사실상의 이혼의 경우에도 친족관계는 유지된다. 사실상 이혼상태에 있는 부부도 재혼을 할 수 없고, 타인과 재혼하면 중혼이 된다. 그리고 사실상 이혼

3) 김주수 · 김상용, 친족 · 상속법, 175면.
4) 송덕수, 신민법강의, 1792면; 양형우, 민법의 세계, 1739면.

상태에서 부부 중 일방이 사망한 경우 다른 일방은 배우자로서 상속권을 가진다(대판 1969. 7. 8, 69다427).

③ 사실상의 이혼상태에서의 출산

사실상 이혼상태에서 자녀가 출생하면 그 자녀는 혼인중의 자로 된다. 그러나 사실상 이혼상태에 있는 동안 자를 포태하고 출산하였더라도, 그 자에 대하여는 夫의 子로서의 친생자 추정은 미치지 않는다. 따라서 이러한 자에 대하여는 친생부인의 소에 의하지 않고 친자관계부존재 확인의 소에 의하여 친자관계를 부정할 수 있다(대판 1983. 7. 12, 82므59).

제3절 裁判上 離婚

1. 서 언

(1) 의 의

재판상 이혼은 일정한 사유가 있는 경우 당사자 일방의 청구로 가정법원의 판결에 의하여 혼인을 해소시키는 것을 말한다. 재판상 이혼은 당사자 일방 또는 쌍방에게 이혼의사가 있음에도 합의에 이르지 못한 경우 이혼을 용인하는 유일한 방법이다. 재판상 이혼은 일정한 사유가 있는 경우에만 청구할 수 있는데, 그 사유를 재판상 이혼원인이라고 한다(제840조).

재판상 이혼을 청구하려면 먼저 이혼조정신청을 하여야 한다. 이 조정단계에서 부부 사이에 이혼합의가 성립되면 이로써 바로 이혼이 성립되는데, 이러한 이혼을 조정이혼이라고 한다. 그리고 조정이 성립되지 않을 경우 비로소 재판상 이혼으로 나아가 소송절차로 처리된다.

(2) 재판상 이혼에 관한 입법주의

1) 세계 각국의 이혼원인의 유형

① 유책주의에 근거를 두고 개별적 이혼원인을 채택하는 형(19세기 이래 1960년대 이전까지의 유형), ② 개별적 이혼원인과 추상적 이혼원인을 병용하는 형

(우리나라 이혼원인의 유형, 제840조), ③ 파탄주의 이혼원인만을 규정하는 형(최근 이혼원인의 추세)으로 구분된다.

2) 이혼원인에 관한 입법주의

① 유책주의

유책주의는 배우자 일방의 혼인의무위반이 있는 경우에만 타방의 이혼청구를 인정하는 입법태도로써, 이혼원인이 구체적·제한적으로 열거되어 있고 피고의 유책성과 원고의 무책성을 이혼청구의 요건으로 삼는다. 유책주의는 이혼원인의 명확성으로 법적 안정성을 확보한다는 점에서 장점을 갖는다고 할 수 있지만, 쌍방 무과실에 의한 혼인관계의 파탄(예컨대, 행방불명, 불치의 정신병 등)에는 이혼을 인정할 수 없게 되어, 현대 이혼법의 이념이나 요청에 위배된다는 단점도 내포하고 있다. 유책주의 이혼법은 이혼을 유책배우자에 대한 제재로 생각한다. 따라서 유책배우자의 이혼청구는 인정하지 않는다.

② 파탄주의

파탄주의는 당사자의 유책성의 여부를 묻지 않고 혼인관계의 객관적 파탄사실에 초점을 맞춰 이혼여부를 판단하는 입법태도로써, 이혼원인을 추상적으로 예시한다. 즉, 파탄주의는 이혼원인을 개별적으로 열거하지 않고 '혼인이 회복할 수 없을 정도로 파탄되었을 때'라고 함과 같이 이혼원인을 추상적으로 규정하며, 대체로 파탄기준은 부부의 별거기간의 장 · 단에 따르는 입법주의이다. 파탄주의 이혼법에서는 이혼을 부부공동생활의 파탄에 대한 구제로 본다. 따라서 혼인이 파탄되었으면 유책배우자의 이혼청구도 인정한다.

③ 우리나라의 입법유형

우리나라의 다수설은 재판상 이혼의 경우 민법 제840조 제6호를 파탄주의적 일반조항을 채택하고 있는 것으로 파악하여 파탄주의 입법유형에 속한다고 이해한다. 그러나 재판상 이혼제도는 민법 제840조 제1호~제5호까지의 이혼원인이 유책주의에 기초하고 있으며, 제6호의 사유도 몇 가지의 예외를 제외하고는 실질적으로 유책주의에 근거하고 있다고 할 수 있다.

판례에서는 "민법 제840조 제6호는 이혼원인이 유책주의에서 파탄주의로,

또 개별적·구체적 열거법제에서 일반적·추상적 규정법제로 전환하는 입법경향에 따른 규정”(대판 1982. 7. 13, 82므4)이라고 하면서, 근본적으로 이혼법제는 유책주의를 허용하고 있다고 판시하고 있다(대판 1987. 9. 22, 87므8).

만일 우리나라의 이혼법을 파탄주의 입법례에 속한다고 하면, 피고의 유책여부와 원고의 무책여부도 문제시하지 않게 되어 이른바 유책배우자의 이혼청구도 인용하는 일반적 파탄주의로 된다. 그러나 이것을 인정하는 것은 현단계로서는 사회일반의 법감정에 반하며 나아가서는 이혼법의 존재이유마저 없어지게 되므로 파탄주의 입법이라고 하더라도 일반적으로 유책배우자의 이혼청구를 부정하는 소극적·제한적 파탄주의를 지지하고 있다고 할 수 있다.

3) 우리 민법의 재판상 이혼원인

재판상 이혼에 대하여 현행 민법은 상대적 이혼원인주의를 채택하여 예시한 개별적 이혼원인(절대적·구체적 이혼원인: 제840조 1~5호) 이외에 혼인을 계속하기 어려운 중대한 이유(상대적 이혼원인: 제840조 6호)가 있을 때에도 이혼을 인정하고 있다. 제840조 1~5호와 6호와의 관계 즉, 절대적 이혼원인과 상대적 이혼원인의 관계에 대하여는 견해가 대립한다.

① 절대독립설

각 호의 사유를 완전히 독립된 이혼원인으로 파악하고, 제6호를 보충규정으로 보아(이것도 하나의 독립된 이혼원인) 이혼원인간의 상호전환성을 부정하는 견해로써, 이는 유책주의에 입각한 것이다. 따라서 이 견해에 의하면, 이혼원인 하나하나마다 이혼청구권이 발생하고, 소송은 이혼원인마다 별개가 된다(형성권의 경합). 그리고 법원은 당사자가 주장하는 이혼원인만을 심리한다(예컨대, 당사자는 제1호의 ‘부정행위’를 이유로 이혼청구를 하였는데, 법원에서 제6호의 ‘혼인을 계속하기 어려운 중대한 사유’를 인정하여 이혼을 명할 수 없다).

판례 이혼의 소는 원고가 주장하는 사유에 의한 재판상 이혼원인의 이유의 유무에 관한 판단을 구하는 것이며, 민법 제840조의 각 이혼사유는 그 각 사유마다 독립된 이혼청구원인이 되므로(형성권의 경합) 법원은 원고가 주장한 이혼사유에 관하여서만 심판하여야 하고, 원고가 주장하지 않은 이혼사유에 관하여는 심판할 필요가 없고, 그 사유에 의하여 이혼을 명해서는 안 된다(대판 1963. 1. 31, 62다812). 반면에 이혼청구를 구하면서 제840조 각 호의 수개의 사유를 주장하는 경우, 법원은 그 중 어느 하나를 받아들여 청구를 인용할 수 있다(대판 2000. 9. 5, 99므1886)고 한다.

② **단순예시설**

제1호 내지 제5호는 제6호의 단순한 예시이므로, 제1호~제5호의 이혼사유가 있어도 '현실적 파탄의 유무'(이혼의 허용 여부)를 제6호에 비추어 다시 판단하여야 한다는 견해이다.[5] 이 견해는 파탄주의에 가까운 해석론이라고 할 수 있다.

【참 고】
제6호의 상대성이 제1호~제5호에도 미친다. 이혼청구에서 1호~6호까지의 사실을 이유로 하더라도 그것은 이혼이라는 1개의 소송물을 구성한다. 따라서 판사는 당사자가 주장한 이혼원인에 국한되지 않고 이혼의 이유가 될 모든 사실을 심리·판단할 수 있다.

③ **독립예시설**

제1호 내지 제5호는 제6호의 전형적 예시이므로, 제1호~제5호에 해당하면 당연히 제6호가 충족되어 제6호에의 해당여부를 별도로 판단할 필요가 없고, 제1호~제5호에 해당하지 않는 '기타 중대한 사유'가 있으면 제6호를 원인으로 이혼을 명할 수 있다는 견해이다.[6] 따라서 이 견해는 유책주의와 파탄주의의 절충적 해석론이다.

【참 고】
제6호의 상대성이 제1호~제5호에 미치지 않는다.

2. 재판상 이혼원인

제840조(재판상 이혼원인) 부부의 일방은 다음 각호의 사유가 있는 경우에는 가정법원에 이혼을 청구할 수 있다.

5) 이경희, 가족법, 107면.
6) 김주수, 친족·상속법, 180면.

1. 배우자에 부정한 행위가 있었을 때 2. 배우자가 악의로 다른 일방을 유기한 때 3. 배우자 또는 그 직계존속으로부터 심히 부당한 대우를 받았을 때 4. 자기의 직계존속이 배우자로부터 심히 부당한 대우를 받았을 때 5. 배우자의 생사가 3년 이상 분명하지 아니한 때 6. 기타 혼인을 계속하기 어려운 중대한 사유가 있을 때

① 배우자의 부정행위(제1호)

㈎ 부정행위의 의미: 부정행위는 배우자로서 혼인의 순결성 내지 정조의무에 위반하는 일체의 행위로써 간통보다 넓은 개념이다. 부정행위인지의 여부는 개개의 구체적인 사안에 따라 그 정도와 상황을 참작하여 평가하여야 한다(대판 1987. 5. 26, 87므5·6).

판례 민법 제840조 제1호 소정의 재판상 이혼사유인 부정한 행위라 함은 간통에 이르지는 아니하였다고 하더라도 부부의 정조의무에 충실하지 아니한 것으로 인정되는 일체의 부정행위를 포함하는 보다 넓은 개념으로 파악하여야 할 것이다(대판 1993. 4. 9, 92므938).

판례 고령이고 중풍으로 정교능력이 없어 실제로 정교를 갖지는 못하였다 하더라도 배우자가 아닌 자와 동거한 행위는 배우자로서의 정조의무에 충실치 못한 것으로서 부정한 행위에 해당한다(대판 1992. 11. 10, 92므68).

㈏ 부정행위의 성립요건

㉠ 혼인의 순결성에 반하는 외형적 사실(예컨대, 부의 친생성이 없는 자의 출산, 배우자로부터의 성병감염 등)이 있어야 한다(부정행위의 추단).

【참 고】
夫의 동의 없는 AID(Artificial Insemination by Donor, 비배우자간의 인공수정): 친생성은 부인되나, 직접적인 성교섭이 없는 기계적 행위이므로 제외된다.

㉡ 자유로운 의사에 의한 부정행위만 해당된다. 따라서 심신상실상태 하에서의 행위, 강간을 당한 경우 등은 부정행위에서 제외된다. 다만, 자신의 과

실(과음 등)로 심신상실을 자초(원인에 있어서 자유로운 행위)하여 행한 부정행위는 이혼사유에 해당한다(민법 제754조 참조).

판례 제840조 1호 소정 배우자에 부정한 행위가 있었을 때의 부정한 행위라고 함은 객관적으로 그것이 부정한 행위에 해당한다고 볼만한 사실이 있어야 하고, 또 이것이 내심의 자유로운 의사에 의하여 행하여 졌다는 두 가지의 요소를 필요로 하는 것으로서 비록 객관적으로는 부정한 행위라고 볼 수 있는 사실이 있다고 하더라도 그것이 자유로운 의사에 의하여 이루어지지 않은 경우는 여기에서 말하는 부정한 행위라고 할 수는 없다(대판 1976. 12. 14, 76므10).

㉢ 혼인 후의 부정행위만 해당하며, 혼인 전의 행위나 약혼 후 혼인 전의 부정행위는 제외된다.

판례 배우자에게 부정한 행위가 있었을 때라 함은 혼인한 부부간의 일방이 부정한 행위를 한 때를 말하는 것이므로 혼인 전 약혼단계에서 부정한 행위를 한 때에는 제1호의 이혼사유에 해당한다고 할 수는 없다(대판 1991. 9. 13, 91므85・92).

(다) 이혼청구권의 소멸

> 제841조(부정으로 인한 이혼청구권의 소멸) 전조 제1호의 사유는 다른 일방이 사전동의나 사후용서를 한 때 또는 이를 안 날로부터 6월, 그 사유 있은 날로부터 2년을 경과한 때에는 이혼을 청구하지 못한다.

㉠ 사전동의나 사후용서: 부정행위를 다른 일방이 사전에 동의하였거나 사후에 용서하였으면 이혼청구를 할 수 없다(제841조).

사전동의는 명시적인 것 외에 묵시적으로도 가능하다. 따라서 이혼하기로 합의하고 별거를 하여 사실상 이혼상태에 있는 때에는 부정행위에 대한 사전동의가 있는 것으로 볼 수 있다.

한편, 사후용서는 부정행위에 대한 책임을 묻지 않겠다는 일방행위이다. 용서의 방식에는 제한이 없지만, 감정을 표현하는 어떤 행동이나 의사의 표시가 용서로 인정되기 위해서는 배우자의 부정행위를 확실하게 알면서 자발적으로 한 것이어야 하고, 부정행위에도 불구하고 혼인관계를 지속시키려는 진실한

의사가 명백하고 믿을 수 있는 방법으로 표현되어야 한다.[7)]

> 판례 당사자가 더 이상 혼인관계를 지속할 의사가 없고 이혼의사의 합치가 있는 경우에는 비록 법률적으로는 혼인관계가 존속한다고 하더라도 상대방의 간통에 대한 사전 동의라고 할 수 있는 종용에 관한 의사표시가 그 합의 속에 포함되어 있는 것으로 보아야 한다(대판 2008. 7. 10, 2008도3599).

> 판례 사후용서의 의미
>
> 배우자의 일방이 상대방의 부정행위 사실을 알면서도 혼인관계를 지속시킬 의사로 악감정을 포기하고 상대방에게 그 행위에 대한 책임을 묻지 않겠다는 뜻을 표시하는 일방행위이다(대판 1991. 11. 26, 91도2049).

> 판례 배우자가 타인과 수년간 동거하고 있는 사실을 알면서 특별한 의사표시나 행동을 하지 않은 경우, 그러한 사정만으로는 배우자의 부정행위를 묵시적으로 용서하였다고 볼 수 없다(대판 1999. 5. 14, 99도826).

> 판례 배우자의 부정행위를 이유로 하여 이혼청구를 한 배우자의 일방이 소의 계속 중에 상대방과 동침한 사실이 있다고 해도, 그와 같은 사실만으로는 상대방의 부정행위를 용서한 것으로 볼 수 없다(대판 2000. 7. 7, 2000도868; 대판 1973. 3. 13, 73도227).

㉡ 제척기간의 경과: 배우자의 부정행위를 원인으로 하는 이혼청구권은 다른 일방이 그 사실을 안 날로부터 6월이 경과하면 소멸한다. 또한 부정행위가 있은 날로부터 2년이 경과한 때에는 다른 일방이 부정행위를 알았는지의 여부와 관계없이 이혼청구권은 소멸한다(제841조 후단). 2년의 기간은 당사자가 알았는지 여부를 묻지 않고 부정행위의 사실이 있은 날부터 기산한다.

한편, 계속적인 간통행위(축첩)의 경우에는 간통이 지속되는 한 부정한 행위를 이유로 하는 이혼청구권은 소멸하지 않는다. 즉, 계속적 부정행위(간통행위)의 경우, 그 기산점은 부정행위의 종료시점부터 기산한다.

---

7) 김주수, 친족·상속법, 183면.

판례 부가 다른 여자와 부첩관계를 계속 유지하는 상태가 이혼청구 당시까지 존속되고 있는 경우에는 기간 경과에 의하여 이혼청구권이 소멸할 여지는 없다(대판 1998. 4. 10, 96므1434).

(라) 이혼청구의 기간과 위자료청구기간: 이혼청구의 제척기간과 위자료청구기간은 별개이므로, 배우자는 이혼청구의 제척기간이 경과한 후에도 자신의 배우자와 부정행위를 한 제3자를 상대로 위자료청구를 할 수 있다.

판례 민법 제841조 소정의 제척기간은 부정행위를 원인으로 한 이혼청구권의 소멸에 관한 규정으로서 이는 부권침해를 원인으로 하여 그 정신상 고통에 대한 위자료를 청구하고 있는 경우에는 적용될 수 없다(대판 1985. 6. 25, 83므18).

② **배우자의 악의의 유기**(제2호)

(가) 의 의: 악의의 유기란 배우자의 일방이 정당한 이유 없이 동거 · 부양 · 협조하여야 할 부부로서의 의무를 포기하고 다른 일방을 버린 경우를 말한다(대판 1998. 4. 10, 96므1434). 또한 악의의 유기가 되기 위해서는 부부공동생활을 폐지하는 의사가 필요하다. 예컨대, 반복되는 가출, 혼인신고 후 약 20일간 동거 후 농사일이 힘들고 남편의 건강이 나쁘다는 이유로 가출한 경우(대판 1986. 10. 28, 86므83 · 84), 남편이 아내를 버리고 가출하여 비구승이 된 경우(대판 1990. 11. 9, 90므583 · 590) 등은 모두 '악의의 유기'에 해당한다.[8)]

【참 고】 '악의'의 의미
단순히 '어떤 사실을 알고 있다'는 의미보다는, 보다 적극적으로 사회적·도덕적 비난가능성이 내포된 개념임.

(나) 악의의 유기로 인한 이혼청구권의 제척기간: 악의의 유기를 원인으로 하는 재판상 이혼청구권이 법률상 그 행사기간의 제한이 없는 형성권으로서 10

8) 단순한 별거, 일시적 가출만으로는 악의의 유기를 인정할 수 없다. 30년간의 결혼생활 후(6명의 자녀 출산) 사업실패에 따른 가정불화로 집을 나와 자식들에게 전전한 처를 찾아보지도 않은 남편이 악의의 유기를 이유로 이혼청구를 함은 제840조 소정의 이혼원인을 충족시키지 않는다(대판 1986. 8. 19, 86므75).

년의 제척기간에 걸리지만, 피고가 부첩관계를 계속 유지함으로써 제840조 2호에 해당하는 배우자가 악의로 다른 일방을 유기하는 것이 이혼청구당시까지 존속되고 있는 경우에는 기간경과에 의하여 이혼청구권이 소멸할 여지는 없다(대판 1998. 4. 10, 96므1434).

③ **배우자 또는 그 직계존속에 의한 심히 부당한 대우**(제3호)

㈎ 개 념: 배우자나 그 직계존속(시부모, 장인 · 장모 등)으로부터 육체적 · 정신적 학대를 받거나 모욕을 받은 것 등을 의미한다. 즉, '심히 부당한 대우를 받았을 때'라 함은 혼인관계의 지속을 강요하는 것이 참으로 가혹하다고 여겨질 정도의 폭행이나 학대 또는 모욕을 받았을 경우를 말한다(대판 2004. 2. 27, 2003므1890).

㈏ **판정기준**: 사회통념과 당사자의 신분·지위 등을 고려하여 개별적·구체적으로 사건마다 판정한다.

㈐ **제척기간**: 명문의 규정이 없으므로 당사자는 언제든지 이혼청구의 소를 제기할 수 있다.

판 례 제842조의 제척기간에 관한 규정은 제840조 6호의 사유에 기한 이혼청구에만 적용될 뿐, 제840조 3호의 사유에 기한 이혼청구에 유추적용될 수 없다(대판 1993. 6. 11, 92므1054, 1061).

④ **자기의 직계존속에 대한 배우자의 심히 부당한 대우(제4호)**

㈎ 제3호의 해석론과 동일하다.

㈏ 사 례: 남편이 처에게 지참금을 가지고 오지 아니하였다는 이유로 불만을 품고 계속 구타하여 상처를 입힌 일이 있을 뿐 아니라 처의 아버지에게까지 행패를 부린 행위는 배우자 및 그 직계존속을 심히 부당하게 대우한 경우에 해당한다(대판 1986. 5. 27, 86므14).

⑤ **배우자의 3년 이상의 생사불명**(제5호)

㈎ 3년 이상 생사불명상태가 현재에도 계속되고 있어야 한다. 생사불명의 원인, 과실유무, 책임소재는 불문한다. 3년이란 기산점은 최후의 소식이 있었

던 시점, 가출의 경우는 가출시, 전쟁·재난 등 위난의 경우는 그 위난이 사라진 때부터이다.

(나) 생존은 판명되었으나 부재인 경우에는 악의의 유기가 문제된다.

실무의 태도
3개월 동안만이라도 배우자가 가출하여 행방불명상태가 계속되면, '악의의 유기'로 이혼청구를 하는 수가 많고 '3년 이상 생사불명'을 내세워 이혼청구를 하는 사례는 거의 없다.[9]

(다) 第840조 제5호에 의한 이혼은 실종선고에 의한 혼인해소와는 관계가 없다. 즉, 이혼판결이 확정된 후에 생환하더라도 실종선고가 취소된 경우와는 달리 전혼부활의 문제가 생기지 않는다(통설, 이혼의 효과는 확정적).

⑥ 기타 혼인을 계속하기 어려운 중대한 사유(제6호)

(가) 의 의: 부부간의 애정과 신뢰가 바탕이 되어야 할 혼인의 본질인 부부공동생활관계가 회복될 수 없을 정도로 파탄되고, 그 '혼인생활의 계속을 강제하는 것'이 일방 배우자에게 참을 수 없는 고통이 되는 경우를 의미한다(대판 2002. 3. 29, 2002므74).[10]

☞ 주관적 혼인관계의 불능만으로는 부족하고, 제1호~제5호의 절대적 이혼사유에 필적할 만큼 객관적 파탄사실이 존재하여야 한다(대판 1987. 7. 21, 87므24). 물론 이러한 혼인의 계속을 불가능하게 한 사실이 반드시 일방의 유책행위일 필요는 없다(대판 1970. 2. 24, 69므13).

(나) 판단기준: 혼인계속의사의 유무, 파탄원인에 대한 당사자의 책임 유무, 혼인생활의 기간, 자녀의 유무, 당사자의 연령, 이혼 후의 생활보장 등 제반사정을 고려하여 판단하여야 한다(대판 2007. 12. 14, 2007므1690; 대판 2005. 12. 23, 2005므1689).

---

9) 박동섭, 친족상속법, 180~181면.

10) 예컨대, 처가 뚜렷한 합리적인 이유 없이 남편과의 성행위를 거부하고 혼인생활동안 거의 매일 외간 남자와 전화통화를 하였으며 그로 인하여 남편이 이혼소송을 제기하고 별거에 이르게 되었다면 부부공동생활관계는 회복할 수 없을 정도로 파탄되었고, 그 혼인생활의 계속을 강제하는 것이 남편에게는 참을 수 없는 고통이 된다고 볼 여지가 있다(대판 2002. 3. 29, 2002므74).

(다) 구체적 사유

(ㄱ) 긍정사례

㉠ 육체적 파탄원인: 부당한 피임, 성병의 감염, 이유 없는 성교거부, 성적 불능(대판 1994. 5. 13, 93므1020) 등.

판례 부부간의 성관계는 혼인의 본질적 요소이므로 성적 불능 기타 부부 상호간의 성적 요구의 정상적인 충족을 저해하는 사실이 존재하는 경우, 이는 '혼인을 계속하기 어려운 중대한 사유'가 될 수 있으므로, 정당한 이유 없이 성교를 거부하거나 성적 기능의 불완전으로 정상적인 성생활이 불가능한 경우에는 혼인을 계속하기 어려운 중대한 사유가 있다고 할 것이나, 전문적인 치료와 조력을 받으면 정상적인 성생활로 돌아갈 가능성이 있는 경우에는 일시적인 성기능의 장애가 있거나 부부간의 성적인 접촉이 단기간 부존재 하더라도 그 정도의 성적 결함만으로는 '혼인을 계속하기 어려운 중대한 사유'가 될 수 없다(대판 2009. 12. 24, 2009므2413).

㉡ 윤리적·정신적 파탄원인: 불치의 정신병(가벼운 정신분열이나 우울증에 대해서는 부정), 혼인중 발생한 중증의 우울증(대판 1997. 3. 28, 96므608·615), 성격불일치(대판 1986. 3. 25, 85므72), 장기간의 별거(대판 1991. 1. 11, 90므552), 혼전부정으로 인한 갈등, 신앙의 차이나 광신(대판 1996. 11. 15, 96므851), 알콜·마약·도박중독 등.

판례 부부 중 일방이 불치의 정신병에 이환된 경우 민법 제840조 제6호 소정의 재판상 이혼사유에 해당하나, 부부의 일방이 정신병적 증세를 보여 혼인관계를 유지하는 데 어려움이 있다고 하더라도 그 증상이 가벼운 정도에 그치는 경우라든가 회복이 가능한 경우인 때에는 혼인관계를 계속하기 어렵다고 주장하여 곧 이혼청구를 할 수는 없다(대판 2004. 9. 13, 2004므740).

㉢ 경제적 파탄원인: 부의 방탕, 처의 난맥행위, 낭비, 불성실, 지나친 사치 등.

㉣ 기 타: 선의의 중혼(통설), 배우자의 범죄행위 등.

판례 피청구인이 유부녀강간, 현금강취라는 파렴치범죄로 인한 징역 4년이라는 장기복역형을 선고받아 본건 이혼심판청구서가 제1심법원에 접수된 이후까지 복역하고 있었다면 적어도 이 사유는 민법 제840조 제6호 소정의 혼인을 계속하기 어려운 중대한 사유가 있을 때에 해당한다(대판 1974. 10. 22, 74므1).

(ㄴ) 부정사례: 사소한 감정대립이나 불화, 이혼합의를 하고 재산을 주었다는 사실 자체(대판 1996. 4. 26, 96므226), 임신불능·남편의 생식불능(대판 1991. 2. 26, 89므365·367), 약혼중의 부정행위나 혼전임신(대판 1991. 9. 13, 91므85·92) 등.

판례 혼인생활 중 부부가 일시 이혼에 합의하고 위자료 명목의 금전을 지급하거나 재산분배를 하였다고 하더라도 그것으로 인하여 부부관계가 돌이킬 수 없을 정도로 파탄되어 부부 쌍방이 이혼의 의사로 사실상 부부관계의 실체를 해소한 채 생활하여 왔다는 등의 특별한 사정이 없다면 그러한 이혼합의사실의 존재만으로는 이를 제840조 6호의 재판상 이혼사유인 혼인을 계속할 수 없는 중대한 사유에 해당한다고 할 수 없다(대판 1996. 4. 26, 96므226).

(라) 제척기간

제842조(기타 원인으로 인한 이혼청구권의 소멸) 제840조 제6호의 사유는 다른 일방이 이를 안 날로부터 6월, 그 사유 있은 날로부터 2년을 경과하면 이혼을 청구하지 못한다.

제6호의 사유가 있을 때라도 다른 일방이 이를 안 날로부터 6월, 그 사유가 있은 날로부터 2년을 경과하면 이혼청구를 하지 못한다(제842조). 다만, 제6호의 사유가 현재(이혼심판청구 당시)까지 계속되고 있는 경우에는 이혼청구권이 소멸하지 않는다. 그리고 이 규정이 다른 이혼사유에 준용되는 것은 아니다.

판례 민법 제840조 제6호 소정의 '기타 혼인을 계속하기 어려운 중대한 사유'가 이혼청구 당시까지도 계속 존재하는 것으로 보아야 할 경우에는 이혼청구권의 제척기간에 관한 민법 제842조는 적용되지 아니한다(대판 2001. 2. 23, 2000므1561).

판례 민법 제842조의 제척기간에 관한 규정은 같은 법 제840조 제6호의 사유에 기한 이혼청구에만 적용될 뿐 같은 법 제840조 제3호의 사유에 기한 이혼청구에 유추적용될 수 없다(대판 1993. 6. 11, 92므1054·1061).

(3) 유책배우자의 이혼청구권

1) 문제의 소재

파탄주의 하에서는 당사자의 유책·무책에 관계없이 혼인생활이 회복할 수 없을 정도로 파탄되었다는 객관적 사실만 인정되면 부부 중 어느 일방이라도 이혼청구를 할 수 있음에 비하여, 유책주의 하에서는 책임 있는 배우자에 의한 이혼청구는 허용되지 않는 것이 원칙이다. 그렇다면 혼인관계의 객관적 파탄은 존재하지만, 파탄의 책임이 전적으로 또는 주로 일방 배우자에게만 있는 경우 그 배우자(즉, 원고)의 이혼청구를 인정할 수 있을 것인가? 제840조 제6호와 관련하여 견해가 대립한다.

2) 학 설

① **부정설(유책주의)**

유책성이 있는 배우자의 이혼청구는 일괄적으로 배척하는 견해이다. 이 견해에 의하면, 혼인의 파탄을 자초하면서 그 해소를 요구하는 것은 신의칙과 권리남용금지의 원칙, 나아가 도의성에 반하고, 유책배우자의 이혼청구를 인정하면 축출이혼을 시인하는 결과가 되며, 피해자가 혼인을 계속해서 공동재산을 이용하고 부양을 받는 것이 오히려 유리할 경우도 있을 수 있으므로 유책배우자의 이혼청구는 인정할 수 없다고 한다.

② **긍정설(파탄주의)**

유책성의 귀속여부를 묻지 않고 객관적 파탄상태가 있으면 쌍방의 이혼청구를 인정하는 견해이다. 이 견해에 의하면, 자유의사에 기한 혼인관계를 외부적 강제에 의해 유지하는 것은 오히려 반도의적이고, 형해화된 혼인을 유지시키면 사실혼을 증가시켜 여성을 더욱 불행하게 할 여지가 있기 때문에 유책배우자의 이혼청구를 긍정하고 상대방 배우자에 대한 손해배상이나 부양에 만전을 기하면 된다고 한다.[11]

---

11) 김용한, 친족상속법, 150면.

③ 제한적 긍정설

원칙적으로는 유책배우자의 이혼청구를 부정하면서, 특수한 사정이 있는 경우에 한하여 예외적으로 이혼을 허용할 수 있다고 하는 견해이다.[12)]

3) 판　례

유책배우자의 이혼청구를 배척하는 것이 기본입장이다. 그러나 다음과 같은 경우에는 제한적으로 유책배우자의 이혼청구를 인정하고 있다(제한적 긍정설).

> 판례 민법 제840조 제6호 소정의 이혼사유에 관하여 오로지 또는 주로 책임이 있는 일방당사자가 하는 이혼청구는 원칙상 허용되지 않는다(대판 1989. 6. 27, 88므740).

① 상대방 배우자의 이혼의사가 反訴로 표시된 경우

유책배우자의 이혼청구의 소에 대하여 상대방도 이혼청구의 반소를 제기하여 이혼의사가 있는 때에는 유책배우자의 이혼청구를 인용할 수 있다고 본다.

> 판례 혼인의 파경에 관하여 유책배우자는 그 파경을 원인으로 이혼을 청구할 수 없는 바, 이는 혼인의 파경을 자초한 자에게 재판상 이혼청구권을 인정하는 것은 혼인제도가 요구하고 있는 도덕성에 근본적으로 배치되고 배우자 일방의 의사에 의한 이혼 내지는 축출이혼을 시인하는 부당한 결과가 되므로 혼인의 파경에도 불구하고 이혼을 희망하지 않고 있는 상대배우자의 의사에 반하여 이혼을 할 수 없도록 하려는 것일 뿐, 상대배우자에게도 그 혼인을 계속할 의사가 없음이 객관적으로 명백한 경우에까지 파경된 혼인의 계속을 강제하려는 취지는 아니다"라고 한다. 또한 "유책자의 이혼제기에 대하여 상대배우자도 이혼의 反訴를 제기하거나, 오기나 보복적 감정에서 표면적으로는 이혼에 불응하고 있기는 하나 실제에 있어서는 혼인의 계속과는 도저히 양립할 수 없는 행위를 하는 등 그 이혼의 의사가 객관적으로 명백한 경우에는 비록 혼인의 파경에 관하여 전적인 책임이 있는 배우자의 이혼청구라 할지라도 이를 인용함이 상당하다(대판 1987. 4. 14, 86므28).

② 상대방(피고)에게도 혼인을 계속할 의사가 없음이 객관적으로 명백한데

---

12) 유책배우자의 이혼청구도 현재와 같이 예외적인 경우에만 인정할 것이 아니라 일정한 기간의 별거기간이 지나면 유·무책에 관계없이 이혼을 허용하는 것이 타당하다고 하는 견해도 있다(한봉희, 가족법, 161면).

도 오기나 보복적 감정에서 이혼에 응하지 않고 있을 뿐이라는 등 특별한 사정이 있는 경우

판례 혼인생활의 파탄에 대하여 주된 책임이 있는 배우자는 원칙적으로 그 파탄을 사유로 하여 이혼을 청구할 수 없고, 다만 상대방도 그 파탄 이후 혼인을 계속할 의사가 없음이 객관적으로 명백함에도 오기나 보복적 감정에서 이혼에 응하지 아니하고 있을 뿐이라는 등의 특별한 사정이 있는 경우에만 예외적으로 유책배우자의 이혼청구권이 인정된다(대판 2006. 1. 13, 2004므1378).

③ 쌍방유책인 경우

판례 청구인과 피청구인이 각각 타인과 사실혼관계를 맺고 그 사이에 자녀를 출산하고 있다면 양인이 다시 부부로 돌아가는 것은 불가능하고, 또 부부관계의 파탄은 청구인과 피청구인 모두에게 책임이 있는 것이어서 이는 제840조 6호의 기타 혼인을 계속하기 어려운 중대한 사유 있는 때에 해당한다(대판 1986. 3. 25, 85므85).

④ 원고에게 가벼운 책임이 있고, 피고에게 무거운 책임이 있는 경우

판례 부부의 혼인관계가 돌이킬 수 없을 정도로 파탄되었다고 인정된다면 그 파탄의 원인에 대한 원고의 책임이 피고의 책임보다 더 무겁다고 인정되지 않는 한 이혼청구는 인용되어야 한다(대판 2007. 12. 14, 2007므1690).

⑤ 청구인의 유책행위와 혼인파탄과의 인과관계가 없는 경우

혼인이 완전히 파탄된 후에 부정행위 등의 사유가 있는 경우에는 그 이혼청구를 인용한다.

판례 혼인파탄에 있어 유책성은 혼인파탄의 원인이 된 사실에 기초하여 평가할 일이며 혼인관계가 완전히 파탄된 뒤에 있은 일을 가지고 따질 것은 아니다(대판 2004. 2. 27, 2003므1890). 따라서 혼인이 이미 다른 원인에 의하여 파탄되고 있는 경우에는 배우자 일방에게 부정행위 등과 같은 유책적인 행위가 있더라도 그것으로써 유책배우자라고 할 수 없다고 한다(대판 1979. 2. 24, 69므13).

판례 혼인파탄의 원인이 직접적으로는 甲남의 다른 여자와의 동거에 있다 하더라도 다른 여자와의 동거가 배우자와 사이에 이혼합의가 있은 후의 일이라면 이를 가리켜 혼인파탄의 주된 책임이 甲남에게 있다고 할 수 없다(대판 1987. 12. 22, 86므90).

참조판례 간통죄의 고소를 제기하기 위하여는 먼저 혼인이 해소되거나 이혼소송을 제기하여야 한다는 규정이 있지만, 배우자의 간통에 대처하여 상간자를 처벌하고 배우자의 회심을 유도하기 위하여 일응 고소를 하는 경우도 흔히 있으므로, 간통죄의 고소사실만을 가지고 이혼의사가 객관적으로 명백하다고 보기 어렵다(대판 1997. 5. 16, 97므155). 이 사례는 간통으로 처벌을 받은 유책배우자가 상대방의 이혼청구소송의 취하로 이혼이 되지 않자 자신이 이혼청구를 한 사례에서 상대방에 이혼의사가 없음을 이유로 이혼청구를 부정한 것이다.

참조판례 간통죄의 고소를 제기하기 위하여는 먼저 혼인이 해소되거나 이혼소송을 제기하여야 한다는 규정이 있다하여 그 고소사건의 제1심 판결 선고 전까지 간통죄의 고소가 취소되지 않아 유죄판결이 선고된 경우 고소한 배우자의 의사에 관계없이 간통하여 혼인생활을 파탄에 빠지게 한 유책배우자의 이혼청구가 곧 인용되어야 한다는 해석을 할 수는 없다(대판 1993. 11. 26, 91므177, 184).

(4) 재판상 이혼의 절차

1) 조　정

① 가사소송법상 재판상 이혼에는 조정전치주의가 적용되므로, 이혼을 하고자 하는 자는 우선 가정법원에 조정을 신청하여야 한다(가소 제2조 제1항 나류사건 4호, 제50조 제1항). 만일 조정신청을 하지 않고 이혼의 소를 제기한 때에는 가정법원은 그 사건을 조정에 회부하여야 한다. 다만, 배우자의 생사불명을 이혼원인으로 하는 경우나 그 사건이 조정에 회부되더라도 조정이 성립될 가망이 없다고 인정될 경우는 조정에 회부하지 않을 수 있다(동법 제50조 제2항).

② 조정에서 당사자 사이에 이혼의 합의가 성립하여 이 사실이 조서에 기재되면 조정이혼이 성립하고, 이 기재는 재판상의 화해와 동일한 효력을 가지며(동법 제59조 제2항), 혼인은 종료된다. 조정을 신청한 자는 조정성립의 날로부터 1월 이내에 이혼신고를 하여야 한다(가족관계등록법 제78조, 제58조). 이 신고는 보고적 신고이다.

【참 고】
혼인의 취소, 이혼의 취소는 반드시 소로써만 가능하고 당사자가 합의로 취소할 수 없다(즉, 공익적 요청에 의하여 당사자의 처분권주의가 제한되는 소송물임). 그러나 재판상 이혼은 이혼할 것인지 말 것인지 당사자의 처분에 맡겨도 공익에 지장이 없으므로 이혼을 하기로 하는 조정이나 재판상 화해가 가능하다.

③ 조정절차에서 부부간의 의견대립으로 조정이 성립되지 않을 경우, 조정위원회는 '조정에 갈음하는 결정'(속칭 강제조정)을 할 수 있다(가소 제49조, 제59조). 이 강제조정결정도 송달 후 2주일 이내에 이의신청이 없으면 재판상 화해와 동일한 효력을 가진다(가소 제59조 제2항).

2) 재판에 의한 이혼

① 이혼사건에 대한 조정을 하지 않기로 하는 결정이 있거나 조정이 성립되지 않은 것으로 종결된 경우 또는 조정에 갈음하는 결정이 이의신청에 의하여 효력을 상실한 경우에는 조정신청을 한 때에 소가 제기된 것으로 본다(가소 제49조). 이는 기간준수와 시효중단을 위한 조치이다.

이혼청구를 인용하는 확정판결은 제3자에 대하여도 효력을 가진다(가사소송법 제21조 제1항). 이혼의 인용판결이 확정되면 소를 제기한 자는 재판의 확정일로부터 1월 이내에 재판서의 등본 및 확정증명서를 첨부하여 그 취지를 신고하여야 한다(가족관계등록법 제78조, 제58조). 이혼판결의 확정으로 혼인이 해소되며, 협의이혼과 같이 신고하여야 이혼이 성립하는 것이 아니다. 따라서 이 신고는 보고적 신고이다(소의 성질: 형성의 소).

② 제한능력자의 이혼소송

㈎ 혼인한 미성년자는 성년의제에 의하여 행위능력자로 되기 때문에 이혼소송을 제기하는데 문제가 없다. 또한 피한정후견인도 원칙적으로 완전한 행위능력을 가지므로 이혼소송을 제기할 수 있다.

㈏ 피성년후견인은 법정대리인(즉, 성년후견인)의 대리에 의하여 소송행위를 하여야 한다(민사소송법 제55조). 따라서 법정대리인이 대리하지 않는 한 소송을 할 수 없는 경우에는 법정대리인의 대리를 인정하여야 할 것이다.

판 례 의식불명의 식물상태와 같은 의사무능력 상태에 빠져 금치산선고(성년후견개시심판)를 받은 자의 배우자에게 부정행위나 악의의 유기 등과 같이 민법 제840조 각 호가 정한 이혼사유가 존재하고 나아가 금치산자(피성년후견인)의 이혼의사를 객관적으로 추정할 수 있는 경우에는 민법 제947조, 제949조에 의하여 금치산자(피성년후견인)의 요양·감호와 그의 재산관리를 기본적 임무로 하는 후견인(민법 제940조에 의하여 배우자에서 변경된 후견인이다)으로서는 의사무능력 상태에 있는 금치산자(피성년후견인)를 대리하여 그 배우자를 상대로 재판상 이혼을 청구할 수 있다(대판 2010. 4. 29, 2009므639 참조).

③ 이혼소송 계속 중 당사자 일방이 사망한 경우

㈎ 이혼소송 계속 중에 당사자 일방이 사망하면 상속인·검사의 소송수계는 불가능하게 되고 소송은 종료한다(대판 1999. 3. 12, 98므1858). 이혼청구권은 일신전속권이기 때문이다. 그러나 이혼심판에 대한 재심소송 계속 중에 당사자가 사망하면 검사가 수계한다(재심은 부당한 절차에 기한 판결에 따른 불이익을 구제하는 수단이라는 점, 수계를 부인한다면 위법한 법률관계가 방치된다는 점 등 때문).

【참　고】
이혼판결 확정 후 이혼신고 전에 당사자 중 일방이 사망하더라도 생존자와 망인은 서로 남남이므로 상속문제는 생기지 않음.

㈏ 이혼소송과 병합된 소송의 문제: 이혼위자료청구권은 행사상 일신전속권이고 귀속상 일신전속권은 아니라 할 것인바, 그 청구권자가 위자료의 지급을 구하는 소송을 제기함으로써 청구권을 행사할 의사가 외부적·객관적으로 명백하게 된 이상 양도나 상속 등 승계가 가능하다(대판 1993. 5. 27, 92므143). 그러나 이혼의 성립을 전제로 하여 이혼소송에 부대한 재산분할청구는 이를 유지할 이익이 상실되어 이혼소송의 종료와 동시에 종료된다(대판 1994. 10. 28, 94므246·253).

제4절 離婚의 效果

1. 일반적 효과

(1) 친족(부부)관계의 소멸

이혼으로 인하여 혼인은 해소되며, 혼인의 존속을 전제로 한 모든 권리·의무가 소멸한다. 즉, 이혼으로 부부 사이의 배우자관계는 종료되므로, 혼인의 존속을 전제로 한 부부 사이의 정조의무, 동거 · 부양 · 협조의무, 부부재산관계 등 부부 사이의 모든 권리의무는 소멸하며, 가족관계등록부에 혼인기록이 변동된다.

(2) 인척관계의 소멸

혼인에 의하여 배우자의 혈족과의 사이에 생긴 인척관계는 이혼으로 인하여 소멸한다(제775조 제1항).

(3) 재혼의 가능

이혼한 부부는 재혼을 할 수 있게 된다. 다만, 6촌 이내의 혈족의 배우자, 배우자의 6촌 이내 혈족, 배우자의 4촌 이내의 혈족의 배우자인 인척이거나 이러한 인척이었던 자와의 혼인은 금지된다(제809조 제2항).

2. 子에 대한 효과

(1) 친권자의 지정

> 제909조(친권자) ① 부모는 미성년자인 자의 친권자가 된다. 양자의 경우에는 양부모(養父母)가 친권자가 된다.
> ② 친권은 부모가 혼인중인 때에는 부모가 공동으로 이를 행사한다. 그러나 부모의 의견이 일치하지 아니하는 경우에는 당사자의 청구에 의하여 가정법원이 이를 정한다.
> ③ 부모의 일방이 친권을 행사할 수 없을 때에는 다른 일방이 이를 행사한다.
> ④ 혼인외의 자가 인지된 경우와 부모가 이혼하는 경우에는 부모의 협의로 친권자를 정하여야 하고, 협의할 수 없거나 협의가 이루어지지 아니하는 경우에

는 가정법원은 직권으로 또는 당사자의 청구에 따라 친권자를 지정하여야 한다. 다만, 부모의 협의가 자(子)의 복리에 반하는 경우에는 가정법원은 보정을 명하거나 직권으로 친권자를 정한다.
⑤ 가정법원은 혼인의 취소, 재판상 이혼 또는 인지청구의 소의 경우에는 직권으로 친권자를 정한다.
⑥ 가정법원은 자의 복리를 위하여 필요하다고 인정되는 경우에는 자의 4촌 이내의 친족의 청구에 의하여 정하여진 친권자를 다른 일방으로 변경할 수 있다.

제909조의 2(친권자의 지정 등) ① 제909조 제4항부터 제6항까지의 규정에 따라 단독 친권자로 정하여진 부모의 일방이 사망한 경우 생존하는 부 또는 모, 미성년자, 미성년자의 친족은 그 사실을 안 날부터 1개월, 사망한 날부터 6개월 내에 가정법원에 생존하는 부 또는 모를 친권자로 지정할 것을 청구할 수 있다.
③ 제1항 또는 제2항의 기간 내에 친권자 지정의 청구가 없을 때에는 가정법원은 직권으로 또는 미성년자, 미성년자의 친족, 이해관계인, 검사, 지방자치단체의 장의 청구에 의하여 미성년후견인을 선임할 수 있다. 이 경우 생존하는 부 또는 모, 친생부모 일방 또는 쌍방의 소재를 모르거나 그가 정당한 사유 없이 소환에 응하지 아니하는 경우를 제외하고 그에게 의견을 진술할 기회를 주어야 한다.
④ 가정법원은 제1항 또는 제2항에 따른 친권자 지정 청구나 제3항에 따른 후견인 선임 청구가 생존하는 부 또는 모, 친생부모 일방 또는 쌍방의 양육의사 및 양육능력, 청구 동기, 미성년자의 의사, 그 밖의 사정을 고려하여 미성년자의 복리를 위하여 적절하지 아니하다고 인정하면 청구를 기각할 수 있다. 이 경우 가정법원은 직권으로 미성년후견인을 선임하거나 생존하는 부 또는 모, 친생부모 일방 또는 쌍방을 친권자로 지정하여야 한다.
⑤ 가정법원은 다음 각 호의 어느 하나에 해당하는 경우에 직권으로 또는 미성년자, 미성년자의 친족, 이해관계인, 검사, 지방자치단체의 장의 청구에 의하여 제1항부터 제4항까지의 규정에 따라 친권자가 지정되거나 미성년후견인이 선임될 때까지 그 임무를 대행할 사람을 선임할 수 있다. 이 경우 그 임무를 대행할 사람에 대하여는 제25조 및 제954조를 준용한다.
1. 단독 친권자가 사망한 경우
2. 입양이 취소되거나 파양된 경우
3. 양부모가 모두 사망한 경우
⑥ 가정법원은 제3항 또는 제4항에 따라 미성년후견인이 선임된 경우라도 미성년후견인 선임 후 양육상황이나 양육능력의 변동, 미성년자의 의사, 그 밖의 사정을 고려하여 미성년자의 복리를 위하여 필요하면 생존하는 부 또는 모,

> 친생부모 일방 또는 쌍방, 미성년자의 청구에 의하여 후견을 종료하고 생존하는 부 또는 모, 친생부모 일방 또는 쌍방을 친권자로 지정할 수 있다.

1) 방　법

친권은 부모공동행사가 원칙이다. 그러나 부모가 이혼한 경우는 부부의 별거가 보통이고 상호 감정대립이 따르므로 친권의 공동행사는 자의 원만한 성장과 복지에 부적절하다.

① 협의이혼의 경우

부모의 협의로 친권자를 정하여야 하고, 협의할 수 없거나 협의가 이루어지지 아니하는 경우에는 가정법원은 직권으로 또는 당사자의 청구에 따라 친권자를 지정하여야 한다(제909조 제4항 본문). 다만, 부모의 협의가 자의 복리에 반하는 경우에는 가정법원은 보정을 명하거나 직권으로 친권자를 정한다(제909조 제4항 단서).

협의이혼의 경우, 이혼신고서에 친권자를 기재하도록 하고, 부모 중 일방이 신고하는 경우에는 그 사실을 증명하는 서면을 첨부하여야 한다(가족관계등록법 제79조 제1항).

② 재판상 이혼의 경우

재판상 이혼의 경우에는 가정법원이 직권으로 친권자를 정한다(제909조 제5항).

2) 친권자의 지정과 변경

① 친권자의 지정

친권자는 부모만이 될 수 있으므로 제3자를 친권자로 정할 수는 없다. 친권자의 지정시에는 자의 복리를 최우선의 기준으로 고려한다.

> 판례 자의 양육을 포함한 친권은 부모의 권리이자 의무로서 미성년인 자의 복지에 직접적인 영향을 미치는 것이므로 부모가 이혼하는 경우에 부모 중 누구를 미성년인 자의 친권을 행사할 자 및 양유자로 지정할 것인가를 정할 때에는 미성년인 자의 성별과 연령, 그에 대한 부모의 애정과 양육의사의 유무는 물론, 양육에 필요한 경제적 능력의 유무,

부 또는 모와 미성년인 자 사이의 친밀도, 미성년인 자의 의사 등의 모든 요소를 종합적으로 고려하여 미성년인 자의 성장과 복지에 가장 도움이 되고 적합한 방향으로 판단하여야 한다(대판 2008. 5. 8, 2008므380).

【참 고】 친권자(양육자) 지정 변경사건(가사비송 마류)
심판에는 기판력이 없으므로 이후 상황변동에 따라 변경될 수 있다.

② 친권자의 변경

친권자가 정해진 후라도 자의 복리를 위하여 친권자를 변경할 필요가 있는 경우에는 가정법원은 자의 4촌 이내의 친족의 청구에 의하여 정하여진 친권자를 다른 일방으로 변경할 수 있다(제909조 제6항). 즉, 당사자의 협의에 의한 친권자 변경은 인정되지 않고 가정법원에 청구하여 그 심판을 받아 변경할 수 있다.

③ 자의 의견청취

친권자 지정과 변경에 관한 심판청구가 있는 경우, 자가 13세 이상인 때에는 가정법원은 심판에 앞서 그 자의 의견을 들어야 한다. 다만, 자의 의견을 들을 수 없거나 자의 의견을 듣는 것이 오히려 자의 복지를 해할만한 특별한 사정이 있다고 인정되는 때에는 그러하지 아니하다(가사소송규칙 제100조).

④ 이혼 후 단독 친권자로 정하여진 부모의 일방이 사망한 경우

생존하는 부 또는 모, 미성년자, 미성년자의 친족은 그 사실을 안 날부터 1개월, 사망한 날부터 6개월 내에 가정법원에 생존하는 부 또는 모를 친권자로 지정할 것을 청구할 수 있다(제909조의 2 제1항).

3) 친권의 내용

㉠ 자녀의 재산에 관한 권리의무(자의 재산관리, 대리권 및 동의권의 행사), ㉡ 자녀의 신분에 관한 권리의무(가족행위에 대한 대리권과 동의권), ㉢ 자의 양육에 관한 권리의무(징계권, 거소지정권 등) 등을 모두 포함한다.

4) 효 과

친권자로 정해진 부나 모는 자녀의 법정대리인이 된다. 친권자로 지정되지 못한 부나 모는 법정대리인이 되지는 못하지만, 그 부나 모도 자와의 관계에서 상속이나 부양의 권리의무에는 영향이 없다.

【참 고】
혼인관계의 유지 중에도 부부가 별거 등을 이유로 친권자 · 양육자의 지정청구를 할 수 있는데, 이는 여기에서 말하는 자의 양육에 관한 처분이 아니고, 부부의 협조에 관한 사건(제826조, 가소 제2조 마류 사건 1호)에 해당된다.

(2) 양육에 관한 사항의 결정

제837조(이혼과 자의 양육책임) ① 당사자는 그 자의 양육에 관한 사항을 협의에 의하여 정한다.
② 제1항의 협의는 다음의 사항을 포함하여야 한다.
1. 양육자의 결정
2. 양육비용의 부담
3. 면접교섭권의 행사 여부 및 그 방법
③ 제1항에 따른 협의가 자(子)의 복리에 반하는 경우에는 가정법원은 보정을 명하거나 직권으로 그 자(子)의 의사(意思) · 연령과 부모의 재산상황, 그 밖의 사정을 참작하여 양육에 필요한 사항을 정한다.
④ 양육에 관한 사항의 협의가 이루어지지 아니하거나 협의할 수 없는 때에는 가정법원은 직권으로 또는 당사자의 청구에 따라 이에 관하여 결정한다. 이 경우 가정법원은 제3항의 사정을 참작하여야 한다.
⑤ 가정법원은 자(子)의 복리를 위하여 필요하다고 인정하는 경우에는 부 · 모 · 자(子) 및 검사의 청구 또는 직권으로 자(子)의 양육에 관한 사항을 변경하거나 다른 적당한 처분을 할 수 있다.
⑥ 제3항부터 제5항까지의 규정은 양육에 관한 사항 외에는 부모의 권리의무에 변경을 가져오지 아니한다.

제843조(준용규정) 재판상 이혼에 따른 손해배상책임에 관하여는 제806조를 준용하고, 재판상 이혼에 따른 자녀의 양육책임 등에 관하여는 제837조를 준용하며, 재판상 이혼에 따른 면접교섭권에 관하여는 제837조의2를 준용하고, 재판상 이혼에 따른 재산분할청구권에 관하여는 제839조의2를 준용하며, 재판

상 이혼에 따른 재산분할청구권 보전을 위한 사해행위취소권에 관하여는 제 839조의3을 준용한다.

미성년자녀에 대한 부모의 양육의무는 친권의 한 내용이지만, 민법은 친권규정(제909조)과 아울러 양육에 관한 규정(제837조)을 별도로 규정하고 있다.

1) 양육자 및 양육사항의 결정

① 방　법

이혼하는 부모는 그 자(子)의 양육에 관한 사항을 협의에 의하여 정하여야 하며(제837조 제1항), 그 협의에는 양육자의 결정, 양육비용의 부담, 면접교섭권의 행사 여부 및 그 방법 등이 포함되어야 한다(제837조 제2항). 그리고 양육사항에 대한 부모의 협의가 자의 복리에 반하는 경우에는 가정법원은 보정을 명하거나 직권으로 그 자의 의사·연령과 부모의 재산상황 그밖의 사정을 참작하여 양육에 필요한 사항을 정한다(제837조 제3항). 한편, 양육에 관한 사항의 협의가 이루어지지 않거나 협의할 수 없는 경우에는 가정법원은 직권으로 또는 당사자의 청구에 따라 결정하는데, 이 경우 가정법원은 자의 의사·연령과 부모의 재산상황, 그밖의 사정을 참작하여야 한다(제837조 제4항).

양육자나 양육사항을 결정하는 때에는 자의 복리를 우선적으로 고려하여야 한다. 자의 복리를 우선적으로 고려하는 이러한 원칙은 가사소송법 제62조 제1항에 따른 자의 양육에 관한 사전처분에 관한 결정을 함에 있어서도 타당하므로, 이혼 및 양육자지정 청구를 하면서 그 판결확정시까지 양육에 관한 현상을 변경하는 사전처분을 하는 경우에도 자의 복리를 우선적으로 고려하고, 자의 연령, 부모의 재산상황 기타 사정을 참작하여 사건의 해결을 위하여 특히 필요하다고 인정되는 경우에 한하여야 한다(대결 2008. 11. 24, 2008스104).

② 절　차

㈎ 협의이혼: 협의이혼의 경우, 이혼의사 확인절차에서 양육에 관한 협의서나 심판정본을 제출하여야 한다(제836조의 2 제4항).

㈏ 재판상 이혼: 먼저 당사자간에 양육사항에 대한 협의를 하여야 하고, 협

의가 이루어지지 않거나 협의할 수 없는 때에는 가정법원이 직권으로 또는 당사자의 청구에 의하여 정한다(제837조 제4항). 이 때에는 먼저 조정을 거쳐야 한다(가소 제2조 제1항 마류사건 3호, 제50조). 그리고 자의 양육에 관한 사항 중 일부 항목에 대한 청구만 있는 경우에는 가정법원은 직권으로 다른 항목에 대한 심판을 할 수 있다.

판례 민법 제837조 제2항은 '자의 양육에 관한 사항'에 ① 양육자의 결정, ② 양육비용의 부담, ③ 면접교섭권의 행사 여부 및 그 방법이 포함되어야 한다고 정하고 있으므로, 가정법원은 민법 제837조 제2항이 정하는 '자의 양육에 관한 사항' 중 일부 항목에 대한 청구만 있는 경우에도 직권으로 다른 항목에 대한 심판을 할 수 있다고 할 것이다(대결 2010. 2. 25, 2009스113).

2) 양육사항의 변경

양육에 관한 사항이 결정된 후에도 가정법원은 자의 복리를 위하여 필요하다고 인정되는 경우에는 부·모·자 및 검사의 청구 또는 직권으로 자의 양육에 관한 사항을 변경하거나 다른 적당한 처분(가소 제62조 사전처분)을 할 수 있다(제837조 제5항). 조정이나 재판상 화해를 통하여 정해진 양육사항이라도 변경할 수 있다.[13)]

판례 양육비의 변경청구(가능)

양육비에 관한 협정이 이루어진 후에 협의가 되지 않은 것을 전제로 양육비의 부담에 관한 심판을 구하는 경우에 그 청구는 양육에 관한 사항 중 양육비 부담부분의 변경을 구하는 취지로 볼 것이다(대결 1998. 7. 10, 98스17·18).

판례 당사자가 조정을 통하여 그 자의 양육에 관한 사항을 정한 후 가정법원에 그 사항의 변경을 청구한 경우에 있어서도 가정법원은 심리를 거쳐서 그 조정조항에서 정한

13) 양육에 관한 사항의 변경은 그 사항이 당사자의 협의에 의하여 정해진 경우(대결 2006. 4. 17, 2005스18, 19), 가정법원의 심판에 의하여 정해진 경우 모두에 대하여 할 수 있고, 또한 어느 경우든 당초의 협의 또는 결정 후에 특별한 사정변경이 있는 때뿐만 아니라 이전에 정해진 사항이 부당하다고 인정되는 때에도 변경할 수 있다.

사항이 위 법률규정의 소정의 제반 사정에 비추어 부당하다고 인정되는 경우에는 언제든지 그 사항을 변경할 수 있고 조정의 성립 이후에 특별한 사정변경이 있는 때에 한하여 이를 변경할 수 있는 것은 아니다(대결 2006. 4. 17, 2005스18 · 19).

3) 자의 의견청취

양육에 관한 처분과 변경청구가 있는 경우, 자가 13세 이상인 때에는 가정법원은 심판에 앞서 그 자의 의견을 들어야 한다. 다만, 자의 의견을 들을 수 없거나 자의 의견을 듣는 것이 오히려 자의 복지를 해할만한 특별한 사정이 있다고 인정되는 때에는 그러하지 아니하다(가사소송규칙 제100조).

4) 양육권의 내용

① 양 육 자

양육자는 부모 중 일방이 되는 것이 보통이지만, 부모의 공동양육으로 할 수도 있다. 부모가 자녀를 직접 양육할 수 없는 경우에는 부모가 아닌 제3자(예컨대, 조부모 등)를 지정하여도 상관없고, 자녀가 여러 명일 경우 그 양육자를 각각 다르게 정할 수 있다.

② 양육권의 내용

㈎ **친권과 양육권의 분리**: 양육권은 원칙적으로 아이를 보호하고 양육할 권리의무만을 의미할 뿐이다. 그러나 양육권에는 아이를 보호·양육할 권리의무뿐만 아니라, 보호 및 양육에 필요한 거소지정·징계 또는 부당하게 子를 억류하고 있는 자에 대한 인도청구권이 포함된다. 따라서 친권자와 양육자는 동일인이 될 수도 있고, 친권자와 양육자를 각각 달리 정할 수도 있다. 양육자와 친권자가 다른 경우에 친권의 내용 중 양육에 관한 사항에 대한 친권자의 권한은 제한되며, 친권자가 이를 임의로 변경할 수 없다(대판 1985. 2. 26, 84므86). 다만, 제3자에 의하여 불법억류된 아이에 대한 인도청구권은 친권자와 양육자가 모두 갖지만, 양육권자의 권리가 우선하는 것으로 본다.

㈏ **양육권 없는 부모의 지위**: 양육에 관한 사항에 결정 또는 변경 등이 있더라도 양육에 관한 사항 이외에는 부모의 권리의무에 변경을 가져오지 않는

다(제837조 제6항). 따라서 양육자가 아닌 부모라도 상속이나 부양에 관한 권리의무를 가지며, 미성년인 자가 혼인할 때에는 동의권을 가진다(제808조). 또한 子에 대한 법정대리권이나 子의 법률행위에 대한 동의권도 친권자에게 있다.

5) 자녀의 양육비

① 양육비 청구

㈎ 부담의무자: 양육권에는 양육에 필요한 비용의 부담이 반드시 포함되는 것은 아니다. 즉, 양육비의 부담은 양육자의 의무가 아니며, 부양의무자가 양육비를 부담하므로 원칙적으로 부모가 공동부담한다. 따라서 양육자가 부모의 일방인 경우 양육자가 아닌 다른 일방에 대하여 그리고 양육자가 제3자인 경우에는 부모 쌍방에 대하여 양육비를 청구할 수 있다.

판례 실제로 양육을 담당하는 이혼한 모에게 전혀 수입이 없어 자녀들의 양육비를 분담할 형편이 못되는 것이 아닌 이상 이혼한 부와 함께 모도 양육비의 일부를 부담하도록 하였다 하여도 경험칙과 논리칙에 어긋나는 것은 아니다(대판 1992. 1. 21, 91므689).

㈏ 위법양육의 경우: 이혼시 양육자로 지정되지 않은 부모 일방이 임의로 양육한 경우 상대방에게 양육비를 청구할 수 없다. 즉, 당사자의 협정이나 가정법원의 결정에 반하여 양육한 경우(대결 2006. 4. 17, 2005스18, 19), 또는 부모 일방에 의한 양육이 그 양육자의 일방적이고 이기적인 목적이나 동기에서 비롯한 것이거나 자녀의 이익을 위하여 도움이 되지 않거나 그 양육비를 상대방에게 부담시키는 것이 오히려 형평에 어긋나게 되는 등의 특별한 사정이 있는 경우(대판 1995. 4. 25, 94므536)에는 양육하지 않는 부 또는 모에게 양육비 지급의무가 없다.

판례 청구인과 상대방이 이혼하면서 사건 본인의 친권자 및 양육자를 상대방으로 지정하는 내용의 조정이 성립된 경우, 그 조정조항상의 양육방법이 그 후 다른 협정이나 재판에 의하여 변경되지 않는 한 청구인에게 자녀를 양육할 권리가 없고, 그럼에도 불구하고 청구인이 법원으로부터 조정조항을 임시로 변경하는 가사소송법 제62조의 사전처분 등을 받지 아니한 채 임의로 자녀를 양육하였다면 이는 상대방에 대한 관계에서는 상대적으로 위법한 양육이라고 할 것이니, 이러한 청구인의 임의적 양육에 관하여 상대방이 청구인에게 양육비를 지급할 의무가 있다고 할 수는 없다(대결 2006. 4. 17, 2005스18·19)

(다) 과거의 양육비 청구: 위와 같은 위법양육 등에 해당하는 경우를 제외하고는, 양육하는 일방은 상대방에 대하여 현재 및 장래의 양육비 중 적정금액의 분담을 청구할 수 있고, 부모의 자녀양육의무는 특별한 사정이 없는 한 자녀의 출생과 동시에 발생하는 것이므로, 과거의 양육비에 대하여도 상대방이 분담함이 상당하다고 인정되는 경우에는 그 비용의 상환을 청구할 수 있다(대결 1994. 5. 13, 92스21). 한편, 자가 사망한 경우에는 사망 전까지의 양육비는 청구할 수 있지만, 사망 이후의 양육비는 청구할 수 없다.

판 례 사건본인이 원심판결 선고 후 사망하였다면, 양육자지정청구 및 사건본인이 사망한 이후의 양육비지급청구부분은 모두 사건본인의 생존을 전제로 한 일신전속적 법률관계에 기한 것으로 사건본인의 사망으로 그 청구의 대상이 소멸됨으로써 소송종료되었다고 할 것이다(대판 1995. 4. 25, 94므536).

(라) 양육비채권의 처분 및 소멸시효

㉠ 양육비채권의 포기나 양도 또는 상계의 가능 여부(가정법원의 심판에 의하여 구체적인 청구권의 내용과 범위가 확정된 후의 양육비채권 중 이미 이행기에 도달한 양육비채권의 처분 가능 여부)

양육비채권은 부양청구권의 성질을 갖는 것이므로 이를 처분하지 못하며(제979조) 따라서 이를 양도하거나 포기할 수 없고 입질하는 등 담보로 제공하지도 못한다(제331조). 그리고 부양청구권은 압류하지 못하므로(민사집행법 제246조) 양육비채권도 압류할 수 없어 이를 수동채권으로 하여 상계할 수 없다(제497조). 다만, 처분이 금지되는 것은 주로 장래 발생할 추상적인 양육비채권에 관한 것이므로, 그것이 구체적으로 확정되고 이미 이행기가 도달한 부분에 한해서는 이를 포기하거나 양도 또는 상계하는 것이 허용된다.

판례 이혼한 부부 사이에서 자에 대한 양육비의 지급을 구할 권리는 당사자의 협의 또는 가정법원의 심판에 의하여 구체적인 청구권의 내용과 범위가 확정되기 전에는 '상대방에 대하여 양육비의 분담액을 구할 권리를 가진다'라는 추상적인 청구권에 불과하고 당사자의 협의나 가정법원이 당해 양육비의 범위 등을 재량적·형성적으로 정하는 심판에 의하여 비로소 구체적인 액수만큼의 지급청구권이 발생한다고 보아야 하므로, 당사자의 협의 또는 가정법원의 심판에 의하여 구체적인 청구권의 내용과 범위가 확정되기 전에는 그 내용이 극히 불확정하여 상계할 수 없지만, 가정법원의 심판에 의하여 구체적인 청구권의 내용과 범위가 확정된 후의 양육비채권 중 이미 이행기에 도달한 후의 양육비채권은 완전한 재산권(손해배상청구권)으로서 친족법상의 신분으로부터 독립하여 처분이 가능하고, 권리자의 의사에 따라 포기, 양도 또는 상계의 자동채권으로 하는 것도 가능하다(대판 2006. 7. 4, 2006므751).

㉡ 양육비채권의 소멸시효: 양육비채권은 당사자의 협의 또는 가정법원의 심판에 의하여 구체적인 청구권의 내용과 범위가 확정되기 전에는 소멸시효가 진행하지 않는다고 보아야 할 것이다(서울가법 2008. 5. 16, 2008르543 참조). 그리고 양육비를 정기적으로 지급하기로 하는 경우 그것이 1년 이내의 정기로 지급되는 때에는 3년의 단기소멸시효가 적용될 것이나(제163조 제1호), 가정법원의 심판에 의해 양육비가 확정된 때에는 판결에 의한 채권과 마찬가지로 양육비 채권의 소멸시효기간은 10년으로 보아야 할 것이다(제165조 제1항 참조).[14]

(3) 면접교섭권

제837조의 2(면접교섭권) ① 자(子)를 직접 양육하지 아니하는 부모의 일방과 자(子)는 상호 면접교섭할 수 있는 권리를 가진다.
② 가정법원은 자의 복리를 위하여 필요한 때에는 당사자의 청구 또는 직권에 의하여 면접교섭을 제한하거나 배제할 수 있다.

제843조(준용규정) 재판상 이혼에 따른 손해배상책임에 관하여는 제806조를 준용하고, 재판상 이혼에 따른 자녀의 양육책임 등에 관하여는 제837조를 준용하며, 재판상 이혼에 따른 면접교섭권에 관하여는 제837조의 2를 준용하고, 재판상 이혼에 따른 재산분할청구권에 관하여는 제839조의 2를 준용하며, 재판상 이혼에 따른 재산분할청구권 보전을 위한 사해행위취소권에 관하여는 제839조의 3을 준용한다.

14) 권순한, 친족·상속법, 124면.

1) 의 의

면접교섭권이란 이혼으로 인하여 미성년인 자를 직접 양육하지 않는 부모의 일방이 그 자와 면회, 서신교환, 방문 등의 교류를 할 수 있는 권리를 말한다(제837조의 2 제1항). 子를 양육하지 않는 어버이도 자에 대한 접촉의 기회를 갖고자 하는 것은 자연의 이치이다. 그리고 자의 복지를 위해서도 어버이와의 접촉은 필요하다. 따라서 민법은 부모의 면접교섭권을 인정하되 친자법(親子法)의 이상은 자의 복리이므로 면접교섭에 의하여 자에게 좋지 않은 영향을 미치게 될 경우에는 어버이의 면접교섭권을 제한할 수 있도록 하고 있다.

2) 면접교섭권의 성질

① 면접교섭권은 부모의 권리임과 동시에 자의 권리가 되는 양면성을 지니고 있다. 따라서 면접교섭권은 부모나 자녀가 아닌 제3자에게 인정할 수는 없으므로, 다른 직계혈족이나 형제자매 등에게는 인정되지 않는다.

② 면접교섭권은 부모와 자녀의 고유권·자연권이자 절대권이며, 일신전속적 권리이므로 이를 양도하거나 포기할 수 없다.

3) 면접교섭의 내용 및 행사방법

① 면접교섭의 내용

면접교섭권의 구체적 내용에 대하여는 법률의 규정이 없으나, 자녀를 상면하고 대화할 수 있는 권리를 포함한다 할 것이다. 구체적으로는 서신교환, 전화통화, 선물교환, 주말의 숙박, 휴가 중의 일정기간 체류 등을 그 내용으로 할 수 있다.

② 면접교섭권의 행사방법

㈎ 협의이혼을 하는 경우, 당사자는 면접교섭권의 행사방법과 범위에 관하여 협의에 의해서 정하여야 하며, 이혼의사확인시까지 가정법원에 그 협의서를 제출하여야 한다(제836조의 2 제4항, 제837조 제2항). 다만, 그 협의한 내용이 자의 복리에 반하는 경우에는 가정법원은 보정을 명할 수 있으며, 직권으로

그 자의 의사 · 연령과 부모의 재산상황, 그 밖의 사정을 참작하여 이를 정할 수도 있다(제837조 제3항).

한편, 자녀도 면접교섭권의 주체가 되므로, 면접교섭권의 행사방법이나 제한 등의 협의에 자녀도 그 당사자로 참여할 수 있어야 할 것이다(가사소송규칙 제100조 참조).[15)]

㈏ 면접교섭의 여부 및 그 내용에 관하여 당사자 사이에 협의가 이루어지지 않거나 협의할 수 없는 때에는 가정법원이 직권으로 또는 당사자의 청구에 의하여 정하며, 이 경우 그 자의 의사 · 연령과 부모의 재산상황, 그 밖의 사정을 참작한다(제837조 제3항, 제4항).

㈐ 면접교섭권에 관한 규정은 재판상 이혼의 경우에도 준용된다(제843조).

4) 면접교섭권의 제한

가정법원은 친자법의 이념인 子의 복리를 위하여 필요한 때에는 당사자의 청구 또는 직권에 의하여 면접교섭을 제한하거나 배제할 수 있다(제837조의 2 제2항). 또한 면접교섭권의 행사는 양육권을 침해해서는 안 된다.

5) 면접교섭권의 침해에 대한 구제

친권이나 양육권을 가지는 부 또는 모가 상대방의 면접교섭을 방해하거나 부인하는 경우, 이에 대한 민법상의 직접적 구제방법은 없다. 다만, 이러한 경우에는 이행명령을 신청할 수 있고(가소 제64조 제1항), 과태료부과결정(가소 제67조)을 할 수 있다.[16)] 그리고 면접교섭권의 방해·부인이 자녀의 복리를 현저하게 침해하는 경우에는 양육권의 변경(민법 제837조 제5항)이나 친권상실의 사유가 될 수 있다.

6) 적용범위

면접교섭권은 재판상 이혼에 준용되며(제843조), 혼인의 취소 또는 인지에

---

15) 김주수, 친족 · 상속법, 222면; 박동섭, 친족상속법, 201면.

16) 이 경우 감치명령신청(가소 제68조)은 할 수 없다고 하여야 할 것이다. 의무이행자를 감치에 처할 경우 자녀 양육에 공백사태가 발생하여 오히려 자녀의 복리를 해치는 결과가 되기 때문이다(김주수, 친족 · 상속법, 232면; 박동섭, 친족상속법, 202면).

의하여 부모 중 일방이 친권자가 되는 경우에도 준용된다(가소 제2조 제1항 마류사건 3호). 또한 사실혼관계가 해소되는 경우에도 유추적용되어야 할 것이다.

3. 재산상의 효과

(1) 재산분할청구권

> 第839조의 2(재산분할청구권) ① 협의상 이혼한 자의 일방은 다른 일방에 대하여 재산분할을 청구할 수 있다.
> ② 제1항의 재산분할에 관하여 협의가 되지 아니하거나 협의할 수 없는 때에는 가정법원은 당사자의 청구에 의하여 당사자 쌍방의 협력으로 이룩한 재산의 액수 기타 사정을 참작하여 분할의 액수와 방법을 정한다.
> ③ 제1항의 재산분할청구권은 이혼한 날부터 2년을 경과한 때에는 소멸한다.

1) 서 설

① 의 의

재산분할청구권은 협의상 또는 재판상 이혼을 한 부부의 일방이 타방 배우자에 대하여 '혼인 중에 취득한 재산'의 일부를 분할하여 줄 것을 청구할 수 있는 권리이다. 이것은 신분관계를 기초로 하여 법률의 규정에 의해 발생하는 법정채권이다.

② 제도적 취지

㈎ 이혼시 재산관계에 대한 남녀평등의 실현: 헌법 제36조의 양성평등의 이념을 가족법에 구체화하여 처의 가사노동(시장대체비용 or 기회소득에 의한 산정)을 정당하게 평가함으로써 이혼시에 생활공동체의 해소로 인해 발생한 재산관계를 남녀평등의 원칙에 맞게 청산하고자 함이다.

㈏ 실질적인 이혼의 자유 보장: 이혼 후에 경제적 생활능력이 없는 이혼배우자에 대한 부양의무를 인정함으로써 이혼의 자유를 실질적으로 보장하고자 함이다(대판 2001. 5. 8, 2000다58804).

2) 법적 성질

① 청 산 설

혼인중의 부부 사이의 협력의 성과는 이혼시 그 실질에 따라 청산되어야 하는 것으로써, 재산분할청구는 혼인 중에 취득한 부부재산의 청산 내지 잠재적 지분의 반환적 성질을 갖는 것이라고 한다.[17]

② 청산 및 부양설

재산분할청구권은 부부공동재산의 청산을 중심적 요소로 하고 이혼 후의 부양적 성질이 보충적으로 포함된다고 하거나 또는 양자를 병렬적으로 보는 견해이다.[18]

③ 청산 및 부양·손해배상설

재산분할에 청산 및 부양적 성질 이외에도 이혼으로 인한 손해배상을 포함시키는 견해이다.

판 례 민법 제839조의 2에 규정된 재산분할제도는 부부가 혼인 중에 취득한 실질적인 공동재산을 청산·분배하는 것을 주된 목적으로 하는 것이므로 부부가 협의에 의하여 이혼할 때 쌍방의 협력으로 이룩한 재산이 있는 한, 처가 가사노동으로 분담하는 등으로 내조를 함으로써 부의 재산의 유지 또는 증가에 기여하였다면 쌍방의 협력으로 이룩된 재산은 재산분할의 대상이 된다(대판 1993. 5. 11, 93스6).

판 례 재산분할청구는 혼인 중 쌍방의 협력으로 형성된 공동재산의 청산이라는 성격과 상대방에 대한 부양적 성격을 겸하는 제도로 기능한다(대판 2000. 9. 29, 2000다25569).

3) 재산분할청구권의 발생

① 청구권자

이혼(협의상 · 재판상 이혼)이나 혼인취소의 일방의 배우자가 청구권자로 된

17) 배경숙 · 최금숙, 친족상속법강의, 197면.

18) 김주수, 친족 · 상속법, 235면; 이경희, 가족법, 126면.

다(제839조의 2, 제843조). 즉, 재산분할제도는 부부가 혼인 중에 취득한 실질적인 공동재산을 청산·분배하는 것을 주된 목적으로 하므로, 유책배우자도 혼인 중에 취득한 실질적 공동재산에 대하여 재산분할을 청구할 수 있다(대결 1993. 5. 11, 93스6). 다만, 유책행위는 재산분할의 참작사유로 삼을 수 있다.[19] 또한 혼인의 취소 및 사실혼 해소의 경우에도 유추적용된다.[20] 그러나 중혼적 사실혼의 경우는 재산분할청구를 할 수 없다(대결 1995. 7. 3, 94스30).[21]

판례 혼인의 취소 및 사실혼 해소의 경우에도 유추적용

부부재산의 청산의 의미를 갖는 재산분할에 관한 규정은 부부의 생활공동체라는 실질에 비추어 인정되는 것이므로 사실혼 관계에도 준용 또는 유추적용할 수 있다(대판 1995. 3. 10, 94므1379).

---

② 재산분할청구권의 발생시기

재산분할청구권은 이혼이 성립한 때에 발생한다.

판례 민법상의 재산분할청구권은 이혼을 한 당사자의 일방이 다른 일방에 대하여 재산분할을 청구할 수 있는 권리로서 이혼이 성립한 때에 그 법적 효과로서 비로소 발생하는 것이므로, 당사자가 이혼이 성립하기 전에 이혼소송과 병합하여 재산분할의 청구를 하고, 법원이 이혼과 동시에 재산분할을 명하는 판결을 하는 경우에도 이혼판결은 확정되지 아니한 상태이므로, 그 시점에서 가집행을 허용할 수는 없다(대판 1998. 11. 13, 98므1193).

---

19) 가사의 불충실성은 재산분할의 액수와 방법을 정함에 있어서 고려요소는 될 수 있을지언정, 분할청구를 배제할 수 있는 사유는 되지 않는다(대판 1995. 10. 12, 95므175).

20) 한편, 사실혼관계에 있었던 당사자들이 생전에 사실혼관계를 해소한 경우 재산분할청구권이 인정되므로, 사실혼관계가 일방 당사자의 사망으로 인하여 종료된 경우에는 그 상대방에게 재산분할청구권이 인정될 수 없다(대판 2006. 3. 24, 2005두15595).

21) 즉, 법률상 배우자 있는 자는 그 법률혼관계가 사실상 이혼상태라는 등의 특별한 사정이 없는 한, 사실혼관계에 있는 상대방에게 그와의 사실혼 해소를 이유로 재산분할을 청구함은 허용되지 않는다고 한다. 또한 법률상의 혼인을 한 부부의 어느 일방이 집을 나가 장기간 돌아오지 않고 있는 상태에서 다른 일방이 제3자와 사실혼관계를 맺고 있더라도 같다(대판 2001. 4. 13, 2000다52943; 대판 1995. 9. 26, 94므1638).

③ **재산분할청구권의 포기**

재산분할청구권은 포기할 수 있지만, 혼인이 해소되기 전에 미리 포기하는 것은 성질상 허용되지 않는다(대판 2003. 3. 25, 2002므1787 · 1794 · 1800). 즉, 혼인관계가 파탄되고 이혼합의 후에는 이를 포기할 수 있다.

4) 재산분할의 대상

재산분할청구권의 대상이 되는 재산은 '당사자 쌍방의 협력으로 이룩한 재산'이다(제839조의 2 제2항).

① **일방의 특유재산**

부부 일방의 특유재산(상속, 증여, 유증 등으로 인한 고유재산)은 원칙적으로 재산분할의 대상이 되지 않지만(부부별산제), 다른 일방이 특유재산의 유지(감소방지) · 증식에 직 · 간접적으로 기여한 경우에는 분할의 대상이 된다.[22]

판례 제3자 명의의 재산이라도 그것이 부부 중 일방에 의하여 명의신탁된 재산 또는 부부의 일방이 실질적으로 지배하고 있는 재산으로서 부부 쌍방의 협력에 의하여 형성된 것, 부부 쌍방의 협력에 의하여 형성된 유형 · 무형의 자원에 기한 것 또는 그 유지를 위하여 상대방의 가사노동 등이 직 · 간접으로 기여한 것이라면 그와 같은 사정도 참작하여야 한다는 의미에서 재산분할의 대상이 된다(대판 2009. 11. 12, 2009므2840, 2857).

② **부부의 공동재산**

부부가 합의하여 공유로 한 재산, 부부공동명의로 취득한 재산 및 혼인 중에 공동생활을 위하여 취득한 가재도구 등이 부부의 공동재산에 해당되며, 이는 재산분할의 대상이 된다. 그리고 제839조의 2 제2항의 '쌍방의 협력'에는 부부의 맞벌이는 물론 육아 및 가사노동도 포함된다.[23]

---

22) 부의 상속재산을 기초로 하여 형성된 재산이라고 하더라도 그 취득 및 유지에 처의 가사노동이 기여하였으면 역시 분할대상재산이 된다(대판 1998. 2. 13, 97므1486). 한편, 혼인파탄 후 배우자 일방이 독자적으로 취득한 특유재산은 분할의 대상이 될 수 없지만, 재산분할재판에서 분할대상인지 여부가 전혀 심리된 바 없는 재산이 재판확정 후 추가로 발견된 경우에는 이에 대하여 추가로 재산분할을 청구할 수 있다(대판 2003. 2. 28, 2000므582).

23) 재산분할의 비율은 구체적 사건에 따라 달라질 수 있지만, 주부가 남편과 별도로 금전적

한편, 혼인 중 부부의 협력으로 취득한 주택 기타 부동산・예금・주식 등이 일방의 명의로 되어 있을 경우, 이러한 재산은 부부 일방의 특유재산(제830조 제1항)으로서의 추정을 받지만,[24] 그 재산조성에 대한 타방의 협력이 있었다는 반증으로 그 추정은 깨진다고 한다(대판 1995. 2. 3, 94다51388). 결국, 이러한 추정이 깨진 경우에는 부부 일방의 명의로 되어 있더라도 실질적으로는 부부의 공유재산에 속하므로 분할의 대상이 된다.

판 례 혼인생활 중에 부부의 일방이 제3자에게 부담한 채무는 일상가사에 관한 것이거나 공동재산의 형성에 수반하여 부담한 것인 경우에 한하여 부부 공동으로 부담한 채무로서 청산의 대상이 되는 것이고, 부부가 혼인 중에 이룬 공동재산을 부부 중의 일방이 별거 중에 임의매각한 경우 그 매각대금이 재산분할의 대상이 되어야 한다(대판 2005. 8. 19, 2003므1166,1173).

판 례 파탄 이전의 정상적인 혼인생활 중에 주 수입원으로 영위하였던 사업상의 거래관계에서 발생하여 상대방도 용인하였던 채무는 결국 부부 공동의 이익을 위한 것으로 공동재산의 형성에 수반하여 부담한 것이라고 평가되어야 할 것이고, 혼인관계가 사실상 파탄에 이른 후에 부부 일방이 공동재산을 처분하였다고 하더라도 그 매각이 적정한 시가에 따라 이루어졌고 그 대금으로 부부 공동으로 부담하여야 하는 동액 상당의 채무를 변제하였다면 그 매각대금을 재산분할의 대상이 되는 재산의 가액에 산입할 수는 없으며, 혼인생활 중에 부부의 일방이 부담하였다가 이미 변제하여 파탄 이전에 소멸한 채무에 대하여까지 단지 그 채무의 사용처가 불명하다는 이유로 이를 일방이 개인적으로 탕진한

소득을 올리는 '맞벌이형'의 경우, 판례는 대체로 재산형성의 기여도를 50%로 인정하고 있다. 그리고 부부가 공동으로 자영업을 하는 '가업협력형'의 경우에는 30~50%의 기여도를 인정하는 것이 판례의 추세이다. 가사노동에만 종사하는 '전업주부형'의 경우는 30%의 기여도를 인정한 판례가 많다.

24) 판례는 부부의 일방이 혼인 중에 자기명의로 취득한 재산은 명의자의 특유재산으로 추정되고, 다만 실질적으로 다른 일방 또는 쌍방이 그 재산의 대가를 부담하여 취득한 것이 증명된 때에는 특유재산의 추정은 번복되어 다른 일방의 소유이거나 쌍방의 공유라고 보아야 할 것이지만 재산을 취득함에 있어 상대방의 협력이 있었다거나 혼인생활에 있어 내조의 공이 있었다는 것만으로 위 추정을 번복할 사유가 된다고 할 수 없다(대판 1992. 12. 11, 92다21982)고 한다. 단, "처 명의 부동산의 주된 매입자금이 부의 수입이지만 처의 적극적인 재산증식 노력이 있었던 경우, 이를 부부 공유재산으로 볼 여지가 있다"(대판 1995. 10. 12, 95다25695)는 판례도 있으나, 내조를 한 것만으로는 특유재산 추정을 번복시키지는 못한다는 것이 판례이다. 다만 내조를 한 것을 이유로 이혼시 재산분할청구권은 인정될 수 있다.

후 공동재산으로 개인의 채무를 변제한 것으로 보아 그 액수를 재산분할 대상이 되는 재산의 가액에 산입할 수는 없다(대판 2005. 8. 19, 2003므1166,1173).

③ **개인채무**

(가) 청산의 대상이 되는 채무: 부부 일방이 혼인 중 제3자에게 부담한 개인채무는 원칙적으로 분할대상이 되지 않는다. 그러나 일반채무 가운데 일상가사와 관련된 채무, 주택융자금이나 생활비용도의 차용금 등과 같이 공동재산의 형성을 위하여 부담한 채무는 개인의 명의로 되어 있다고 하더라도 분할의 대상이 된다(대판 2006. 9. 14, 2005다74900; 대판1993. 5. 25, 92므501). 예컨대, 부동산을 구입하면서 이를 타인에게 임대하여 임차보증금으로 구입자금의 일부를 충당한 경우 보증금반환채무는 재산분할시 청산의 대상이 된다(대판 1999. 6. 11, 96므1397). 한편, 부부의 일방이 제3자에게 임대한 부동산에 대하여 재산분할의 방법으로 배우자에게 그 소유권을 이전하는 경우 그 부동산에 대한 임대차보증금반환채무는 재산분할을 받은 배우자에게 면책적으로 인수되지 않는다.

판례 혼인생활 중 쌍방의 협력으로 취득한 부동산에 관하여 부부의 일방이 부담하는 임대차보증금반환채무는 특별한 사정이 없는 한 혼인 중 재산의 형성에 수반한 채무로서 재산분할의 대상이 된다(대판 2011. 3. 10, 2010므4699,4705,4712).

판례 임대차의 목적물인 부동산의 소유권이 이전되는 경우 그 부동산이 주거용 건물로서 주택임대차보호법에 따라 임대인의 지위가 당연히 승계되는 등의 특별한 사정이 없는 한, 재산분할의 방법으로 부동산의 소유권이 이전된다고 하여 그에 수반하여 당해 부동산에 대한 임대차보증금반환채무가 새로운 소유자에게 면책적으로 인수되는 것은 아니다(대판 1997. 8. 22, 96므912).

(나) 청산대상 채무가 있는 경우 분할액의 산정 방법: 청산의 대상이 되는 채무를 일방이 부담하고 있는 경우 금전으로 분할하는 경우에는 그 채무액을 재산가액으로부터 공제한 잔액을 기준으로 지급액을 산정한다. 그리고 청산의 대상이 되는 채무를 공제하면 남는 것이 없을 경우(즉, 채무초과의 경우)에는 재산분할청구를 할 수 없다.

판례 부부 일방이 혼인 중 제3자에게 채무를 부담한 경우에 그 채무 중에서 공동재산의 형성에 수반하여 부담하게 된 채무는 청산의 대상이 되는 것이므로, 부부 일방이 위와 같이 청산의 대상이 되는 채무를 부담하고 있어 총 재산가액에서 위 채무액을 공제하면 남는 금액이 없는 경우에는 상대방의 재산분할 청구는 받아들여질 수 없다(대판 1997. 9. 26, 97므933).

④ 퇴직금·연금 등의 무형재산

이혼시에 이미 수령한 연금・퇴직금・상여금 등은 재산분할의 대상이 된다. 그러나 장차 받게 될 퇴직금에 대하여는 청산의 대상이 될 수 없고 재산분할에 있어서 '기타 사정'으로 참작하면 된다. 한편, 이혼 후 퇴직금을 수령한 경우에는 재산분할청구권의 제척기간이 경과하지 않았다면, 그 퇴직금은 재산분할청구권의 대상이 된다.

판례 부부 일방이 아직 퇴직하지 않은 채 직장에 근무하고 있을 경우, 그의 퇴직일과 수령할 퇴직금이 확정되었다는 등의 특별한 사정이 없다면, 장차 퇴직금을 받을 개연성이 있다는 사정만으로 장래의 퇴직금을 청산대상이 되는 재산에 포함시킬 수 없고, 장래 퇴직금을 받을 개연성이 있다는 사정은 제839조의 2 제2항의 재산분할의 액수와 방법을 정하는데 필요한 '기타 사정'으로 참작되면 족하다(대결 2002. 8. 28, 2002스36; 대판 1998. 6. 12, 98므213).

판례 이혼소송의 사실심 변론종결일 당시 직장에 근무하는 부부 일방이 퇴직과 퇴직금이 확정된바 없으면 장래의 퇴직금을 분할대상이 되는 재산으로 삼을 수 없음이 원칙이지만, 그 뒤에 부부 일방이 퇴직하여 퇴직금을 수령하였고 재산분할청구권의 행사기간 2년이 경과하지 않았으면, 수령한 퇴직금 중 혼인한 때로부터 위 기준일까지의 기간 중에 제공한 근로의 대가에 해당하는 퇴직금 부분은 분할의 대상이 된다(대판 2000. 5. 2, 2000스13).

⑤ 전문직자격증

변호사・의사・교수・회계사 등 자격도 청산적 재산분할의 평가대상이 될 수 있고, 평가방법은 '기타 사정'으로 참작하면 된다(대판 1998. 6. 12, 98므213). 혼인 중 이러한 자격을 취득한 경우는 그 자격으로 장차 수입을 올릴 수 있기 때문이다.

⑥ **제3자에게 명의신탁한 재산**

부부 일방이 제3자의 명의로 신탁한 재산은 부부 쌍방의 협력에 기한 것이라면 분할의 대상이 된다. 이와는 달리 제3자로부터 일방이 명의신탁받은 재산은 분할의 대상이 되지 않는다고 한다.

판례 제3자 명의의 재산이더라도 그것이 부부 중 일방에 의하여 명의신탁된 재산 또는 부부의 일방이 실질적으로 지배하고 있는 재산으로서 부부 쌍방의 협력에 의하여 형성된 것이거나 부부 쌍방의 협력에 의하여 형성된 유형, 무형의 자원에 기한 것이라면 재산분할의 대상이 된다(대판 1998. 4. 10, 96므1434).

판례 원·피고 공동명의의 부동산이 분할대상임을 전제로 피고에게는 지분의 이전등기를 원고에게는 금전의 지급을 각 명한 재산분할재판이 확정되었으나, 위 부동산이 제3자가 명의신탁한 것임이 밝혀진 경우, 피고가 원고에 대하여 금전지급의무의 이행을 강제하는 것은 신의칙상 허용될 수 없다(대판 2003. 2. 28, 2000므582).

5) 재산분할산정의 시기 및 재산평가 방법

① **재산분할산정의 시기**

㈎ 협의이혼의 경우: 협의이혼이 성립한 날(이혼신고일)을 기준으로 정하여야 하며, 협의이혼의 성립일 이후의 재산변동 사정은 참작의 대상이 아니라고 본다.

판례 협의이혼에 따른 재산분할에 있어 분할의 대상이 되는 재산과 액수는 협의이혼이 성립한 날(이혼신고일)을 기준으로 정하여야 한다. 따라서 협의이혼 성립일 이후에 부부 일방이 새로운 채무를 부담하거나, 부부 일방의 채무가 변제된 경우에도 이와 같은 재산변동 사항은 재산분할의 대상이 되는 재산과 액수를 정함에 있어 이를 참작할 것이 아니다(대판 2006. 9. 14, 2005다74900).

㈏ 재판상 이혼의 경우: 재산분할의 대상이 되는 재산과 그 액수는 원칙적으로 이혼소송의 사실심 변론종결일을 기준으로 하여 정하여진다(대결 2000. 9. 22, 99므906). 다만, 이혼소송의 사실심변론종결 당시 퇴직금이 확정되지 않았다면 장래의 퇴직금은 분할대상이 아니나, 그 후 퇴직금을 수령하고 재산분할

의 제척기간이 경과하지 않은 경우 혼인시부터 위 사실심변론종결시까지의 퇴직금부분은 분할청구의 대상이 된다고 한다.[25)]

② 재산의 평가 방법

재산분할액의 산정 기초가 되는 재산의 가액은 반드시 시가감정에 의할 필요는 없고, 객관성과 합리성이 있는 자료에 의하여 평가하여야 한다(대판 2005. 8. 19, 2003므1166 · 1173; 대판 1995. 10. 12, 95므175). 그리고 법원은 변론종결일까지 기록에 나타난 객관적인 자료에 의하여 개개의 공동재산의 가액을 정하여야 한다(대판 2010. 4. 15, 2009므4297).

6) 분할의 방법과 지급방법

① 분할방법

㈎ 분할의 기준과 방법: 재산분할의 여부, 그 액수와 방법은 원칙적으로 당사자의 협의 또는 조정에 의해 정하여지는데, 액수와 방법에 관한 법정된 기준은 없다. 그리고 협의가 성립하지 않거나 협의할 수 없을 때에는 당사자의 청구에 의해 가정법원이 당사자 쌍방의 협력에 의하여 이룩한 재산의 액수 기타 사정을 참작하여 분할의 액수와 방법을 정한다(제839조의 2 제2항).[26)]

☞ 기타사정에는 재산형성에 대한 직접적인 기여도, 가사노동의 가치, 혼인생활의 기간, 기타 혼인생활 및 재산형성과 관련된 사정, 이혼 후 당사자의 자립가능성 등이 포함된다.

판 례 부부사이에 분명한 분할협의가 성립되어 있다면, 그 이행을 청구하는 민사소송을 제기할 수 있을 뿐이다(대판 1993. 12. 28, 93므409).

---

25) 즉, 이혼소송의 사실심 변론종결일 이후에 부부 일방이 퇴직하여 퇴직금을 수령하였고 재산분할청구권의 행사기간이 경과하지 않은 경우, 퇴직금 중 혼인시부터 이혼소송의 사실심 변론종결일까지의 기간 중에 제공한 근로의 대가에 해당하는 부분은 재산분할의 대상이 된다고 한다(대결 2000. 5. 2, 2000스13).

26) 법원은 변론종결일까지 기록에 나타난 객관적인 자료에 의하여 개개의 공동재산의 가액을 정하여야 하고, 부부 각자에게 귀속하게 한 재산가액의 비율과 법원이 인정한 그들 각자의 재산분할비율이 다를 경우에는 그 차액을 금전으로 지급 · 청산하게 하여야 한다(대판 2000. 9. 22, 99므906).

판례 이혼하는 부부의 자녀들이 이미 모두 성년에 달한 경우, 부(父)가 자녀들에게 부양의무를 진다하더라도 이는 어디까지나 부(父)와 자녀들 사이의 법률관계일 뿐, 이를 부부의 이혼으로 인하여 이혼 배우자에게 지급할 위자료나 재산분할의 액수를 정하는 데 참작할 사정으로 볼 수는 없다(대판 2003. 8. 19, 2003므941).

(나) 재산분할약정의 효력: 아직 이혼하지 않은 당사자가 협의이혼을 하기로 하면서 이를 전제로 재산분할약정을 한 경우, 협의 후 당사자가 약정한 대로 협의이혼한 때에 그 효력이 발생한다(대판 2001. 5. 8, 2000다58804). 따라서 협의상 이혼이 이루어지지 않고 혼인관계가 존속하게 되거나 당사자 일방이 제기한 이혼청구의 소에 의하여 재판상 이혼이 이루어진 경우, 재산분할약정은 조건불성취로 인하여 효력이 발생하지 않는다(대판 2003. 8. 19, 2001다14061). 다만, 가정법원은 재산분할의 액수와 방법을 정함에 있어서 그 협의의 내용과 협의가 이루어진 경위 등을 민법 제839조의 2 제2항 소정의 '기타 사정'의 하나로서 참작하게 될 것이다(대판 1995. 10. 12, 95다23156).

판례 이혼하지 않은 당사자가 장차 협의상 이혼할 것을 약정하면서 이를 전제로 하여 위 재산분할에 관한 협의를 하는 경우에 있어서는 특별한 사정이 없는 한, 장차 당사자 사이에 협의상 이혼이 이루어질 것을 조건으로 하여 조건부 의사표시가 행하여지는 것이라 할 것이므로, 그 협의 후 당사자가 약정한 대로 협의상 이혼이 이루어진 경우에 한하여 그 협의의 효력이 발생하는 것이지, 어떠한 원인으로든지 협의상 이혼이 이루어지지 아니하고 혼인관계가 존속하게 되거나 당사자 일방이 제기한 이혼청구의 소에 의하여 재판상이혼(화해 또는 조정에 의한 이혼을 포함한다)이 이루어진 경우에는, 위 협의는 조건의 불성취로 인하여 효력이 발생하지 않는다(대판 2003. 8. 19, 2001다14061).

판례 협의이혼을 전제로 재산분할의 약정을 한 후 재판상 이혼이 이루어진 경우, 재판상 이혼 후 또는 재판상 이혼과 함께 재산분할을 원하는 당사자로서는 이혼성립 후 새로운 협의가 이루어지지 아니하는 한 이혼소송과 별도의 절차로 또는 이혼소송 절차에 병합하여 가정법원에 재산분할에 관한 심판을 청구하여야 하는 것이지(이에 따라 가정법원이 재산분할의 액수와 방법을 정함에 있어서는 그 협의의 내용과 협의가 이루어진 경위 등을 민법 제839조의 2 제2항 소정 '기타 사정'의 하나로서 참작하게 될 것이다), 당초의 재산분할에 관한 협의의 효력이 유지됨을 전제로 하여 민사소송으로써 그 협의 내용 자체의 이행을 구할 수는 없다(대판 1995. 10. 12, 95다23156).

판례 가정법원이 이혼 당사자의 청구에 의하여 재산분할의 재판을 하는 것은 재산분할에 관하여 당사자 사이에 협의가 되지 아니하거나 협의할 수 없는 때에 한하는 것이므로(민법 제839조의 2 제2항), 당사자 사이에 이미 재산분할에 관한 협의가 성립하였다면 당사자 일방에 의한 재산분할의 청구가 있더라도 그 청구의 이익이 없어 각하를 면하지 못한다. 부부가 협의이혼하기로 하고 이혼에 따른 자녀양육, 위자료, 재산분할 등의 조건에 관하여 합의하여 공증까지 한 후 부가 그 합의 내용의 일부를 이행하지 아니하므로 처가 이혼, 위자료 및 재산분할 등을 구하는 소송을 제기하고 위 합의의 해제를 서면으로 통지하였다면 위 재산분할 합의는 적법하게 해제되어 더 이상 존속하지 아니하므로 처는 여전히 재산분할청구권을 가진다(대판 1993. 12. 28, 93므409).

② 분할재산의 지급방법

재산분할의 방법으로는 재산의 전부 또는 일부를 현물로 양도하는 방법, 일정한 금전을 일시불 또는 정기급으로 지급하는 방법, 장래 취득할 봉급·연금 기타 수입의 일정비율에 대한 청구권을 부여하는 방법 등이 있다.

7) 재산분할청구권의 소멸

재산분할청구권은 이혼한 날로부터 2년의 제척기간에 걸린다(제839조의 2 제3항). 즉, 이혼한 날로부터 2년 내에 행사하여야 하고, 그 기간이 경과하면 소멸되어 이를 청구할 수 없다. 그리고 그 기간이 도과하였는지 여부는 당사자의 주장에 관계없이 법원이 직권으로 조사하여 고려할 사항이다(대판 1994. 9. 9, 94다17536).

8) 다른 제도와의 관계

① 위자료청구권과의 관계

상대방의 유책행위로 인한 이혼청구시에 재산분할청구와 별도로 위자료청구가 가능한가?

㈎ 학설의 대립

㉠ 한정설(통설): 재산분할과 위자료청구는 별개의 독립한 권리이다. 즉 재산분할청구권에는 손해배상·위자료의 요소가 직접적으로 가미되어 있다고 할 수 없다. 따라서 유책배우자에 대하여 별도로 재산적 손해에 대한 배상청구 및 위자료청구를 할 수 있다(청산·부양설의 입장).

㉡ 포괄설: 재산분할 중에는 청산적 · 부양적 요소와 함께 위자료가 포함된다는 견해이다(청산 · 부양 · 손해배상설의 입장).[27]

판 례 이혼에 있어서 재산분할은 부부가 혼인 중에 가지고 있었던 실질상의 공동재산을 청산하여 분배함과 동시에 이혼 후에 상대방의 생활유지에 이바지하는 데 있지만, 분할자의 유책행위에 의하여 이혼함으로 인하여 입게 되는 정신적 손해(위자료)를 배상하기 위한 급부로서의 성질까지 포함하여 분할할 수도 있으며, 이혼위자료 명목으로 유일한 재산을 증여한 경우 위 증여가 이혼에 따르는 재산분할의 성격을 포함하는 이혼급부로 볼 수 있다(대판 2001. 5. 8, 2000다58804).

(나) 양자의 관계: 재산분할은 혼인파탄에 대한 과실의 유무를 묻지 않고 혼인재산의 청산 · 부양을 주목적으로 하지만, 위자료청구권은 이혼에 의한 손해배상을 주목적으로 한다. 따라서 재산분할청구권과 위자료청구는 별개의 독립한 권리이다. 즉, 재산분할청구권에는 손해배상·위자료의 요소가 직접적으로 가미되어 있다고 할 수 없으므로 유책배우자에 대하여 별도로 재산적 손해에 대한 배상청구 및 위자료청구를 할 수 있다. 당사자는 양 청구권을 각각 청구하거나 동시에 병합 청구할 수 있으며, 위자료와 재산분할은 서로 상계 처리될 수도 있다(대판 1995. 3. 10, 94므1379,1386).

	재산분할청구권	위자료청구권
근거조문	민법 제839조의 2	제843조, 제806조
목적	혼인재산의 청산·부양	이혼에 따르는 손해배상
귀책성 요부	피청구인의 과실 불요, 유책배우자도 청구 가능	피청구인의 과실 필요, 유책배우자의 청구 불가
당사자	이혼한 부부	직계존속도 가능
시효소멸	2년의 제척기간	3년의 소멸시효
가사소송류	가사비송 마류(조정전치)	가사소송 다류(조정전치)

27) 포괄설에 가까운 판례> 이혼에 있어서 재산분할은 부부가 혼인 중에 가지고 있었던 실질상의 공동재산을 청산하여 분배함과 동시에 이혼 후에 상대방의 생활유지에 이바지하는 데 있지만, 분할자의 유책행위에 의하여 이혼함으로 인하여 입게 되는 정신적 손해(위자료)를 배상하기 위한 급부로서의 성질까지 포함하여 분할할 수도 있다(대판 2005. 1. 28, 2004다58963).

판례 배우자의 직계존속으로부터 심히 부당한 대우를 받은 것을 이유로 한 이혼판결이 없는 한 단순히 그 직계존속으로부터 심히 부당한 대우를 받았다는 것만으로는 위자료를 청구할 수 없다(대판 1969. 8. 19, 69므17).

판례 이혼위자료청구권은 원칙적으로 일신전속적 권리로서 양도나 상속 등 승계가 되지 아니하나 이는 행사상 일신전속권이고 귀속상 일신전속권은 아니므로, 그 청구권자가 위자료의 지급을 구하는 소송을 제기함으로써 청구권을 행사할 의사가 외부적 객관적으로 명백하게 된 이상 양도나 상속 등 승계가 가능하다(대판 1993. 5. 27, 92므143).

② 채권자취소권(민법 제406조)과의 관계

제839조의 3(재산분할청구권 보전을 위한 사해행위취소권) ① 부부의 일방이 다른 일방의 재산분할청구권 행사를 해함을 알면서도 재산권을 목적으로 하는 법률행위를 한 때에는 다른 일방은 제406조 제1항을 준용하여 그 취소 및 원상회복을 가정법원에 청구할 수 있다.

② 제1항의 소는 제406조 제2항의 기간 내에 제기하여야 한다.

Q〉 이혼소송이 제기될 단계에서 배우자 일방이 상대방 배우자의 재산분할청구권 행사를 해하기 위하여 자신의 재산을 처분하여 버린 경우 그 상대방 배우자를 어떻게 보호할 것인가?

㈎ **재산분할청구권을 보전하기 위한 채권자취소권**: 위와 같은 문제로 인하여 개정민법(2007. 12. 21)에서는 재산명의자가 아닌 배우자의 부부재산에 대한 잠재적 권리보호를 강화하기 위한 조치로써 부부의 일방이 상대방 배우자의 재산분할청구권 행사를 해함을 알고 사해행위를 한 때에는 상대방 배우자가 그 취소 및 원상회복을 법원에 청구할 수 있도록 재산분할청구권을 보전하기 위한 사해행위취소권을 인정하는 규정을 신설하였다(제839조의 3). 즉, 부부의 일방이 다른 일방의 재산분할청구권행사를 해함을 알면서도 재산권을 목적으로 하는 법률행위를 한 때에는, 다른 일방은 민법 제406조 제1항[28]을 준용하

28) 민법 제406조(채권자취소권) ① 채무자가 채권자를 해함을 알고 재산권을 목적으로 한 법률행위를 한 때에는 채권자는 그 취소 및 원상회복을 법원에 청구할 수 있다. 그러나 그 행위로

여 그 취소 및 원상회복을 가정법원에 청구할 수 있다(제839조의 3 제1항).[29] 그 소는 다른 일방이 취소원인을 안 날로부터 1년, 법률행위 있은 날로부터 5년 내에 제기하여야 한다(제839조의 3 제2항, 제406조 제2항).

(나) 재산분할행위와 사해행위의 성립 여부: 한편, 이혼시에 일방당사자가 채무초과상태인데도 재산분할을 하였을 경우, 재산분할이 '상당한 객관성을 확보하고 있는 경우'에는 비록 그로 인하여 채권자의 채권이 침해된다고 하더라도 채권자취소권(제406조)의 대상이 되지 않는다.[30]

판례 a. 채무자의 잔유재산과 원고의 채권액을 비교하여 재산분여행위가 상당성의 정도를 넘은 경우에는 사해행위가 될 수 있고, 그 부분에 한하여 채권자는 채권자취소청구를 할 수 있다(대판 2000. 7. 28, 2000다14101 등).

b. 사해행위로 취소되는 범위는 재산분할의 상당한 정도를 초과하는 부분에 한정되어야 하고, 상당한 정도를 벗어나는 과대한 재산분할이라고 볼 사정이 있다는 점에 관한 입증책임은 채권자에게 있다(대판 2000. 9. 29, 2000다25569).

c. 채권자의 채권보전을 위한 부동산가압류결정 하루 전에 합의이혼을 하고, 채무자의 유일한 부동산을 위자료 및 양육비 명목으로 무상양도한 경우에는 채권자에 대한 사해행위

인하여 이익을 받은 자나 전득한 자가 그 행위 또는 전득 당시에 채권자를 해함을 알지 못한 경우에는 그러하지 아니하다.

② 전항의 소는 채권자가 취소원인을 안 날로부터 1년, 법률행위 있은 날로부터 5년 내에 제기하여야 한다.

29) 이처럼 개정민법은 사해행위취소권의 행사 요건을 "부부의 일방이 다른 일방의 재산분할청구권 행사를 해함을 알면서도 재산권을 목적으로 하는 법률행위를 한 때" 만으로 규정하고 있다. 따라서 그 행사 요건에서는 어떤 경우에 부부의 일방이 상대방 배우자의 재산분할청구권 행사를 해함을 알았는가가 문제될 뿐, 재산분할의 청구라든지 이혼심판의 청구가 있을 필요는 없다. 다만, 실제로 채권자취소권을 행사함에 있어서는 재산분할청구권의 범위가 문제되는데, 이러한 점에서 보면 어떠한 형태로든 재산분할청구권의 행사가 전제로 된다. 따라서 실무상으로는 재산분할청구의 소와 채권자취소의 소를 병합 심리할 필요성이 있는데, 이를 위하여 개정민법은 채권자취소의 소를 가정법원에 제기하도록 하였다.

30) 채무초과상태에 있는 채무자가 이혼을 하면서 배우자에게 재산분할로 일정한 재산을 양도함으로써 결과적으로 일반채권자에 대한 공동담보를 감소시키게 되어도 재산분할이 제839조의 2 제2항의 취지에 따른 상당한 정도를 벗어나는 과대한 것이라고 인정할 만한 특별한 사정이 없는 한 사해행위로서 취소의 대상이 되지 않는다. 다만 상당한 정도를 벗어나는 초과부분에 대하여는 적법한 재산분할이라고 할 수 없기 때문에 이는 사해행위에 해당하여 취소대상으로 될 수 있다(대판 2005. 1. 28, 2004다58963).

가 된다(대판 1999. 4. 9, 98다58016).

⇒ 채무초과상태에 있는 채무자의 합의분여행위라고 하더라도 법정분할에 상당하는 정도의 분할에 해당되면 사해행위라고 볼 수 없을 것임.

cf. 부동산의 명의수탁자가 신탁행위에 기한 반환의무의 이행으로서 신탁부동산의 소유권이전등기를 경료하는 행위는 기존채무의 이행으로서 사해행위를 구성하지 아니한다(대판 2007. 4. 26, 2006다79704).

③ 채권자대위권(제404조)과의 관계

재산분할청구권이 사권으로서의 성질을 갖는다고 하여도 협의 또는 심판에 의하여 구체적 내용이 형성될 때까지는 그 범위와 내용이 불명확하므로, 채권자는 재산분할청구권을 보전하기 위한 채권자대위권을 행사할 수 없다(대판 1999. 4. 9, 98다58016).

따라서 재산분할의 범위와 내용이 확정되면 독립한 재산권이 되므로 대위권 행사의 객체가 될 수 있다.

④ 재산분할청구권과 상속

Q〉 재산분할청구권은 일신전속권으로서의 성질과 채권적 성질을 동시에 병유하는데, 상속의 대상이 되는가?

㈎ 이혼을 한 후 재산분할청구권자가 재산분할을 받지 않고 사망한 경우: 재산분할청구권은 민법상 당연히 발생하는 권리이므로 청구의 의사표시와 관계없이 승계되는 것으로 보면서, 다만 부양적 요소에 해당하는 부분은 상속되지 않는다고 하고 있다. 따라서 재산분할제도는 부부가 혼인 중에 취득한 실질적인 공동재산을 청산·분배하는 것을 주된 목적으로 하고, 행사상 일신전속권이므로 청구의 의사표시가 객관적으로 나타난 경우(심판청구나 소송의 제기 등)에 상속된다고 할 것이다. 즉, 이혼한 날로부터 2년 내에 재산분할청구를 하였으나 전 배우자의 일방이 사망한 경우에 재산분할청구권뿐만 아니라 재산분할을 하여야 할 의무도 당연히 상속된다. 다만, 재산분할청구권 중 부양적 요소에 해당하는 부분은 일신전속적인 것으로서 상속되지 않는다(통설).

㈏ 이혼 소송 계속 중 배우자 일방이 사망한 경우: 판례는 아직 이혼하지

않은 상태에서 이혼소송과 재산분할청구소송의 계속 중 배우자 일방이 사망(청구자가 사망)한 경우에는 상속인이 이를 수계할 수 없을 뿐만 아니라 검사도 이를 수계할 수 있는 근거규정이 없으므로, 그 이혼소송은 종료되고 이혼성립을 전제로 이혼소송에 부대한 재산분할청구소송도 종료된다고 한다(대판 1994. 10. 28, 94므246 · 253).

⑤ **재산분할과 과세의 관계**

㈎ 재산분할청구에 의하여 취득한 재산은 증여세의 대상이 되는가: 부부 일방이 부부공동재산의 형성에 대한 자신의 기여도에 따라 재산을 분할받는 재산이라는 점에서 재산의 무상취득도 아니며, 재산분할 중에 포함될 수 있는 부양적 요소에 관하여 보더라도 이는 부양의무이행의 성격을 지니는 것이므로, 재산분할로 이전되는 재산은 증여세의 부과대상이 될 수 없다(헌재결 1997. 10. 30, 96헌바14). 재산분할청구에 의하여 취득한 재산은 상속에 의한 것과 달리 공유관계의 청산에 그 본질이 있으므로, 헌법재판소의 결정은 타당하다고 할 것이다.

한편, 재산분할로 인한 재산이전은 유상양도에 해당하지 않으므로, 양도소득세의 과세대상이 아니다(대판 2003. 11. 14, 2002두6422). 그러나 이혼위자료로 재산(부동산)을 이전하면 이는 유상양도가 되어 양도소득세가 부과된다.

판례 부부가 이혼을 하게 되어 남편이 아내에 대한 위자료를 지급하기 위한 방법으로 자신의 소유인 주택의 소유권을 이전하는 것은 아내에 대한 위자료채무의 이행에 갈음한 것으로서 그 주택을 양도한 대가로 위자료를 지급할 채무가 소멸하는 경제적 이익을 얻게 되는 것이므로, 그 주택의 양도는 양도소득세의 부과대상이 되는 유상양도에 해당한다(대판 1995. 11. 24, 95누4599).

㈏ 이혼시 재산분할의 방법으로 부부 일방의 소유명의로 되어 있던 부동산을 상대방에게 이전하는 것이 자산의 유상양도에 해당하는지의 여부 및 재산분할로 인하여 이전받은 부동산을 양도하는 경우 그 양도차익을 산정함에 있어서 취득가액의 산정기준

판 례 재산분할제도는 실질적으로는 공유물분할에 해당하는 것이어서 공유물분할에 관한 법리가 준용되어야 하는데, 공유물의 분할은 법률상으로는 공유자 상호간의 지분의 교환 또는 매매라고 볼 것이나 실질적으로는 공유물에 대하여 관념적으로 그 지분에 상당하는 비율에 따라 제한적으로 행사되던 권리, 즉 지분권을 분할로 인하여 취득하는 특정 부분에 집중시켜 그 특정 부분에만 존속시키는 것으로 소유형태가 변경된 것뿐이어서 이를 자산의 유상양도라고 할 수 없으며, 이러한 법리는 이혼시 재산분할의 방법으로 부부 일방의 소유명의로 되어 있던 부동산을 상대방에게 이전한 경우에도 마찬가지라고 할 것이고, 또한 재산분할로 인하여 이전받은 부동산을 그 후에 양도하는 경우 그 양도차익을 산정함에 있어서는 취득가액은 최초의 취득시를 기준으로 정할 것이지 재산분할을 원인으로 한 소유권이전시를 기준으로 할 것은 아니다(대판 2003. 11. 14, 2002두6422).

(2) 손해배상청구권

제843조(준용규정) 재판상 이혼에 따른 손해배상책임에 관하여는 제806조를 준용하고, 재판상 이혼에 따른 자녀의 양육책임 등에 관하여는 제837조를 준용하며, 재판상 이혼에 따른 면접교섭권에 관하여는 제837조의 2를 준용하고, 재판상 이혼에 따른 재산분할청구권에 관하여는 제839조의 2를 준용하며, 재판상 이혼에 따른 재산분할청구권 보전을 위한 사해행위취소권에 관하여는 제839조의 3을 준용한다.

① 부부가 이혼하는 경우에 이혼피해자는 과실 있는 상대방에 대해 재산상의 손해 및 정신상의 고통에 대해 손해배상을 청구할 수 있다(제843조, 제806조 제1항 · 제2항). 정신적 고통에 대한 손해배상청구권은 원칙적으로 양도 또는 승계할 수 없다. 그러나 당사자 사이에 이미 배상에 관한 계약이 성립되었거나 소를 제기한 후에는 양도 또는 승계할 수 있다(제843조, 제806조 제3항).

판 례 혼인파탄에 대한 책임이 부부 쌍방에게 비슷하게 있는 경우는 위자료청구가 기각된다(대판 2003. 3. 25, 2002므1787,1794,1800).

판 례 유책배우자에 대한 위자료 수액을 산정함에 있어서는 유책행위에 이르게 된 경위와 정도, 혼인관계 파탄의 원인과 책임, 배우자의 연령과 재산상태 등 변론에 나타나는 모든 사정을 참작하여 법원이 직권으로 정한다(대판 2004. 7. 9, 2003므2251,2268).

② 민법은 재판상 이혼의 경우에만 손해배상청구권을 규정하고 있지만, 위자료청구권의 법적 성질은 불법행위로 인한 손해배상청구권이므로, 협의이혼의 경우에도 배우자의 불법행위로 재산적·정신적 손해를 입은 때에는 손해배상청구권이 발생한다고 해석한다.

③ 이혼하는 부부 일방은 혼인의 파탄에 책임이 있는 제3자에 대하여도 손해배상을 청구할 수 있다. 예컨대, 자녀의 혼인생활에 지나치게 간섭하여 혼인을 파탄상태에 이르게 한 시부모(대판 1970. 4. 28, 69므37), 배우자와 간통한 제3자(대판 2005. 5. 13, 2004다1899), 夫와 부첩관계에 있는 자(대판 1998. 4. 10, 96므1434) 등에 대하여 위자료청구권을 가진다.

【참 고】
부부가 이혼하는 경우의 손해배상청구는 이혼시를 기준으로 3년, 손해발생일로부터 10년이 지나면 시효로 소멸된다.

판 례 배우자 있는 부녀와 간통행위를 하고, 이로 인하여 그 부녀가 배우자와 별거하거나 이혼하는 등으로 혼인관계를 파탄에 이르게 한 경우, 그 부녀와 간통행위를 한 제3자(상간자)는 그 부녀의 배우자에 대하여 불법행위를 구성하고, 따라서 그로 인하여 그 부녀의 배우자가 입은 정신상의 고통을 위자할 의무가 있다. 다만 이 경우에도 간통행위를 한 제3자(상간자) 역시 害意를 가지고 부녀의 자녀에 대한 양육이나 보호 내지 교양을 적극적으로 저지하는 등의 특별한 사정이 없는 한 그 자녀에 대한 관계에서 불법행위책임을 부담한다고 할 수 없다(대판 2005. 5. 13, 2004다1899).

〈위 판례의 검토사항〉

가. 부나 처의 간통으로 인하여 처나 부의 이익이 침해된 경우, 이는 배우자의 권리(인격권)에 대한 침해로서 위법성이 있기 때문에 자신의 배우자와 간통한 제3자에 대하여 위자료의 청구가 인정된다(제750조, 제751조).

나. 간통한 부녀 및 상간자가 부녀의 자녀에 대한 관계에서 불법행위책임을 부담하는가(즉, 직접 피해를 입은 자가 아닌 자녀가 제3자(상간자)에 대하여 정신적 손해의 배상을 청구할 수 있는가).

☞ 판례는 자녀의 불이익과 상간자의 행위 사이에 상당인과관계가 없다는 이유로 이를 부정하고 있다.

판 례 이혼을 원인으로 하는 손해배상청구는 제3자에 대한 청구를 포함하여 가사소송법 제2조 제1항 (가)목 (3) 다류 2호의 가사소송사건으로서 가정법원의 전속관할에 속한다. 피고와 원고 남편 사이의 간통 등 부정행위로 인하여 원고가 남편과 협의이혼을 함으로써 원고의 혼인관계가 파탄에 이르렀음을 원인으로 위자료 및 이에 대한 지연손해금의 지급을 구하는 손해배상청구는 이혼을 원인으로 하는 제3자에 대한 손해배상청구에 해당하고, 따라서 위 손해배상청구는 가정법원의 전속관할에 속한다(대판 2008. 7. 10, 2008다17762).

☞ 즉, 배우자의 상간자에 대하여 혼인관계 파탄을 원인으로 한 손해배상청구는 이혼을 원인으로 하는 제3자에 대한 손해배상청구에 해당하여 가정법원의 전속관할에 속한다.

판 례 소위 첩계약은 본처(本妻)의 동의 유무를 불문하고 선량한 풍속에 반하는 사항을 내용으로 하는 법률행위로서 무효일 뿐만 아니라 위법한 행위이므로, 부첩관계에 있는 夫 및 첩은 특별한 사정이 없는 한 그로 인하여 본처가 입은 정신상의 고통에 대하여 배상할 의무가 있고, 이러한 손해배상책임이 성립하기 위하여 반드시 부첩관계로 인하여 혼인관계가 파탄에 이를 필요까지는 없고, 한편 본처가 장래의 부첩관계에 대하여 동의하는 것은 그 자체가 선량한 풍속에 반하는 것으로서 무효라고 할 것이나, 기왕의 부첩관계에 대하여 용서한 때에는 그것이 손해배상청구권의 포기라고 해석되는 한 그대로의 법적 효력이 인정될 수 있다(대판 1998. 4. 10, 96므1434).

제5장 父母와 子

제1절 親子關係

1. 의 의

친자관계는 부모와 자라는 신분관계를 가리키는 것으로써, 혼인관계와 더불어 가족관계의 기초가 된다고 할 수 있다. 봉건적 가부장제 사회의 친자관계는 지배와 복종의 관계로서, 家를 이어가고 또한 부모의 노후 부양을 위해 존재하던 친자관계였다고 할 수 있다. 그러나 현대의 친자관계는 자의 권리와 이익을 보호하는 자를 위한 친자관계로 전환됨과 함께 친자법의 지도원리로서 자의 복리증진을 위한 복리원칙을 채택하고 있다. 이러한 복리원칙은 세계 각국의 친자법의 지도원리가 되고 있으며, 우리 민법에서도 복리원칙은 친자법의 최고 지도원리가 되고 있다(제912조).

2. 친자관계의 종류

친자관계는 출생이라는 혈연에 기초하는 것이 보통이지만, 이외에 입양이라는 법률행위에 의해서도 성립할 수 있다. 즉, 민법상의 친자관계에는 자연의 혈연을 기초로 하는 '친생친자관계'와 법률상 친생친자관계가 의제되는 법정친자관계인 '양자'가 있다. 그리고 친생자는 다시 법률상의 부부 사이에서 출생한 '혼인중의 자'와 혼인관계가 없는 부모 사이에서 출생한 '혼인외의 자'로 나누어진다.

또한 혼인중의 출생자는 '생래적 혼인중의 출생자'와 '준정에 의한 혼인중의 자'로 구분되는데, 생래적 혼인중의 출생자는 출생한 시점이 언제냐에 따라서 '친생자추정을 받는 혼인중의 출생자'와 '친생자추정을 받지 않는 혼인중의 출생자'로 나뉜다.

한편, 혼인외의 출생자에는 부에게 인지된 자와 인지되지 않는 자가 있다. 혼인외의 출생자의 경우, 모자관계는 출산사실에 의하여 당연히 성립하지만, 부자관계는 인지가 있어야만 발생한다.

제2절 親 生 子

1. 혼인중의 출생자

(1) 혼중자의 의의

혼인 중의 출생자란 법률상 혼인관계에 있는 부모 사이에서 출생한 자를 말한다. 혼인중의 출생자에는 출생시부터 혼인중의 자의 지위를 취득하고 있는 '생래적 혼인중의 출생자'와 혼인외의 자로 출생한 후 부모의 혼인에 의해 혼인중의 출생자의 지위를 취득한 '준정에 의한 혼인중의 출생자'가 있다. 그리고 생래적 혼인중의 출생자는 자의 출생 시점에 따라 '친생자추정을 받는 혼인중 출생자'와 '친생자추정을 받지 않는 혼인중 출생자'로 나뉜다.

(2) 친생자추정을 받는 혼인중의 자

> 제844조(夫의 친생자의 추정) ① 처가 혼인중에 포태한 자는 夫의 子로 추정한다.
> ② 혼인성립의 날로부터 200일 후 또는 혼인관계 종료의 날로부터 300일 내에 출생한 子는 혼인중에 포태한 것으로 추정한다.

【참 고】 법 격 언
부는 항상 불확실하다. 혼인이 지시한 자가 부이다.

부모와 자녀 사이의 혈연은 모자관계와 부자관계로 이루어지는 바, 모자관계는 포태와 분만이라는 자연적 사실에 의해 확정되지만, 부자관계는 확정에 어려움이 있다. 따라서 민법은 법률상 부자관계의 신속한 확정과 부자관계의 존부를 둘러싼 분쟁을 효율적으로 처리하기 위하여 친생자추정규정을 두고 있다(제844조).

1) 친생자추정의 요건

① 父母가 법률상 혼인관계에 있을 것(母가 혼인성립 후에 출생한 子일 것 (준정 예외))

혼인관계의 유무는 혼인신고에 의한 등록부의 기재에 의해 확인한다. 혼인이 취소된 경우라도 그 효과가 소급하지 않으므로(제824조), 그 혼인관계 중에 포태한 子는 친생자로 추정된다.

② 혼인중에 포태한 子일 것(夫와의 성적교섭에 의해 포태한 子일 것)

처가 혼인 중에 포태한 자는 부(夫)의 자로 추정한다(제844조 제1항). 그런데 혼인중의 포태시점에 대한 정확한 입증이 곤란하므로, 민법은 혼인중 포태의 추정규정을 두고 있는데, 의학적 통계에 기초하여 혼인성립일로부터 200일 이후, 혼인관계 종료일로부터 300일 이내에 출생한 자는 혼인중에 포태한 것으로 추정하여(제844조 제2항) 모의 부(夫)의 친생자로 추정을 하고 있다. 그 결과 이 기간 중에 출생하면 그 자는 부의 친생자로 추정을 받는 혼인중의 출생자가 된다. 따라서 자가 혼인성립의 날로부터 200일 전에 출생하면 그 자는 혼인중의 출생자이기는 하지만 부의 친생자로 추정을 받지 않는 혼인중의 출생자가 된다.

여기서 혼인성립일은 혼인신고의 날(초일산입)을 의미하지만, 해석상 사실혼 성립의 날을 포함한다고 보는 것이 다수설·판례의 입장이다.[1] 다만, 이와 같이 해석하더라도 이는 자가 출생하기 전까지 혼인신고가 되어 있을 것을 전제로 한다. 사실혼 성립의 날부터 200일 후에 출산하더라도 혼인신고가 되어 있지 않다면 혼인외의 출생자로 되므로 친생자추정의 문제는 생기지 않기 때문이다. 혼인관계종료의 날은 부부 일방의 사망일, 협의이혼신고일, 이혼판결 또는 혼인취소판결 확정일, 조정이혼의 성립(조서기재)일을 의미한다.

판례 우리나라의 옛 관습에 의하면 혼인신고를 하지 아니한 채 내연관계로서 동거생활 중 妻가 포태한 경우에는 그 포태된 子의 출생일자가 그 부모의 혼인신고일 뒤에 있고 그 사이의 기간이 200일이 못 된다 하여도 이러한 子는 출생과 동시에 당연히 그 부모의 적출자로서의 신분을 취득한다(대판 1963. 6. 13, 63다228).

2) 추정의 효과

'추정'은 강력한 추정으로서 그 성질은 간주와 비슷하다. 따라서 친생자추

1) 김용한, 친족상속법, 174면; 김주수, 친족·상속법, 280면; 이경희, 가족법, 163면.

정을 받는 자에 대하여는 반증으로는 번복이 안 되고 반드시 친생부인의 소에서 승소판결을 얻어야만 그 추정은 번복된다(제846조). 그러므로 친생자추정을 받는 子에 대하여는 친자관계부존재확인의 소(제865조)나 친생추정을 받는 자가 다른 사람을 상대로 제기한 인지청구는 허용되지 않는다.

판례 민법 제844조 제1항의 친생추정은 반증을 허용하지 않는 강한 추정이므로, 처가 혼인 중에 포태한 이상 그 부부의 한쪽이 장기간에 걸쳐 해외에 나가 있거나, 사실상의 이혼으로 부부가 별거하고 있는 경우 등 동거의 결여로 처가 부(夫)의 자를 포태할 수 없는 것이 외관상 명백한 사정이 있는 경우에만 그 추정이 미치지 않을 뿐이고, 이러한 예외적인 사유가 없는 한 누구라도 그 자가 부의 친생자가 아님을 주장할 수 없는 것이어서, 이와 같은 추정을 번복하기 위하여는 부가 민법 제846조, 제847조에서 규정하는 친생부인의 소를 제기하여 그 확장판결을 받아야 하고, 이러한 친생부인의 소가 아닌 민법 제865조 소정의 친생자관계부존재확인의 소에 의하여 그 친생자관계의 부존재확인을 구하는 것은 부적법하다(대판 2000. 8. 22, 2000므292).

---

3) 친생자추정의 제한

① 문제의 소재

부부가 혼인 중에 있다고 하더라도 子의 포태기간 중에 夫가 행방불명, 생사불명, 군입대, 교도소수감, 입원, 외국체류, 사실상 이혼 등의 상태에 있어서 子의 포태가 외관상 명백히 불가능한 경우에는 친생자추정을 그대로 인정하기 어렵다. 더욱이 부에 의한 포태의 가능성 유무와 상관없이 제844조에 의하여 출생한 子의 포태기간을 오로지 등록부에 의하여 형식적·획일적으로 정하는 것은 부당하다. 왜냐하면 외관상 부자관계가 없음이 명백함에도 불구하고 친생부인의 소에 의해서만 친생자임을 부인해야 한다거나 제척기간이 경과할 경우 부자관계의 부존재를 다툴 수 없다고 하는 것은 일반인의 법감정에 반하기 때문이다. 따라서 혼인중의 출생자라 할지라도 夫의 子가 아님이 명백하다면 부의 친생자로서의 추정이 미치지 않는다고 보아야 한다. 이때 친생추정을 제한하는 기준을 어떻게 설정할 것인가에 대하여는 견해의 대립이 있다.

② 학 설

㈎ 무제한설: 부에 의한 포태의 가능성 유무에 관계없이 친생자추정을 받는

포태기간은 가족관계등록부(호적)에 기재된 내용에 따라 형식적・획일적으로 판단하고, 그 기간 내의 출생자는 모두 부의 친생자로 추정되어야 한다. 민법의 친생추정 규정은 무제한으로 적용되어야 하고, 이러한 친생자의 친생성을 부인하려면 반드시 친생부인의 소로써 하여야 한다는 견해이다(과거의 판례).

㈏ 제 한 설

㉠ 외관설: 처가 夫의 子를 포태하는 것이 불가능한 동거의 결여라는 외관상 명백한 사유(예컨대, 해외거주・교도소복역・혼인파탄으로 인한 별거 등)가 있는 경우에는 친생자추정이 되지 않는다는 견해이다(다수설). 따라서 夫가 생식불능이거나 夫와 子의 혈액형이 일치하지 않는 경우에도 친생추정이 미치는 것을 원칙으로 하나, 당사자나 관계인의 동의가 있는 경우에 한하여 친생추정이 미치지 않는다고 한다. 이 견해는 민법에 있어서의 친생자추정과 부인제도의 취지가 가정의 평화보호에 있으므로 가정의 평화나 부부의 개인적 내부사정에 개입하면서까지 친생추정의 제외범위를 확대하는 것은 곤란하다는 것을 이유로 한다.[2)]

㉡ 혈연설(실질설): 동거의 결여와 같은 외관상 명백한 사유가 없더라도 개별적・구체적인 심사의 결과 객관적으로 혈연(부자)관계가 존재하지 않는 것이 명백하게 된 경우에는 친생추정은 부인된다는 견해이다.[3)] 따라서 남편의 생식불능, 혈액형의 배치 같은 경우에도 친생자추정은 미치지 않는다고 한다. 이 견해에 의하면 부자관계의 부인을 위해 친자관계부존재확인의 소를 제기할 수 있다.

㉢ 절충설: 가정의 평화와 혈연진실주의와의 조화를 도모하여야 한다는 견지에서 원칙적으로 외관설의 입장에 따르면서, 남편의 생식불능 및 부자간의 혈액형의 배치 등으로 부자관계가 없다는 사실이 명백히 증명되고, 가정이 이미 파탄상태에 빠진 경우에는 혈연주의를 우선시켜 친생추정을 배척하는

2) 배경숙・최금숙, 친족상속법강의, 243면; 한봉희, 가족법, 190면.

3) 박동섭, 친족상속법, 251면; 조미경, "친생부인의 소에 관한 비교법적 고찰", 가족법연구 제11호(1997), 166~167면.

것이 옳다는 견해이다.[4] 법률상의 친생추정을 인정하는 것이 오히려 자녀의 복리에 어긋날 수 있는 경우도 있기 때문이라고 한다.

③ 판 례

종전의 판례는 오직 친생부인의 소로 확정판결을 받아야 친생부인이 가능하다고 하였다(대판 1968. 2. 27, 67므34). 이에 대하여 변경된 판례는 "처가 혼인중에 포태한 이상 그 부부의 한쪽이 장기간에 걸쳐 해외에 나가 있거나 사실상의 이혼으로 부부가 별거하고 있는 경우 등 동서(同棲)의 결여로 처가 부의 자를 포태할 수 없는 것이 외관상 명백한 사정이 있는 경우에만 그러한 추정이 미치지 않을 뿐, 이러한 예외적인 사유가 없는 한 아무도 그 자가 부의 친생자가 아님을 주장할 수 없다"(대판 1992. 7. 24, 91므566)고 하고 "부부가 동거를 하고 있는 이상 그(夫)가 생식불능이라 하더라도 그 추정은 유지된다"(대판 1983. 7. 12, 82므59)고 하여 원칙상 외관설에 따르고 있다. 친생자추정이 미치지 않는 경우에는 친생부인의 절차가 보다 용이한 친생자관계존부확인의 소의 제기가 가능하다고 한다(대판 1983. 7. 12, 82므59). 또한 친생자추정이 미치지 않는 혼인중의 자는 등록부상의 부를 상대로 친생자관계부존재확인의 소를 제기하지 않고 바로 생부를 상대로 인지청구소송을 제기할 수 있다.

판례 부부가 단순히 별거하고 있다는 등의 사정만으로는 친생자추정을 받지 아니할 사유가 될 수는 없고, 청구인이 처와 혼인한 후 다른 여자와 부첩관계를 맺고 평소 처와 별거하고 있었으나, 처가 시부모를 모시고 본가에서 거주하는 관계로 1년에 한번 정도로 찾아와 만났다면 이 부부 사이는 처가 남편의 자식을 포태할 수 없음이 객관적으로 명백할 정도로 동서의 결여가 있다고는 할 수 없는 것이므로, 처가 혼인중에 포태하였음이 명백한 피청구인은 청구인의 친생자로 추정받는다(대판 1990. 12. 11, 90므637).

판례 민법 제844조의 친생추정을 받는 자는 친생부인의 소에 의하여 그 친생추정을 깨뜨리지 않고서는 다른 사람을 상대로 인지청구를 할 수 없으나, 등록부(호적)상의 부모의 혼인중의 자로 등재되어 있는 자라 하더라도 그의 생부모가 등록부(호적)상의 부모와

4) 김주수 · 김상용, 친족 · 상속법, 283~284면; 이경희, 가족법, 164면.

다른 사실이 객관적으로 명백한 경우에는 그 친생추정이 미치지 아니하므로, 그와 같은 경우에는 곧바로 생부모를 상대로 인지청구할 수 있다(대판 2000. 1. 28, 99므1817).

(3) 친생자추정을 받지 않는 혼인중의 자

1) 혼인중의 출생자라 하더라도 혼인성립의 날로부터 200일이 경과하기 전에 출생하거나, 처가 夫의 子를 포태하는 것이 불가능한 동거의 결여라는 외관상 명백한 사유가 있는 경우에는 친생의 추정을 받지 못한다(대판 2000. 8. 22, 2000므292).

2) 혼인신고 전에 사실혼관계가 선행하여 그 출생이 사실혼성립의 날로부터 200일 후인 경우에는 친생자의 추정을 받는다고 해석하여 이러한 子는 친생부인의 소에 의하지 않는 한 친생자임을 부인할 수 없다고 하는 것이 학설과 판례의 견해이다.

3) 친생추정이 미치지 않는 子에 대하여는 친생부인의 소가 아닌 친생자관계부존재확인의 소에 의하여 친생자임을 부인할 수 있다. 그리고 친생부인권이 없는 제3자도 친생추정을 받지 않는 혼중자에 대하여 친생자관계부존재확인의 소를 제기할 수 있다.

(4) 부(父)를 정하는 소

제845조(법원에 의한 부의 결정) 재혼한 여자가 해산한 경우에 제844조의 규정에 의하여 그 자의 부를 정할 수 없는 때에는 법원이 당사자의 청구에 의하여 이를 정한다.

1) 부성의 충돌

재혼한 여자가 자를 출산한 경우에 제844조의 규정에 의하여 그 자의 부를 정할 수 없는 때에는 법원이 당사자의 청구에 의하여 이를 정한다(제845조). 즉, 전혼의 해소 후 300일 이내 그리고 후혼의 성립 후 200일 이후에 자가 출생한 경우에는 전혼과 후혼 간에 친생추정이 경합하게 된다.

2) 소의 성질 및 절차

① 성 질

형성의 소이므로 먼저 조정을 거쳐야 한다(가소 제2조 제1항 나류사건 5호, 제50조). 다만, 임의로 처분할 수 있는 사항이 아니므로 조정의 성립만으로는 父를 정하는 효력이 발생하지 않는다(가소 제59조 제2항 단서). 즉, 종국적으로 가정법원의 판결이 있어야 한다.

② 절차와 당사자

소의 원고는 자, 모, 모의 전·후 배우자이다(가소 제27조 제1항). 그리고 소의 피고는 ㉠ 자녀가 제기하는 경우 모, 모의 전·후배우자이고, ㉡ 모, 전·후 배우자 3인 중 1인이 소를 제기하는 경우 피고는 나머지 2인이다(동법 제27조 제2항·제3항). 즉, 자녀 이외의 자가 소를 제기하는 경우 자녀는 피고가 될 수 없다.

상대방(피고)이 될 자 중 사망한 자가 있을 때는 생존자를 상대방으로 하고, 상대방이 모두 사망한 때에는 그 사망을 안 날로부터 2년 내에 검사를 상대로 소를 제기할 수 있다(가소 제27조 제4항).

③ 확정판결의 효력

판결은 대세적 효력이 있으므로 제3자에게도 그 효력이 미친다(가소 제21조). 따라서 확정판결 이후에는 다시 친생부인의 소를 제기할 수 없다.[5)]

(5) 친생부인의 소

1) 의 의

친생부인(親生否認)의 소란 제844조에 의해 친생자추정을 받는 자녀에 대하여 친자관계를 부인하는 소를 말한다. 친생부인의 소는 친생자추정을 받는 자의 부자관계가 진실과 다른 경우 이를 부인할 수 있는 친생부인권자와 제소기간을 제한하여 부자관계를 조기에 확정하고 그 이후에는 부자관계를 다투지 못하게 함으로써 가정의 평화를 유지하고자 하는 것이다.

---

5) 김주수·김상용, 친족·상속법, 285면.

따라서 제844조에 의하여 친생추정을 받는 子에 대하여 그 추정을 번복하여 부자관계를 부정하기 위해서는 친생부인의 소를 제기하여야 하고(제846조), 친생자관계존부확인의 소나 인지청구, 임의인지 또는 別訴에서 선결문제로 주장하는 것 등은 모두 부적법하다(대판 1975 7. 22, 75다65). 친생부인의 소는 친생추정을 소급적으로 소멸시키고 형성적 효력을 발생시키는 것을 목적으로 하는 형성의 소이다.

2) 소의 절차 및 당사자

① 절 차

친생부인의 소를 제기하기 위해서는 우선 가정법원에 조정을 신청하여야 한다(가소 제2조 제1항 나류 사건 6호, 제50조). 다만, 가사소송법에서는 친생부인 사건을 조정의 대상으로 규정하고 있지만, 친생부인은 당사자들이 임의로 처분할 수 없는 사건이기 때문에 조정절차로 처리할 수 없는 사건이다.

따라서 夫가 子의 친생을 승인하는 조정이 성립하여 그 내용이 조정조서에 기재되면 子는 夫의 친생자로 확정된다(가소 제59조 제1항). 그러나 조정이 성립하지 않으면 조정신청을 한 때에 소를 제기한 것으로 간주되어 소송절차로 넘어간다(가소 제49조). 그리고 친생부인의 조정이 성립되더라도 친생부인의 효력이 발생하는 것은 아니며(동법 제59조 제2항 단서; 대판 1968. 2. 27, 67므34), 종국적으로 가정법원의 판결이 있어야 한다. 또한 친생부인의 소를 제기하려면 출생신고를 하여야 하지만(가족관계등록법 제47조), 이것이 친생자에 대한 승인으로 되는 것은 아니다.

② 당 사 자

제846조(자의 친생부인) 부부의 일방은 제844조의 경우에 그 자가 친생자임을 부인하는 소를 제기할 수 있다.

제847조(친생부인의 소) ① 친생부인(親生否認)의 소(訴)는 부(夫) 또는 처(妻)가 다른 일방 또는 자(子)를 상대로 하여 그 사유가 있음을 안 날부터 2년내에 이를 제기하여야 한다.
② 제1항의 경우에 상대방이 될 자가 모두 사망한 때에는 그 사망을 안 날부터 2년내에 검사를 상대로 하여 친생부인의 소를 제기할 수 있다.

> **제848조(성년후견과 친생부인의 소)** ① 남편이나 아내가 피성년후견인인 경우에는 그의 성년후견인이 성년후견감독인의 동의를 받아 친생부인의 소를 제기할 수 있다. 성년후견감독인이 없거나 동의할 수 없을 때에는 가정법원에 그 동의를 갈음하는 허가를 청구할 수 있다.
> ② 제1항의 경우 성년후견인이 친생부인의 소를 제기하지 아니하는 경우에는 피성년후견인은 성년후견종료의 심판이 있은 날부터 2년 내에 친생부인의 소를 제기할 수 있다.
>
> **제849조(자사망후의 친생부인)** 자가 사망한 후에도 그 직계비속이 있는 때에는 그 모를 상대로, 모가 없으면 검사를 상대로 하여 부인의 소를 제기할 수 있다.
>
> **제850조(유언에 의한 친생부인)** 부(夫) 또는 처(妻)가 유언으로 부인의 의사를 표시한 때에는 유언집행자는 친생부인의 소를 제기하여야 한다.
>
> **제851조(부의 자 출생 전 사망 등과 친생부인)** 부(夫)가 자(子)의 출생 전에 사망하거나 부(夫) 또는 처(妻)가 제847조 제1항의 기간내에 사망한 때에는 부(夫) 또는 처(妻)의 직계존속이나 직계비속에 한하여 그 사망을 안 날부터 2년내에 친생부인의 소를 제기할 수 있다.

㈎ 부인권자

㉠ 부인권자는 원칙적으로 부부의 일방(부 또는 처)이다(제846조).

㉡ 다만, 예외적으로 남편이나 아내가 피성년후견인인 경우에는 그의 성년후견인이 성년후견감독인의 동의를 받아 친생부인의 소를 제기할 수 있고, 만일 성년후견감독인이 없거나 동의할 수 없을 때에는 가정법원에 그 동의를 갈음하는 허가를 청구할 수 있다(제848조 제1항). 또한 성년후견인이 친생부인의 소를 제기하지 않는 경우에는 피성년후견인은 성년후견종료의 심판이 있은 날부터 2년 내에 친생부인의 소를 제기할 수 있다(제848조 제2항).

㉢ 부 또는 처가 유언으로 부인의 의사를 표시한 때에는 유언집행자는 친생부인의 소를 제기하여야 한다(제850조).

㉣ 夫가 子의 출생 전에 사망하거나 부 또는 처가 친생부인의 제소기간이 경과하기 전(부인사유가 있음을 안 날로부터 2년 내)에 사망한 때에는 부 또는 처의 직계존속이나 직계비속이 그 사망을 안 날로부터 2년 내에 친생부인의 소를 제기할 수 있다(제851조).

㈏ 소의 상대방

㉠ 부 또는 처가 다른 일방 또는 자를 상대로 하여 소를 제기한다(제847조 제1항).

㉡ 다만, 상대방이 될 자가 모두 사망한 때에는 그 사망을 안 날로부터 2년 내에 검사를 상대로 하여 친생부인의 소를 제기할 수 있다(제847조 제2항).

㉢ 子가 사망한 후라도 그 직계비속이 있는 때에는 그 母를 상대로, 母가 없으면 검사를 상대로 소를 제기할 수 있다(제849조).

3) 부인권의 소멸

> **제852조(친생부인권의 소멸)** 자의 출생 후에 친생자(親生子)임을 승인한 자는 다시 친생부인의 소를 제기하지 못한다.
>
> **제854조(사기, 강박으로 인한 승인의 취소)** 제852조의 승인이 사기 또는 강박으로 인한 때에는 이를 취소할 수 있다.

① 제소기간

부 또는 처가 다른 일방 또는 자를 상대로 친생부인사유가 있음을 안 날부터 2년 내에 제기하여야 한다(제847조 제1항). 사유 있음을 안 날이란 부의 친생자가 아님을 안 날을 의미한다. 이 기간은 제척기간이다. 따라서 친생추정을 받는 자에 대하여 친생부인의 소의 제척기간이 경과한 후에는 친자관계존부확인의 소로도 다툴 수 없다.

☞ 헌법재판소의 헌법불합치결정(헌재결 1997.3.27, 95헌가14, 96헌가7(병합)): 일반적으로 친자관계의 존부는 특별한 사정이나 어떤 계기가 없으면 의심하지 않는 것이 통례이므로 민법 제847조 제1항의 '출생을 안 날로부터 1년 내'라는 규정은 친생부인의 기회를 극단적으로 제한하는 것이다.

② 승인한 경우

자의 출생 후에 친생자임을 승인한 자는 다시 친생부인의 소를 제기하지 못한다(제852조). 이는 혈연진실주의에 대한 예외에 해당한다. 그러나 승인이 사기 또는 강박에 의한 때에는 이를 취소할 수 있다(제854조).

③ 子가 직계비속 없이 사망한 경우(제849조 참조)

4) 판결의 효력

친생부인판결이 확정되면 부와 그 자 사이의 법적 부자관계는 자녀의 출생시로 소급하여 소멸된다.[6] 따라서 그 자는 처음부터 그 부의 자가 아닌 것으로 되어 혼인외의 출생자로 되며, 그 夫와 子 사이의 관계는 인척관계로 된다. 또한 그 판결의 효과는 대세적 효력을 가지므로, 제3자에 대하여도 효력을 가진다(가소법 제21조). 따라서 친생부인 후에는 친생부 등이 그 자를 인지할 수 있게 된다(大判 2000. 1. 28, 99므1817).

판례 친생자 추정을 받는 혼인중의 출생자에 대하여 친생자관계부존재확인의 판결이 확정된 경우

친생자추정이 미치는 경우에 친생자추정을 번복하기 위해서는 부가 친생부인의 소에 의하지 않는 한 친생추정이 번복되지 않는다. 따라서 제865조 소정의 친생자관계부존재확인의 소에 의하여 그 친생자관계의 부존재확인을 구하는 것은 부적법하다(大判 2000. 8. 22, 2000므292). 그러나 위의 부적법한 청구일지라도 법원이 그 잘못을 간과하고 청구를 받아들여 친생부인의 소가 아닌 친생자관계부존재확인의 심판을 선고받아 확정된 경우 위 확정심판의 기판력은 제3자에게도 미치므로 그 확정심판의 효과로서 친생자로서의 추정이 깨어진다(大判 1992. 7. 24, 91므566).

【참 고】
친생부인의 소는 가정의 평화를 유지하고자 하는 제도의 취지를 가지고 있으나, 친생자관계존부확인의 소는 가정의 평화보다 혈연의 진실을 추구하는 제도인 점에서 서로 차이가 있다.

2. 혼인외의 출생자

(1) 의 의

법률상 혼인관계가 없는 부모 사이에서 출생한 자를 혼인외의 출생자라고 한다. 예컨대, 사실혼관계나 무효혼관계(제855조 제1항 후단), 부첩관계 등으로

---

6) 친생부인 판결이 확정되면 소를 제기한 사람은 판결확정일부터 1개월 이내에 판결의 등본 및 그 확정증명서를 첨부하여 등록부의 정정을 신청하여야 한다(가족관계등록법 제107조). 자는 등록부에 혼인외의 자로 기록된다.

부터 출생한 자가 혼인외의 출생자이다. 또한 혼인중의 출생자 중 친생부인의 소나 친생자관계부존재확인의 소에 의하여 법률상의 부와의 부자관계가 부정되면 혼인외의 출생자로 된다. 그러나 혼인의 취소로 인하여 혼인관계가 해소된 경우에는 그 효과가 소급되지 않기 때문에(제824조), 그 혼인관계 중에 출생한 자는 혼인중의 자이다.

(2) 혼외자의 법적 지위

1) 모자관계

학설과 판례는 기아와 같은 특수한 경우를 제외하고는 혼인외의 子와 母 사이의 모자관계는 분만 또는 해산에 의하여 당연히 성립한다고 본다. 즉, 혼인외의 출생자와 생모 사이에는 그 생모의 인지나 출생신고를 기다리지 않고 자의 출생으로 당연히 법률상의 친족관계가 생긴다고 해석하는 것이 타당하다고 한다(대판 1986. 11. 11, 86도1982; 대판 1967. 10. 4, 67다1791). 다만, 기아나 미아의 경우에는 예외적으로 모의 인지가 필요하다. 따라서 친족·부양·상속관계도 모의 혈족과의 사이에서만 발생한다.

2) 부자관계

부자관계는 모자관계와는 달리 父의 인지에 의해서만 발생한다. 혼인외의 출생자가 인지되면 법률상의 친자관계가 성립할 뿐 자가 혼인중의 출생자로 되는 것은 아니다. 父에 의하여 인지를 받지 못한 혼인외의 출생자는 법적으로 부가 없는 상태가 된다.

판 례 혼인외의 자와 부와의 친생자관계는 부의 인지에 의하여서만 발생하는 것이므로 혼인 외의 출생자인 피청구인이 청구인의 친생자로서의 신분을 취득하려면 청구인의 인지가 있어야 하고 그 인지가 있었다는 자료가 없는 한 법률상 청구인과 피청구인 사이의 친생자관계는 생기지 않는 것이다(대판 1984. 9. 25, 84므73).

---

(3) 인 지

1) 서 설

① 인지의 의의

인지(認知)는 혼인외의 출생자를 생부 또는 생모가 자기의 자녀라고 인정하는 행위로써, 그 방법은 등록부에 인지신고 또는 출생신고(가족관계등록법 제57조)를 하는 것이다. 인지에는 부 또는 모가 스스로 인지의 의사표시를 하는 임의인지와 부 또는 모의 의사에 반해서라도 재판에 의해 부자관계나 모자관계를 확정시키는 강제인지가 있다.

② 법적 성질

혼인외의 출생자의 부자관계는 인지가 있어야 성립하지만, 모자관계는 인지가 없더라도 출산사실에 의하여 당연히 인정된다. 따라서 부자간의 인지는 형성적 효력, 모자간의 인지는 확인적 효력을 갖는다. 또한 인지청구소송도 부에 대한 인지청구소송은 형성의 소이나 모에 대한 인지청구소송은 확인의 소의 성질을 갖는다.

> 판례 혼인외의 자의 경우 부자관계는 인지가 있어야 비로소 인정되는 형성적인 성질을 갖는 것인데 비해, 모자관계는 기아와 같은 특수한 경우를 제외하고는 생모의 인지나 출생신고를 기다리지 아니하고 자의 출생으로 당연히 법률상의 친족관계가 발생하므로 생모의 혼인외의 출생자에 대한 인지는 확인적인 성질을 갖는다는 점에서 성질상 차이가 있다(대판 1967. 10. 4, 67다1791).

2) 임의인지

제855조(인지) ① 혼인외의 출생자는 그 생부나 생모가 이를 인지할 수 있다. 부모의 혼인이 무효인 때에는 출생자는 혼인외의 출생자로 본다.
② 혼인외의 출생자는 그 부모가 혼인한 때에는 그때로부터 혼인중의 출생자로 본다.

제856조(피성년후견인의 인지) 아버지가 피성년후견인인 경우에는 성년후견인의 동의를 받아 인지할 수 있다.

제857조(사망자의 인지) 자가 사망한 후에도 그 직계비속이 있는 때에는 이를 인지할 수 있다.

제858조(포태중인 자의 인지) 부는 포태중에 있는 자에 대하여도 이를 인지할 수 있다.

제859조(인지의 효력발생) ① 인지는 「가족관계의 등록 등에 관한 법률」의 정하는 바에 의하여 신고함으로써 그 효력이 생긴다.
② 인지는 유언으로도 이를 할 수 있다. 이 경우에는 유언집행자가 이를 신고하여야 한다.

① 의 의

부 또는 모가 스스로 인지의 의사표시를 하는 것을 임의인지라 한다. 임의인지는 친자관계를 설정하려는 법률행위이기 때문에 혼인·입양과 같이 창설적 가족행위이다. 임의인지의 방식에는 인지신고에 의하는 인지(생전인지)와 유언에 의한 인지(유언인지)가 있다.

② 인 지 자

㈎ 혼인외의 출생자는 그 생부나 생모가 이를 인지할 수 있다(제855조 제1항). 다만, 모자관계는 모의 인지가 없어도 출생(분만)이라는 사실에 의하여 발생하고, 또한 모의 인지는 확인적인 것에 불과하기 때문에 주로 생부의 인지가 문제된다.

㈏ 인지는 사실을 승인하는 가족행위로서 의사능력이 있으면 단독으로 할 수 있다. 따라서 미성년자나 피한정후견인은 의사능력이 있는 이상 법정대리인의 동의를 받을 필요 없이 단독으로 인지할 수 있다. 다만, 아버지가 피성년후견인인 경우에는 성년후견인의 동의를 받아 인지할 수 있다(제856조).

㈐ 모가 부의 인지신고를 하면 이는 무효이다. 인지신고는 인지자, 즉 父가 하여야 하기 때문에 생모가 출생신고하여 등록부에 부의 자로 등재되어 있더라도 부자관계는 발생하지 않는다(대판 1984. 9. 25, 84므73).

판례 혼인외의 출생자와 그 부와의 법률상 부자관계는 오로지 인지에 의해서만 생기는 것인바 부 사망후 그의 처가 그들 간에 출생한 친생자인양 출생신고를 하였다 하더라도 그것이 위 인지로서의 효력이 있다 할 수 없다(대판 1985. 10. 22, 84다카1165).

판례 민법 제855조 소정 인지는 혼인외 출생자에 대하여 법률상의 부 또는 모를 정하는 친자관계를 창설하는 제도로서 사실상의 부 또는 모 즉 인지자 자신의 의사에 의하여야 하고 그 외의 타인은 어떠한 방법으로도 인지할 수 없다 할 것이므로 조부가 그의 친자의 혼인외의 출생자에 대하여 출생신고를 하였다 하여도 혼인외의 출생자에 대한 인지의 효력이 없고 법률상 당연무효라 할 것이다(대판 1976. 4. 13, 75다948).

③ 피인지자

㈎ 혼인외의 출생자는 미성년자이거나 성년자이거나 관계없이 인지될 수 있다.[7] 피인지자는 원칙적으로 생존자이어야 하지만 두 가지 예외가 있다. 즉, 피인지자인 子가 사망한 후에는 그에게 직계비속이 있는 경우에 한하여 인지가 가능하다(제857조). 인지자가 인지를 남용하여 상속의 이익을 꾀하는 것을 막기 위해서이다. 그리고 포태중인 子(태아)에 대하여도 인지할 수 있다(제858조).[8]

㈏ 그러나 타인의 친생추정을 받는 子는 그 추정을 받는 父가 친생부인을 하지 않는 한 인지는 물론 친생자관계존부확인의 소도 제기할 수 없다(대판 1987. 10. 13, 86므129).

또한 친생자추정을 받지는 않으나 타인의 친생자로 신고되어 있는 자도 친생자관계부존재확인의 소가 확정된 후가 아니면 인지가 불가능하다. 다만, 이 경우에는 친생자관계부존재확인의 소 없이 자가 바로 인지청구소송을 제기할 수는 있다.

7) 성년자의 인지의 경우 자의 승낙이 있어야 할 것인데, 민법상 이에 대한 규정을 두지 않고 있다. 자의 이익을 보호하기 위하여 승낙을 요하는 규정이 필요할 것이다(한봉희, 가족법, 200면).

8) 이 경우 부는 모의 승낙 없이 단독으로 인지할 수 있다. 모의 인권과 명예보호, 그리고 불확실한 인지를 방지하기 위해 모의 승낙을 요하는 규정이 필요할 것이다(한봉희, 가족법, 200면). 태아를 인지하는 경우에는 신고서에 그 취지, 모의 성명 및 등록기준지를 기재하여야 한다(가족관계등록법 제56조).

한편, 타인이 인지한 자는 먼저 인지무효나 이의의 소를 제기하여 가족관계등록부상의 부자관계를 정정한 후에 인지할 수 있다.

④ 인지의 방식과 신고

㈎ 생전인지: 가족관계등록법 소정의 신고를 하여야 효력이 발생한다(제859조 제1항). 이 경우의 신고는 창설적 신고이다.

㈏ 유언인지: 유언인지의 경우는 유언집행자가 이를 신고하여야 한다(제859조 제2항). 유언인지의 효력은 유언자의 사망시에 발생하며, 이때의 신고는 보고적 신고이다. 유언집행자는 그 취임일로부터 1월내에 인지에 관한 유언서등본 또는 유언녹음을 기재한 서면을 첨부하여 신고하여야 한다(가족관계등록법 제59조).

㈐ 인지신고 이외의 신고와 인지의 효력: 父가 혼인외의 출생자를 처와의 사이의 혼인중의 출생자로 신고한 경우에는 인지의 효력이 생길 뿐이고(가족관계등록법 제57조) 혼중자가 되는 것은 아니다(무효행위의 전환).

> 판례 혼인신고가 위법하여 무효인 경우에도 무효한 혼인중 출생한 자를 그 등록부(호적)에 출생신고하여 등재한 이상 그 자에 대한 인지의 효력이 있다(대판 1971. 11. 15, 71다1983).

⑤ 인지의 무효와 취소

> 제861조(인지의 취소) 사기, 강박 또는 중대한 착오로 인하여 인지를 한 때에는 사기나 착오를 안 날 또는 강박을 면한 날로부터 6월내에 가정법원에 그 취소를 청구할 수 있다.
>
> 제862조(인지에 대한 이의의 소) 자 기타 이해관계인은 인지의 신고있음을 안 날로부터 1년내에 인지에 대한 이의의 소를 제기할 수 있다.
>
> 제864조(부모의 사망과 인지청구의 소) 제862조 및 제863조의 경우에 부 또는 모가 사망한 때에는 그 사망을 안 날로부터 2년내에 검사를 상대로 하여 인지에 대한 이의 또는 인지청구의 소를 제기할 수 있다.

㈎ 인지의 무효와 인지에 대한 이의

인지의 무효란 혼인외의 자에 대하여 법률상 부자관계가 형성된 것으로 가족관계등록부에 기재되어 있으나 그 성립과정의 하자로 인하여 법률상의 부자관계형성의 효력이 발생하지 않는 것을 말한다. 그리고 인지에 대한 이의는 혼인외의 자의 생부가 아닌 사람이 이를 인지한 경우 자 및 이해관계인이 인지에 대한 이의의 소를 제기하여 사실에 반하는 부자관계를 제거하는 것이다.

㈀ 인지무효의 소

㉠ 의 의: 인지무효의 소는 가사소송법에서 규정하고 있는 것으로써(가소 제26조 제1항, 제28조), 임의인지를 무효라고 주장하면서 인지로 생긴 법적 부자관계를 소멸시키는 것을 목적으로 하는 소이다(가소 제2조 1항 가류사건 3호). 인지에 무효원인이 있으면 그 인지는 당연무효이므로, 인지무효의 소는 확인의 소이다(통설 · 판례).

인지무효는 주로 임의인지에서 발생한다. 따라서 강제인지(인지판결)에서는 인지무효의 문제는 발생하지 않으며, 강제인지가 진실에 반하는 경우에는 인지무효의 소가 아니라 상소나 재심절차를 통하여 그 무효를 다툴 수 있을 것이다(1981. 6. 23, 80므109).

판 례 무효원인이 있는 인지는 당연무효이며, 인지무효의 소를 제기할 수 있음은 물론 상속회복청구 · 친자관계부존재확인의 소 등 다른 소송에서 선결문제로 인지무효를 주장할 수 있다(대판 1992. 10. 23, 92다29399).

㉡ 인지무효사유: 인지는 생물학적인 친자관계를 전제로 하기 때문에 임의인지가 진실에 반하게 되면 그러한 인지는 무효이다. 민법에서는 인지무효사유에 대하여 규정하지 않고 있지만, 인지시 인지자에게 의사능력이 없었던 경우, 인지자의 의사에 의하지 않고 인지신고가 된 경우(즉, 조부가 그 아들의 혼인외의 자(즉, 손자)를 출생신고한 경우; 대판 1976. 4. 13, 75다948), 유언자의 인지유언이 무효인 경우, 생부의 사망후에 생모가 혼인신고를 하고 그 자를 출생신고한 경우(대판 1985. 10. 22, 84다카1165), 친생자로 추정되고 있는 자에 대하여 인지가 이루어진 경우, 인지가 사실에 반하는 경우(즉, 당사자 사이에 사실상

자연적 혈연관계가 없는 경우: 대판 1994. 5. 24, 93므119)에 그 인지는 무효이다.

> 판 례 친생자가 아닌 자에 대하여 한 인지신고는 당연무효이며 이런 인지는 무효를 확정하기 위한 판결 기타의 절차에 의하지 아니하고도, 또 누구에 의하여도 그 무효를 주장할 수 있는 것이다(대판 1992. 10. 23, 92다29399).

㉢ 제소권자 및 제소기간

a. 제소권자: 무효를 확정하기 위해서는 인지자(당사자), 피인지자, 법정대리인 또는 4촌 이내의 친족이 인지무효확인의 소를 제기할 수 있다(가소 제28조, 제23조). 한편, 인지자와 피인지자가 서로 피고로 하여 제소할 수 있으며, 제3자가 원고인 경우에는 인지자와 자가 상대방(피고)이 된다.

b. 제소기간: 인지무효의 소에는 제소기간의 제한이 없다.

㉣ 인지무효판결의 기판력: 가정법원의 확정판결은 제3자에게도 효력이 있다(가소 제21조 제1항).[9] 그리고 인지무효판결이 확정되어도 그 판결의 기판력은 인지청구의 소에는 미치지 아니한다(대판 1991. 10. 8, 98므1698). 즉, 생부와 자 사이에 친생자관계가 존재하는지의 여부에 대해서까지 그 확정심판의 효력이 미치는 것은 아니므로, 그 확정심판의 효력은 자와 생부 사이에 친생자관계가 존재함을 전제로 하여 재판상 인지를 구하는 청구에는 미치지 않는다.

> 판 례 생부의 인지 없이 생모에 의해 임의로 생부의 친생자로 출생신고 되었다는 것을 이유로 한 인지무효확인의 확정심판은 생부 스스로 자(子)를 그의 친생자로 인정하여 출생신고를 한 바 없는데도 생모에 의해 그러한 행위를 한 것처럼 호적상 기재가 되어 있으니 그 출생신고에 의한 임의인지가 무효임을 확인한다는 것이 심판대상임이 명백하고, 따라서 그 기판력 역시 생부의 출생신고에 의한 임의인지가 무효라는 점에 한하여 발생할 뿐이며, 나아가 생부와 그 자(子) 사이에 친생자관계가 존재하는지의 여부에 대해서까지 그 확정심판의 효력이 미치는 것은 아니므로, 그 확정심판의 효력은 자(子)와 생부 사이에 친생자관계가 존재함을 전제로 하여 재판상 인지를 구하는 청구에는 미치지 아니한다(대판 1999. 10. 8. 98므1698).

9) 인지무효판결이 확정되면 인지는 소급적으로 효력을 잃게 된다. 원고는 판결확정일로부터 1개월 이내에 등록부의 정정 신청을 하여야 한다(가족관계등록법 제107조).

㉤ 친생자출생신고에 의한 인지의 효력을 다투는 방법: '인지신고'에 의하지 않고 '출생신고'에 의하여 등록부상 등재된 친자관계를 다투기 위해서는 친생자관계부존재확인의 소에 의하여야 한다. 즉, 생부가 혼인외의 자에 대하여 친생자로 출생신고하면 그 신고는 인지의 효력이 있으나, 그 신고가 인지신고가 아니라 출생신고이므로 그 신고로 인한 친자관계의 외관을 배제하려면 인지에 관련된 소송이 아니라 친생자관계부존재확인의 소를 제기하여야 한다(대판 1993. 7. 27, 91므306).

【참 고】
등록부의 내용만 본다면 친생자관계부존재확인의 소로 다투어야 하나 실제로는 인지의 효력이 발생하였으므로 인지에 관한 소(인지무효나 인지이의의 소)로 다투어야 할 것이므로 학설대립이 있지만, 판례의 태도는 다르다.

㈁ 인지이의의 소

㉠ 의 의: 인지이의의 소는 인지된 자녀 기타 이해관계인이 타인의 인지신고에 대하여 그 효력을 다투는 소이다(가소 제2조 제1항 나류사건 8호). 이는 형성의 소이다.

㉡ 제소권자: 인지된 子 또는 이해관계인이 제기할 수 있다. 따라서 인지자는 소제기권자에 포함되지 않는다. 인지자 자신은 인지이의의 소가 아니라 인지무효의 소를 제기할 수 있다(대판 1969. 1. 21, 68므41).

㉢ 제소기간: 인지신고가 있음을 안 날로부터 1년 이내에 인지에 대한 이의의 소를 제기할 수 있다(제862조). 부 또는 모가 사망한 때에는 그 사망을 안 날로부터 2년 내에 검사를 상대로 하여 소를 제기할 수 있다(제864조).

㈂ 양자의 관계: 인지에 대한 이의의 소와 인지무효의 소와의 관계가 문제된다. 이의의 소의 원인은 사실에 반하는 인지의 경우 외에는 생각할 수 없기 때문에, 인지무효의 소와 실질적으로 차이가 없다고 할 수 있다. 다만, 인지이의의 소의 경우에 제소권자, 제소기간의 제한(제862조, 제864조), 조정사항(가소 제50조) 등 절차상의 차이가 있으나, 양자는 동일한 목적을 가지고 있기 때문에 이원화된 규정을 두고 있는 것은 무의미하다. 따라서 인지무효의 소와 인지이

의의 소는 본질적으로 같은 것이므로, 인지무효의 소로 일원화하는 것이 바람직할 것이다.[10]

㈏ 인지의 취소

㈀ 의 의: 인지가 되면 원칙적으로 그 인지는 취소할 수 없다. 그러나 인지가 사기·강박 또는 중대한 착오로 인하여 행하여진 때에는 사기나 착오를 안 날 또는 강박을 면한 날로부터 6개월 이내에 가정법원에 그 취소를 청구할 수 있다(제861조). 인지의 취소의 소는 형성의 소로써, 여기에는 조정전치주의가 적용된다(가소 제2조 제1항 나류사건 7호, 제50조). 다만, 인지의 취소는 당사자가 임의로 처분할 수 없는 사항이므로, 조정의 성립만으로는 그 효력이 인정될 수 없다(가소 제59조 제2항 단서).

㈁ 당사자와 제소기간: 취소의 소의 원고는 인지자이며, 상대방은 자가 되어야 할 것이다.[11] 따라서 제3자는 취소의 소를 제기할 수 없고, 원고가 사망하면 소송절차는 종료된다.

㈂ 취소의 효과: 취소의 효과는 소급하므로, 취소가 되면 인지는 처음부터 무효가 되어 친자관계는 처음부터 발생하지 않는다. 그리고 취소의 효과는 선의의 제3자에게도 대항할 수 있다. 또한 인지취소 판결의 기판력은 제3자에게도 미친다(가소 제21조 제1항). 인지가 취소되면 가족등록부를 정정하여야 한다(가족관계등록법 제107조).

3) 강제인지

> **제863조(인지청구의 소)** 자와 그 직계비속 또는 그 법정대리인은 부 또는 모를 상대로 하여 인지청구의 소를 제기할 수 있다.
>
> **제864조(부모의 사망과 인지청구의 소)** 제862조 및 제863조의 경우에 부 또는 모가 사망한 때에는 그 사망을 안 날로부터 2년내에 검사를 상대로 하여 인지에 대한 이의 또는 인지청구의 소를 제기할 수 있다.

---

10) 김주수·김상용, 친족·상속법, 297면; 양형우, 민법의 세계, 1780면; 한봉희, 가족법, 202면.

11) 그러나 인지자의 친생자를 인지한 경우에는 사기·강박 또는 중대한 착오가 있었더라도 진실에 맞는 인지이기 때문에 취소할 수 없다고 보아야 할 것이다(한봉희, 가족법, 203면).

① 의 의

부 또는 모가 임의인지를 하지 않을 경우 부모의 의사에 관계없이 子와 그 직계비속 또는 그 법정대리인은 인지청구의 소를 제기하여 가정법원의 심판에 의하여 인지를 강제할 수 있는데(제863조), 이를 강제인지(또는 재판인지)라고 한다. 강제인지는 임의인지에 비하여 아주 드물다.

② 인지청구의 소의 성질

인지는 사실상 친자관계의 존재를 확인하여 판결로써 비로소 법률상의 친자관계를 창설하기 때문에 형성의 소로 보아야 할 것이다. 따라서 판결로 인지의 효력이 생긴 후에 하는 인지신고는 보고적 효력에 그친다(보고적 신고). 다만, 母에 대한 인지청구의 소의 성질은 모자관계를 확인하는 것이므로 확인의 소이다(대판 1967. 10. 4, 67다1791). 생모와 자간의 친자관계는 자연혈연으로 정해지므로, 상속을 원인으로 한 지분소유권확인청구에 친자관계존재확인청구가 반드시 전제되어야 하는 것은 아니다(대판 1992. 2. 25, 91다34103).

③ 소의 절차와 당사자

㈎ 조정전치주의: 인지청구를 하는 경우 먼저 가정법원에 조정을 신청하여야 한다(가소 제2조 제1항 나류 사건 9호, 제50조). 조정절차에서 조정이 성립되면 재판상 화해와 동일한 효력을 가지며(가소 제59조 제2항 본문), 조정을 신청한 자는 1개월 이내에 재판서의 등본 및 확정증명서를 첨부하여 그 취지를 신고하여야 한다(가족관계등록법 제58조 제1항). 신고의 성질은 보고적 신고이다.

㈏ 당 사 자

㉮ 청구권자: 혼인외 출생자와 그 직계비속, 자 또는 그 직계비속의 법정대리인이다(제863조).[12] 자녀 또는 그 직계비속이 제한능력자일 때에는 그 법정대리인이 인지청구의 소를 제기할 수 있다. 태아에게는 인지청구권이 없으며, 이를 대리할 법정대리인도 인정되지 않기 때문에 모도 태아를 대리하여

12) 원고적격자 중 직계비속은 자가 사망한 경우에 한하여 인지청구의 소를 제기할 수 있다고 해석하는 견해(김주수, 친족 · 상속법, 299면)와 이러한 제한을 둘 필요가 없을 것이라는 견해가 있다(박동섭, 친족상속법, 281면).

인지청구의 소를 제기할 수 없다.[13] 한편, 친생자관계부존재확인판결의 기판력은 인지청구에는 미치지 않으므로, 혼인외의 출생자는 인지청구를 할 수 있다(대판 1982. 12. 14, 82므46).

만일 인지소송 중에 원고가 사망한 경우라면, 그 소송은 종료되고 소송승계를 할 수 없다. 인지청구권은 일신전속적 성질을 갖기 때문이다. 다만, 다른 원고적격자가 새로운 인지청구는 할 수 있다.[14]

㉯ 상 대 방: 인지청구의 소의 상대방은 부(父) 또는 모이다(제863조). 부를 상대로 한 인지청구에서는 모가 상대방이 되지 않는다. 그리고 부 또는 모가 사망한 경우에는 검사를 상대방으로 한다(제864조).

판례 신분상의 법률행위는 본인의 의사결정을 존중하여 대리를 허용하지 않으나 인지청구의 소송에 있어서 상대방이 의사무능력자이기 때문에 법정대리인이 대리하지 않는 한 소송을 할 수 없는 경우에는 법정대리인의 대리를 인정하여야 할 것이며, 이 같은 경우에 법정대리인이 없거나 대리권을 행할 수 없는 때에는 당사자는 민사소송법 제62조에 의해 특별대리인을 신청할 수 있다(대결 1984. 5. 30, 84스12).

판례 父가 사망하면 검사를 상대로 제소하여야 하고, 생모를 상대로 제소해서는 안된다(대판 1965. 7. 6, 65므27・28). 신분관계소송에서 상대방이 사망한 경우 검사를 상대방으로 하는 소송제도의 입법취지는 검사가 위법한 신분관계를 바로 잡기 위한 공익의 대표자이기 때문이다(대판 1992. 5. 26, 90므1135).

판례 子가 친생자의 추정을 받고 있을 때에는 자기의 생부에 대하여 인지청구의 소를 제기할 수 없으나, 친생자의 추정을 받지 않는 혼인 중의 출생자는 다른 사람의 가족관계등록부에 등재되어 있더라도 인지청구의 소를 제기할 수 있다(대판 1964. 9. 22, 64다112). 즉, 친생추정을 받은 자는 친생부인의 소에 의하여 그 친생추정을 깨뜨리지 않고서는 다른 사람을 상대로 인지청구를 할 수 없으나, 생부모가 등록부상의 부모와 다른 사실이 객관적으로 명백한 경우에는 친생추정이 미치지 아니하므로, 이 경우에는 생부모를 상대로 인지청구를 할 수 있다(대판 2000. 1. 28, 99므1817).

13) 김주수, 친족・상속법, 299면.

14) 박동섭, 친족상속법, 282면.

④ **제소기간**

인지청구의 상대방인 부나 모가 생존하고 있는 경우라면 제소기간에 특별한 제한이 없다. 그리고 인지청구권을 장기간 행사하지 않았더라도 신의성실의 원칙에 반하지 않는다. 그러나 부 또는 모가 사망하여 상대방이 없을 때에는 그 사망사실을 안 날로부터 2년 내에 검사를 상대로 인지청구의 소를 제기할 수 있다(제864조). 특히, 부(父)가 사망한 경우에는 이 기간 내에 검사를 상대로 인지청구의 소를 제기하여야 하고, 생모가 혼인외의 출생자를 상대로 혼인외 출생자와 사망한 부(父) 사이의 친생자관계존재확인을 구하는 소는 허용될 수 없다.

판례 인지청구권의 행사가 상속재산에 대한 이해관계에서 비롯되었다 하더라도 정당한 신분관계를 확정하기 위해서라면 신의칙에 반하는 것이라 하여 막을 수 없다. 인지청구권의 포기가 허용되지 않는 이상 거기에 실효의 법리가 적용될 여지도 없다(대판 2001. 11. 27, 2001므1353).

판례 혼인외 출생자의 경우에 있어서 모자관계는 인지를 요하지 아니하고 법률상의 친자관계가 인정될 수 있지만, 부자관계는 父의 인지에 의하여서만 발생하는 것이므로, 부가 사망한 경우에는 그 사망을 안 날로부터 2년 이내에 검사를 상대로 인지청구의 소를 제기하여야 하고, 생모가 혼인외 출생자를 상대로 혼인외 출생자와 사망한 父 사이의 친생자관계존재확인을 구하는 소는 허용될 수 없다(대판 1997. 2. 14, 96므738). 혼인외의 자의 부자관계는 인지에 관한 소송으로 다투어야 한다.

⑤ **인지청구권의 포기**

일반적으로 신분상의 권리는 일신전속권이기 때문에 인지청구권의 포기는 인정되지 않는다고 하여야 할 것이다. 인지청구권의 포기는 생부 또는 생모와 子간에 금전급부를 대가로 해결되는 인지청구권의 포기계약인 경우가 많은데, 이러한 계약의 유효성 여부가 문제된다. 자연친자관계는 천륜이고, 포기를 인정한다면 혼인외의 출생자의 불이익으로 될 염려가 있으므로 이를 허용하지 않는 것이 통설이다. 판례에서도 인지청구권을 신분관계상의 권리이자 일신전속권이라 하여 모가 한 인지청구권의 포기는 본인인 子에게 미칠 수 없으며

(대판 1982. 3. 9, 81다10), 생모가 포기하기로 하는 재판상의 화해가 이루어졌더라도 효력이 없다(대판 1987. 1. 20, 85므70).

> 판례 인지청구권은 포기할 수 없고, 포기하였다고 하더라도 효력이 발생하지 않으며, 친생자관계부존재가 조정에 의해 확인되어도 이후의 인지청구가 금반언이나 소권남용에 해당한다고 볼 수 없다(대판 1999. 10. 8, 98므1698).

⑥ 부자관계의 증명

㈎ 인지소송에서는 부자관계를 확인하는 추정규정이 없으므로 경험칙에 의하여 법원의 직권조사를 통한 판단에 맡길 수밖에 없다. 따라서 인지소송에서는 당사자의 입증이 충분하지 못할 경우 직권에 의한 사실조사를 하여야 한다. 혼인중의 자의 경우에는 친생자 추정 규정을 두고 있다(제844조).

> 판례 인지소송은 부와 자와의 간에 사실상의 친자관계의 존재를 확정하고 법률상의 친자관계를 창설함을 목적으로 하는 소송으로서 친족·상속법상 중대한 영향을 미치는 인륜의 근본에 관한 것이고 공익에도 관련되는 중요한 것이기 때문에, 이 소송에서는 당사자의 처분권주의를 제한하고 직권주의를 채용하고 있는 것이므로 당사자의 입증이 충분하지 못할 때에는 가능한 한 직권으로 사실조사 및 필요한 증거조사를 하여야 한다(대판 2002. 6. 14, 2001므1537).

㈏ 혈액검사와 수검명령: 법관의 심증형성이 이루어지지 않은 경우, 관계당사자의 인격을 해하지 않는 범위 내에서 혈액형검사, 유전자검사, 기타 상당하다고 인정되는 방법에 의한 검사를 명할 수 있다(가소 제29조 제1항).

4) 인지의 효과

> 제860조(인지의 소급효) 인지는 그 자의 출생시에 소급하여 효력이 생긴다. 그러나 제삼자의 취득한 권리를 해하지 못한다.
>
> 제864조의 2(인지와 자의 양육책임 등) 제837조 및 제837조의 2의 규정은 자가 인지된 경우에 자의 양육책임과 면접교섭권에 관하여 이를 준용한다.

① 소 급 효

인지의 효력은 그 자의 출생시에 소급하여 발생한다(제860조 본문). 즉, 인지된 자와 부 사이의 친자관계는 자의 출생시로 소급하여 발생하게 된다.[15] 따라서 인지된 자와 그 부모 사이의 부양과 상속에 관한 권리의무는 출생시부터 발생하게 된다. 그러나 인지판결에는 대세적 효력이 있지만(가소 제21조), 제3자가 이미 취득한 권리는 해하지 못한다(제860조 단서).

판례 혼인외 출생자에 대하여는 그 실부(實父)가 인지를 하거나, 부모의 혼인으로 그 혼인중의 출생자로 간주되어야 비로소 부자(父子) 사이에 법률상의 친자관계가 형성되어 부양의무를 비롯한 친자관계로 인한 법률상 효과가 발생하는 것이다(대판 1981. 5. 26, 80다2515).

(가) 과거의 부양료 청구: 인지의 효력은 자의 출생시로 소급하여 발생하므로, 그 부는 그 자가 출생한 때부터 부양의무를 부담하게 된다. 이 부양의무는 부모가 그들의 자력에 따라 분담하여야 하므로, 모는 인지시까지의 부가 분담했어야 할 부양료의 분담액을 부당이득으로서 반환청구할 수 있다.[16] 다만, 판례는 부양료 전액이 아닌 상당한 가액의 범위 내에서 구상을 긍정한다.

판례 어떠한 사정으로 인하여 부모 중 어느 한쪽만이 자녀를 양육하게 된 경우에 그와 같은 일방에 의한 양육이 그 양육자의 일방적이고 이기적인 목적이나 동기에서 비롯한 것이라거나 자녀의 이익을 위하여 도움이 되지 아니하거나 그 양육비를 상대방에게 부담시키는 것이 오히려 형평에 어긋나게 되는 등 특별한 사정이 있는 경우를 제외하고는 양육하는 일방은 상대방에 대하여 현재 및 장래에 있어서의 양육비 중 적정 금액의 분담을 청구할 수 있음은 물론이고, 부모의 자녀양육의무는 특별한 사정이 없는 한 자녀의 출생과 동시에 발생하는 것이므로 과거의 양육비에 대하여도 상대방이 분담함이 상당하다고 인정되는 경우에는 그 비용의 상환을 청구할 수 있다(대결 1994. 5. 13, 92스21).

(나) 상 속: 부의 사망 후에 자가 인지를 받더라도 자에게는 상속권이 인정된다.

15) 임의인지의 경우는 인지신고서의 수리나 유언자의 사망에 의하여, 그리고 강제인지의 경우에는 인지판결이 확정된 때에 父와 혼인외의 출생자 사이의 법률상의 친자관계가 출생시에 소급하여 발생한다.

16) 김주수, 친족·상속법, 303면; 한봉희, 가족법, 206면.

㉠ 상속분이 온존하는 경우: 인지판결을 받은 자녀는 새로운 상속인으로서 자신의 상속분에 따른 상속재산의 분할을 청구할 수 있다.

㉡ 다른 공동상속인들이 이미 상속재산을 분할하거나 처분(제3자에게 매각 또는 증여)한 경우: 그 분할이나 처분 자체는 유효하고, 자신의 상속분에 상당한 가액반환청구만 할 수 있을 뿐이다(제1014조). 인지의 소급효는 제3자의 권리를 해치지 못하며, 이미 이루어진 상속분할을 무효로 하고 상속재산을 다시 분할한다면 제3자에게 손해를 끼치고 번잡하게 되기 때문이다. 이 경우 가액반환청구권의 성질은 상속회복청구권이다(대판 1981. 2. 10, 79다2052).

판례 인지의 소급효와 제3자의 보호에 관한 문제

혼인외의 출생자가 부의 사망 후에 인지의 소에 의하여 친생자로 인지받은 경우 피인지자보다 후순위상속인인 피상속인의 직계존속 또는 형제자매 등은 피인지자의 출현과 함께 자신이 취득한 상속권을 소급하여 잃게 되는 것으로 보아야 하고, 그것이 민법 제860조 단서의 규정에 따라 인지의 소급효 제한에 의하여 보호받게 되는 제3자의 기득권에 포함된다고는 볼 수 없다(대판 1993. 3. 12, 92다48512).

〈판례의 검토〉

a. 인지청구에 승소한 원고(피인지자)의 출현으로 인하여 망인(피상속인)의 직계존속이나 형제자매는 원고보다 후순위 상속인이 되어 자신이 취득한 상속권(또는 상속재산)을 소급하여 상실하게 된다. 따라서 후순위 상속인에 해당하는 피상속인의 직계존속이나 형제자매는 민법 제860조 단서에서 말하는 제3자에 해당되지 않아 보호받지 못하게 되고, 표현상속인에 불과하게 되어 상속회복청구문제가 발생하게 된다.

b. 피상속인의 직계존속이 피상속인의 사망으로 인한 손해배상을 받은 것이 있다면, 인지받은 자는 그에 대하여 부당이득반환청구를 할 수 있다.

판례 생부가 사망한 이후 혼인외의 출생자가 인지청구의 소를 제기하였더라도 인지판결이 확정되기 전에는 상속인으로서의 권리를 행사할 수 없으며, 인지판결이 확정되기 전의 정당한 상속인이 채무자에 대하여 소를 제기하고 승소판결까지 받았다면, 그러한 표현상속인에 대한 채무자의 변제는 채권의 준점유자에 대한 변제로서 적법하다(대판 1995. 1. 24, 93다32200). 채무자가 표현상속인을 정당한 권리자로 믿은데 과실이 없기 때문이다.

② 자녀의 성과 본

자가 인지되면 자는 원칙적으로 부의 성과 본을 따른다(제781조 제1항). 그러나 혼인 외의 출생자가 인지된 경우 자는 부모의 협의에 따라 종전의 성과 본을 계속 사용할 수 있다(제781조 제5항 본문). 다만, 부모가 협의할 수 없거나 협의가 이루어지지 않은 경우에는 자는 법원의 허가를 받아 종전의 성과 본을 계속 사용할 수 있다(제781조 제5항 단서). 이 경우(부모의 협의로 성과 본을 유지하기로 한 경우) 인지신고서에 그 내용을 증명하는 서면 또는 재판서의 등본 및 확정증명서를 첨부하여 신고하여야 한다(가족관계등록법 제55조 제2항).

③ 친권의 행사

생부의 인지를 받기 전에는 생모가 친권자이지만(제909조 제1항), 생부의 인지(임의인지의 경우)를 받게 되면 부모의 협의로 친권자를 정하고, 협의를 할 수 없거나 협의가 이루어지지 않은 경우에는 가정법원은 직권으로 또는 당사자의 청구에 따라 친권자를 지정하여야 한다(제909조 제4항 본문). 다만, 부모의 협의가 자의 복리에 반하는 경우에는 가정법원은 보정을 명하거나 직권으로 친권자를 정한다(제909조 제4항 단서). 반면에 인지청구의 소에 의한 재판상 인지의 경우에는 가정법원이 직권으로 친권자를 정한다(제909조 제5항). 그리고 자가 인지된 경우에 자의 양육과 면접교섭에 대하여는 이혼의 경우에 관한 제837조와 제837조의 2를 준용한다(제864조의 2).

(4) 준정(準正)에 의한 혼인 중의 출생자

> 제855조(인지) ② 혼인외의 출생자는 그 부모가 혼인한 때에는 그때로부터 혼인 중의 출생자로 본다.

1) 의 의

준정이란 혼인외의 출생자가 부모의 혼인에 의하여 혼인중의 출생자로 되는 것을 말한다. 따라서 준정을 후혼인지(後婚認知)라고도 한다. 이는 혼인 외의 출생자를 보호하고, 법률상 정상적인 혼인을 장려하기 위한 것이다.

2) 준정의 유형

준정의 유형에는 혼인에 의한 준정, 혼인중의 준정, 혼인해소후의 준정, 사망한 자녀에 대한 준정이 있다. 민법은 이 중에서 혼인에 의한 준정만을 규정하고 있으나, 해석상 혼인중의 준정(혼인중 인지된 경우), 혼인해소 후의 준정(혼인해소 후의 인지)도 인정한다. 준정이 되기 위해서는 인지와 부모의 혼인 등 두 가지 요건이 필요하다. 따라서 인지가 없다면 준정이 될 수 없다.

① 혼인에 의한 준정: 자가 혼인 전에 출생하여 父가 혼인 전에 인지하고 있는 경우에 부모의 혼인에 의하여 준정이 되는 경우이다(제855조 제2항). 이를 혼인준정이라고도 한다.

② 혼인중의 준정: 혼인외의 출생자가 부모의 혼인 중에 부모로부터 인지를 받음으로써 혼인중의 자가 되는 준정이다.

③ 혼인해소후의 준정: 혼인외의 출생자가 부모의 혼인 중에 인지를 받지 못하고 있다가 그 부모의 혼인이 사망 또는 이혼 등으로 해소된 후에 인지되는 경우의 준정이다.

④ 사망자에 대한 준정: 사망한 혼외자에게 직계비속이 있는 경우에는 인지할 수 있는데(제857조), 사망한 子를 인지한 후 그 부모가 혼인한 경우, 인지된 혼인외의 子가 직계비속을 남기고 사망한 후 그 부모가 혼인한 경우, 직계비속 있는 사망한 子를 그 부모의 혼인중에 인지한 경우 등의 준정을 말한다.

3) 준정의 효과

① 혼인외 출생자는 준정으로 인하여 부모의 혼인신고시부터 혼인중의 출생자로 된다(제855조 제2항). 혼인 후에 인지가 되어도 인지의 효과는 소급하므로 인지시부터가 아니라 부모가 혼인한 때부터 혼인중의 출생자로 된다(즉, 준정의 효과는 언제나 부모가 혼인한 때부터 발생한다. 인지와는 달리 자녀의 출생시까지 소급하지 않는다).

② 그러나 준정에 의한 혼인중의 출생자는 친생추정(제844조)을 받지 못한다. 따라서 친자관계에 다툼이 있는 경우에는 친생자관계존부확인의 소에 의하여야 한다.

(5) 친생자관계존부확인의 소

1) 일 반 론

> 第865조(다른 사유를 원인으로 하는 친생자관계존부확인의 소) ① 제845조, 제846조, 제848조, 제850조, 제851조, 제862조와 제863조의 규정에 의하여 소를 제기할 수 있는 자는 다른 사유를 원인으로 하여 친생자관계존부의 확인의 소를 제기할 수 있다.
> ② 제1항의 경우에 당사자일방이 사망한 때에는 그 사망을 안 날로부터 2년내에 검사를 상대로 하여 소를 제기할 수 있다.

① 의 의

친생자관계존부확인(親生子關係存否確認)의 소는 특정인 사이의 친생자관계존부의 확인을 구하는 소이다. 즉, 친생자관계존부확인의 소는 '친생자의 추정을 받지 못하는 혼인중의 자'에 대한 지위의 다툼이 있을 때 이용되는데, 특정인 사이의 친생자관계의 존부를 주장하는 소를 말한다. 따라서 여기에는 친생자관계존재확인의 소와 친생자관계부존재확인의 소가 있다.

② 성 질

친생자관계존부확인의 소는 기존의 법률상 친자관계의 존부가 명확하지 않은 경우에 그에 대한 확인을 구하는 '확인의 소'이다. 이와는 달리 친생부인의 소, 父를 정하는 소, 인지에 대한 이의의 소, 인지청구의 소, 인지취소의 소는 '형성의 소'로서 장래에 향하여 새로운 친자관계의 발생·소멸을 목적으로 한다. 친생자관계존부확인소송을 하게 되는 법률상의 실익은 진실에 합치하지 않는 친자관계의 등록부기재가 있는 경우 그 기재를 정정하여 신분관계를 확실하게 하려는데 있다.

> 판례 인지청구의 소로 하여야 할 것을 친생자관계존부확인의 소로써 한다든지, 친생부인의 소로 할 것을 친자관계부존재확인의 소로 대용하는 것은 허용되지 않는다(대판 2000. 8. 22, 2000므292).

판 례 혼인외의 출생자는 그 생부가 사망한 경우 검사를 상대로 인지청구의 소를 제기하여야 하므로, 생모가 혼인 외의 출생자와 검사를 피고로 하여 생부와 혼인 외의 출생자 사이의 친자관계존재확인을 청구하는 것은 허용될 수 없다(대판 1997. 2. 14, 96므738). 다만 친생부인의 소가 아닌 친생자관계부존재확인의 심판을 선고받아 확정된 경우, 당연무효가 아니며 그 기판력은 제3자에게도 미친다(대판 1992. 7. 24, 91므566). 따라서 확정심판의 효과로서 친생자로서의 추정은 깨진다고 한다.

2) 소의 요건

① **소송물:** 특정한 사람들 사이의 친자관계존부의 확인청구권

㈎ **소의 제기원인:** 친생자관계존부확인의 소는 친생부인의 소, 부를 정하는 소, 인지에 대한 이의의 소 및 인지청구의 소의 목적과 저촉되지 않는 '다른 사유'를 원인으로 한다(제865조 제1항).

㈏ **소의 제기가 가능한 구체적인 경우:** 이 소의 청구는 이미 등록부에 기재되어 있는 친자간에 법률상 친자관계가 실제로 있느냐 여부의 주장이어야 한다.

㈀ 친생자의 추정(제844조)을 받지 않는 혼인중 출생자인 경우, ㈁ 형식상 친생자의 추정(제844조)을 받지만 정상적인 동거의 결여로 처가 부에 의하여 포태가 불가능한 외관상 명백한 사실이 있는 경우(통설·판례), ㈂ 夫의 혼외자가 허위의 출생신고에 의해 부와 그 처와의 子로 등록부에 기재되어 있는 경우(대판 1967. 7. 18, 67마332), ㈃ 등록부에 기재되어 있지만 다른 부부사이에 친생자관계가 존재하는 경우, ㈄ 혼인외 출생자의 모자관계의 경우에 친생자관계존부확인의 소를 제기할 수 있다.

판 례 가. 허위의 친생자출생신고에 의하여 입양의 효력이 인정되는 경우에는 파양의 원인과 같이 양친자관계를 해소하여야 하는 등의 특단의 사정이 없는 한 친생자관계부존재확인을 구할 소의 이익이 없다(대판 1991. 12. 13, 91므153). '파양으로 양친자관계를 해소할 필요'가 있는 등 특별한 사정이 있는 경우에 파양청구를 하여야 하고, 그 이외의 경우에는 친생자관계부존재확인의 소로 그 친자관계를 부정하는 청구를 할 수 없다.
나. 다만, 입양신고 대신 출생신고를 한 경우 중 입양의 효력이 발생할 수 없는 경우(예: '데리고 온' 아이를 내연관계의 남편등록부에 출생신고한 때)는 친생자관계부존재확

인의 소로 그 친자관계를 부정할 수 있다(대판 1995. 1. 24, 93므1242).
다. 生父에 의한 친생자출생신고로 인지의 효력이 발생한 혼외자에 대한 이해관계인의 친생자관계부존재확인의 소를 인용한다(대판 1993. 7. 27, 91므306).

② **확인의 이익**

친생자관계존부확인의 소는 확인의 소의 일종이므로 확인의 이익, 즉 원고가 자기의 신분상의 지위에 관하여 당해 친자관계의 존부를 확정할 이익이 있어야 한다.

③ **당 사 자**

(가) 원 고: 소를 제기할 수 있는 자는 父를 정하는 소(제845조), 친생부인의 소(제846조, 제848조, 제850조, 제851조), 인지에 대한 이의의 소(제862조), 인지청구의 소(제863조)의 규정에 의하여 소를 제기할 수 있는 자(제865조 제1항)이다. 즉, 부부의 일방, 부 또는 처의 후견인, 부 또는 처의 유언집행자, 부 또는 처의 직계존속 및 직계비속, 母, 子, 子의 직계비속 또는 그 법정대리인, 이해관계인이다.

여기에서 친족이 소를 제기하는 경우 친족은 당연히 이해관계인의 범위에 포함되는가에 대한 문제가 있다. 판례에 의하면, 이해관계인에는 제777조의 친족관계(혈족, 인척, 배우자)에 있는 자도 포함되며, 친족관계에 있다는 이유만으로도 청구적격을 인정할 수 있다고 있다(대판 1991. 5. 28, 90므347).

판 례 친생자관계존부확인의 소의 경우 제777조의 친족은 이해관계인으로서 친생자관계존부의 확인이 필요한 당사자 쌍방을 상대로 친생자관계존부확인의 소를 구할 수 있다(대판 2004. 2. 12, 2003므2503).

판 례 이해관계 있는 제3자가 친생자관계부존재확인을 구하는 심판청구에 있어서는 친·자 쌍방이 피심판청구인의 적격이 있다 할 것이므로 친·자 쌍방이 다 생존하고 있는 경우에는 필수적 공동소송의 경우에 해당된다(대결 1983. 9. 15, 83즈2).

(나) 피 고: 친생자관계에 있는 일방 당사자가 소를 제기하는 경우에는 타

당 당사자를 상대방으로 하고, 타방이 사망한 경우에는 검사를 상대방으로 한다(가소 제28조, 제24조 제1항 · 제3항). 그리고 제3자가 소를 제기하는 경우에는 등록부 기재상 친생자관계가 있는 당사자 쌍방을 상대방으로 하고, 당사자 쌍방이 모두 사망한 때에는 검사를 상대방으로 한다(가소 제24조 제2항 · 제3항).

3) 판결의 절차 및 효력

① 절차와 제소기간

㈎ 조정대상 아님(가소 가류사건): 조정절차를 거칠 필요 없이 바로 소를 제기할 수 있다.

㈏ 제소기간: 원칙적으로 기간제한이 없다. 따라서 소의 이익이 존재하는 이상 당사자가 생존하는 경우는 언제라도 소를 제기할 수 있다. 다만, 당사자(친자) 중 일방이 사망한 경우는 그 사망사실을 안 날로부터 2년 내(제척기간)에 검사를 상대로 소를 제기하여야 한다(제865조 제2항).

> 판례 친생자관계존부확인의 대상이 되는 당사자 쌍방이 모두 사망한 경우에는 당사자 쌍방 모두가 사망한 사실을 안 날로부터 2년 내에 소를 제기하여야 한다(대판 2004. 2. 12, 2003므2503).

㈐ 이해관계인이 소를 제기하는 경우: 부모와 자녀 모두를 상대방으로 하여야 한다. 그 중 한사람이 사망하여도 남은 생존자를 피고로 삼으면 되므로 검사를 피고로 삼을 필요는 없고, 부모와 자녀 모두 사망한 경우에만 그 사망사실을 안 날부터 2년 내에 검사를 상대방으로 하여 소를 제기할 수 있다. 따라서 이 경우에는 사실상 제소기간의 제한도 받지 않는다(대판 2004. 2. 12, 2003므2503 참조).

> 판례 친족법상 친자관계의 존부를 다투는 소송에 있어서는 친자관계가 신분관계의 기본이 되는 것으로 단순히 친자 상호간의 관계뿐만 아니라 친족간의 상속문제 기타 친족관계에 기초한 각종 법률관계에도 영향을 초래할 수 있으므로 진실한 신분관계를 확정하는 것은 그 자체가 법이 의도하고 있는 정당한 행위로서, 소송의 결과 위 각종 법률관계에 영향을 미치는 것은 정당한 신분관계의 회복에 당연히 수반되는 것에 다름 아니라 할 것

이니 이를 두고 그 소송의 동기나 목적이 소권남용의 의도에서 비롯된 것으로 단정지어 비난할 사유가 되지 못하고, 또한 법에서 친족에 의한 친생자관계부존재확인의 소에 대하여는 특별히 제소기간에 제한을 두지 아니한 취지에 비추어 비록 친자관계의 직접 당사자인 부모가 사망한 때로부터 오랜 기간 경과한 후에 위 소를 제기하였다 하더라도 그것만으로 신의칙에 반하는 소송행위라고 볼 수 없다 할 것이므로 달리 특별한 사정이 없는 한 친생자관계부존재확인의 소가 소권의 남용이라는 명목으로 쉽게 배척되어서는 안 될 것이다(대판 2004. 6. 24, 2004므405).

② 판결의 효과

친생자관계존부확인의 재판이 확정되면 등록부상 부 또는 모와 자녀 사이의 친생자관계의 존재 또는 부존재가 확인되는 효과가 생긴다. 부존재가 확인되면 친자관계가 소멸되므로 상속·부양 등 모든 권리의무가 소멸된다. 판결확정 전에 그 자가 상속을 받았다면, 그것은 부당이득이 되어 반환하여야 한다.

이러한 판결의 효과는 제3자에게도 미친다(가소 제21조). 판결이 확정되면 소를 제기한 자는 그 확정일로부터 1월내에 판결의 등본과 확정증명서를 첨부하여 등록부의 정정을 신청하여야 한다(가족관계등록법 제107조).

【유의할 점】

친생자관계의 존부 확인과 같이 가사소송법상의 가류 가사소송사건에 해당하는 청구는 성질상 당사자가 임의로 처분할 수 없는 사항을 대상으로 하므로, 이에 관하여 조정이나 재판상 화해가 성립하더라도 효력이 없다(대판 2007. 7. 26, 2006므2757, 2764). 따라서 혼인 외의 자가 친생자관계의 부존재를 확인하는 대가로 금원 등을 지급받으면서 추가적인 금전적 청구를 포기하기로 합의하였더라도 이러한 합의는 당사자가 임의로 처분할 수 없는 사항에 관한 처분을 전제로 한 것이므로, 이에 반하여 인지청구를 하고 그 확정판결에 따라 상속분상당가액지급청구를 하더라도 신의칙 위반으로 보기 어렵다.

3. 인공임신에 의한 자

(1) 서 설

인공임신(Artificial Conception)이란 남녀간의 자연적인 성행위에 의하지 않고 인위적·비정상적인 방법에 의한 임신을 총칭하는 개념이다. 여기에는 인공수정·체외수정 및 대리모에 의한 임신 등이 있다. 그러나 인공수정자는 법률상의 부부에 의해서 자연스러운 방법으로 출생된 자가 아니기 때문에 윤리적·종교적·사회적·법률적 측면에서 많은 시비가 있어 왔다.

(2) 인공수정자

1) 인공수정의 의의 및 유형

인공수정이란 남녀간의 자연적 성행위에 의하지 않고, 인위적인 시술에 의하여 수태를 하게 하는 것을 말하며, 인공수정에 의하여 태어난 子가 인공수정자이다. 인공수정에는 처가 부의 정액을 사용해서 인공수정하는 방법(Artificial Insemination by Husband, AIH)과 제3자의 정액을 사용하는 인공수정방법(Artificial Insemination by Donor's Semen, AID) 등이 있다. 그리고 부의 정자가 적거나 또는 활동성 정자가 아주 적어서 수태시키기가 곤란할 경우 제3자의 정액과 혼합하여 수태시키는 방법(Confused Artificial Insemination, CAI)도 있다.

〈인공생식의 구조〉

	妻의 난자	제3자 제공의 난자
夫의 정자	* 자연생식 * 인공수정(AIH) * 체외수정(妻出産)(시험관수정, 수정란이식) * 체외수정(대리출산)(대리모, 자궁의 모)	* 체외수정(妻出産): AID의 경우와 동일한 성질. 처는 법률상의 모. * 인공수정(代理母)
제3자 제공의 정자	인공수정(AID)	양자간의 경합적 체외수정

2) 배우자의 정자에 의한 인공수정

① 이는 보통 혼인한 남녀가 의학적인 문제 등으로 인해 정상적인 성적결합이 어려운 경우나 특수한 사정으로 부부가 공동생활을 할 수 없는 경우에 행하여진다.

② AIH는 임신의 방법만이 특수할 뿐이고 인공수정자는 보통의 子와 동일하므로 특별한 법적 문제가 발생하지 않는다.

☞ 문제되는 것은 부의 정액을 냉동보존하였다가 부의 사망 후 그 냉동정액을 이용하여

처가 임신하고, 자를 출산하였을 때 이를 혼인중의 자로 추정할 것인가라는 점이다.
- 이는 친생자추정규정인 민법 제844조 제2항과 관련된 문제: 부의 사망 후 300일 내에 출생한 자는 혼인중의 자로 추정되지만 300일 후에 출생한 자는 혼인외의 자가 된다.

3) 제3자의 정자에 의한 인공수정

① 夫의 동의에 의한 인공수정

부의 동의가 있는 인공수정자는 부의 子로 추정되는 혼인중의 출생자가 된다고 해석하는 것이 일반적이다.[17] 왜냐하면 부가 AID시술에 동의하고 나서 자의 출생 후에 부인권을 행사하는 것은 금반언의 원칙에 위반되며(다수설),[18] 부의 친생부인권을 부인하는 것이 당사자인 부부의 의사를 존중하는 것이 되고 또한 자의 복리에 부합하기 때문이다. 따라서 정액제공자는 친생자관계존부확인의 소를 제기할 수 없다. 그리고 정자제공자는 인공수정자에 대하여 인지할 수 없고, 인공수정자도 인지청구권을 행사할 수 없다고 본다.

② 夫의 동의 없는 인공수정

이 경우의 인공수정자와 夫사이의 관계를 어떻게 처리할 것인지에 대해서는 견해가 대립한다.

㈎ 처가 혼인 중 타인의 子를 출생한 경우와 같이 친생추정을 받지 않는 혼중자이며 夫는 친생부인권을 행사할 수 있다고 하는 견해가 있다.

㈏ 자가 부의 동의 없이 인공수정으로 태어났다면, 그 子는 사정에 따라 친생추정을 받는 혼인중의 출생자, 친생추정을 받지 않는 혼인중의 출생자, 친생추정이 미치지 않는 子가 될 것이다. 이 경우 夫는 친생부인의 소를 제기할 수 있으며, 친생자추정을 받지 않거나 추정이 미치지 않는 子일 경우에는 이해관계인이 친생자관계부존재확인의 소를 제기할 수 있다고 해석하는 견해가 있다.[19]

---

17) 하급심 판례를 보면, 夫의 동의하에 출생한 AID子는 친생추정을 받는다는 전제 위에서 부가 제기한 친생자관계부존재확인의 소를 却下한 바 있으며(서울가정법원 1983. 7. 15, 82드5134; 서울고판 1986. 6. 9, 86르53), AID로 태어난 아이가 호적상 아버지를 상대로 친생자관계부존재확인의 소를 제기한 경우 등록부상 부의 생식불능을 이유로 이를 받아들이고 있다(서울가판 2002. 11. 19, 2002드단53028 참조).

18) 김주수, 친족·상속법, 316면.

㈐ 원칙적으로 인공수정자는 부의 친생자 추정을 받는 혼인중의 子가 되므로 부는 친생부인의 소를 제기할 수 있다고 보는 견해도 있다.[20] 그러나 인공수정자가 혼인 후 200일 이내에 출생하게 되면 이는 추정을 받지 못하는 혼인중의 자로 해석하여야 할 것이라고 한다.[21]

(3) 체외수정자

1) 의 의

처에게 나팔관 폐색 등의 원인이 있어서 정자와 난자를 체외로 채취하여 인공적으로 수정시킨 수정란을 모체의 자궁에 이식시켜 이루어진 임신을 말한다. 즉, 체외수정(시험관수정; in vitro Fertilization, IVF)[22]의 과정과 배이식(수정란이식; Embryo Transfer, ET)의 과정으로 이루어진다. 체외수정에 의하여 태어난 子를 시험관아기(Test Tube Baby)라고 한다. 세계 최초의 시험관아기로는 1978년 7월 25일 영국의 올드햄에서 브라운(Louis Brown)양이 탄생하여 화제가 되었고, 우리나라에서도 1985년 10월 12일에 국내 최초의 시험관아기를 탄생시켰다.

2) 배우자간의 체외수정

배우자간의 체외수정은 처에게 AIH와 같으므로 법률적으로 큰 문제는 없다.

3) 비배우자간의 체외수정

비배우자간 체외수정법리는 AID의 경우와 동일한 성질을 가졌다고 보아야 할 것이다.

---

19) 김주수, 친족・상속법, 318면.

20) 이경희, 가족법, 183면; 한봉희, 가족법, 235면.

21) 이경희, 가족법, 183면.

22) 이와 함께 미성숙난자의 체외수정 (IVM-IVF)이 있다. 이 시술법은 1988년 차병원 여성의학연구소에서 세계최초로 임신에 성공한 바 있고, 최근에 전세계 불임센타에서 많은 관심을 갖는 최신 치료법이라고 한다. 시험관아기 시술과정에서 미성숙난자만 채취되거나 조기폐경으로 인하여 난자 생성이 불가능한 경우에는 타인의 미성숙난자를 공여받거나, 암으로 인하여 방사선 요법이나 화학요법이 예상되는 경우에 치료를 받기 전 미성숙난자를 채취하여 냉동보존하거나 체외에서 성숙시킨 후 수정을 유도하고 냉동보존하여 암 등의 질병치료 후 사용할 수도 있다고 한다.

① 제3자의 난자에 의하여 태어난 체외수정자에 대해서는 자궁을 제공하여 포태·분만한 母가 법률상의 모가 된다. 그리고 체외수정자는 母와 母의 夫의 혼인중의 출생자의 지위를 가진다.

② 제3자의 정액과 제3자의 난자에 의한 체외수정의 경우에는 제3자의 정액제공에 의한 인공수정과 제3자의 난자제공에 의한 체외수정이 경합적으로 발생한다.

(4) 대리모 출생자

1) 의 의

妻에게 불임원인이 있어서 자를 출산할 수 없는 경우 대리모(제3의 여성)에게 자의 출산을 의뢰하여, 의뢰부부와 대리모(생모) 사이에 子를 낳기 위한 계약을 맺고(대리모계약) 夫의 정자를 대리모에게 인공수정하여 자녀를 출산시키는 방법이다(씨받이형). 이 경우 보통 의뢰부부와 대리모 사이에 子를 낳는 수고에 대한 대가적 성질을 가진 상당한 액수의 금전거래가 있게 되는데, 윤리적·도덕적으로 많은 비판을 받고 있다. 1987년초 미국의 뉴저지주에서 있었던 Baby M사건은 전형적인 대리모사건으로서 전 세계적인 이목을 집중시킨 바 있다.

2) 대리모계약(Surrogate Mother Contract)의 유효성

대리모계약은 우리의 전통사회에 존재했던 '씨받이' 풍속과는 다른 것이다. 대리모계약의 경우 대리모가 자를 낳아주는 조건으로 의뢰부부로부터 금전을 받는 경우가 일반적이므로, 이러한 계약은 선량한 풍속 기타 사회질서에 위반되는 것으로서 무효로 보는 것이 일반적이다(다수설).

3) 대리모 출생자의 법적 지위

대리모의 子와 대리모 사이에는 분만을 매개로 한 모자관계가 성립한다. 그리고 대리모의 子는 대리모가 혼인중인 때에는 그 夫 사이의 혼인중의 출생자로 추정되고, 夫는 친생부인권을 갖는다. 대리모계약은 무효이므로 대리모는 子를 인도할 의무를 부담하지 않고, 의뢰부부(정자를 제공한 부부)는 대리모계약에 따른 子의 인도를 청구할 수 없다.

Baby M사건과 같이 대리모계약이 인신매매에 해당하는가, 제3자인 여성이 자의 인도를 거부한 경우에는 어떻게 할 것인가 등의 많은 문제점이 있다.

제3절 養 子

1. 양자제도의 개관

(1) 양자제도의 의의

양자제도란 자연혈연적인 친생자관계가 없는 사람들 사이에 인위적으로 법률상 친자관계를 의제하는 제도이다. 친생자관계는 부모와 자식 사이에 자연혈연관계로 맺어지지만, 양친자관계는 입양이라는 신분계약으로 맺어진다는 점에서 근본적인 차이가 있다. 그러나 양자도 파양을 할 수 있는 점을 제외하고는 친생자와 동일한 법률상의 지위를 갖는다.

(2) 양자제도의 종류

1) 양자제도는 완전양자제도와 불완전양자제도로 분류할 수 있는데, 완전양자(친양자)제도는 입양 후에는 생가부모 및 그 혈족과의 관계를 법률적으로 단절시키고 원칙적으로 파양을 인정하지 않는 제도를 말한다.

2) 또한 양자제도에는 양친자관계의 창설을 양친과 양자 사이의 사적인 신분계약으로 보는 계약형 양자제도, 양자의 복지를 위하여 법원 등 국가기관 또한 허가를 받아야 입양이 성립되도록 하는 선고형 양자제도가 있다.

(3) 양자제도의 변천과 현대양자법의 경향

현대 양자법은 성립면에서는 선고형 양자제도로 그 효과면에서는 완전양자제도로 변하고 있다. 1970년대 이후 세계 각국은 子의 복리를 위하여 양부모의 子로 완전친생화하는 완전양자제도를 도입하였다(영국, 프랑스, 독일, 이태리, 스위스 등의 양자법).

(4) 우리 민법상의 양자제도

1990년 민법개정으로 가(家)를 위한 양자제도를 불식한 이후, 2005년 민법의 일부개정시 친양자 제도를 도입함에 따라 우리 민법상 양자제도에는 보통(일반)양자와 친양자 두 가지를 두고 있다.

한편, 우리나라 양자법은 그동안 꾸준히 제기되어 온 문제점을 해결하기 위한 일환으로써 2012년 2월 대폭적으로 개정되어 2013년 7월 1일부터 시행하고 있다. 개정 양자법은 가정법원이 입양을 하려는 부모의 입양동기와 부양능력, 범죄전력 등을 심사해 입양여부를 결정하는 허가제를 도입하고 있으며, 입양과정에서 입양아동의 의사표명권을 강화하고 있는 등 현행 제도의 운영상 나타난 미비점을 개선·보완하려는 것이다. 더욱이 이러한 개정 내용은 국내법과의 충돌을 이유로 그 적용이 유보된 1989년 유엔아동권리협약(제21조 (a)호)[23]의 이행 등과도 직결되는 문제이다.

〈구 양자법과 개정 양자법상 입양의 요건과 효과〉

구분	구 양자법		개정법	
	보통양자 (일반입양)	친양자 (친양자입양)	보통양자 (일반입양)	친양자 (친양자입양)
법원의 허가	불요	필요(제908조의 2)	미성년자 입양시 필요(제867조 제1항)	필요(제908조의 2)
양친 될 자	성년자일 것 (제866조).	3년 이상 혼인 중인 부부일 것. 단, 계자 입양의 경우에는 1년 이상 혼인 중인 부부일 것(제908조의 2 제1항 1호).	성년자일 것 (제866조).	3년 이상 혼인 중인 부부일 것. 단, 계자 입양의 경우에는 1년 이상 혼인 중인 부부일 것(제908조의 2 제1항 1호).
양자 될 자	양친보다 존속 또는 연장자가 아닐 것(제877조).	15세 미만일 것 (제908조의 2 제1항 2호).	양친보다 존속 또는 연장자가 아닐 것 (제877조).	미성년자일 것 (제908조의 2 제1항 2호).

23) 아동권리협약 제21조 a항에서는 "아동의 입양은 적용가능한 법률과 절차에 따라서 그리고 적절하고 신빙성 있는 모든 정보에 기초하여 입양이 부모·친척 및 후견인에 대한 아동의 신분에 비추어 허용될 수 있음을, 그리고 요구되는 경우 관계자들이 필요한 협의에 의하여 입양에 대한 분별 있는 승낙을 하였음을 결정하는 관계당국에 의하여만 허가되도록 보장되어야 한다"고 규정하고 있다.

입양 의사의 합치	–필요(제883조 1호). 단, 양자될 자가 15세 미만인 경우에는 법정대리인(주로 친권자)이 대락함(제869조).	특별한 규정 없음. 단, 법정대리인의 대락을 요구하는 조문 있음(제908조의 2 제1항 4호).	–필요(제869조). (가) 양자될 사람이 13세 이상인 미성년자: 법정대리인의 동의를 받아 입양 승낙(제1항). (나) 양자될 사람이 13세 미만인 경우: 법정대리인이 대락함(제2항). (다) 일정한 사유가 있는 경우: 가정법원의 입양 허가(제3항).	(가) 친양자 될 사람이 13세 이상인 경우: 법정대리인의 동의를 받아 입양 승낙(제908조의 2 제1항 4호). (나) 친양자 될 사람이 13세 미만인 경우: 법정대리인이 입양 승낙(제908조의 2 제1항 5호).
부모 등의 동의	가. 성년: 부모→직계존속의 동의(제870조) 나. 미성년: 부모→직계존속→후견인의 동의(제871조)	친생부모의 동의 필요. 단, 부모의 친권이 상실되거나 사망 그밖의 사유로 동의할 수 없는 경우에는 그러하지 아니함(제908조의 2 제1항 3호).	(가) 미성년(제870조) ㉠ 부모의 동의 필요(단, 일정한 사유가 있는 경우 동의 면제 가능)– 제1항. – 동의는 입양허가 전까지 철회 가능(제3항). ㉡ 일정한 사유가 있는 경우 부모의 동의 거부시에도 가정법원은 입양허가 가능(제2항). (나) 성년: 부모의 동의 필요. 단, 동의 면제 사유 있음(제871조).	(가) 친생부모의 동의 필요. 단, 부모가 친권상실 선고를 받거나 소재를 알 수 없거나 그밖의 사유로 동의할 수 없는 경우에는 그러하지 아니함(제908조의 2 제1항 3호). (나) 예외: 친양자가 될 사람의 친생부모 또는 법정대리인의 동의 또는 승낙 면제사유 있음(제908조의 2 제2항).
입양 신고	창설적 신고(제878조)	보고적 신고	창설적 신고(제878조)	보고적 신고
양친과의 관계	(가) 양자는 양부모의 혼인중 출생자로서의 지위 취득(제772조) (나) 친권자: 양부모(제909조 제1항) (다) 성·본변경 가능(제781조 제6항)	(가) 친양자는 양부모의 혼인중 출생자로 봄(제908조의 3 제1항). (나) 친권자: 양부모(제909조 제1항) (다) 성·본변경 가능(제781조 제6항)	(가) 양자는 입양시부터 양부모의 친생자와 같은 지위 취득(제882조의 2 제1항) (나) 친권자: 양부모(제909조 제1항) (다) 성·본변경 가능(제781조 제6항)	(가) 친양자는 양부모의 혼인중 출생자로 봄(제908조의 3 제1항). (나) 친권자: 양부모(제909조 제1항) (다) 성·본변경 가능(제781조 제6항)

친생 부모와의 관계	유지(불완전입양)	단절(완전입양) 예외: 계자입양(제908조의 3 제2항)	유지(불완전입양) − 양자의 입양전의 친족관계 존속(제882조의 2 제2항)	단절(완전입양) 예외: 계자입양(제908조의 3 제2항)
입양의 해소	㈎ 입양의 취소(제884조) ㈏ 협의상 파양(제898조) ㈐ 재판상 파양(제905조)	㈎ 입양의 취소(제908조의 4): 취소사유를 친생부모의 동의 흠결의 경우로 한정 ㈏ 재판상 파양(제908조의 5)	㈎ 입양의 취소(제884조) ㈏ 협의상 파양(제898조): 양자가 미성년자 또는 피성년후견인인 경우 재판상 파양만 허용. ㈐ 재판상 파양(제905조)	㈎ 입양의 취소(제908조의 4): 취소사유를 친생부모의 동의 흠결의 경우로 한정 ㈏ 재판상 파양(제908조의 5)
입양의 공개	비공개(친생부모에 관한 사항은 입양관계증명서에만 기록됨)	비공개(친생부모에 관한 사항은 친양자입양관계증명서에만 기록됨).	비공개(친생부모에 관한 사항은 입양관계증명서에만 기록됨)	비공개(친생부모에 관한 사항은 친양자입양관계증명서에만 기록됨)

2. 보통(일반)양자

(1) 입양의 성립요건

입양은 양친과 양자 사이의 신분계약으로서, 이는 남녀 사이의 부부가 되기 위한 혼인계약과 유사한 점이 많다.

1) 당사자 사이의 입양합의의 존재

㈎ 당사자 사이에 입양(친자관계형성)에 대한 실질적 의사의 합치가 있어야 한다(실질적 의사설).

판 례 입양무효사유인 '당사자 간에 입양의 합의가 없는 때'라 함은 당사자 간에 실제로 양친자로서의 신분적 생활관계를 형성할 의사를 가지고 있지 아니한 경우를 말하므로, 입양신고가 호적상 형식적으로만 입양한 것처럼 가장하기로 하여 이루어진 것일 뿐 당사자 사이에 실제로 양친자로서의 신분적 생활관계를 형성한다는 의사의 합치가 없었던 것이라면 이는 당사자 간에 입양의 합의가 없는 때에 해당하여 무효라고 보아야 한다(대판 2004. 4. 9, 2003므2411).

㈏ 입양의사는 그 성질상 조건부·기한부이어서는 안 되고, 입양의 의사는 신고서면의 작성시뿐만 아니라 신고의 수리시에도 존재하여야 한다. 따라서 유효하게 작성된 신고서도 제출 전에 일방이 입양의사를 철회하면 그것이 수리되더라도 무효이다.

㈐ 입양의사가 인정되려면 의사능력이 있어야 하고, 당사자 자신의 독립적 의사에 의하여야 한다. 13세 이상의 미성년자나 피한정후견인은 의사능력이 인정되어 입양에 대한 승낙능력을 가진다. 다만, 양자가 될 사람이 13세 미만인 경우에는 법정대리인이 그를 갈음하여 입양을 승낙하며(제869조 제2항), 가정법원의 입양허가가 있기 전에 법정대리인은 그 승낙을 철회할 수 있다(제869조 제5항).

2) 가정법원의 허가

> **제867조(미성년자의 입양에 대한 가정법원의 허가)** ① 미성년자를 입양하려는 사람은 가정법원의 허가를 받아야 한다.
> ② 가정법원은 양자가 될 미성년자의 복리를 위하여 그 양육 상황, 입양의 동기, 양부모(養父母)의 양육능력, 그 밖의 사정을 고려하여 제1항에 따른 입양의 허가를 하지 아니할 수 있다.
>
> **제873조(피성년후견인의 입양)** ② 피성년후견인이 입양을 하거나 양자가 되는 경우에는 제867조를 준용한다.

개정민법에서는 종전과 같이 일반입양과 친양자입양으로 이원화된 체계를 취하고 있다. 그리고 일반입양에서는 양자가 될 자의 연령에 제한을 두지 않고 미성년자 입양(제870조)과 성년자 입양(제871조)으로 구분하여 규정하고 있는데, 이 중 미성년자 입양의 경우에 '입양 허가제'를 도입하고 있다.[24] 미성년자 입양에 법원 등 국가기관의 허가를 받도록 하는 것은 선진국의 보편적인 입법례이기도 하다.[25]

---

24) 미성년자 입양의 경우 허가제의 도입은 그동안 유보되어 왔던 유엔 아동권리협약 제21조 a항의 이행이라고도 할 수 있다. 지난 2005. 4. 11. 국가인권위원회에서도 "유엔 아동의 권리에 관한 협약 제21조의 유보철회 및 이행에 대한 권고"에서 입양에 관하여 허가제를 채택하고, 위 조항에 대한 유보를 철회할 것을 권고한 바 있다.

25) 세계 각국의 입법례를 보면, 입양취급기관으로는 법원과 양자문제를 다루는 공공기관 또는

① 미성년자의 입양: 미성년자를 입양하려는 사람은 가정법원의 허가를 받아야 한다(제867조 제1항).

② 피성년후견인의 입양: 성년자 입양에서는 부모의 동의만으로 양자가 될 수 있도록 하고 있다.[26] 왜냐하면 성년양자의 경우에는 아동매매의 위험이나 자의 최선의 이익 등이 문제되지 않고, 유엔 아동권리협약이나 헤이그 입양협약의 규율대상도 아니므로 굳이 허가제를 채택할 필연성은 없기 때문이다. 다만, 피성년후견인이 입양을 하거나 양자가 되는 경우에는 제867조를 준용하여 가정법원의 허가를 받아야 한다(제873조 제2항).

③ 입양제도의 남용방지 조치: 가정법원은 양자가 될 미성년자나 피성년후견인의 복리를 위하여 그 양육 상황, 입양의 동기, 양부모(養父母)의 양육능력, 그 밖의 사정을 고려하여 입양의 허가를 하지 않을 수 있다(제867조 제2항, 제873조 제2항). 이것은 입양 전에 양부모의 양육능력, 양육동기 등에 관한 심사를 강화하여 가장입양으로 인한 폐해를 사전에 예방하기 위한 것이다.

3) 입양의 신고

> 제878조(입양의 성립) 입양은 「가족관계의 등록 등에 관한 법률」에서 정한 바에 따라 신고함으로써 그 효력이 생긴다.
>
> 제881조(입양 신고의 심사) 제866조, 제867조, 제869조부터 제871조까지, 제873조, 제874조, 제877조, 그 밖의 법령을 위반하지 아니한 입양 신고는 수리하여야 한다.
>
> 제882조(외국에서의 입양 신고) 외국에서 입양 신고를 하는 경우에는 제814조를 준용한다.

① 입양은 가족관계등록법에 정한 바에 의하여 신고함으로써 그 효력이 발

행정기관으로 분류되는데, 대체적으로 법원에서 입양을 다루는 입법례가 많은 것 같다. 법원에서 다루는 국가는 벨기에, 독일, 영국, 이탈리아, 네덜란드, 오스트리아, 스웨덴, 스페인, 미국 등이다. 한편, 행정기관 또는 공공기관에서 다루는 국가로는 덴마크, 노르웨이, 스위스, 러시아 등을 들 수 있다.

26) 즉, 성년자 입양은 현행법과 같이 '계약형 입양' 형태를 유지하고 있기 때문에, 성년입양이 성립하기 위해서는 양친될 자와 양자될 자 간의 합의가 요구된다.

생한다(제878조). 양자가 13세 미만인 경우에는 입양을 대락(代諾)한 법정대리인이 신고하여야 한다(가족관계등록법 제62조 제1항). 재외국민 사이의 입양신고는 해외공관장(대사, 공사, 영사)에게 신고할 수 있다(제882조, 제814조).

② 허위의 친생자출생신고에 의한 입양의 성부: 입양의 효력 인정(무효행위의 전환)

㈎ 출생신고는 출생의 사실을 보고하는 성격을 가질 뿐 친자관계를 창설하는 효력을 갖지 않기 때문에, 허위의 출생신고는 신고서상에 기재된 것과 같은 친자관계를 발생시키지 않는다.

㈏ 학설과 판례의 태도: 당사자 사이에 양친자관계를 창설하려는 명백한 의사가 있고 기타 입양의 실질적 요건이 모두 구비되어 있다면 입양신고 대신 친생자출생신고 또는 인지신고를 한 경우는 형식에 다소 잘못이 있더라도 입양의 효력이 발생한다고 한다(통설; 대판 2004. 11. 11, 2004므1484).

판례 친생자출생신고에 입양의 효력을 인정하려면 입양의 실질적 요건이 구비되어야 하는데, 그 속에는 감호·양육 등 양친자로서 생활사실이 반드시 수반되어야 한다(대판 2000. 6. 9, 99므1633, 1640).

㈐ 허위의 친생자출생신고의 경우 양부모, 양자 또는 제3자가 친생자관계의 부존재확인청구를 하는 경우에 어떻게 판결할 것인가.

㈀ 청구인용설: 친생자관계와 양친자관계가 동일한 것이 아니므로 그 청구를 인용하여야 한다는 견해이다.

㈁ 청구기각설: 친생자출생신고를 입양의 실질적 요건을 갖춘 경우에 양친자관계를 발생시키는데 만약 친생자관계를 부인하여 등록부(호적)에서 말소한다면 부당하므로 그 청구를 기각하여야 한다는 견해이다.

㈂ 각하설: 확인의 이익이 없음을 이유로 청구를 각하해야 한다는 견해이다.

판례 친생자로 출생신고를 한 것이 입양신고로서의 기능을 발휘하여 입양의 효력이 발생하였다면, 罷養에 의하여 양친자관계를 해소할 필요가 있는 등의 특별한 사정이 없는 한, 등록부(호적)의 기재를 말소하여 법률상 친자관계의 존재를 부정하게 되는 친생자관계부존재확인의 소는 확인의 이익이 없는 것으로서 부적법하다(대판 2001. 5. 24, 2000므1493; 대판 1994. 5. 24, 93므119).

③ 당사자간에 무효인 신고행위에 상응하는 신분관계가 실질적으로 형성되어 있지 않은 경우, 무효인 신분행위에 대한 추인의 의사표시만으로 그 무효행위의 효력을 인정할 수 있는가.

친생자 출생신고 당시 입양의 실질적 요건을 갖추지 못하여 입양신고로서의 효력이 생기지 않았더라도 그 후에 입양의 실질적 요건을 갖추게 된 경우에는 무효인 친생자 출생신고는 소급적으로 입양신고로서의 효력을 갖게 된다. 그러나 당사자 간에 무효인 신고행위에 상응하는 신분관계가 실질적으로 형성되어 있지 않은 경우에는 무효인 신분행위에 대한 추인의 의사표시만으로 그 무효행위의 효력을 인정할 수 없다(대판 2004. 11. 11, 2004므1484).

판례 第874조 제1항은 부부의 공동입양원칙을 선언하고 있고, 파양에 관하여는 별도의 규정을 두고 있지는 않지만 부부의 공동입양원칙에 비추어 보면, 양친이 부부인 경우 파양을 할 때에도 부부가 공동으로 하여야 한다고 해석할 여지가 없지 아니하나, 그렇게 해석한다고 하더라도 양친 부부 중 일방이 사망하거나 또는 양친이 이혼한 때에는 부부의 공동파양의 원칙이 적용될 여지가 없다고 할 것이고, 따라서 양부가 사망한 때에는 양모는 단독으로 양자와 협의상 또는 재판상 파양을 할 수 있으되 이는 양부와 양자 사이의 양친자관계에 영향을 미칠 수 없는 것이고, 또 양모가 사망한 양부에 갈음하거나 또는 양부를 위하여 파양을 할 수는 없다고 할 것이며, 이는 친생자부존재확인을 구하는 청구에 있어서 입양의 효력은 있으나 재판상 파양사유가 있어 양친자관계를 해소할 필요성이 있는 이른바 재판상 파양에 갈음하는 친생자관계부존재확인청구에 관하여도 마찬가지라고 할 것이다. 왜냐하면 양친자관계는 파양에 의하여 해소될 수 있는 점을 제외하고는 친생자관계와 똑같은 내용을 갖게 되는데, 진실에 부합하지 않는 친생자로서의 등록부기재가 법률상의 친자관계인 양친자관계를 공시하는 효력을 갖게 되었고 사망한 양부와 양자 사이의 이러한 양친자관계는 해소할 방법이 없으므로, 그 등록부기재 자체를 말소하여 법률상 친자관계를 부인하게 하는 친생자관계존부확인청구는 허용될 수 없는 것이기 때문이다(대판 2009. 4. 23, 2008므3600).

판례 당사자 사이에 양친자관계를 창설하려는 명백한 의사가 있고, 기타 입양의 실질적 성립요건이 모두 구비된 경우에 입양신고 대신 친생자출생신고가 있다면 형식에 다소 잘못이 있더라도 입양의 효력이 있다. 그러나 당사자 사이에 양친자관계를 창설하려는 명백한 의사가 있고, 나아가 기타 입양의 실질적 성립요건이 모두 구비되어 입양의 효력이 인정되는 경우에도 그 후 당사자(양부모와 양자)간에 친생자관계부존재확인의 확정판결이 있는 경우에는 그 확정일 이후부터는 양친자관계의 존재를 주장할 수 없다(대판 1993. 2. 23, 92다51969).

(2) 입양의 효력요건

1) 양친이 되는 자는 성년자일 것

제866조(입양을 할 능력) 성년이 된 사람은 입양(入養)을 할 수 있다.

제873조(피성년후견인의 입양) ① 피성년후견인은 성년후견인의 동의를 받아 입양을 할 수 있고 양자가 될 수 있다.

① 성년자이면 남녀, 혼인여부, 자식의 존재여부를 가리지 않고 누구든지 양부모가 될 수 있다(제866조). 따라서 부부가 양친이 되는 경우에는 모두 성년자이어야 한다.

② 미성년자의 혼인시 성년의제규정(제826조의 2)이 입양에 관하여도 적용될 것인가.

㈎ 긍정설: 혼인한 미성년자에게 성년능력을 인정하는 이상 혼인을 한 미성년자에 대하여 양자를 할 수 있는 능력을 구태여 부정할 필요는 없다.[27]

㈏ 부정설: 양자제도의 취지에 비추어 보아 성년의제에 의해서는 양친이 될 수 없다.[28]

성년의제는 혼인한 미성년부부의 법률행위를 보장해 줌과 아울러 그들과 법률관계를 맺는 제3자와의 거래안전을 도모하기 위한 것이다. 제866조의 취지는 양친자관계의 형성과 이의 효과적 유지를 위한 적령을 규정한 것이므로 성년의제규정을 여기에 적용함에는 무리가 있을 것이다.

---

27) 김용한, 친족상속법, 195면; 박동섭, 친족상속법, 312면; 송덕수, 신민법강의, 1841(E -131).
28) 김주수 · 김상용, 친족 · 상속법, 325면; 양형우, 민법의 세계, 1791면.

③ 피성년후견인도 양부모가 될 수 있지만, 피성년후견인이 입양하는 경우에는 성년후견인의 동의를 얻어야 한다(제873조 제1항).

2) 입양의 의사표시

> **제869조(입양의 의사표시)** ① 양자가 될 사람이 13세 이상의 미성년자인 경우에는 법정대리인의 동의를 받아 입양을 승낙한다.
> ② 양자가 될 사람이 13세 미만인 경우에는 법정대리인이 그를 갈음하여 입양을 승낙한다.
> ③ 가정법원은 다음 각 호의 어느 하나에 해당하는 경우에는 제1항에 따른 동의 또는 제2항에 따른 승낙이 없더라도 제867조 제1항에 따른 입양의 허가를 할 수 있다.
> 1. 법정대리인이 정당한 이유 없이 동의 또는 승낙을 거부하는 경우. 다만, 법정대리인이 친권자인 경우에는 제870조 제2항의 사유가 있어야 한다.
> 2. 법정대리인의 소재를 알 수 없는 등의 사유로 동의 또는 승낙을 받을 수 없는 경우
>
> ④ 제3항 제1호의 경우 가정법원은 법정대리인을 심문하여야 한다.
> ⑤ 제1항에 따른 동의 또는 제2항에 따른 승낙은 제867조 제1항에 따른 입양의 허가가 있기 전까지 철회할 수 있다.

입양시 입양당사자가 될 수 있는 연령은 13세로써, 13세 이상의 미성년자인 경우에는 법정대리인의 동의를 받아 스스로 입양의 의사표시를 한다(제869조 제1항). 그리고 양자가 될 사람이 13세 미만인 경우에는 법정대리인이 그에 갈음하여 입양의 의사표시를 한다(제869조 제2항). 이것을 대락입양이라고 하며, 이에 위반한 입양은 무효이다(제883조 제2호). 입양은 신분행위이기 때문에 원칙상 대리가 허용될 수 없지만 양자로 될 자가 의사능력이 없는 경우 예외적으로 법정대리인이 대락할 수 있는 길을 열어놓고 있다. 대락은 사리를 판단할 능력이 없거나 불완전한 어린이의 의사능력을 보충해 주는 제도로서 미성년자의 법률행위에 대한 법정대리와 유사한 성질을 갖는다.[29]

결국, 13세 이상의 미성년자가 법정대리인의 동의 없이 입양의 의사표시를 하거나, 13세 미만의 미성년자가 스스로 입양의 승낙을 한 경우에는 실질적

29) 양형우, 민법의 세계, 1792면.

성립요건을 갖추지 못한 것이 되므로, 법원은 입양의 허가를 하지 않을 것이다.

판례 대락권이 없는 자가 한 대락은 무권대리로서 子가 13세 이상이 되어 이를 추인하면 그 입양은 소급해서 유효하게 된다(대판 1997. 7. 11, 96므1151). 제869조 소정의 입양승낙 없이 친생자로서의 출생신고 방법으로 입양된 15세 미만의 자인 甲이 입양의 승낙능력이 생긴 15세 이후에도 계속하여 자신을 입양한 乙을 어머니로 여기고 생활하는 등 입양의 실질적인 요건을 갖춘 이상, 甲은 그가 15세가 된 이후에 乙이 한 입양에 갈음하는 출생신고를 묵시적으로 추인하였다고 봄이 상당하고, 일단 추인에 의하여 형성된 양친자관계는 파양에 의하지 않고는 이를 해소시킬 수 없다(대판 1997. 7. 11, 96므1151).

판례 亡 甲이, 태어난 지 약 3개월 된 상태에서 부모를 알 수 없는 기아로 발견되어 경찰서에서 보호하고 있던 피청구인을 입양의 의사로 경찰서장으로부터 인도받아 자신의 친생자로 출생신고하고 양육하여 왔는데 피청구인이 15세가 된 후 위 亡人이 사망할 때까지 아무런 이의도 하지 않았다면 적어도 묵시적으로라도 입양을 추인한 것으로 보는 것이 상당하다(대판 1990. 3. 9, 89므389).

☞ 입양특례법: 13세 이상인 아동을 입양할 때에는 동의권자의 동의 외에 입양될 아동의 동의를 받아야 한다(제12조 제4항). 이는 사적자치의 원칙상 양자로 될 자의 의사를 존중하는 의미이다.

3) 양자가 될 자는 법정대리인 및 부모의 동의를 받을 것

제870조(미성년자 입양에 대한 부모의 동의) ① 양자가 될 미성년자는 부모의 동의를 받아야 한다. 다만, 다음 각 호의 어느 하나에 해당하는 경우에는 그러하지 아니하다.

1. 부모가 제869조 제1항에 따른 동의를 하거나 같은 조 제2항에 따른 승낙을 한 경우
2. 부모가 친권상실의 선고를 받은 경우
3. 부모의 소재를 알 수 없는 등의 사유로 동의를 받을 수 없는 경우

② 가정법원은 다음 각 호의 어느 하나에 해당하는 사유가 있는 경우에는 부모가 동의를 거부하더라도 제867조 제1항에 따른 입양의 허가를 할 수 있다. 이 경우 가정법원은 부모를 심문하여야 한다.

1. 부모가 3년 이상 자녀에 대한 부양의무를 이행하지 아니한 경우
2. 부모가 자녀를 학대 또는 유기(遺棄)하거나 그 밖에 자녀의 복리를 현저히 해친 경우

> ③ 제1항에 따른 동의는 제867조 제1항에 따른 입양의 허가가 있기 전까지 철회할 수 있다.
>
> **제871조(성년자 입양에 대한 부모의 동의)** ① 양자가 될 사람이 성년인 경우에는 부모의 동의를 받아야 한다. 다만, 부모의 소재를 알 수 없는 등의 사유로 동의를 받을 수 없는 경우에는 그러하지 아니하다.
> ② 가정법원은 부모가 정당한 이유 없이 동의를 거부하는 경우에 양부모가 될 사람이나 양자가 될 사람의 청구에 따라 부모의 동의를 갈음하는 심판을 할 수 있다. 이 경우 가정법원은 부모를 심문하여야 한다.
>
> **제873조(피성년후견인의 입양)** ① 피성년후견인은 성년후견인의 동의를 받아 입양을 할 수 있고 양자가 될 수 있다.
> ③ 가정법원은 성년후견인이 정당한 이유 없이 제1항에 따른 동의를 거부하거나 피성년후견인의 부모가 정당한 이유 없이 제871조 제1항에 따른 동의를 거부하는 경우에 그 동의가 없어도 입양을 허가할 수 있다. 이 경우 가정법원은 성년후견인 또는 부모를 심문하여야 한다.

① 미성년자의 입양

일반입양 제도가 순수한 '계약형'일 경우, 입양시 부모의 동의는 미성년자의 부족한 의사결정능력을 보완하는 의미를 갖는다. 따라서 부모가 동의할 수 없을 때는 법정대리인이라도 동의권을 행사할 수 있도록 하여야만 미성년자의 보호에 적합할 것이다. 한편, 미성년자 입양에 대하여 허가제를 도입하는 이상 부모의 동의권은 더 이상 자녀에 대한 부모의 지배권으로서의 기능을 수행하지는 않을 것이다. 당해 입양이 아동의 최선의 이익에 부합하는지의 여부는 오로지 법원의 후견적 판단에 따를 것이다.[30]

미성년자가 양자가 될 때에는 연령에 관계없이 부모의 동의를 받아야 한다(제870조 제1항 본문). 양자가 될 아동이 13세 이상인 때에는 스스로 입양의 의사표시를 하지만, 법정대리인과 부모의 동의를 받아야 한다(제869조 제1항, 제870조 제1항 본문). 그리고 양자가 될 아동이 13세 미만인 때에는 법정대리인이 입양의 승낙을 하지만, 이에 더하여 부모의 동의가 있어야 한다(제869조 제2항, 제870조 제1항 본문). 이와 같이 미성년자를 입양하는 경우에는 법정대리인의

30) 현소혜, "입양법제 선진화방안", 2009년 법무부 용역과제 보고서, 79면.

승낙(또는 동의)이 필요한데, 부모가 혼인 중인 때에는 예외적인 사정이 없는 한 친권자로서 입양의 동의나 승낙을 하게 되므로, 이와 별도로 부모로서의 동의를 요구할 필요는 없다. 그러나 부모가 이혼하여 일방이 친권자가 아닌 경우와 같이 부모가 친권자로서 입양의 동의나 승낙을 할 수 없을 때에는 부모의 신분에서 자녀의 입양에 대하여 의사를 표시할 수 있는 기회가 보장되어야 한다. 부모의 의사를 묻지 않고 자녀를 입양시키는 것은 부모의 권리를 침해하는 것일 뿐만 아니라, 자녀의 복리를 위해서도 바람직하지 않기 때문이다.[31] 이러한 이유에서 개정민법은 법정대리인의 입양 동의나 승낙과는 별도로 부모의 동의를 입양의 요건으로 규정하였다.

㈎ 일정한 경우 법정대리인의 승낙 면제

개정법에서는 예외적으로 법정대리인의 동의나 승낙이 없어도 법원이 입양을 허가할 수 있는 경우를 규정하고 있다.[32] 첫째, 법정대리인이 정당한 이유 없이 동의 또는 승낙을 거부하는 경우이다(제869조 제3항 제1호).[33] 아동의 복리를 위해서는 입양이 현실적·객관적으로 반드시 필요하다고 판단되는 상황임에도 불구하고, 법정대리인이 자신의 의무는 이행하지 않으면서 입양의 동의나 승낙을 거부하는 경우가 여기에 해당한다. 다만, 법정대리인이 친권자로서(법정대리인에는 친권자와 후견인이 있음) 입양의 동의나 승낙을 거부하는 경우에는 제870조 제2항의 사유가 있어야만, 법원은 친권자의 동의나 승낙 없이도 입양의 허가를 할 수 있다.[34] 여기서 제870조 제2항의 사유란 '부모가 3년 이

31) 김상용, "개정 양자법 해설", 법조 668호(2012년 5월호), 법조협회, 23~24면.

32) 이러한 것은 각국 입양법에서의 보편적 경향이라고 할 수 있다(예컨대, 독일민법 제1748조, 스위스민법 제265조의 c, 오스트리아민법 제181조, 프랑스민법 제348조의 6 등).

33) 친양자 입양의 경우에도 동일한 취지의 규정이 도입되었다(제909조의 2 제2항 제1호).

34) 이러한 경우 가정법원은 법정대리인을 심문하여야 하는데(제869조 제4항), 이 규정은 법정대리인의 동의 또는 승낙 거부에 '정당한 이유'가 있는가의 여부를 판단하기 위한 가정법원의 법정대리인에 대한 사실 확인 및 그 의견청취 절차로써 둔 것이다. 가정법원의 법정대리인에 대한 심문은 직권주의의 발로라고 이해한다[김상용, 앞의 글, 21면(주 19)]. 개정민법 제869조 제4항과 같은 취지의 규정으로는 '부모의 심문에 관한 규정'(제870조 제2항 2문, 제871조 제2항 2문), '성년후견인 또는 부모의 심문에 관한 규정'(제873조 제3항 2문), '동의권자 또는 승낙권자의 심문에 관한 규정'(제908조의 2 제2항 2문) 등이 있다.

상 자녀에 대한 부양의무를 이행하지 아니한 경우'(제1호), '부모가 자녀를 학대 또는 유기하거나 그 밖에 자녀의 복리를 현저히 해친 경우'(제2호)이다. 개정법이 친권자와 후견인을 구별하여 친권자에 대하여만 이러한 구체적인 사유를 요건으로 한 이유는 부모인 친권자의 동의나 승낙 없이 입양이 이루어지는 경우를 엄격하게 제한하겠다는 의미로 해석할 수 있다.[35]

둘째, 법정대리인의 소재불명 등의 사유로 동의나 승낙을 받을 수 없는 경우이다(제869조 제3항 제2호). 이 규정의 입법목적은 법정대리인이 소재불명, 장기간 의식불명이나 불치의 정신병 등으로 인하여 의사표시를 할 수 없는 상태에 있는 경우에도 법정대리인의 승낙 없이 입양이 가능하도록 함으로써 자녀의 복리를 실현하기 위한 것이다.

㈏ 일정한 경우 부모의 동의권 면제

양자가 될 미성년자는 부모의 동의를 받아야 하는데(제870조 제1항 본문), 문제는 부모가 동의권을 행사할 수 없는 상황에 있는 경우 또는 동의권을 남용할 위험이 있거나 부당하게 동의권의 행사를 거부하고 있는 경우이다. 따라서 예외적으로 부모가 친권상실선고를 받은 경우나 소재불명 등의 사유로 동의를 할 수 없는 경우[36]에는 부모의 동의가 없더라도 가정법원은 입양을 허가할 수 있도록 하고 있다(제870조 제1항 단서).[37] 부모의 입양동의권은 자녀의 보호를 위하여 부모에게 주어진 권리이므로, 친권의 일부분이라고 볼 수 있을 것이다. 따라서 친권상실선고를 받은 부모에 대하여는 입양의 동의권을 인정하지 않는 것이 타당하다.

더욱이 부모가 부모로서의 의무를 이행하지 않아 자녀의 복리가 위태롭게 된 경우에는 부모가 동의를 거부하더라도 법원은 입양을 허가할 수 있도록 하고 있다(제870조 제2항). 그 구체적인 경우를 보면, 첫째 부모가 3년 이상 자녀

---

35) 김상용, 앞의 글, 20면.

36) 현행법에서는 부모가 사망 기타 사유로 인하여 동의권을 행사할 수 없을 때에는 직계존속이 대신 동의권을 행사하도록 규정하고 있지만, 동의권의 본질과 기능에 비추어 볼 때 굳이 직계존속에게 동의권을 수여할 이유는 없을 것이다.

37) 현행법상 친양자 입양에도 동일한 취지의 규정을 두고 있다(제908조의 2 제1항 3호 단서).

에 대한 부양의무를 이행하지 않은 경우(제1호), 둘째, 자녀를 학대 또는 유기하거나 그 밖에 자녀의 복리를 현저히 해친 경우(제2호)이다. 부모로서의 의무를 이행하지 않아서 자녀의 복리를 위태롭게 한 부모가 입양의 동의를 거부하는 것은 동의권의 남용이라고 볼 수 있기 때문이다.

(다) 법정대리인 및 부모의 입양 동의 또는 승낙의 철회권 보장

개정민법에서는 법정대리인이 입양에 동의하거나 승낙한 경우에도 가정법원의 허가가 있기 전에는 이를 철회할 수 있도록 하고 있다(제869조 제5항). 동의 또는 승낙을 철회할 수 있는 기간은 일종의 '입양숙려기간'으로서 성격을 갖는 것이라고 할 수 있는데, 이 제도는 친생부모(특히 미혼모)의 자기결정권을 존중하겠다는 취지에서 도입된 것이다.[38] 또한 입양에 동의한 부모도 가정법원의 입양허가가 있기 전까지는 동의를 철회할 수 있도록 하고 있는데(제870조 제3항), 이 규정도 동일한 취지이다.

② 성년자의 입양

양자가 될 사람이 성년인 경우에는 부모의 동의를 받아야 한다.[39] 다만, 부모의 소재불명 등의 사유로 동의를 받을 수 없는 경우에는 부모의 동의를 요하지 않는다(제871조 제1항). 특히, 부모가 정당한 이유 없이 동의를 거부하는 경우에는 가정법원은 양부모가 될 사람이나 양자가 될 사람의 청구에 의하여 부모의 동의에 갈음하는 심판을 할 수 있고, 이 경우 부모를 심문하여야 한다(제871조 제2항).

③ 피성년후견인의 입양

피성년후견인은 성년후견인의 동의를 받아 입양을 할 수 있고 양자가 될 수 있다(제873조 제1항). 만일 성년후견인이 정당한 이유 없이 동의를 거부하거나 피성년후견인의 부모가 정당한 이유 없이 동의(제871조 제1항)를 거부하는 경우, 가정법원은 그 동의가 없어도 입양을 허가할 수 있으며, 이 경우 가정법원은 성년후견인 또는 부모를 심문하여야 한다(제873조 제3항).

---

38) 김상용, 앞의 글, 15면, 27면.

39) 제871조는 민법의 규정 중 성년자가 신분행위에 동의를 얻어야 하는 유일한 경우라고 할 수 있다.

4) 부부의 공동입양 등

> 第874조(부부의 공동 입양 등) ① 배우자가 있는 사람은 배우자와 공동으로 입양하여야 한다.
> ② 배우자가 있는 사람은 그 배우자의 동의를 받아야만 양자가 될 수 있다.

① 배우자가 있는 사람은 배우자와 공동으로 입양하여야 하는데(제874조 제1항), 이를 부부공동입양이라고 한다. 즉, 부와 처가 각각 양부・양모가 되어야 하는데, 이는 양자의 건전한 성장과 발달을 도모하기 위한 것이다. 따라서 부부공동입양은 법률상 정당한 부부에게만 인정되고, 사실혼 부부나 부첩관계의 부부에게는 인정될 수 없다. 또한 부부공동입양은 부부와 양자 사이에 각각 양친자관계가 성립하므로 부부 각자와 양자 사이에 입양의 일반요건뿐만 아니라 부부공동입양의 요건을 갖추어야 한다.

> 판례 남편이 일방적으로 출생신고 또는 부부공동명의의 입양신고를 한 경우: 남편과 아이 사이에는 입양의 일반요건을 구비하고 있어도 부부공동입양의 요건을 갖추지는 못하였으므로, 그 처는 입양의 취소를 청구할 수 있으나, 입양취소를 하지 않고 있는 이상 그들 사이의 입양은 유효하게 존속한다(대판 2006. 1. 12, 2005도8427; 대판 1998. 5. 26, 97므25). 이 경우 처와 양자 사이에는 입양의 합의가 없으므로 그 입양은 무효이다.

> 판례 우리 민법이 부부공동입양의 원칙을 채택하고 있는 점에 비추어 보면, 법률상 부부가 아닌 사람들이 공동으로 양부모가 되는 것은 허용될 수 없다고 보아야 한다(대판 1995. 1. 24, 93므1242).

② 배우자가 있는 사람은 그 배우자의 동의를 받아야만 양자가 될 수 있다(제874조 제2항). 이는 부부의 일방만이 양자가 되는 것이고, 부부가 공동으로 양자가 되는 것이 아니기 때문이다(부부 평등이념을 실현하기 위해 처를 입양당사자의 지위로 승격시킨 것). 한편, 부부 중 일방이 심신상실・장기간의 행방불명 그 밖의 사유로 인하여 부부공동입양을 할 수 없거나 양자가 될 때에 동의할 수 없는 경우, 단독으로 입양을 하거나 양자가 될 수 있는가에 관하여는 부정설과 긍정설이 있다.

5) 양자는 양친의 존속 또는 연장자가 아닐 것

> 第877조(입양의 금지) 존속이나 연장자를 입양할 수 없다.

① 양자로 되는 자는 양부모보다 존속이거나 연장자이어서는 안 된다(제877조). 양친과 양자는 同姓同本일 필요가 없고, 이른바 '소목지서(昭穆之序: 子의 行列에 있어야 하는 서열)'에 따를 필요도 없으며, 자·손자·형제자매의 행렬(항렬)에 있어도 무방하다. 미성년자뿐만 아니라 성년자도 양자로 할 수 있고, 연장자가 아닌 한(출생일이 늦으면) 동갑이어도 상관없다(양친과 양자의 연령 차이에 대한 제한 없음).

② 부부공동입양의 경우는 부부 쌍방에 대하여 이 요건이 충족되어야 한다. 양자는 양부와 양모 쌍방보다 연장자이어서는 안 되고, 동시에 비속이라야 한다.

> 판례 민법은 존속 또는 연장자를 양자로 하지 못하도록 규정하고 있을 뿐 소목지서를 요구하고 있지는 아니하므로 재종손자를 사후양자로 선정하는 행위가 위법하다고 할 수 없고… 공서양속에 위배되어 무효라고 할 수 없다(대판 1991. 5. 28, 90므347).

(3) 입양의 무효와 취소

1) 입양의 무효

> 第883조(입양 무효의 원인) 다음 각 호의 어느 하나에 해당하는 입양은 무효이다.
> 1. 당사자 사이에 입양의 합의가 없는 경우
> 2. 제867조 제1항(제873조 제2항에 따라 준용되는 경우를 포함한다), 제869조 제2항, 제877조를 위반한 경우

① 무효의 원인

㈎ 당사자 사이에 입양의 합의가 없는 경우, 그 입양은 무효이다(제883조 제1호). 입양의 합의에서 입양의사는 실질적으로 양친자로서의 신분적 생활관계를 형성하려는 의사로써, 그러한 의사의 합치가 없는 경우 입양은 무효이다.

예컨대, 당사자가 의사무능력인 경우, 사회적 의미에서 친자관계를 창설할 의사가 결여된 가장입양, 신고서의 제출을 타인에게 위탁한 당사자가 신고수리 전에 사망하거나 입양의사를 철회한 후에 이루어진 입양, 조건부 또는 기한부로 입양 합의를 한 경우 등이다.

【참 고】
당사자의 부지 중에 제3자가 행한 입양은 무효가 아니라 불성립이라고 보는 견해도 있다.[40]

판 례 제883조 1호의 입양무효사유인 '당사자 간에 입양의 합의가 없는 때'라 함은 당사자 간에 실제로 양친자로서의 신분적 생활관계를 형성할 의사를 가지고 있지 아니한 경우를 말하므로, 입양신고가 등록부상 형식적으로만 입양한 것처럼 가장하기로 하여 이루어진 것일 뿐 당사자 사이에 실제로 양친자로서의 신분적 생활관계를 형성한다는 의사의 합치가 없었던 것이라면 이는 당사자 간에 입양의 합의가 없는 때에 해당하여 무효라고 보아야 한다(대판 2004. 4. 9, 2003므2411).

㈏ 미성년자의 입양과 피성년후견인이 입양을 하거나 양자가 되는 경우(제867조 제1항, 제873조 제2항), 가정법원의 허가를 받지 않고 입양신고가 수리된 때(예컨대, 입양신고시 가정법원의 허가서를 위조하여 제출한 경우)에는 그 입양은 무효이다(제883조 제2호).

㈐ 법정대리인이 13세 미만인 자에 갈음하여 입양승낙(제869조 제2항)을 하지 않고 입양신고가 수리된 때에는 그 입양은 무효이다(제883조 제2호).

㈑ 양자가 양친의 존속이나 연장자를 양자로 하는(제877조) 입양신고가 수리된 경우, 그 입양은 무효이다(제883조 제2호)

② 입양무효의 주장방법

㈎ 입양무효의 법적 성질

㉠ 확인소송설: 당연히 절대적으로 무효이다.[41] 따라서 당사자와 이해관

40) 송덕수, 신민법강의, 1844면(E-135); 양형우, 민법의 세계, 1794면.

41) 김주수 · 김상용, 친족 · 상속법, 337면; 양형우, 민법의 세계, 1795면.

계인은 다른 소송에서도 선결문제로 입양의 무효를 주장할 수 있고, 또한 별도로 입양무효확인의 소를 제기할 수 있다(가소 제2조 제1항 가류사건 제5호).

㉡ 형성소송설: 입양에 무효사유가 존재하는 경우에 입양은 당연무효가 아니며, 입양무효판결에 의하여 비로소 입양이 무효로 된다.[42] 따라서 이 견해에 의하면, 입양무효의 소에 의해 무효판결이 확정되지 않는 한 다른 소송의 선결문제로 입양의 무효를 주장할 수 없다고 한다.

㈏ **입양무효확인의 소**

㈀ 당 사 자

㉠ 원 고: 당사자·그 법정대리인 또는 4촌 이내의 친족이 제기할 수 있다(가소 제31조, 제23조). 여기서의 친족관계는 소를 제기할 당시에 존재하면 되고 입양신고 당시부터 존재하여야 하는 것은 아니라고 본다.

㉡ 피 고: 양친자의 일방(양친 또는 양자)이 제기하는 경우는 양친자의 다른 일방, 그 다른 일방이 사망한 때에는 검사를 상대방으로 한다. 제3자가 제소할 경우는 양친과 양자를 상대방으로 하고, 양친자의 일방이 사망한 때에는 그 생존자를 상대방으로 한다. 상대방이 될 자가 모두 사망한 때에는 검사를 상대방으로 한다(가소 제31조, 제23조, 제24조).

㈁ 제소기간: 입양이 무효이면 기간의 제한 없이 방법 여하를 불문하고 양친자 등은 무효를 주장할 수 있다.

㈂ 당사자적격의 존재시기: 입양무효확인청구의 당사자적격은 그 제소 당시에 존재하면 되고, 입양신고 당시에 존재할 필요는 없다(대판 1985. 12. 10, 85므28).

③ 무효의 효과

㈎ 입양무효판결의 효력은 당사자뿐만 아니라 제3자에게도 미친다(가소 제21조). 승소판결이 확정되면 소를 제기한 자는 판결확정일로부터 1개월 이내에 판결의 등본 및 그 확정증명서를 첨부하여 등록부의 정정을 신청하여야 하

42) 송덕수, 신민법강의, 1844~1845(E-136); 이경희, 가족법, 209면.

며(가족관계등록법 제107조), 입양으로 발생된 양친자관계 및 기타 친족관계는 소멸한다.

㈏ 입양무효의 당사자는 과실 있는 상대방에 대하여 재산상·정신상의 손해배상을 청구할 수 있다. 그러나 정신적 손해에 대한 배상청구권은 일신전속권이므로, 그에 관한 계약 또는 소송이 있기 전에는 양도 또는 승계할 수 없다(제897조, 제806조).

④ 무효입양의 추인

입양이 무효임을 알면서 입양을 추인한 경우는 소급적으로 유효하다. 형식적으로는 무효인 입양신고라도 실질적으로 양친자로서의 신분관계가 형성된 경우에만 추인할 수 있다. 판례는 가족법상 법률행위에 관하여 제139조의 원칙과 달리 소급적 추인을 인정한다.

판 례 **친생자출생신고 당시 입양의 실질적 요건을 갖추지 못하여 입양신고로서 효력이 생기지 아니하였더라도 그 후에 입양의 실질적 요건을 갖추게 된 경우, 무효인 친생자출생신고는 소급적으로 입양신고로서의 효력을 갖게 된다**(대판 2004. 11. 11, 2004므1484).

〈근 거〉
무효인 신분행위 후 그 내용에 맞는 신분관계가 실질적으로 형성되어 쌍방 당사자가 이의 없이 그 신분관계를 계속 유지하여 왔다면, 그 신고가 부적법하다는 이유로 이미 형성되어 있는 신분관계의 효력을 부인하는 것은 당사자의 의사에 반하고 그 이익을 해칠 뿐만 아니라, 그 실질적 신분관계의 외형과 등록부의 기재를 믿은 제3자의 이익도 침해할 우려가 있기 때문에 추인에 의하여 소급적으로 신분행위의 효력을 인정함으로써 신분관계의 형성이라는 신분관계의 본질적 요소를 보호하는 것이 타당하다.

2) 입양의 취소

제884조(입양 취소의 원인) ① 입양이 다음 각 호의 어느 하나에 해당하는 경우에는 가정법원에 그 취소를 청구할 수 있다.

1. 제866조, 제869조 제1항, 같은 조 제3항 제2호, 제870조 제1항, 제871조 제1항, 제873조 제1항, 제874조를 위반한 경우
2. 입양 당시 양부모와 양자 중 어느 한쪽에게 악질(惡疾)이나 그 밖에 중대한 사유가 있음을 알지 못한 경우

3. 사기 또는 강박으로 인하여 입양의 의사표시를 한 경우
② 입양 취소에 관하여는 제867조 제2항을 준용한다.

제885조(입양 취소 청구권자) 양부모, 양자와 그 법정대리인 또는 직계혈족은 제866조를 위반한 입양의 취소를 청구할 수 있다.

제886조(입양 취소 청구권자) 양자나 동의권자는 제869조 제1항, 같은 조 제3항 제2호, 제870조 제1항을 위반한 입양의 취소를 청구할 수 있고, 동의권자는 제871조 제1항을 위반한 입양의 취소를 청구할 수 있다.

제887조(입양 취소 청구권자) 피성년후견인이나 성년후견인은 제873조 제1항을 위반한 입양의 취소를 청구할 수 있다.

제888조(입양 취소 청구권자) 배우자는 제874조를 위반한 입양의 취소를 청구할 수 있다.

제889조(입양 취소 청구권의 소멸) 양부모가 성년이 되면 제866조를 위반한 입양의 취소를 청구하지 못한다.

제891조(입양 취소 청구권의 소멸) ① 양자가 성년이 된 후 3개월이 지나거나 사망하면 제869조 제1항, 같은 조 제3항 제2호, 제870조 제1항을 위반한 입양의 취소를 청구하지 못한다.
② 양자가 사망하면 제871조 제1항을 위반한 입양의 취소를 청구하지 못한다.

제893조(입양 취소 청구권의 소멸) 성년후견개시의 심판이 취소된 후 3개월이 지나면 제873조 제1항을 위반한 입양의 취소를 청구하지 못한다.

제894조(입양 취소 청구권의 소멸) 제869조 제1항, 같은 조 제3항 제2호, 제870조 제1항, 제871조 제1항, 제873조 제1항, 제874조를 위반한 입양은 그 사유가 있음을 안 날부터 6개월, 그 사유가 있었던 날부터 1년이 지나면 그 취소를 청구하지 못한다.

제896조(입양 취소 청구권의 소멸) 제884조 제1항 제2호에 해당하는 사유가 있는 입양은 양부모와 양자 중 어느 한쪽이 그 사유가 있음을 안 날부터 6개월이 지나면 그 취소를 청구하지 못한다.

제897조(준용규정) 입양의 무효 또는 취소에 따른 손해배상책임에 관하여는 제806조를 준용하고, 사기 또는 강박으로 인한 입양 취소 청구권의 소멸에 관하여는 제823조를 준용하며, 입양 취소의 효력에 관하여는 제824조를 준용한다.

입양의 취소는 특정당사자 사이의 입양에 법정취소원인이 있을 때, 장래에 향하여 그 입양의 효력을 소멸시킬 것을 목적으로 하는 형성의 소이다. 즉,

입양취소판결이 확정된 때부터 장래에 향하여 그 입양이 소멸하는데 그친다(소급효가 없는 것은 혼인취소의 경우와 동일).

① 취소사유 및 제소기간(제척기간), 취소권자

㈎ 입양의 실질적 요건을 갖추지 못한 경우(무효사유를 제외한 나머지의 경우)(제884조 제1호)

㈀ 미성년자가 입양을 한 경우(제884조 제1항 제1호, 제866조)

양부모·양자와 그 법정대리인 또는 직계혈족이 입양의 취소를 청구할 수 있다(제885조). 그러나 양부모(미성년자)가 성년이 된 후에는 그 취소를 청구하지 못한다(제889조).

㈁ 입양이 적법한 동의 또는 가정법원의 허가 없이 이루어진 경우(제884조 제1항 제1호, 제869조 제1항, 제869조 제3항 제2호, 제870조 제1항, 제871조 제1항, 제873조 제1항)

㉠ 13세 이상의 미성년자가 법정대리인의 동의 없이 입양을 승낙한 경우(제869조 제1항), 법정대리인의 소재불명 등을 이유로 동의 또는 승낙을 받을 수 없다고 하여 법원이 법정대리인의 동의 또는 승낙을 할 수 있는 상태에 있었던 경우(제869조 제3항 제2호),[43] 미성년자가 부모의 동의를 받지 않고 양자가 된 경우(제870조 제1항, 다만 부모가 친권상실선고를 받은 경우, 소재불명 등의 사유로 동의를 받을 수 없는 경우에는 그러하지 아니하다)

양자나 동의권자가 입양의 취소를 청구할 수 있다(제886조). 다만 양자가 성년이 된 후 3개월이 지나거나 사망한 경우(제891조 제1항), 그 사유가 있음을 안 날로부터 6개월, 그 사유가 있었던 날로부터 1년이 경과한 경우(제894조)에는 그 취소를 청구하지 못한다.

㉡ 성년자가 부모의 동의를 받지 않고 양자가 된 경우(제871조 제1항, 다만

43) 법정대리인이 정당한 이유 없이 동의나 승낙을 거부하고 있다고 판단되어 가정법원이 법정대리인의 동의나 승낙 없이 입양의 허가를 하였는데, 법정대리인이 이에 대하여 불복하는 경우에는(법정대리인이 자신의 동의 거부나 승낙거부에 정당한 이유가 있다고 주장하는 경우) 즉시항고를 할 수 있도록 가사소송법 및 대법원규칙을 보완하여야 할 것이다. 가사소송법 제43조 제1항(심판에 대하여는 대법원규칙으로 따로 정하는 경우에 한정하여 즉시항고만을 할 수 있다) 참조.

부모의 소재불명 등의 사유로 동의를 받을 수 없었던 경우에는 그러하지 아니하다)

동의권자가 입양의 취소를 청구할 수 있다(제886조). 다만, 양자가 사망한 경우(제891조 제2항), 그 사유가 있음을 안 날로부터 6개월, 그 사유가 있었던 날로부터 1년이 경과한 경우(제894조)에는 그 취소를 청구하지 못한다.

㉢ 피성년후견인이 성년후견인의 동의를 받지 않고 양자가 되거나 입양을 한 경우(제873조 제1항)

피성년후견인이나 성년후견인이 입양의 취소를 청구할 수 있다(제887조). 다만, 성년후견개시의 심판이 취소된 후 3개월이 경과한 경우(제893조), 그 사유가 있음을 안 날로부터 6개월, 그 사유가 있었던 날로부터 1년이 경과한 경우(제894조)에는 그 취소를 청구하지 못한다.

㈂ 부부공동입양의 원칙에 위반한 경우(제874조 제1항) 및 배우자있는 사람이 상대방 배우자의 동의 없이 양자가 된 경우(제874조 제2항)

배우자가 입양의 취소를 청구할 수 있으나(제888조), 그 사유가 있음을 안 날로부터 6개월, 그 사유가 있었던 날로부터 1년이 지나면 그 취소를 청구하지 못한다(제894조).

㈏ 입양당시 양부모와 양자 중 어느 한쪽에게 악질이나 그밖에 중대한 사유가 있음을 알지 못한 경우(제884조 제2호)

중대한 사유는 그러한 사유가 존재하는 것을 입양당시에 알았더라면 입양하지 않았으리라는 정도의 것이어야 한다(불치의 질병과 상습절도, 강도의 습벽, 성불구, 알코올중독자 기타 사유). 그러나 장애자임을 알고 입양한 경우는 여기에 해당되지 않는다. 중대한 사유는 반드시 '양가의 가계계승' 가능여부와 결부되어 있는 것은 아니다.

양부모나 양자가 입양의 취소를 청구할 수 있으나, 양부모와 양자 중 어느 한쪽이 그 사유가 있음을 안 날로부터 6개월이 지나면 그 취소를 청구하지 못한다(제896조).

㈐ 사기·강박에 의한 입양의 의사표시(제884조 제3호)

사기 또는 강박으로 인하여 의사표시를 한 사람이 입양의 취소를 청구할 수 있지만, 사기를 안 날 또는 강박을 면한 날로부터 3개월이 지나면 그 취소를 청구하지 못한다(제897조, 제823조).

② **취소의 상대방**

취소의 상대방은 양친자의 일방이 소를 제기할 때에는 다른 양친자이며, 제3자가 소를 제기하는 때에는 양친자 쌍방을 상대방으로 하고, 그 중 일방이 사망한 때에는 생존자를 상대방으로 한다. 상대방이 될 자가 사망한 때에는 검사를 상대방으로 한다(가사소송법 제31조, 제24조).

③ **취소의 방법**

취소의 원인이 있는 경우 취소권자는 가정법원에 우선 조정을 신청하여야 하며(제884조, 가사소송법 제2조 제1항 나류 사건 10호, 제50조), 취소는 소로써 하여야 한다. 다만, 가정법원은 양자의 복리를 위하여 그 양육 상황, 입양의 동기, 양부모(養父母)의 양육능력, 그밖의 사정을 고려하여 입양의 취소를 하지 않을 수 있다(제884조 제2항, 제867조 제2항).

입양의 취소는 가사소송법상 조정대상으로 규정하고 있으나(조정전치주의), 당사자의 임의처분이 허용될 수 없으므로 조정으로 해결할 수 없고 판결로만 처리할 수 있는 형성의 소이다.

④ **취소의 효과**

㈎ 취소의 비소급효: 입양으로 발생한 친족관계는 입양의 취소로 종료한다(제776조). 다만, 그 효과는 장래에 향하여 발생할 뿐이고 소급하지 않으므로(제897조, 제824조), 취소시까지의 양친자관계는 인정된다. 판결이 확정되면 소를 제기한 자는 재판의 확정일로부터 1개월 내에 재판서의 등본 및 확정증명서를 첨부하여 입양취소를 신고하여야 한다(가족관계등록법 제65조 제2항, 제58조). 이 신고는 보고적 신고이다.

㈏ 손해배상: 상대방의 과실로 인하여 입양이 취소된 경우에 당사자는 그 과실 있는 상대방에 대하여 재산적·정신적 손해에 대하여 손해배상을 청구할 수 있다. 그러나 정신적 손해에 대한 배상청구권은 일신전속권이므로, 그에 관한 계약 또는 소송이 있기 전에는 양도 또는 승계할 수 없다(제897조, 제806조).

㈐ **입양취소청구권의 소멸**: 사기 또는 강박으로 인한 입양은 사기를 안 날 또는 강박을 면한 날로부터 3월을 경과한 때에는 그 취소를 청구하지 못한다(제897조, 제823조).

㈑ **친생자출생신고와 입양취소를 위한 친생자관계부존재확인의 소의 허용 여부**: 양자에 대하여 친생자출생신고가 된 경우 입양신고로의 효력으로 전환되는 것을 전제로 입양의 취소를 구하는 의미에서 친생자관계부존재확인을 구할 수는 없다(두 소송은 요건과 절차가 다르기 때문이다).

> 판 례 부(父) 乙이 丙을 입양의 의사로 친생자출생신고를 한 것이 아니라는 취지로 자(子) 甲이 다툰 경우, 제884조 제3호가 규정하는 '사기 또는 강박으로 인하여 입양의 의사표시를 한 때'의 입양취소는 그 성질상 그 입양의 의사를 표시한 자에 한하여 원고 적격이 있고, 사기를 안 날 또는 강박을 면한 날로부터 3월을 경과한 때에는 그 취소를 청구하지 못하며(제897조, 제823조), 입양의 취소의 효력은 기왕에 소급하지 않는바(제897조, 제824조), 그 원인 사유 및 효력 등에 있어서 친생자관계존부확인의 소와는 구별되는 것이므로, 갑이 입양의 취소를 구하는 의미에서 친생자관계부존재확인을 구할 수는 없다(대판 2010. 3. 11, 2009므4099).

(4) 입양의 효과

1) 일반적 효과

① 양자의 지위

㈎ 양자는 입양된 때부터 양부모의 친생자와 같은 지위를 가진다(제882조의 2 제1항). 입양으로 양부모와의 사이에 법정혈족관계가 성립하므로, 양자는 양부모의 혈족·인척과의 사이에 친족관계가 발생한다(제772조 제1항). 따라서 양자와 양부모 및 그 혈족사이에는 부양관계·상속관계가 발생한다.

㈏ 양자가 미성년자인 경우, 친생부모의 친권은 소멸하고 양자는 양부모의 친권에 따른다(제909조 제1항).

㈐ 양부모가 이혼하더라도 양부자관계뿐만 아니라 양모자관계도 존속한다.

판 례 처를 부와 함께 입양당사자로 하는 현행 민법 아래에서는 부부공동입양제가 되어 처도 부와 마찬가지로 입양당사자가 되기 때문에 양부모가 이혼하였다고 하여 양모를 양부와 다르게 취급하여 양모자관계만 소멸한다고 볼 수는 없는 것이다(대판 2001. 5. 24, 2000므1493).

② 생가친족관계의 존속

양자와 그 생가와의 친족관계는 소멸하지 않는다(제882조의 2 제1항). 따라서 양자와 생부모 등과의 부양·상속관계는 여전히 존속한다. 다만, 친양자입양의 경우에는 생가와의 관계가 종료한다(제908조의 3 제2항).

2) **양자의** 姓

① 일반양자의 경우

일반양자의 경우에는 입양 후에도 친생부모와의 친족관계가 존속하므로, 일반양자의 성과 본은 양부나 양모의 성으로 변경되지 않는다고 해석된다. 이성양자의 경우 입양으로 인한 양자의 성 변경 문제에 관하여는 가족의 감정을 고려할 때 이성양자의 성은 양부의 성으로 변경된다고 해석하는 견해와 민법상 규정이 없으므로 양자의 성은 변경되지 않는다고 해석하는 견해가 있다.

다만, 자의 복리를 위하여 자의 성과 본을 변경할 필요가 있을 때에는 부, 모 또는 자의 청구에 의하여 법원의 허가를 받아 이를 변경할 수 있으므로(제781조 제6항), 이 규정에 의하여 양자의 성과 본을 양부나 양모의 성으로 변경할 수 있다.

② 친양자입양 또는 입양특례법에 의한 입양의 경우

친양자입양의 경우 양부모의 친생자로 기재되므로 친양자는 양부모의 성을 따르게 된다(제781조 제1항, 제908조의 3). 그 외에 입양특례법에 의하여 입양된 경우, 양자는 친양자와 동일한 지위를 가진다(동법 제14조).

(5) 파 양

1) 의 의

양친자관계는 파양에 의해서만 해소된다. 따라서 양부모나 양자의 사망에 의해서는 사망한 당사자의 법정혈족관계는 종료하지만, 그 입양을 통하여 발생한 법정혈족관계는 존속한다. 그러나 파양이 되면 양부모자녀관계가 소멸할 뿐만 아니라 양자의 직계비속과 양부모 및 양부모계의 혈족과의 법정혈족관계가 소멸하고 그에 따라 그 혈족을 통한 인척관계 등 친족관계도 소멸한다.

파양은 입양성립 후에 생긴 사유로 인하여 입양을 해소하는 것으로써 입양의 취소와 구별된다. 이것은 이혼과 혼인의 취소가 구별되는 것과 동일하다. 이처럼 파양은 양친자관계를 해소시키는 가족법상의 법률행위로써, 파양에는 협의상 파양과 재판상 파양이 있다.

2) 협의상 파양

> **제898조(협의상 파양)** 양부모와 양자는 협의하여 파양(罷養)할 수 있다. 다만, 양자가 미성년자 또는 피성년후견인인 경우에는 그러하지 아니하다.
>
> **제902조(피성년후견인의 협의상 파양)** 피성년후견인인 양부모는 성년후견인의 동의를 받아 파양을 협의할 수 있다.
>
> **제903조(파양 신고의 심사)** 제898조, 제902조, 그 밖의 법령을 위반하지 아니한 파양 신고는 수리하여야 한다.
>
> **제904조(준용규정)** 사기 또는 강박으로 인한 파양 취소 청구권의 소멸에 관하여는 제823조를 준용하고, 협의상 파양의 성립에 관하여는 제878조를 준용한다.

양부모와 양자는 협의하여 파양할 수 있는데(제898조), 이를 협의상 파양이라고 한다. 협의파양은 양자가 성년자인 경우에 한하여 이용할 수 있으며, 당사자의 합의와 신고에 의하여 성립한다.

① 요 건

㈎ 당사자 사이 파양 합의(실질적 요건)

㉠ 협의상 파양은 일종의 계약이므로, 파양이 성립하려면 당사자 사이에 파양의 합의가 있어야 한다(제898조 본문). 파양당사자는 양부모와 양자이다. 다만, 양자가 미성년자 또는 피성년후견인인 경우에는 협의파양을 할 수 없다(제898조 단서). 따라서 양자가 미성년자인 경우에는 재판상 파양만 할 수 있는데(환언하면, 협의파양은 양자가 성년자인 경우에만 이용할 수 있음), 그 이유는 미성

년자인 양자를 보호하려는데 있다.

파양합의는 단순히 파양신고를 한다는 합의가 아니고 실질적으로 파양을 한다는 합의이어야 하므로, 협의이혼의 경우처럼 그 성질상 조건이나 기한을 붙여서는 안 된다. 따라서 어떤 방편을 위한 가장파양은 무효이고, 파양의 의사표시과정에서 사기나 강박이 개입된 경우는 파양취소의 문제가 생긴다.

파양의사는 파양신고서 작성시부터 수리시까지 존재하여야 한다. 그러므로 파양신고서의 수리이전에 파양의사를 철회하면 파양의 효력이 생기지 않는다.

㉡ 양부모가 부부인 경우 부부공동입양의 경우와 마찬가지로 파양도 부부공동으로 하여야 하는가?(명문의 규정 없음)

원칙적으로 양부모 공동으로 파양하여야 하지만, 부부 일방이 사망하거나 이혼 등으로 의사표시를 할 수 없는 경우는 부부 일방이 단독으로 파양할 수 있다(대판 2001. 8. 21, 99므2230). 특히, 파양은 당사자의 생존 중에만 가능하며 사망한 당사자와의 파양은 불가능하다.

한편, 양자에게 배우자가 있는 경우, 입양의 경우와 마찬가지로 제874조 제2항을 유추적용하여 배우자의 동의가 필요하다고 할 것이다. 물론 양자의 배우자는 양자가 아니므로 양자가 사망하거나 이혼하면 양부모와 파양할 수 없고 파양할 필요도 없다.

㉢ 파양의 협의에는 의사능력이 필요하다. 따라서 양부모가 피성년후견인인 경우에는 성년후견인의 동의를 받아 파양을 협의할 수 있다(제902조).

㈏ **파양신고**(형식적 요건)

협의상 파양은 가족관계등록법에 정한 바에 의하여 신고함으로써 그 효력이 생긴다(제904조, 제878조). 협의파양신고는 창설적 신고이다. 담당공무원은 협의파양신고를 형식적으로 심사하여 법령위반이 없으면 이를 수리하여야 한다(제903조).

② 협의상 파양의 무효와 취소

재판상 파양은 상소·재심으로 다툴 수 있을 뿐이고 파양의 무효·취소를 주장할 수 없지만, 협의상 파양에는 무효·취소를 주장할 수 있다.

㈎ 협의상 파양의 무효: 파양의 무효에 관한 명문의 규정은 없지만, 입양의 무효에 관한 규정(제883조)을 유추적용하여, 미성년 또는 피성년후견인인 양자의 파양(제898조 단서), 조건부 파양, 당사자가 모르는 사이에 제3자가 한 파양, 신고가 수리되기 전에 파양의사를 철회한 경우에는 무효이다.

【참 고】 가장파양의 경우
파양의사를 실질적 의사로 볼 경우는 무효, 형식적 의사로 파악할 때는 유효할 것임.

㈏ 협의상 파양의 취소: 협의파양이 사기·강박에 의한 경우에는 협의파양의 취소사유가 된다(제904조, 제823조). 사기·강박으로 인한 파양은 사기 또는 강박을 당한 자가 그 파양의 취소를 청구할 수 있다. 그 취소권은 사기를 안 날 또는 강박을 면한 날로부터 3개월 이내에 행사하여야 한다. 취소의 방법은 협의이혼의 취소의 경우와 같다(가소 제2조 제1항 나류 사건 11호, 제50조). 파양취소는 소로서만 주장할 수 있는 형성의 소이므로 당사자의 임의처분이 허용되지 않는다. 협의파양의 취소에는 소급효가 있다.

【참 고】 제902조(피성년후견인의 협의상 파양)를 위반한 경우
민법상 규정이 없는데, 파양은 유효하다는 견해와 입양취소의 규정을 유추적용하여 취소를 청구할 수 있다는 견해[44]가 있다.

3) 재판상 파양

> **제905조(재판상 파양의 원인)** 양부모, 양자 또는 제906조에 따른 청구권자는 다음 각 호의 어느 하나에 해당하는 경우에는 가정법원에 파양을 청구할 수 있다.
> 1. 양부모가 양자를 학대 또는 유기하거나 그 밖에 양자의 복리를 현저히 해친 경우
> 2. 양부모가 양자로부터 심히 부당한 대우를 받은 경우
> 3. 양부모나 양자의 생사가 3년 이상 분명하지 아니한 경우
> 4. 그밖에 양친자관계를 계속하기 어려운 중대한 사유가 있는 경우

44) 송덕수, 신민법강의, 1848면(E-144); 양형우, 민법의 세계, 1801면.

제906조(파양 청구권자) ① 양자가 13세 미만인 경우에는 제869조 제2항에 따른 승낙을 한 사람이 양자를 갈음하여 파양을 청구할 수 있다. 다만, 파양을 청구할 수 있는 사람이 없는 경우에는 제777조에 따른 양자의 친족이나 이해관계인이 가정법원의 허가를 받아 파양을 청구할 수 있다.
② 양자가 13세 이상의 미성년자인 경우에는 제870조 제1항에 따른 동의를 한 부모의 동의를 받아 파양을 청구할 수 있다. 다만, 부모가 사망하거나 그 밖의 사유로 동의 할 수 없는 경우에는 동의 없이 파양을 청구할 수 있다.
③ 양부모나 양자가 피성년후견인인 경우에는 성년후견인의 동의를 받아 파양을 청구할 수 있다.
④ 검사는 미성년자나 피성년후견인인 양자를 위하여 파양을 청구할 수 있다.

제907조(파양 청구권의 소멸) 파양 청구권자는 제905조 제1호ㆍ제2호ㆍ제4호의 사유가 있음을 안 날부터 6개월, 그 사유가 있었던 날부터 3년이 지나면 파양을 청구할 수 없다.

제908조(준용규정) 재판상 파양에 따른 손해배상책임에 관하여는 제806조를 준용한다.

① 의 의

재판상 파양이란 양친자관계를 유지하게 하는 것이 부당하다고 생각되는 사유가 있는 경우에 그 양친자관계를 재판에 의하여 해소시키는 것을 말한다.

② 파양원인

재판상 파양사유는 재판상 이혼사유와 매우 유사하다.

(가) **추상적·상대적 파양원인을 채택**

(나) **재판상 파양원인에 관한 입법주의**: 유책주의(공동생활의무의 위반)와 목적주의(양친자관계를 계속하기 어려운 사유)가 있는데, 우리 민법은 양자를 병행하고 있다(4호의 파양원인이 목적주의에 의한 상대적 파양원인).

(다) **민법이 규정하는 재판상 파양원인**

㉠ 양부모가 양자를 학대 또는 유기하거나 그 밖에 양자의 복리를 현저히 해친 경우(양자를 위한 파양 원인),

㉡ 양부모가 양자로부터 심히 부당한 대우를 받은 경우(양부모를 위한 파양 원인),

㉢ 양부모나 양자의 생사가 3년 이상 분명하지 아니한 경우(양부모와 양자에게 공통된 파양 원인),

㉣ 그 밖에 양친자관계를 계속하기 어려운 중대한 사유가 있는 경우(추상적 파양원인)이다(제905조 제1호~제4호).

판례 생후 1개월 정도의 양자가 입양되어 자라던 중 13세에 이르러 절도죄로 가정법원에서 소년부송치결정을 받은 사실은 '중대한 사유'라고 말할 수 없다(수원지판 2002. 10. 23, 2002드단16757).

---

③ 재판상 파양의 절차

㈎ 조정에 의한 파양: 재판상 파양에는 조정절차가 선행되며(가사소송법 제2조 제1항 나류 사건 12호, 제50조), 조정이 성립되면 파양의 효력이 생긴다(동법 제59조 제2항). 조정이 성립하지 않으면 소송절차로 이행된다. 이 경우 조정신청 당시에 파양의 소가 제기된 것으로 본다(동법 제49조, 민사조정법 제36조 제1항).

㈏ 재판에 의한 파양

㈀ 청구권자: 파양소송의 당사자는 원칙적으로 양부모와 양자이며(제905조), 제3자(예컨대 양조부)에게는 파양청구권이 없다(대판 1983. 9. 13, 83므16).

㉠ 양자가 13세 미만인 경우: 입양을 승낙한 사람(즉, 입양시 법정대리인, 제869조 제2항)이 양자를 대리하여 파양을 청구할 수 있다. 다만, 파양을 청구할 수 있는 사람(입양을 승낙한 사람)이 없는 경우(입양당시의 법정대리인이 이미 사망하였든가 소재불명인 경우 등)에는 제777조에 따른 양자의 친족이나 이해관계인이 가정법원의 허가를 받아 파양을 청구할 수 있다(제906조 제1항).

㉡ 양자가 13세 이상의 미성년자인 경우: 13세 이상의 미성년자인 양자는 스스로 파양을 청구할 수 있지만, 입양 당시 입양에 동의했던 부모(제870조 제1항)의 동의를 받아야 한다.[45] 다만, 부모가 사망하거나 그 밖의 사유로 동의

---

45) 부모가 법정대리인으로서 입양에 동의하거나 승낙했던 경우에는 부모로서의 동의를 갈음한 것으로 보므로, 이 경우에도 파양청구를 할 때에는 부모의 동의를 받아야 한다. 그러므로 예컨대, 갑과 을 사이에서 태어난 병이 입양될 때 갑과 을은 이혼하여 갑은 친권자로서

할 수 없는 경우에는 동의 없이 파양을 청구할 수 있다(제906조 제2항).

ⓒ 양부모나 양자가 피성년후견인인 경우: 피성년후견인이 입양을 하거나 양자가 되는 때와 마찬가지로 파양청구를 하는 경우에도 성년후견인의 동의가 필요하다(제906조 제3항).

ⓡ 검사는 미성년자나 피성년후견인인 양자를 위하여 파양을 청구할 수 있다(제906조 제4항).[46]

【참 고】 부부공동입양의 경우
부부 중 일방에게만 파양원인이 있을 경우 양부모 쌍방이 공동원고가 되어 또는 쌍방을 공동피고로 삼아 소송을 제기하여 입양 전체를 해소시킬 것인가. i) 공동설: 입양 전체를 종료・해소시켜야 한다. ii) 개별설: 파양원인이 있는 부부 일방만을 피고로 삼아서 입양을 해소하여야 한다. iii) 절충설: 양자에게 건전한 부모와 가정을 보장하여 주려는 부부공동입양제도의 정신에서 보아 입양 전체를 해소시키고, 그러한 정신에 위배되지 않는 범위 내에서 개별적으로 파양시켜도 된다. iv) 판례(개별설): 양부모 일방의 사망 · 이혼의 경우는 나머지 일방과 양자의 단독파양이 가능하고, 이 경우 사망자와 양자간의 양친자관계에는 영향을 미칠 수 없다(대판 2001. 8. 21, 99므2230).

(ㄴ) 제소기간(파양청구권의 소멸): 파양 청구권자는 양부모가 양자를 학대 또는 유기하거나 그밖에 양자의 복리를 현저히 해친 경우(제905조 제1호), 양부모가 양자로부터 심히 부당한 대우를 받은 경우(제905조 제2호), 그밖에 양친자관계를 계속하기 어려운 중대한 사유가 있는 경우(제905조 제4호), 그 사유가 있

입양을 승낙하고, 을은 부모로서 입양에 동의하였다면, 병이 파양청구를 할 때에는 부모의 동의를 받아야 한다. 그러므로 예컨대, 갑과 을 사이에서 태어난 병이 입양 될 때 갑과 을은 이혼하여 갑은 친권자로서 입양을 승낙하고, 을은 부모로서 입양에 동의하였다면, 병이 파양청구를 할 때에도 갑과 을 두 사람의 동의가 모두 필요하다.

46) 미성년자이거나 피성년후견인인 양자의 복리를 위하여 파양이 불가피하다고 판단되는 상황인데도 입양 시의 법정대리인이 없거나, 혹은 관심이 없어서 파양청구를 하지 못하는 경우가 발생할 수 있다. 따라서 이런 경우에는 국가가 미성년자인 양자 또는 피성년후견인인 양자의 복리를 위하여 적극적으로 개입할 수 있도록 하기 위하여, 검사가 파양청구를 할 수 있게 한 것이다.

음을 안 날부터 6개월, 그 사유가 있었던 날부터 3년이 지나면 파양을 청구할 수 없다(제907조).

㈐ 파양판결의 효력: 재판상 파양은 판결의 확정으로 그 효력이 발생하며, 제3자에 대하여도 효력이 있다(가사소송법 제21조 제1항). 파양청구의 인용판결이 있으면 소를 제기한 자는 재판의 확정일로부터 1개월 이내에 재판서의 등본 및 확정증명서를 첨부하여 파양신고를 하여야 한다(가족관계등록법 제66조, 제58조). 파양신고는 보고적 신고이다.

4) 파양의 효과

① 신분상의 효과

㈎ 협의상·재판상 파양이 성립하면 입양으로 발생하였던 법정친족관계는 소멸한다(제776조). 따라서 입양으로 인하여 발생하였던 친생자로서의 법률효과인 부양관계·상속관계·친권관계 등은 파양으로 소멸한다. 다만, 양부모 중 일방이 사망하여 양자가 상속을 받은 후에 파양이 이루어진 경우, 파양의 효과는 소급하지 않으므로 상속은 유효하다.

㈏ 파양으로 인해 친생부모의 친권은 자동으로 부활하지 않는다. 즉, 양자가 미성년자인 경우, 친생부모 일방 또는 쌍방, 미성년자, 미성년자의 친족은 파양사실을 안 날부터 1개월, 파양된 날부터 6개월 내에 가정법원에 친생부모 일방 또는 쌍방을 친권자로 지정할 것을 청구할 수 있다(제909조의 2 제2항 본문).

> **판례** 입양이 무효임의 확인을 구하는 반소청구가 협의파양신고로 인하여 양친자관계가 해소된 이후에 제기된 것이므로 그 협의파양의 무효를 구하는 본소청구가 인용되어 양친자관계가 회복되지 아니하는 한 이는 과거의 법률관계에 대한 확인을 구하는 것이라 하겠지만, 그 입양은 모든 분쟁의 근원이 되는 것이어서 이의 효력 유무에 대한 판단결과는 당사자 간의 분쟁을 발본적으로 해결하거나 예방하여 주는 효과가 있다 할 것이므로 이를 즉시 확정할 법률상의 이익이 있다(대판 1995. 9. 29, 94므1553,1560). 즉, 협의파양으로 양친자관계가 해소된 후에도 입양무효사유가 있는 때에는 입양무효확인청구도 가능하다.

② 재산상의 효과

재판상 파양을 한 때에 당사자 일방은 과실 있는 상대방에 대하여 이로 인하여 발생한 재산상 · 정신상 손해에 대하여 배상을 청구할 수 있다(제908조, 제806조). 이 경우 손해배상청구를 하기 위해서는 가정법원에 먼저 조정신청을 하여야 한다(가사소송법 제2조 제1항 다류 사건 호, 제50조).

3. 친 양 자

(1) 의 의

2005년 개정민법에서는 구민법상의 양자제도(보통양자)는 그대로 유지하면서 양자의 복리를 증진시키고, 입양현실의 반영 및 재혼가정의 화합과 안정을 기하기 위하여 친양자제도를 도입하였다(2008. 1. 1. 시행). 즉, 친양자제도는 양자를 친생자화하여 가족관계등록부에도 친생자로 기재하게 하고 친부모와의 관계를 종료시킴으로써 입양사실을 비밀로 한 채 양자를 친생자로 양육하고자 하는 양부모들의 희망에 부응하고 양부모와 양자의 관계를 친생자처럼 밀착시켜 양자의 복리를 도모하려는 것이다. 친양자는 외국에서 보통 완전양자(full adoption) 또는 특별양자로 불리는 것으로써(영국, 프랑스, 독일, 이태리, 스위스 등의 양자법), 한국에서는 '친생자처럼 취급되는 양자'라는 의미에서 친양자로 명명한 것이다.

완전양자의 성격을 지닌 친양자제도는 법구조면에서 계약형 양자에서 선고형 양자제도로 전환되었다는 점에 특징이 있다. 구민법상의 양자제도는 입양을 양친과 양자사이의 사적인 신분계약으로 규정하고 있었기 때문에 경우에 따라서는 입양제도는 본래의 목적과는 달리 오히려 자녀의 복리에 반하는 수단으로 악용될 수도 있었다. 그러나 친양자제도는 자녀의 복리를 위하여 반드시 가정법원의 선고(허가)에 의하여 양친자관계가 성립하도록 하고 있기 때문에 국가기관에 의한 사전통제가 가능하게 되었다.

(2) 친양자 입양의 요건

친양자 입양이 성립하려면 친양자를 하려는 자가 일정한 요건을 갖추어 가정법원에 친양자 입양을 청구하여야 하고(제908조의 2), 가정법원이 그 청구를 인용하는 재판을 하여야 한다.

> 제908조의 2(친양자 입양의 요건 등) ① 친양자(親養子)를 입양하려는 사람은 다음 각 호의 요건을 갖추어 가정법원에 친양자 입양을 청구하여야 한다.
> 1. 3년 이상 혼인 중인 부부로서 공동으로 입양할 것. 다만, 1년 이상 혼인 중인 부부의 한쪽이 그 배우자의 친생자를 친양자로 하는 경우에는 그러하지 아니하다.
> 2. 친양자가 될 사람이 미성년자일 것
> 3. 친양자가 될 사람의 친생부모가 친양자 입양에 동의할 것. 다만, 부모가 친권상실의 선고를 받거나 소재를 알 수 없거나 그 밖의 사유로 동의할 수 없는 경우에는 그러하지 아니하다.
> 4. 친양자가 될 사람이 13세 이상인 경우에는 법정대리인의 동의를 받아 입양을 승낙할 것
> 5. 친양자가 될 사람이 13세 미만인 경우에는 법정대리인이 그를 갈음하여 입양을 승낙할 것
>
> ② 가정법원은 다음 각 호의 어느 하나에 해당하는 경우에는 제1항 제3호 · 제4호에 따른 동의 또는 같은 항 제5호에 따른 승낙이 없어도 제1항의 청구를 인용할 수 있다. 이 경우 가정법원은 동의권자 또는 승낙권자를 심문하여야 한다.
> 1. 법정대리인이 정당한 이유 없이 동의 또는 승낙을 거부하는 경우. 다만, 법정대리인이 친권자인 경우에는 제2호 또는 제3호의 사유가 있어야 한다.
> 2. 친생부모가 자신에게 책임이 있는 사유로 3년 이상 자녀에 대한 부양의무를 이행하지 아니하고 면접교섭을 하지 아니한 경우
> 3. 친생부모가 자녀를 학대 또는 유기하거나 그 밖에 자녀의 복리를 현저히 해친 경우
>
> ③ 가정법원은 친양자가 될 사람의 복리를 위하여 그 양육상황, 친양자 입양의 동기, 양부모의 양육능력, 그 밖의 사정을 고려하여 친양자 입양이 적당하지 아니하다고 인정하는 경우에는 제1항의 청구를 기각할 수 있다.

1) 양부모의 요건(혼인기간과 공동입양)

친양자입양을 하려고 하는 양부모는 3년 이상 혼인중인 부부로서 공동으로 입양하여야 한다(제908조의 2 제1항 제1호 본문). 이것은 일정기간 이상의 혼인관계를 유지한 부부이어야 양자에게 안정적인 양육환경을 제공할 수 있을 것이라는 관념에서이다. 따라서 독신이나 혼인한지 3년 미만자는 친양자의 양부모가 될 수 없다. 다만, 재혼가정의 경우 부부의 일방이 그 배우자의 친생자를

친양자로 하는 경우에는 1년 이상 혼인 중이면 된다(제908조의 2 제1항 제1호 단서). 따라서 이 경우에는 부부공동입양의 원칙이 적용되지 않으므로, 부부의 일방은 배우자의 친생자를 단독으로 입양할 수 있다.

2) 양자의 요건

가정법원에 친양자입양을 청구할 당시 친양자가 될 사람은 미성년자이어야 한다(제908조의 2 제1항 제2호). 즉, 미성년자는 연령에 관계없이 친양자가 될 수 있다. 종래에 계부나 계모가 배우자의 자녀를 친양자로 입양하기를 원하지만 자녀의 연령이 15세 이상이라는 이유로 친양자 입양을 할 수 없게 되는 문제가 발생하였다. 이로 인하여 자녀의 복리를 위해 종래 15세 미만으로 제한하던 입양 가능연령을 미성년자로 상향조정하였다.

3) 동의 및 승낙

① 친양자가 될 사람의 친생부모의 동의

친양자가 될 사람의 친생부모가 친양자 입양에 동의하여야 한다(제908조의 2 제1항 제3호 본문). 친양자 입양이 확정되면 친양자와 그 친생부모와의 관계가 종료되므로(제908조의 3 제2항), 친생부모의 의사를 고려하기 위한 것이다. 그러나 부모가 친권상실의 선고를 받거나 소재를 알 수 없거나 그 밖의 사유로 동의할 수 없는 경우에는 동의를 요하지 않는다(제908조의 2 제1항 제3호 단서).

② 법정대리인의 동의, 대락

친양자가 될 사람이 13세 이상인 경우에는 법정대리인의 동의를 받아 입양을 승낙하여야 하고, 13세 미만인 경우에는 법정대리인이 그를 갈음하여 입양을 승낙하여야 한다(제908조의 2 제1항 제4호, 제5호).

4) 가정법원에의 청구

① 친양자 입양을 하려는 자는 제908조의 2 제1항에서 정한 요건을 갖추어 가정법원에 친양자 입양을 청구하여야 한다. 가정법원은 친양자가 될 사람의 복리를 위하여 그 양육상황, 친양자 입양의 동기, 양부모의 양육능력 그 밖의 사정을 고려하여 친양자 입양이 적당한지 여부를 결정하며, 적당하지 않다

고 인정되는 경우에는 그 청구를 기각할 수 있다(제908조의 2 제3항).

② 친생부모 등의 동의면제사유의 확대

친양자 입양에 있어서도 일반입양의 경우와 마찬가지로 일정한 사유가 있는 때에는 가정법원은 법정대리인의 동의(또는 승낙)나 친생부모의 동의가 없이도 친양자 입양을 허가하는 심판을 할 수 있다. 이 경우 가정법원은 동의권자 또는 승낙권자를 심문하여야 한다(제908조의 2 제2항).

㈎ 법정대리인이 정당한 이유 없이 동의 또는 승낙을 거부하는 경우이다(동조 동항 제1호). 즉, 법정대리인이 자신의 의무를 이행하지 않아서 미성년자의 복리가 침해되는 상태에 있고, 객관적으로 친양자 입양이 미성년자의 복리에 기여할 것으로 판단되는 경우에도 동의나 승낙을 거부한다면, 가정법원은 법정대리인의 동의(친양자가 될 사람이 13세 이상인 경우)나 승낙(친양자가 될 사람이 13세 미만인 경우)이 없어도 친양자 입양청구를 인용할 수 있다.

다만, 법정대리인이 친권자인 때에는 제2호(친생부모가 자신에게 책임이 있는 사유로 3년 이상 자녀에 대한 부양의무를 이행하지 아니하고 면접교섭을 하지 아니한 경우) 또는 제3호의 사유(친생부모가 자녀를 학대 또는 유기하거나 그 밖에 자녀의 복리를 현저히 해친 경우)가 인정되는 경우에 한하여, 가정법원은 법정대리인(친권자)의 동의나 승낙 없이 친양자 입양청구를 인용할 수 있다. 법정대리인이 친권자인 경우에는 그의 동의나 승낙 없이 친양자 입양청구가 인용될 수 있는 경우를 보다 엄격하게 제한하고, 또한 명확하게 하려는 의도라고 할 수 있을 것이다.

㈏ 친생부모가 자신에게 책임이 있는 사유로 3년 이상 자녀에 대한 부양의무를 이행하지 않고 면접교섭도 하지 않은 경우(동조 동항 제2호),[47] 친생부모가 자녀를 학대 또는 유기하거나 그 밖에 자녀의 복리를 현저히 해친 경우(동조 동항 제3호)에는, 가정법원은 친생부모의 동의 없이 친양자 입양을 허가하는 심판을 할 수 있다.

---

47) 친양자 입양의 경우에는 부양의무의 불이행과 관련하여 일반양자의 경우보다 요건을 엄격하게 하고 있다. 왜냐하면, 친양자 입양이 성립하면 친생부모와의 친족관계는 소멸하므로, 친생부모의 동의 없이 친양자 입양청구가 인용될 수 있는 경우를 가능한 한 엄격하게 정하겠다는 취지라고 할 수 있다.

5) 친양자의 입양신고

가정법원의 청구인용 재판이 확정되면, 친양자를 입양하고자 하는 사람은 친양자 입양 재판의 확정일부터 1개월 이내에 재판의 등본 및 확정증명서를 첨부하여 신고하여야 한다(가족관계등록법 제67조 제1항). 이 신고의 성질에 관하여는 창설적 신고라는 견해[48]와 보고적 신고라는 견해[49]가 있다.

(3) 친양자 입양의 효력

> 제908조의 3(친양자 입양의 효력) ① 친양자는 부부의 혼인중 출생자로 본다.
> ② 친양자의 입양 전의 친족관계는 제908조의 2 제1항의 청구에 의한 친양자 입양이 확정된 때에 종료한다. 다만, 부부의 일방이 그 배우자의 친생자를 단독으로 입양한 경우에 있어서의 배우자 및 그 친족과 친생자간의 친족관계는 그러하지 아니하다.

1) 혼인중의 출생자

친양자는 양부모의 혼인중의 출생자의 지위를 갖게 된다(제908조의 3 제1항). 따라서 양부모가 친양자의 친권자가 되며(제909조 제1항), 양부모와의 사이에 부양의 권리의무 및 상속권 등이 인정된다. 또한 친양자 입양의 성립 후에는 친양자는 양친의 성과 본을 따른다(제781조 제1항).

2) 입양 전의 친권관계의 종료

① 친양자의 입양 전의 친족관계는 제908조의 2 제1항의 청구에 의한 '친양자 입양이 확정된 때'(가정법원의 친양자 입양을 허용하는 심판이 확정되는 때)에 종료한다(제908조의 3 제2항 본문). 친양자는 양부모의 친생자와 동일한 효력을 인정받는 자로 되므로, 종전의 친생부모 및 그 혈족과의 친족관계는 친양자 입양이 확정된 때부터 종료하며, 출생시에 소급하여 종료하는 것은 아니다. 따라서 입양 전의 부양이나 상속 등의 권리의무관계에는 영향이 없다. 그러나 친양자 입양 후에는 친생부모나 생가와의 혈족관계가 단절되므로, 입양 후에

48) 이경희, 가족법, 226면.

49) 김주수 · 김상용, 친족 · 상속법, 362면; 박동섭, 친족상속법, 321면.

는 친생부모나 생가 혈족으로부터 상속을 받을 수 없다.

한편, 친양자 입양에 의하여 종료되는 것은 친생부모 등과의 법률상의 친족관계뿐이며, 자연적 혈연관계가 소멸되는 것은 아니므로 종전혈족과의 혼인금지는 여전히 유지된다(제809조 제1항).

② 부부의 일방이 그 배우자의 친생자를 단독으로 친양자 입양한 경우(부부공동입양원칙의 예외, 제908조의 2 제1항 1호 단서), 배우자 및 그 친족과 친생자 사이의 친족관계는 존속한다(제908조의 3 제2항 단서). 예컨대, 부(夫)가 처의 친생자를 친양자로 입양하였다면, 친양자로 입양된 자와 생부 및 생부의 친족관계는 소멸한다. 그러나 모자관계 및 모의 친족에 대한 자의 친족관계는 소멸하지 않는다.

(4) 친양자 입양의 취소 등

> **제908조의 4(친양자 입양의 취소 등)** ① 친양자로 될 사람의 친생(親生)의 아버지 또는 어머니는 자신에게 책임이 없는 사유로 인하여 제908조의 2 제1항 제3호 단서에 따른 동의를 할 수 없었던 경우에 친양자 입양의 사실을 안 날부터 6개월 안에 가정법원에 친양자 입양의 취소를 청구할 수 있다.
> ② 친양자 입양에 관하여는 제883조, 제884조를 적용하지 아니한다.
>
> **제908조의 6(준용규정)** 제908조의 2 제3항은 친양자 입양의 취소 또는 제908조의 5 제1항 제2호에 따른 파양의 청구에 관하여 이를 준용한다.
>
> **제908조의 7(친양자 입양의 취소 · 파양의 효력)** ① 친양자 입양이 취소되거나 파양된 때에는 친양자관계는 소멸하고 입양 전의 친족관계는 부활한다.
> ② 제1항의 경우에 친양자 입양의 취소의 효력은 소급하지 아니한다.

1) 친양자 입양의 취소

친양자로 될 사람의 친생의 아버지 또는 어머니는 자신에게 책임이 없는 사유로 인하여 친양자 입양에 동의(제908조의 2 제1항 제3호 단서에 따른 동의)할 수 없었던 경우, 친양자 입양의 사실을 안 날부터 6개월 안에 가정법원에 친양자 입양의 취소를 청구할 수 있다(제908조의 4 제1항). 그러나 이러한 취소사유가 있더라도 가정법원은 친양자가 될 사람의 복리를 위하여 그 양육상황, 친양자 입양의 동기, 양부모의 양육능력 그 밖의 사정을 고려하여 입양취소가 적당하지 않다고 인정될 경우에는 취소청구를 기각할 수 있다(제908조의 6, 제908조의 2 제3항).

친양자 입양이 취소되면 친양자 관계는 소멸하고 입양 전의 친족관계는 부활한다(제908조의 7 제1항). 따라서 자는 친생부모의 성과 본을 따르게 된다. 그러나 취소의 효력은 소급하지 않는다(제908조의 7 제2항). 한편, 입양이 취소된 경우(일반양자와 친양자를 모두 포함함)에는 친생부모의 친권은 당연히 부활하지 않고, 청구에 의하여 법원이 친생부모의 일방 또는 쌍방을 친권자로 지정할 수 있다(제909조의 2 제2항).

2) 제883조와 제884조의 부적용

친양자 입양에 관하여는 보통양자의 입양무효와 입양취소에 관한 규정(제883조, 제884조)을 적용하지 않는다(제908조의 4 제2항).

(5) 친양자의 파양

> **제908조의 5(친양자의 파양)** ① 양친, 친양자, 친생의 부 또는 모나 검사는 다음 각호의 어느 하나의 사유가 있는 경우에는 가정법원에 친양자의 파양(罷養)을 청구할 수 있다.
>
> 1. 양친이 친양자를 학대 또는 유기(遺棄)하거나 그 밖에 친양자의 복리를 현저히 해하는 때
> 2. 친양자의 양친에 대한 패륜(悖倫)행위로 인하여 친양자 관계를 유지시킬 수 없게 된 때
>
> ② 제898조 및 제905조의 규정은 친양자의 파양에 관하여 이를 적용하지 아니한다.
>
> **제908조의 6(준용규정)** 제908조의 2 제3항은 친양자 입양의 취소 또는 제908조의 5 제1항 제2호에 따른 파양의 청구에 관하여 이를 준용한다.

친양자 제도에서는 친양자가 양부모의 친생자와 같은 지위를 갖게 되므로, 원칙적으로 파양은 인정되지 않는다. 다만, 민법은 제한된 범위에서 재판상 파양만을 허용(협의상 파양은 인정하지 않음)한다(제908조의 5).

1) 파양원인

① 파양원인이 있는 경우에 양부모, 친양자, 친생의 부 또는 모나 검사가 가정법원에 친양자의 파양을 청구할 수 있다(제908조의 5 제1항).

② 재판상 친양자의 파양원인은 양부모 쪽의 사유로서 '양부모가 친양자를 학대 또는 유기하거나 그밖에 친양자의 복리를 현저히 해하는 때', 그리고 친양자 쪽의 사유로서 친양자의 양부모에 대한 패륜행위로 인하여 친양자 관계를 유지시킬 수 없게 된 때'로 한정하고 있다(제908조의 5 제1항).

가정법원은 제908조의 5 제1항 제2호의 규정에 의하여 즉, 친양자의 양부모에 대한 패륜행위로 인하여 친양자 관계를 유지시킬 수 없게 되었음을 이유로 파양이 청구된 때에는 친양자의 복리를 위하여 그 양육상황, 친양자 입양의 동기, 양친의 양육능력, 그밖의 사정을 고려하여 친양자 파양이 적당하지 않다고 인정되는 경우에는 그 청구를 기각할 수 있다(제908조의 6, 제908조의 2 제3항). 이것은 친양자의 복리를 위한 파양의 제한이라고 할 수 있다.

2) 파양의 효과

제908조의 7(친양자 입양의 취소 · 파양의 효력) ① 친양자 입양이 취소되거나 파양된 때에는 친양자관계는 소멸하고 입양 전의 친족관계는 부활한다. ② 제1항의 경우에 친양자 입양의 취소의 효력은 소급하지 아니한다.

① 친양자가 파양된 때에는 친양자 관계는 소멸하고 입양 전의 친족관계는 부활한다(제908조의 7 제1항). 따라서 그 자의 성과 본은 친생부모의 성과 본으로 변경된다. 그러나 친양자 입양이 파양된 때에는 친생부모의 친권은 당연히 부활하지 않으며, 청구에 의하여 법원이 친생부모의 일방 또는 쌍방을 친권자로 지정할 수 있다(제909조의 2 제2항).

② 친양자와 양부모 및 양가와의 친족관계는 파양으로 소멸하지만, 파양이 되더라도 양가의 친족과의 근친혼 금지의 효력은 여전히 유지된다(제809조 제3항).

제 6 장 親權과 後見

제1절 親 權

1. 서 언

(1) 의 의

친권이 권리라고 하여도 그것은 子에 대한 지배권이 아니며 어버이의 개인적 이익을 위한 권리라고 볼 수도 없다. 따라서 친권은 부모가 자기의 子를 보호·교양하는 권리·의무를 말한다고 할 수 있다(제913조).

(2) 친권제도의 변천

친권제도의 발전은 남녀평등사상과 밀접한 관련을 가지고 발전하여 왔다. 민법이 시행된 후 1977년 개정전까지도 친권은 사실상 부권(父權)에 지나지 않았으며, 1977년의 민법개정에 의하여 비로소 불완전한 부모공동친권행사주의가 도입되었다(구민법 제909조 제1항). 이후 1990년의 가족법 개정에 의하여 비로소 완전한 부모공동친권행사주의가 확립되었으며, 종래에 인정되지 않았던 이혼모의 친권을 인정(제909조 제4항)함으로써 친권법에서 부모평등이 실현되었다. 이혼모에게 친권을 인정하지 않았던 것은 가부장제가족제도의 부계우선주의의 산물이었다. 이러한 개정은 자녀의 복리를 위하여 긍정적인 효과를 가져왔지만, 친권이 부모의 자녀에 대한 지배권이라는 전통적인 의식을 불식시킬 수는 없었다. 그 예로서 친권에 관한 구민법 제909조 제1항에서는 "미성년자인 자는 부모의 친권에 복종한다"고 규정하여 자녀를 부모의 권리객체로 바라보는 낡은 관념에서 벗어나지 못하고 있었다. 이러한 규정은 부모가 자녀를 하나의 인격체로서 인식하고, 자녀의 의사를 존중하여 그의 적성과 능력에 맞는 인격의 성장과 발달을 도모하는 현대적인 의미에서의 친권개념과 조화되지 않는 것이었다.

따라서 2005년의 개정민법에서는 제909조 제1항과 제910조, 제921조 제2항에서 친권의 지배권적 성격을 나타내고 있었던 "자는 친권에 복종한다"는 표현을 삭제하여 친권개념의 변화를 반영하였다(2005. 3. 31). 더욱이 현대 친권법에서 친권은 자녀의 복리실현을 위하여 법률에 의해서 부모에게 인정된 실정법상의 의무인 동시에 권리로서 인식되고 있다. 즉, 친권은 부모의 미성년자에 대한 지배권이 아니며, 그 주된 내용은 보호의무이다.[1] 따라서 친권은 부모에게 그 의무를 이행하는 수단으로 주어진 것이며, 그 권리행사는 의무의 범위 내에서 머물러야 한다. 뿐만 아니라 부모가 이러한 의무에 위반할 때는 아동보호의무를 지고 있는 국가가 개입하여 경우에 따라 친권을 상실케 함으로써 자녀를 보호하도록 하고 있다. 이러한 현대 친권법의 경향에 따라 개정민법은 제912조의 2에서 "친권을 행사함에 있어서는 자의 복리를 우선적으로 고려하여야 한다"는 규정을 신설함으로써(2005. 3. 31), 친권에 있어서 자녀복리원칙을 강화하였다.

특히, 2005년과 2007년 개정 친권법의 주된 내용은 이혼 후의 친권자 결정에 관한 것이었다. 친권은 부모의 공동행사가 원칙이다. 그러나 부모가 이혼하게 되는 경우에는 부부의 별거가 보통이고 상호 감정대립이 따르므로 친권의 공동행사는 자의 원만한 성장과 복지에 부적절하다. 이혼 후 자녀의 친권문제와 관련하여 개정전의 민법에서는 국가는 당사자의 청구가 없는 한 개입하지 않고, 부모의 자율적 합의에 모든 것을 맡긴다는 태도를 취하고 있었다. 그런데 이혼시 자녀의 양육문제(민법 제837조)와 마찬가지로 친권자 결정에 관한 문제를 부모의 자율적 판단에 맡기는 것은 자녀의 복리를 해치는 결과를 초래할 수 있었다.

따라서 2005년 개정민법 제909조 제4항에서는 협의이혼시 부모에게 협의로 친권자를 정할 의무를 부과하고, 협의할 수 없거나 협의가 되지 않은 경우에는 가정법원에 친권자의 지정을 청구하도록 의무화하였다. 또한 제909조 제6

1) 현대 가족법에서 친권의 권리로서의 성질은 사라졌으며, 비교법적으로 보더라도 1970년대 이후 독일민법은 부모의 권력(elterliche Gewalt)에서 부모의 배려(elterliche Sorge, 제1626조 이하: 1979년 친권법 개정)로, 프랑스 민법은 부의 권력(puissance paternelle)에서 부모의 권위(autorité parentale, 제373조: 1970년 친권법 개정)로, 영국의 아동법(Children Act 1989)은 부모의 책임(parental responsibility, 제2조), UN 아동의 권리조약(1989)에서는 부모의 책임(parental responsibility, 제18조)으로 하고 있다.

항에서는 친권자의 변경과 관련하여 개정전의 법규정과는 달리 당사자의 협의에 의한 친권자 변경을 인정하지 않고 있다. 친권자 변경은 자녀에게 많은 영향을 미치게 되는 사안이므로 국가가 자녀의 복리를 고려하여 결정한다는 취지라고 본다.

그러나 2005년 개정민법에서는 부모가 협의로 친권자를 정한 경우 이러한 부모의 결정이 실질적으로 자녀의 복리에 부합하는 것인지의 여부를 심사할 수 있는 제도적 장치가 마련되어 있지 않았다. 더욱이 부모가 협의로 정한 친권자가 자녀의 복리에 비추어 볼 때 적합하지 않다고 판단되는 경우에는 법원이 보정을 명하거나 직권으로 변경할 수 있는 가능성이 인정될 필요성이 있었다.[2] 이로 인하여 2007년 개정민법에서는 민법 제836조의 2 제4항을 신설하여 협의이혼시 자녀의 친권자 지정에 대한 합의를 의무화함과 더불어 제909조 제4항을 전면 수정하였다.

한편, 2011년의 개정 친권법에서는 제912조의 제2항으로 "가정법원이 친권자를 지정할 때에는 자녀의 복리를 우선적으로 고려하여야 한다"는 취지의 규정을 추가하였다. 특히, 2011년의 개정 친권법에서는 제909조의 2조를 신설하면서 '친권자동부활론'을 정면으로 폐기하고, 이혼시 단독친권자로 정해진 부모의 일방이 사망한 때에는 생존친은 법원의 심판을 거쳐 친권자가 될 수 있게 하였다.[3] 이와 함께 개정 친권법은 이혼시 단독친권자로 정해진 부모의 일방이 친권상실선고를 받은 경우에도 다른 일방의 친권이 자동으로 부활하는 것으로 하지 않고, 청구에 의하여 법원이 새로 친권자를 지정하도록 하였다(제927조의 2 제1항). 이 경우 친권자지정청구가 없으면, 법원은 직권으로 또는 청구에 의하여 후견인을 선임할 수 있다. 이러한 개정 친권법은 우리사회에서의 친권에 대한 관념이 '부모 중심'에서 '자녀의 복리'를 우선적으로 고려하는 방향으로 전환하고 있음을 보여주는 하나의 분수령이라고 평가할 수 있을 것이다.[4]

---

2) 김상용, "개정민법(친족 · 상속법) 해설", 「가족법연구 Ⅱ」, 법문사, 2006, 34면.

3) 또한 개정 친권법은 친권자지정청구가 없거나, 친권자지정청구가 있었으나 기각된 때에는 법원이 직권으로 또는 청구에 의하여 후견인을 선임하도록 하였으며(제909조의 2 제3항, 제4항), 법원에 의하여 친권자가 지정되거나 후견인이 선임되기 전까지의 기간 동안 임시로 법정대리인의 임무를 대행할 사람을 선임할 수 있는 근거 규정을 두었다(동조 제5항).

2. 친권관계

(1) 친 권 자

제909조(친권자) ① 부모는 미성년자인 자의 친권자가 된다. 양자의 경우에는 양부모(養父母)가 친권자가 된다.
② 친권은 부모가 혼인중인 때에는 부모가 공동으로 이를 행사한다. 그러나 부모의 의견이 일치하지 아니하는 경우에는 당사자의 청구에 의하여 가정법원이 이를 정한다.
③ 부모의 일방이 친권을 행사할 수 없을 때에는 다른 일방이 이를 행사한다.
④ 혼인외의 자가 인지된 경우와 부모가 이혼하는 경우에는 부모의 협의로 친권자를 정하여야 하고, 협의할 수 없거나 협의가 이루어지지 아니하는 경우에는 가정법원은 직권으로 또는 당사자의 청구에 따라 친권자를 지정하여야 한다. 다만, 부모의 협의가 자(子)의 복리에 반하는 경우에는 가정법원은 보정을 명하거나 직권으로 친권자를 정한다.
⑤ 가정법원은 혼인의 취소, 재판상 이혼 또는 인지청구의 소의 경우에는 직권으로 친권자를 정한다.
⑥ 가정법원은 자의 복리를 위하여 필요하다고 인정되는 경우에는 자의 4촌 이내의 친족의 청구에 의하여 정하여진 친권자를 다른 일방으로 변경할 수 있다.

1) 혼인중 출생자의 친권자

① 부모가 혼인중인 경우(친권공동행사의 원칙)

㈎ 부모는 미성년자인 자의 친권자가 된다(제909조 제1항). 미성년 자녀에 대한 친권은 부모가 혼인중인 때에는 공동으로 행사하고(제909조 제2항 본문), 부모의 의견이 일치하지 않는 경우에는 당사자의 청구에 의하여 가정법원이 이를 정한다(제909조 제2항 단서).

㈏ 친권을 '공동으로 행사한다'의 의미: 부모의 의견이 일치하여 친권을 행사하는 것을 말하고, 행위자체를 부모 쌍방이 공동으로 하거나 공동명의로 하여야 하는 것을 의미하지 않는다.[5] 예컨대, 父의 명의만으로 子의 부동산을 매

4) 김상용, "2011년 가족법의 개정 동향- 친권・후견을 중심으로-", 법조, 2011. 12(Vol. 663), 29면.

매하더라도 母가 동의하거나 추인하면 유효하다. 따라서 부모 중 일방이 타방의 동의를 얻지 않고 한 친권행사는 부모의 법정대리인으로서의 대리 또는 동의의 효과가 생기지 않는다.

즉, 부모 일방이 임의로 '단독명의'로 친권을 행사하는 경우 무권대리행위로서 무효이지만, 상대방이 선의·무과실인 때에는 제126조를 유추하여 상대방을 보호하여야 할 것이다. 다만, 부모의 일방이 '공동명의'로 子를 대리하거나 자의 법률행위에 동의한 경우에 다른 일방의 의사에 반하더라도 그 효력이 발생하지만, 상대방이 악의인 때에는 법률행위의 효력이 생기지 않는다(제920조의 2). 여기에서 상대방의 악의는 과실을 포함한다고 보아야 한다. 상대방의 악의·과실에 대한 증명책임은 행위의 무효를 주장하는 자가 부담하여야 한다.[6]

㈐ **공동친권의 예외**: 부모 일방이 친권을 행사할 수 없는 때에는 다른 일방이 이를 행사한다(제909조 제3항). '친권을 행사할 수 없는 때'란 법률상 행사할 수 없는 경우(예컨대, 성년후견개시심판, 친권상실선고, 친권행사금지가처분 등)뿐만 아니라 사실상 행사할 수 없는 경우(예컨대, 사망, 생사불명, 수감 등)를 포함한다.

② 부모의 혼인해소 후의 경우

㈎ **부모가 이혼한 경우**: 부모가 협의이혼을 한 경우에는 부모의 협의로 친권자를 정하여야 하고, 협의할 수 없거나 협의가 이루어지지 아니하는 때에는 가정법원은 직권으로 또는 당사자의 청구에 따라 친권자를 지정하여야 한다(제909조 제4항 본문). 다만, 부모의 협의가 자의 복리에 반하는 경우에는 가정법원은 보정을 명하거나 직권으로 친권자를 정한다(제909조 제4항 단서).

㈏ 한편, 재판상 이혼, 부모의 혼인이 무효·취소된 경우에는 가정법원이 직권으로 친권자를 정한다(제909조 제5항, 가사소송법 제25조).

㈐ **제909조 제4항, 제5항에 따라 단독 친권자로 정하여진 부모의 일방이 사망한 경우**: 청구에 의하여 가정법원은 생존하는 부 또는 모를 친권자로 지정하거나 미성년후견인을 선임할 수 있다(제909조의 2 제1항, 제3항).

---

5) 김주수·김상용, 친족·상속법, 376면; 박동섭, 친족상속법, 358면.

6) 김주수·김상용, 친족·상속법, 377면; 박동섭, 친족상속법, 359면; 양형우, 민법의 세계, 1807면.

2) 혼인외 출생자의 친권자

혼인외의 출생자가 인지되지 않은 경우에는 생모만이 친권자가 된다(즉, 추정된 父(putative father)로부터 인지되지 않은 혼외자는 生母가 친권을 행사한다). 반면에 父가 인지한 경우에는 부와 생모의 협의로 친권자를 정하고, 협의할 수 없거나 협의가 이루어지지 않은 경우에는 가정법원은 직권으로 또는 당사자의 청구에 따라 친권자를 지정하여야 한다. 다만, 부모의 협의가 자의 복리에 반하는 경우에는 가정법원은 보정을 명하거나 직권으로 친권자를 정한다(제909조 제4항).

한편, 제909조 제4항에 따라 단독 친권자로 정하여진 부모의 일방이 사망한 경우, 가정법원은 생존하는 부 또는 모를 친권자로 지정하거나 미성년후견인을 선임할 수 있다(제909조의 2 제1항, 제3항). 친권자가 정하여지면 인지신고서에 그 사실을 기재하여 그 내용을 증명하는 서면을 첨부하여야 한다(가족관계등록법 제79조, 제58조).

3) 양자의 친권자

(가) 양자는 양부모의 친권에 따르므로(제909조 제1항), 친생부모의 친권은 소멸한다. 양부모는 양자와 법정혈족관계에 있는 부모로서 친생부모와 동일하므로 친권공동행사의 원칙 등은 혼인중의 출생자와 동일하다.

(나) **양부모가 모두 사망한 경우**: 가정법원은 청구에 의하여 친생부모의 일방 또는 쌍방을 친권자로 지정하거나 미성년후견인을 선임할 수 있다(제909조의 2 제2항, 제3항). 특히, 친양자 입양의 경우는 친생부모와의 친족관계가 소멸하므로(제908조의 3 제2항), 친양자의 양부모가 사망한 때에는 친생부모의 친권이 부활하지 않고 후견이 개시된다(제909조의 2 제2항).

4) 친권자지정과 미성년후견인의 선임

> 제909조의 2(친권자의 지정 등) ① 제909조 제4항부터 제6항까지의 규정에 따라 단독 친권자로 정하여진 부모의 일방이 사망한 경우 생존하는 부 또는 모, 미성년자, 미성년자의 친족은 그 사실을 안 날부터 1개월, 사망한 날부터 6개월 내에 가정법원에 생존하는 부 또는 모를 친권자로 지정할 것을 청구할 수 있다.
> ② 입양이 취소되거나 파양된 경우 또는 양부모가 모두 사망한 경우 친생부모

일방 또는 쌍방, 미성년자, 미성년자의 친족은 그 사실을 안 날부터 1개월, 입양이 취소되거나 파양된 날 또는 양부모가 모두 사망한 날부터 6개월 내에 가정법원에 친생부모 일방 또는 쌍방을 친권자로 지정할 것을 청구할 수 있다. 다만, 친양자의 양부모가 사망한 경우에는 그러하지 아니하다.
③ 제1항 또는 제2항의 기간 내에 친권자 지정의 청구가 없을 때에는 가정법원은 직권으로 또는 미성년자, 미성년자의 친족, 이해관계인, 검사, 지방자치단체의 장의 청구에 의하여 미성년후견인을 선임할 수 있다. 이 경우 생존하는 부 또는 모, 친생부모 일방 또는 쌍방의 소재를 모르거나 그가 정당한 사유 없이 소환에 응하지 아니하는 경우를 제외하고 그에게 의견을 진술할 기회를 주어야 한다.
④ 가정법원은 제1항 또는 제2항에 따른 친권자 지정 청구나 제3항에 따른 후견인 선임 청구가 생존하는 부 또는 모, 친생부모 일방 또는 쌍방의 양육의사 및 양육능력, 청구 동기, 미성년자의 의사, 그 밖의 사정을 고려하여 미성년자의 복리를 위하여 적절하지 아니하다고 인정하면 청구를 기각할 수 있다. 이 경우 가정법원은 직권으로 미성년후견인을 선임하거나 생존하는 부 또는 모, 친생부모 일방 또는 쌍방을 친권자로 지정하여야 한다.
⑤ 가정법원은 다음 각 호의 어느 하나에 해당하는 경우에 직권으로 또는 미성년자, 미성년자의 친족, 이해관계인, 검사, 지방자치단체의 장의 청구에 의하여 제1항부터 제4항까지의 규정에 따라 친권자가 지정되거나 미성년후견인이 선임될 때까지 그 임무를 대행할 사람을 선임할 수 있다. 이 경우 그 임무를 대행할 사람에 대하여는 제25조 및 제954조를 준용한다.
1. 단독 친권자가 사망한 경우
2. 입양이 취소되거나 파양된 경우
3. 양부모가 모두 사망한 경우
⑥ 가정법원은 제3항 또는 제4항에 따라 미성년후견인이 선임된 경우라도 미성년후견인 선임 후 양육상황이나 양육능력의 변동, 미성년자의 의사, 그 밖의 사정을 고려하여 미성년자의 복리를 위하여 필요하면 생존하는 부 또는 모, 친생부모 일방 또는 쌍방, 미성년자의 청구에 의하여 후견을 종료하고 생존하는 부 또는 모, 친생부모 일방 또는 쌍방을 친권자로 지정할 수 있다.

(가) **친권자지정청구**: 이혼시 단독친권자로 정해진 부모의 일방이 사망한 경우 누가 어떻게 자녀의 법정대리인이 되는가?

㉠ 인지, 이혼, 혼인의 취소 등으로 인해 단독 친권자로 정해진 부모의 일방이 사망한 경우, 생존하는 부 또는 모, 미성년자, 미성년자의 친족은 그 사

실을 안 날부터 1개월, 사망한 날부터 6개월 내에 가정법원에 생존하는 부 또는 모를 친권자로 지정할 것을 청구할 수 있다(제909조의 2 제1항).

㉡ 입양이 취소되거나 파양된 경우(일반양자와 친양자를 모두 포함) 또는 양부모가 모두 사망한 경우(일반양자의 경우만 해당함), 친생부모 일방 또는 쌍방, 미성년자, 미성년자의 친족은 그 사실을 안 날부터 1개월, 입양이 취소되거나 파양된 날 또는 양부모가 모두 사망한 날부터 6개월 내에 가정법원에 친생부모 일방 또는 쌍방을 친권자로 지정할 것을 청구할 수 있다. 다만, 친양자의 양부모가 사망한 경우에는 그러하지 아니하다(제909조의 2 제2항).

㉢ 한편, 가정법원은 친권자 지정 청구가 생존하는 부 또는 모, 친생부모 일방 또는 쌍방의 양육의사 및 양육능력, 청구 동기, 미성년자의 의사, 그 밖의 사정을 고려하여 미성년자의 복리를 위하여 적절하지 아니하다고 인정하면 그 청구를 기각할 수 있으며, 이 경우 직권으로 미성년후견인을 선임하여야 한다(제909조의 2 제4항).

(나) **친권자지정청구가 없는 경우의 후견인 선임**: 이혼시 단독친권자로 정해진 부모의 일방이 사망한 경우 생존친이 아예 친권자지정청구를 하지 않거나 친권자지정청구를 하였으나 법원에서 생존친이 친권자로서 적합하지 않다고 판단하여 청구를 기각하는 경우가 있을 수 있다(양부모가 사망한 경우 등에도 동일한 문제가 발생할 수 있음).

㉠ 친권자 지정 청구기간(제909조의 2 제1항, 제2항) 내에 지정청구가 없을 때에는 가정법원은 직권으로 또는 미성년자, 미성년자의 친족, 이해관계인, 검사, 지방자치단체의 장의 청구에 의하여 미성년후견인을 선임할 수 있다.[7] 이 경우 생존하는 부 또는 모, 친생부모 일방 또는 쌍방의 소재를 모르거나 그가 정당한 사유 없이 소환에 응하지 아니하는 경우를 제외하고 그에게 의견을 진

7) 종전의 민법상으로는 친권자가 없는 경우에는 법정후견이 개시되는데, 법정후견의 경우 후견인이 될 사람의 의사나 자질과 무관하게 법률이 정하는 순서에 따라 자동으로 후견인이 되므로, 자녀의 복리실현에 적합하지 않은 사람이 후견인이 될 가능성이 높았다. 따라서 개정 친권법은 친권자가 없는 경우 법원에서 자녀의 보호에 적합한 사람을 후견인으로 선임함으로써 자녀의 보호에 공백이 생기지 않도록 하겠다는 취지를 가지고 있다.

술할 기회를 주어야 한다(제909조의 2 제3항). 한편, 가정법원은 후견인 선임 청구가 생존하는 부 또는 모, 친생부모 일방 또는 쌍방의 양육의사 및 양육능력, 청구 동기, 미성년자의 의사, 그 밖의 사정을 고려하여 미성년자의 복리를 위하여 적절하지 아니하다고 인정하면 청구를 기각할 수 있다. 이 경우 가정법원은 직권으로 생존하는 부 또는 모, 친생부모 일방 또는 쌍방을 친권자로 지정하여야 한다(제909조의 2 제4항).

ⓛ 또한 가정법원은 제909조의 2 제3항 또는 제4항에 따라 미성년후견인이 선임된 경우라도 미성년후견인 선임 후 양육상황이나 양육능력의 변동, 미성년자의 의사, 그 밖의 사정을 고려하여 미성년자의 복리를 위하여 필요하면 생존하는 부 또는 모, 친생부모 일방 또는 쌍방, 미성년자의 청구에 의하여 후견을 종료하고 생존하는 부 또는 모, 친생부모 일방 또는 쌍방을 친권자로 지정할 수 있다(제909조의 2 제6항).[8)]

㈐ 직무대행자의 선임: 가정법원은 '단독 친권자가 사망한 경우', '입양이 취소되거나 파양된 경우', '양부모가 모두 사망한 경우'에 직권으로 또는 미성년자, 미성년자의 친족, 이해관계인, 검사, 지방자치단체의 장의 청구에 의하여 제909조의 2 제1항부터 제4항까지의 규정에 따라 친권자가 지정되거나 미성년후견인이 선임될 때까지 그 임무를 대행할 사람을 선임할 수 있다. 이 경우 그 임무를 대행할 사람에 대하여는 가정법원의 후견사무에 관한 처분(제954조)과 부재자 재산관리인의 권한에 관한 규정(제25조)이 준용된다(제909조의 2 제5항).

【참 고】
2013년 7월 1일부터 개정 후견법에 따라 법정후견제도가 폐지되고, 후견을 필요로 하는 상태가 발생하는 경우에는 법원에서 개별적으로 후견인을 선임하는 선임후견제도로 전면 대체되었다(개정민법 제932조, 제936조).

더욱이 개정 친권법에서는 이혼시 단독친권자로 정해진 부모의 일방이 사망한 경우 생존친의 친권이 자동으로 부활하지 않는 것을 전제로 하고 있으므

8) 이 경우 후견은 친권자지정의 심판이 확정되는 때에 종료된다.

로, 단독친권자인 부모의 일방이 사망한 후에는 생존친이 있어도 일단 친권자가 없는 상태가 된다. 즉, 위의 경우 법원에서 친권자를 새롭게 지정하거나 후견인을 선임할 때까지는 자녀에게 법정대리인이 없는 공백상태가 발생하게 된다(자녀의 복리가 침해될 염려가 있게 됨). 따라서 법원에 의하여 친권자가 지정되거나 후견인이 선임되기 전까지의 기간 동안 임시로 법정대리인의 임무를 대행할 사람을 선임할 수 있는 근거 규정을 두게 되었다(제909조의 2 제5항).

(2) 협의나 심판에 의한 친권자의 변경

이혼·혼인취소·혼인의 무효·혼인외의 자의 인지 등으로 부모 중 일방이 친권자로 정해진 경우라 하더라도 가정법원은 자의 이익과 복리를 위하여 필요하다고 인정할 때에는 자의 4촌 이내의 친족의 청구에 의하여 친권자를 다른 일방으로 변경할 수 있다(제909조 제6항, 가사소송법 제2조 제1항 마류 사건 5호).

3. 친권의 내용(효력)

(1) 친권의 행사

> **제910조(자의 친권의 대행)** 친권자는 그 친권에 따르는 자에 갈음하여 그 자에 대한 친권을 행사한다.
>
> **제911조(미성년자인 자의 법정대리인)** 친권을 행사하는 부 또는 모는 미성년자인 자의 법정대리인이 된다.
>
> **제912조(친권 행사와 친권자 지정의 기준)** ① 친권을 행사함에 있어서는 자의 복리를 우선적으로 고려하여야 한다.
> ② 가정법원이 친권자를 지정함에 있어서는 자(子)의 복리를 우선적으로 고려하여야 한다. 이를 위하여 가정법원은 관련 분야의 전문가나 사회복지기관으로부터 자문을 받을 수 있다.

1) 친권행사 능력

친권의 내용은 신분과 재산에 걸치는 광범위한 것이므로, 친권을 행사하기 위해서는 재산상의 행위능력이 인정되어야 한다. 따라서 제한능력자는 친권자가 될 수 없다. 다만, 혼인한 미성년자는 성년자로 의제되므로(제826조의 2), 친권을 행사할 수 있다.

2) 친권행사와 친권자 지정의 기준

친권을 행사하거나 가정법원이 친권자를 지정함에 있어서는 자(子)의 복리를 우선적으로 고려하여야 한다. 가정법원은 친권자를 지정할 때 관련 분야의 전문가나 사회복지기관으로부터 자문을 받을 수 있다(제912조 제1항, 제2항).

(2) 친권의 내용

제913조(보호, 교양의 권리의무) 친권자는 자를 보호하고 교양할 권리의무가 있다.

제914조(거소지정권) 자는 친권자의 지정한 장소에 거주하여야 한다.

제915조(징계권) 친권자는 그 자를 보호 또는 교양하기 위하여 필요한 징계를 할 수 있고 법원의 허가를 얻어 감화 또는 교정기관에 위탁할 수 있다.

1) 자녀의 신분에 대한 권리의무

① 보호·교양의 권리의무

㈎ 의 의: 친권자는 미성년 자녀를 보호하고 교양할 권리의무가 있다(제913조). 즉, 子의 신체를 보호하고 정신적으로 건전한 사회인으로 육성하기 위한 조치를 취하여야 할 권리의무를 말한다. 제913조는 거소지정권·징계권을 포함하는 포괄적 규정에 해당한다. 보호·교양의무를 남용하거나 게을리 하면 친권상실이나 친권자변경의 사유가 된다.

㈏ 子의 제3자에 대한 불법행위: 책임능력 없는 미성년 자녀가 제3자에 대하여 불법행위를 한 때에 친권자는 그 보호감독의무를 게을리 한 경우 손해배상책임을 진다(제755조 제1항, 제753조). 그리고 피해자를 보호하기 위하여 책임능력이 있는 미성년자의 친권자는 감독상 부주의와 손해발생 사이에 상당인과관계가 있으면 일반불법행위(제750조)로 인한 손해배상책임을 진다(대판 2003. 3. 28, 2003다5061).

판례 미성년자가 책임능력이 있어 그 스스로 불법행위책임을 지는 경우에도 그 손해가 당해 미성년자의 감독의무자의 의무위반과 상당인과관계가 있으면 감독의무자는 일반불법행위자로서 손해배상책임이 있고 이 경우에 그러한 감독의무위반사실 및 손해발생과의 상당인과관계의 존재는 이를 주장하는 자가 입증하여야 한다(대판 1994. 2. 8, 93다13605).

㈐ 보호·교양에 대한 비용부담

㈀ 친권자의 보호·교양의 권리의무는 친권의 작용인 동시에 일종의 부모의 자에 대한 부양의무이기도 하다. 따라서 부모 사이의 비용부담은 부부의 공동생활에 필요한 비용부담원칙(제833조)이 적용되어 당사자 사이에 특별한 약정이 없으면 부모가 공동으로 부담한다.

㈁ 친권자로서 부모의 자에 대한 부양의무는 친족적 부양과는 다르다. 따라서 그 법적 근거는 제974조가 아니라 제833조나 제913조가 될 수 있을 것이다.[9)]

② **거소지정권**

자녀는 친권자가 지정한 장소에서 거주하여야 한다(제914조). 거소지정은 자녀의 보호·교양을 위하여 인정되며, 보호·교양의 구체적 내용의 일부를 이루는 것이다. 따라서 친권자가 그 목적의 범위를 넘어 거소를 지정하는 등으로 이를 남용하는 경우(즉, 거소의 결정은 친권자의 자유재량에 의하나, 子의 심신에 악영향을 미치는 장소를 거소로 지정하는 경우)에는 친권상실의 원인이 될 수 있다.

③ **징 계 권**

친권자는 자녀를 보호·교양하기 위하여 스스로 필요한 징계를 할 수 있고, 가정법원의 허가를 얻어 감화 또는 교정기관에 위탁할 수 있다(제915조). 징계의 방법과 정도는 건전한 사회통념에 따라 필요한 범위 내의 것이어야 하고, 그 한계를 넘으면 친권상실의 사유(제924조)가 될 수 있다.

---

9) 박동섭, 친족상속법, 360면.

④ **자녀의 인도청구권**

㈎ 의 의: 제3자가 자녀의 자유의사를 억압하여 또는 의사능력이 없는 자녀를 부당하게 억류하고 있어 친권행사를 방해받고 있는 때에는 친권자는 자녀의 인도를 청구할 수 있다. 자녀의 인도청구권(引渡請求權)은 명문의 규정은 없지만 판례상 인정되는 것이다. 자녀의 인도청구는 친권 또는 양육권의 침해에 대한 방해배제의 성질을 가지므로, 위법하게 친권 또는 보호·교양권이 방해되고 있는 경우에만 인정된다(가소법 제2조 제1항 마류 사건 3호 참조). 특히, 부모가 이혼하고 母가 子를 양육하고 있으나 친권자인 父가 모에게 자의 인도를 청구하는 경우, 친권남용이 아닌 한 친권자는 자의 복리에 반하지 않는 범위 내에서 자의 인도를 청구할 수 있다(대판 1970. 11. 30, 70므28; 대판 1986. 3. 25, 86므17).

판례 ㉠ 이혼 후 양육권자인 母에 대한 친권자 父의 인도청구는 子의 복리를 고려하여 그 가부를 판단하여야 한다(대판 1970. 11. 30, 70므28).
㉡ 부모가 이혼하면서 자의 양육에 관한 사항을 협정하지 아니한 경우 그 자를 父의 가정에서 보호, 교양, 양육하는 것보다 母가 보호, 교양, 양육하는 것이 합리적이라고 보아야 할 특별한 사정이 없는 한 모는 친권의 행사와 양육의 책임을 다하기 위해 그 子의 인도를 구하는 父의 청구를 거절할 수 없다(대판 1986. 3. 25, 86므17).

㈏ 이행확보: 유아인도를 명하는 심판이나 조정조서 또는 조정에 갈음하는 결정이 확정된 때에 그 이행을 확보하는 방법으로는 가사소송법상의 이행명령, 과태로 부과, 감치 등을 들 수 있다. 즉, 가정법원은 판결·심판·조정조서 또는 조정에 갈음하는 결정에 의하여 유아의 인도의무를 이행하여야 할 자가 정당한 이유 없이 그 의무를 이행하지 아니할 때에는 당사자의 신청에 의하여 일정한 기간 내에 그 의무를 이행할 것을 명할 수 있다(가소 제64조 제1항). 그리고 당사자 또는 관계인이 정당한 이유 없이 이 명령을 위반한 때에는 가정법원, 조정위원회 또는 조정담당판사는 직권 또는 권리자의 신청에 의하여 결정으로 1천만원 이하의 과태료를 부과할 수 있으며(가소 제67조 제1항), 이러한 제재를 받고도 30일 이내에 정당한 이유 없이 그 의무를 이행하지 아니한 경우에는 가정법원은 권리자의 신청에 의하여 결정으로 30일의 범위 내에서 그 의무를 이행할 때까지 의무자를 감치에 처할 수 있다(가소 제68조).

⑤ 신분상의 행위에 대한 대리권과 동의권

㈎ 대리권: 친권을 행사하는 부모는 미성년자인 子의 법정대리인이 되지만, 가족법상의 행위에 대한 대리권은 법률에 특별한 규정이 있는 경우에 한하여 인정된다(미성년자인 子의 신분상의 행위에 대해서는 원칙적으로 대리권이 없다).

㈏ 특별규정이 있는 경우의 가족행위의 대리권

㈀ 부 또는 모인 친권자가 친생부인의 소의 피고가 되는 것(제847조 제1항)

㈁ 인지청구의 소의 제기(제863조)

㈂ 13세 미만의 자가 양자가 되는 경우 입양에 대한 승낙(제869조)

㈃ 미성년자가 입양한 경우 그 입양의 취소청구(제885조)

㈄ 부모 등의 동의를 받지 않고 양자가 된 경우 그 입양의 취소청구(제886조)

㈅ 13세 미만의 양자가 파양하는 경우 그에 갈음한 재판상 파양청구(제906조)

㈆ 상속의 승인·포기(제1019조, 제1020조)

㈇ 혼인무효·이혼무효의 소(가소법 제23조)

㈈ 인지무효의 소(가소법 제28조, 제23조)

㈊ 입양무효·파양무효의 소(가소법 제31조, 제23조)

㈐ 동의권: 가족법상의 행위에 대한 동의권은 일반적으로 친권자의 지위가 아니라 부모의 지위에서 인정된다. 예컨대, 약혼이나 혼인에 관한 동의권((제801조, 제808조), 입양에 관한 동의권(제871조)) 등이 그것이다.

⑥ 친권의 대행

친권자는 그 친권에 따르는 子에 갈음하여 그 자녀에 대한 친권을 행사한다(제910조). 예컨대, 미성년자가 혼인하지 않은 상태에서 혼인외의 자를 출산한 경우에 친권대행이 적용된다. 미성년자도 혼인하면 성년의제(제826조의 2)가 되므로 스스로 친권을 행사할 수 있지만, 미혼의 미성년자는 자기의 자녀에 대하여 친권을 행사할 수 없기 때문이다. 친권대행은 친권자가 그 자의 자녀에 대한 친권을 행사하는 것일 뿐 자신이 그 손자녀의 친권자가 되는 것은 아니다. 따라서 친권대행자나 미혼의 미성년자(부나 모)가 사망하면 손자 등을 위한 후견이 개시되어, 후견인이 대행한다(제948조 제1항).

【대행의 형식】 친권대행은 미성년자의 이름으로 하여야 할 것임
미성년자인 어버이가 친권자로서 대리행위를 하였다면 그것은 무권대리가 되고, 경우에 따라서는 표현대리가 될 것이다.

2) 자녀의 재산에 관한 권리·의무

친권자는 미성년자인 자녀의 법정대리인으로서(제911조) 자녀의 재산관리와 재산상의 법률행위를 대리한다.

> **제916조(자의 특유재산과 그 관리)** 자가 자기의 명의로 취득한 재산은 그 특유재산으로 하고 법정대리인인 친권자가 이를 관리한다.
>
> **제919조(위임에 관한 규정의 준용)** 제691조, 제692조의 규정은 전3조의 재산관리에 준용한다.
>
> **제920조(자의 재산에 관한 친권자의 대리권)** 법정대리인인 친권자는 자의 재산에 관한 법률행위에 대하여 그 자를 대리한다. 그러나 그 자의 행위를 목적으로 하는 채무를 부담할 경우에는 본인의 동의를 얻어야 한다.
>
> **제922조(친권자의 주의의무)** 친권자가 그 자에 대한 법률행위의 대리권 또는 재산관리권을 행사함에는 자기의 재산에 관한 행위와 동일한 주의를 하여야 한다.

① 재산관리권

㈎ 자녀의 특유재산에 관한 재산관리

㈀ 자녀의 특유재산이란 자녀가 상속이나 유증으로 취득하였거나 자기의 노력으로 얻은 재산을 말한다. 재산의 관리이므로 보존, 이용, 개량을 목적으로 하지 않는 처분행위는 원칙적으로 허용되지 않는다. 다만, 관리목적의 범위 내에서의 처분행위(물건의 부패, 가격의 급락에 대비한 매각행위 등)는 허용된다.

㈁ 주의의무의 경감: 관리권을 행사함에는 '자기의 재산에 관한 행위와 동일한 주의'를 하여야 한다(제922조).[10] 그 이유는 자녀에 대한 부모의 애정을 담보로 한 것이라거나,[11] 친권자에게 보수청구권이 없기 때문이라고 한다.

친권자가 이 주의의무를 위반하여 자녀에게 손해를 끼치면 불법행위로 인한 손해배상의 책임을 지며,[12] 부적당한 관리는 경우에 따라 법률행위대리권·재산관리권의 상실원인이 될 수 있다(제925조).

(나) 재산수익권: 제923조 제2항은 "자의 재산으로부터 수취한 과실은 그 子의 양육·재산관리의 비용과 상계한 것으로 본다"고 규정하여 자녀의 재산에 대한 친권자의 수익권을 인정하고 있다(상세한 계산을 하지 않고 원본만 반환하면 충분하다는 취지임). 상계하고 남는 재산, 즉 수익의 잉여재산은 친권자의 소득이 된다는 견해가 있지만,[13] 수익과 관리비용·양육비용이 계산상 명백히 되어서 수익의 잉여가 있으면 친권자는 이를 자녀에게 반환하여야 할 것이다.[14] 그러나 무상으로 子에게 재산을 수여한 제3자가 반대의 의사표시를 한 때에는 그 재산에 관하여는 수익권이 인정되지 않는다(제923조 제2항 단서).

(다) 제3자에 의한 재산관리권의 배제

> 제918조(제삼자가 무상으로 자에게 수여한 재산의 관리) ① 무상으로 자에게 재산을 수여한 제삼자가 친권자의 관리에 반대하는 의사를 표시한 때에는 친권자는 그 재산을 관리하지 못한다.
> ② 전항의 경우에 제삼자가 그 재산관리인을 지정하지 아니한 때에는 법원은 재산의 수여를 받은 자 또는 제777조의 규정에 의한 친족의 청구에 의하여 관리인을 선임한다.
> ③ 제삼자의 지정한 관리인의 권한이 소멸하거나 관리인을 개임할 필요있는 경우에 제삼자가 다시 관리인을 지정하지 아니한 때에도 전항과 같다.
> ④ 제24조 제1항, 제2항, 제4항, 제25조 전단 및 제26조 제1항, 제2항의 규정은 전2항의 경우에 준용한다.

---

10) 이 주의는 선량한 관리자의 주의의무(후견인의 주의의무)보다는 낮은 정도의 것이며, 그것을 위반한 경우의 과실이 구체적 과실이다.

11) 김주수·김상용, 친족·상속법, 392면; 이경희, 가족법, 240면.

12) 김주수·김상용, 친족·상속법, 392면; 박동섭, 친족상속법, 364면.

13) 정광현, 신친족상속법요론, 257면.

14) 김주수·김상용, 친족·상속법, 393면; 박동섭, 친족상속법, 365면; 양형우, 민법의 세계, 1813면.

㈀ 제3자가 미성년의 자녀에게 무상으로 재산을 수여하고 그 친권자의 재산관리에 반대하는 의사표시(문서나 구술로, 친권자나 자녀에게 표시)를 분명히 한 경우에는 친권자는 그 재산을 관리할 수 없다(제918조 제1항).

㉠ 관리의 범위: 친권자가 자녀를 대리하여 재산을 관리·처분할 수 없음은 물론, 자녀의 처분행위 등에 동의를 할 수도 없다.

㉡ 관리인 지정: 제3자는 자신이나 다른 사람을 관리인으로 지정할 수 있다. 제3자의 관리인 지정이 없거나 지정된 관리인의 권한이 소멸되거나 관리인 개임이 필요한 경우는 해당 자녀나 민법 제777조 소정의 친족이 청구하여 가정법원에서 관리인을 선임한다(제918조 제2항, 제3항, 가소 제2조 제1항, 라류 10호 사건). 이렇게 선임된 관리인의 직무권한·담보제공·보수청구권에 관하여는 부재자의 재산관리인에 관한 규정(제24조~제26조)이 준용되고(제918조 제4항), 그 권한 종료시의 사무처리의무와 대항요건에 관하여는 위임종료에 관한 규정(제691조·제692조·제919조)이 준용된다.

㈁ 친권자의 수익권 부정: 제3자가 자녀에게 재산을 증여하면서, 아무런 의사표시를 하지 않은 경우에는 친권자가 그 재산을 관리할 수 있다. 그러나 제3자는 친권자의 수익권을 부정할 수 있고, 이 경우 친권자는 그 재산으로부터 수취한 과실을 자녀의 양육비, 재산관리비용과 상계할 수 없다(제923조 제2항 단서). 양육비 등과 수익재산의 액수를 정확하게 계산하여 정산하여야 한다.

㈑ **재산관리권 종료시의 관리의 계산:** 자녀가 성년이 되는 등 친권이 소멸된 경우, 친권자는 지체 없이 그 자녀의 재산관리에 관한 계산을 하여야 한다(제923조 제1항). 관리권 종료시의 처리의무와 관리권 종료의 대항요건은 위임사무 종료시의 처리의무(제691조)와 대항요건(제692조)의 규정이 준용된다(제919조).

② 子에 대한 대리권·동의권

㈎ **재산상의 법률행위에 대한 대리권·동의권:** 친권자는 법정대리인으로서 자녀의 재산에 관한 법률행위에 대하여 그 子를 대리한다(제911조, 제920조). 재산에 관한 법률행위란 현재 그 자녀가 소유하는 재산에 관한 법률행위뿐만 아

니라 상속의 승인·포기 등 널리 자녀의 재산에 영향을 미치는 재산상의 법률행위를 포함한다. 친권자의 대리행위는 특별한 규정이 없는 한 재산행위에 국한된다.

또한 재산행위라도 친권자가 관리권을 갖지 않는 재산, 즉 친권자가 자에게 처분을 허락한 재산(제6조), 영업을 허락한 경우의 영업재산(제8조), 제3자가 무상으로 자에게 수여하여 친권자의 관리를 배제한 재산(제918조 제1항) 등에 대하여는 친권자의 대리권이 인정되지 않는다.

그리고 친권자는 자녀의 재산상의 행위에 관하여 동의할 권한을 갖는다. 즉, 미성년자는 단순히 권리만을 취득하거나 의무를 면하는 행위가 아닌 이상 친권자의 동의를 얻지 않으면 유효한 법률행위를 할 수 없다(제5조 제1항). 친권자인 법정대리인의 동의 없이 미성년자가 재산상의 법률행위를 한 경우에 친권자는 이를 취소할 수 있다(제5조 제2항). 또한 친권자는 법정대리인으로서 미성년자에게 특정한 영업을 허락할 수 있다(제8조 제1항). 여기서 영업은 널리 영리를 목적으로 하는 사업을 말한다. 친권자는 영업의 허락을 취소 또는 제한할 수 있지만, 이로써 선의의 제3자에게 대항하지 못한다(제8조 제2항).

㈏ 대리권의 제한

㈀ 친권자가 관리권을 갖지 않는 재산의 관리행위: 친권자가 범위를 정하여 처분을 허락한 재산의 처분행위(제6조), 영업을 허락받은 미성년자의 영업에 관한 재산행위(제8조), 제3자가 무상으로 자녀에게 재산을 수여하면서 친권자의 관리권을 배제한 재산(제918조 제1항) 등에 있어서는 친권자의 대리권이 인정되지 않는다.

㈁ 子의 행위를 목적으로 하는 채무부담(노무제공의 채무)의 대리행위: 이때에는 子 본인의 동의를 얻어야 하는데(제920조 단서), 이것은 자녀의 자유를 지키기 위하여 친권자의 대리권에 가해진 제한이다. 따라서 동의 없는 친권자의 대리행위는 무권대리가 되는데, 상대방에게 자녀의 동의를 받은 것으로 믿을 만한 정당한 이유가 있을 때 권한을 넘은 表見代理(제126조)가 성립할 수 있다(판례, 다수설).[15]

반면에 제한능력자의 법정대리인에 대해서까지 제126조의 표현대리를 인정한다면 제한능력자를 보호하려는 제한행위능력제도의 취지에 반하므로 제126조의 표현대리를 인정해서는 안 되고, 제950조뿐만 아니라 제920조의 경우에도 표현대리가 적용되지 않는다고 한다.[16)]

> 판례 친권자인 父가 미성년자의 인장과 소유부동산에 관한 권리증을 친권자가 아닌 처에게 보관시켜 그 처가 부동산을 담보로 제공한 경우에는 특별한 사정이 없는 한 표현대리가 성립한다(대판 1968. 8. 30, 68다1051).

(ㄷ) 근로계약의 체결과 임금의 청구: 친권자나 후견인은 미성년자인 子를 대리하여 근로계약을 체결할 수 없으나(근기법 제67조 제1항), 미성년자가 친권자의 동의를 얻지 않고 근로계약을 체결한 때에는 이를 취소할 수 있다(제5조 제2항). 미성년자는 독자적으로 임금을 청구할 수 있다(근기법 제68조).

(ㄹ) 대리권 행사의 주의의무: 친권자는 그 자녀의 법률행위의 대리권을 행사할 경우 '자기의 재산에 관한 행위'와 동일한 주의를 하여야 한다(제922조).

(ㅁ) 대리권의 남용: 친권자가 私利를 꾀할 목적으로 대리권을 남용한 경우, 그 대리행위의 효력에는 원칙적으로 영향이 없다. 그 결과 자녀는 막대한 손해를 입을 수 있다. 이러한 자녀를 보호하기 위하여 제3자가 그 사정을 알고 있거나 알 수 있었을 때에는 제107조 제1항 단서를 유추적용하여 대리행위의 효력을 부정하는 견해가 있다.[17)] 판례는 친권자의 대리행위가 친권남용이 될 경우에 그 효과는 子에게 미치지 않는다고 한다(대판 1997. 1. 24, 96다43928; 대판 1981. 10. 31, 81다649).

> 판례 친권자가 子를 대리하는 법률행위는 친권자와 자 사이의 이해상반행위에 해당하지 않는 한, 그것을 할 것인가 아닌가는 자를 위하여 친권을 행사하는 친권자가 자를 둘러싼 여러 사정을 고려하여 행할 수 있는 재량에 맡겨진 것으로 보아야 하므로, 이와 같

15) 김주수 · 김상용, 친족 · 상속법, 394면.

16) 이영준, 민법총칙, 590면.

17) 김주수 · 김상용, 친족 · 상속법, 394~395면.

이 친권자가 자를 대리하여 행한 子 소유의 재산에 대한 처분행위에 대해서는 그것이 사실상 자의 이익을 무시하고 친권자 본인 혹은 제3자의 이익을 도모하는 것만을 목적으로 하여 이루어졌다고 하는 등 친권자에게 자를 대리할 권한을 수여한 법의 취지에 현저히 반한다고 인정되는 사정이 존재하지 않는 한 친권자에 의한 대리권의 남용에 해당한다고 쉽게 단정할 수 없다(대판 2009. 1. 30, 2008다73731).

㈑ 공동친권자의 일방이 단독으로 한 행위의 효력

제920조의 2(공동친권자의 일방이 공동명의로 한 행위의 효력) 부모가 공동으로 친권을 행사하는 경우 부모의 일방이 공동명의로 자를 대리하거나 자의 법률행위에 동의한 때에는 다른 일방의 의사에 반하는 때에도 그 효력이 있다. 그러나 상대방이 악의인 때에는 그러하지 아니한다.

부모가 혼인중인 때에는 공동으로 친권을 행사하여야 한다. 여기에서 공동으로 행사한다는 것은 공동의 의사에 의한다는 것을 말하며, 행위 자체를 부모의 공동명의로 하여야 한다는 의미는 아니다.

㈀ 친권자 일방이 단독명의로 단독행사한 경우: 친권자의 대리행위는 무권대리로 되어 타방의 추인이 없으면 무효이며, 다만, 표현대리를 적용할 수 있을 것이다. 미성년자의 법률행위에 대하여 친권자 일방이 단독으로 동의를 한 때에는 타방 친권자의 적법한 추인이 없는 한 미성년자의 법률행위는 취소할 수 있게 된다.[18]

㈁ 친권자 일방이 공동명의로 대리나 동의를 한 경우: 공동친권자의 일방이 공동명의로 자를 대리하거나 자의 행위에 동의를 한 경우에는 특별규정을 두어, 그것이 타방친권자의 의사에 반하더라도 상대방이 악의가 아닌 한 유효한 것으로 규정하고 있다(제920조의 2). 그러나 이 경우 상대방이 보호받기 위해서는 상대방의 선의만을 요구하고 있지만, 선의뿐만 아니라 무과실도 요구된다고 해석한다.[19]

18) 김주수 · 김상용, 친족 · 상속법, 377면.

19) Ibid.

3) 이해상반행위의 경우의 친권제한

> 제921조(친권자와 그 자간 또는 수인의 자간의 이해상반행위) ① 법정대리인인 친권자와 그 자 사이에 이해상반되는 행위를 함에는 친권자는 법원에 그 자의 특별대리인의 선임을 청구하여야 한다.
> ② 법정대리인인 친권자가 그 친권에 따르는 수인의 자 사이에 이해상반되는 행위를 함에는 법원에 그 자 일방의 특별대리인의 선임을 청구하여야 한다.

① 이해상반행위

㈎ 의 의: 이해상반행위는 행위의 객관적 성질상 친권자와 子 사이 또는 친권에 따르는 수인의 子 사이에 이해의 대립이 생길 우려가 있는 행위를 말하는 것으로써, 친권자의 의도나 그 행위의 결과 실제로 이해의 대립이 생겼는지의 여부는 묻지 않는다(대판 1996. 11. 22, 96다10270).

부모와 미성년인 자 사이에도 이해가 상반되는 재산행위에 있어서는 그 법률행위에 대한 대리권이 제한된다. 따라서 이해상반행위에 대하여는 친권자의 대리권을 제한하고 특별대리인을 선임하여 그 특별대리인이 재산에 관한 대리행위를 하도록 하고 있다(제921조).

㈏ 종 류: 이해상반행위에는 단독행위·계약뿐만 아니라(친권자인 母와 미성년 子가 공동상속인인 경우, 母가 자신의 상속은 승인하면서 子의 상속은 포기하는 경우) 동의행위·소송행위도 포함하고, 재산상 이익에 관한 행위이든 신분상 이익에 관한 행위이든 상관없다. 다만 이는 미성년자에게 불리할 수 있는 것을 전제로 하므로 자녀에게 이익만 되는 경우는 이해상반행위가 아니다.

예컨대, 친권자를 위해서는 이익이 되고 미성년자를 위해서는 불이익이 되는 행위(대판 1971. 7. 27, 71다1113) 또는 친권에 따르는 子의 일방을 위해서는 이익이 되고 다른 일방에게는 불이익이 되는 행위(대판 1976. 3. 9, 75다2340)는 이해상반행위가 된다.

한편, 성년이 되어 친권자의 친권에 따르지 않는 자와 친권에 따르는 미성년자인 자 사이에 이해상반이 되는 경우가 있더라도 친권자는 미성년자를 위한 법정대리인으로써 그 고유의 권리를 행사할 수 있으므로, 그러한 친권자의 법률행위는 제921조의 이해상반행위에 해당하지 않는다(대판 1989. 9. 12, 88다카28044).

㈐ 이해상반행위의 범위: 법정대리인인 친권자와 그 자 사이의 이해상반의 유무는 전적으로 그 행위 자체를 객관적으로 관찰하여 판단하여야 할 것이지 그 행위의 동기나 연유를 고려하여 판단하여야 할 것은 아니라고 한다(대판 2002. 1. 11, 2001다65960; 대판 1994. 9. 9, 94다6680). 따라서 판례는 기본적으로 형식적 판단설에 의하고 있다.

㈀ 이해상반행위

㉠ 자의 재산관리에 관한 포괄적 위임을 받은 父가 자신의 채무지급을 위하여 子를 대리하여 공동명의로 어음을 발행한 경우(대판 1971. 2. 23, 70다2916).

㉡ 친권자가 자기 채무를 위하여 미성년의 子의 부동산을 담보로 제공한 경우(대판 1971. 7. 27, 71다1113).

㉢ 양모가 미성년의 양자를 상대로 소유권이전등기청구소송을 제기한 경우(대판 1991. 4. 12, 90다17491).

㉣ 친권자인 모가 공동상속인으로서 미성년의 자를 대리하여 상속재산분할협의를 하는 경우(대판 2001. 6. 29, 2001다28299; 대판 1993. 3. 9, 92다18481).

㉤ 친권자인 모가 자신의 연대보증한 채무의 담보로 자신과 자의 공유인 토지 중 자의 공유지분에 관하여 법정대리인의 자격으로 근저당권설정계약을 체결한 경우(대판 2002. 1. 11, 2001다65960) 등.

판례 친권자인 모가 자신이 연대보증한 차용금 채무의 담보로 자신과 자의 공유인 토지 중 자신의 공유지분에 관하여는 공유지분권자로서, 자의 공유지분에 관하여는 그 법정대리인의 자격으로 각각 근저당권설정계약을 체결한 경우, 위 채권의 만족을 얻기 위하여 채권자가 위 토지 중 자의 공유지분에 관한 저당권의 실행을 선택한 때에는, 그 경매대금이 변제에 충당되는 한도에 있어서 모의 책임이 경감되고, 또한 채권자가 모에 대한 연대보증책임의 추구를 선택하여 변제를 받은 때에는, 모는 채권자를 대위하여 위 토지 중 자의 공유지분에 대한 저당권을 실행할 수 있는 것으로 되는바, 위와 같이 친권자인 모와 자 사이에 이해의 충돌이 발생할 수 있는 것이, 친권자인 모가 한 행위 자체의 외형상 객관적으로 당연히 예상되는 것이어서, 모가 자를 대리하여 위 토지 중 자의 공유지분에 관하여 위 근저당권설정계약을 체결한 행위는 이해상반행위로서 무효라고 보아야 한다(대판 2002. 1. 11, 2001다65960).

판례 민법 제921조의 이해상반행위란 행위의 객관적 성질상 친권자와 그 자 사이 또는 친권에 따르는 수인의 자 사이에 이해의 대립이 생길 우려가 있는 행위를 가리키는 것으로서, 친권자의 의도나 그 행위의 결과 실제로 이해의 대립이 생겼는지의 여부는 묻지 아니하는 것이라고 할 것이다(대판 1994. 9. 9, 94다6680).

(ㄴ) 이해상반행위가 되지 않는 경우

㉠ 친권자인 모가 자기 오빠의 제3자에 대한 채무담보로 미성년의 자 소유의 부동산에 근저당권을 설정한 경우(대판 1991. 11. 26, 91다32466)

㉡ 친권자인 모가 자신이 대표이사로 있는 주식회사의 채무보증을 위하여 자신과 미성년의 자의 공유재산을 담보로 제공한 경우(대판 1996. 11. 22, 96다10270)

* 그 행위의 객관적 성질상 채무자 회사의 채무를 담보하기 위한 것에 불과하므로 친권자와 그 자 사이에 이해의 대립이 생길 우려가 있는 이해상반행위라고 볼 수 없다(대판 1996. 11. 22, 96다10270).

㉢ 친권자가 미성년의 자의 강력한 반대에도 미성년자의 이복형제인 성년의 다른 아들에게 미성년자 소유의 부동산을 증여한 경우(대판 1981. 10. 13, 81다649)

㉣ 친권자가 부동산을 미성년인 자에게 명의신탁하는 경우(대판 1998. 4. 10, 97다4005)

판례 법정대리인인 친권자가 부동산을 매수하여 이를 그 자에게 증여하는 행위는 미성년자인 자에게 이익만을 주는 행위이므로, 친권자와 자 사이의 이해상반행위에 속하지 아니하고, 또 자기계약이지만 유효하다(대판 1981. 10. 13, 81다649).

판례 민법 제921조 제2항의 경우 이해상반행위의 당사자는 쌍방이 모두 친권에 복종하는 미성년자일 경우이어야 하고, 이때에는 친권자가 미성년자 쌍방을 대리할 수는 없는 것이므로 그 어느 미성년자를 위하여 특별대리인을 선임하여야 한다는 것이지 성년이 되어 친권자의 친권에 복종하지 아니하는 子와 친권에 복종하는 미성년자인 子 사이에 이해상반되는 경우가 있다 하여도 친권자는 미성년자를 위한 법정대리인으로서 그 고유의 권리를 행사할 수 있으므로 그러한 친권자의 법률행위는 같은 조항 소정의 이해상반행위에 해당한다 할 수 없다(대판 1989. 9. 12, 88다카28044).

㈐ 공동친권자의 일방만이 이해상반행위인 경우

공동친권자 중 일방만이(예컨대, 父만이) 자녀와 이해상반되는 경우는 다른 일방 친권자의 친권은 제한될 필요가 없으므로 일방만을 위한 특별대리인(父의 특별대리인)을 선임하고 그 다른 일방 친권자가 특별대리인과 공동으로 자녀를 대리하여야 할 것이다.

② 이해상반행위에 대한 친권의 제한과 이해상반행위의 효력

㈎ 특별대리인의 선임: 친권자가 그 친권에 따르는 자녀와 이해가 상반되는 행위를 하거나 친권에 따르는 수인의 子 사이에 이해가 상반되는 경우에 공정한 친권행사를 기대할 수 없다. 이해상반행위의 경우에 친권자의 법정대리권은 제한되고, 친권자가 특별대리인의 선임을 법원에 청구하여(제921조) 그 특별대리인과 친권자가 법률행위를 하여야 한다. 수인의 자 사이의 이해상반행위의 경우에 미성년자 각자마다 특별대리인을 선임하여야 한다(대판 2001. 6. 29, 2001다28299).

판례 제921조의 특별대리인 제도는 친권자와 그 친권에 복종하는(따르는) 자 사이 또는 친권에 복종하는 자들 사이에 서로 이해가 충돌하는 경우에는 친권자에게 친권의 공정한 행사를 기대하기 어려우므로 친권자의 대리권 및 동의권을 제한하여 법원이 선임한 특별대리인으로 하여금 이들 권리를 행사하게 함으로써 친권의 남용을 방지하고 미성년인 자의 이익을 보호하려는 데 그 취지가 있으므로, 특별대리인은 이해가 상반되는 특정의 법률행위에 관하여 개별적으로 선임되어야 한다. 따라서 특별대리인선임신청서에는 선임되는 특별대리인이 처리할 법률행위를 특정하여 적시하여야 하고, 법원도 그 선임심판시에 특별대리인이 처리할 법률행위를 특정하여 이를 심판의 주문에 표시하는 것이 원칙이며, 특별대리인에게 미성년자가 하여야 할 법률행위를 무엇이든지 처리할 수 있도록 포괄적으로 권한을 수여하는 심판을 할 수는 없다(대판 1996. 4. 9, 96다1139).

* 가정법원은 이러한 특별대리인의 대리권에 제한을 가할 수 있고(가소규 제68조), 언제든지 특별대리인을 개임할 수 있다(가소규 제68조의 2).

(나) 이해상반행위의 효력: 친권자가 미성년인 자와 이해상반되는 행위를 특별대리인에 의하지 않고 스스로 대리하여 한 경우, 그 행위는 무권대리행위로서 적법한 추인이 없는 한 무효이다(대판 2001. 6. 29, 2001다28299).[20] 추인은 본인인 자가 성년이 된 후에 하여야 한다(무권대리행위의 추인은 법률행위이므로 행위능력이 요구된다). 친권자가 수인의 미성년자의 법정대리인으로서 상속재산분할협의를 한 경우 이러한 분할협의는 피대리자 전원에 의한 적법한 추인이 없는 한 전체가 무효이다(대판 2011. 3. 10, 2007다17482). 추인은 대리인 또는 상대방에 대하여 하여야 한다.

【참 고】
자가 성년이 되기 전에 특별대리인이 추인할 수 있는지에 대하여는 다투어진다.

판례는 이해상반행위에 특별대리인을 선임하도록 한 제921조는 강행규정으로 보고, 따라서 이에 위배되는 상속재산 분할협의에 참가한 공동상속인 중 1인이 상속재산 분할협의가 무효라고 주장하는 것은 특별한 사정이 없는 한 모순행위금지의 원칙이나 신의칙에 반하는 것이라고 할 수 없다고 한다(대판 2011. 3. 10, 2007다17482).

한편, 미성년자가 이해상반되는 친권자의 동의를 얻어서 한 행위에 대하여는 동의를 얻지 않고 한 행위와 같은 효력을 가지게 되어 취소할 수 있다는 견해,[21] 자와 친권자 사이에 이해상반되는 행위에 대하여는 처음부터 친권자에게 동의권이 없다는 견해[22]를 볼 수 있다.

---

20) 김용한, 친족상속법, 215면; 김주수 · 김상용, 친족 · 상속법, 403면.

21) 김주수 · 김상용, 친족 · 상속법, 403면.

22) 이경희, 가족법, 244면.

판례 친권자와 수인의 미성년인 子 사이에서 행하여진 상속재산분할협의는 이익상반행위로서 무효이며, 피대리자 전원의 추인이 있어야 유효로 된다(대판 1993. 4. 13, 92다54525).

판례 어느 부동산에 관하여 등기가 경료되어 있는 경우 특별한 사정이 없는 한 그 원인과 절차에 있어서 적법하게 경료된 것으로 추정된다(대판 2008. 3. 27, 2007다91756). 따라서 전 등기명의인이 미성년자이고 당해 부동산을 친권자에게 증여하는 행위가 이해상반행위라 하더라도 일단 친권자에게 이전등기가 경료된 이상, 특별한 사정이 없는 한 그 이전등기에 관하여 필요한 절차를 적법하게 거친 것으로 추정된다(대판 2002. 2. 5, 2001다72029). 그것이 특별대리인으로 대리하지 않았으므로 무효라는 것은 주장하는 사람이 증명하여야 한다.

4. 친권의 소멸과 상실

제924조(친권상실의 선고) 부 또는 모가 친권을 남용하거나 현저한 비행 기타 친권을 행사시킬 수 없는 중대한 사유가 있는 때에는 법원은 제777조의 규정에 의한 자의 친족 또는 검사의 청구에 의하여 그 친권의 상실을 선고할 수 있다.

제925조(대리권, 재산관리권 상실의 선고) 가정법원은 법정대리인인 친권자가 부적당한 관리로 인하여 자녀의 재산을 위태롭게 한 경우에는 제777조에 따른 자녀의 친족 또는 검사의 청구에 따라 그 법률행위의 대리권과 재산관리권의 상실을 선고할 수 있다.

제926조(실권회복의 선고) 전2조의 원인이 소멸한 때에는 법원은 본인 또는 제777조의 규정에 의한 친족의 청구에 의하여 실권의 회복을 선고할 수 있다.

제927조(대리권, 관리권의 사퇴와 회복) ① 법정대리인인 친권자는 정당한 사유가 있는 때에는 법원의 허가를 얻어 그 법률행위의 대리권과 재산관리권을 사퇴할 수 있다.
② 전항의 사유가 소멸한 때에는 그 친권자는 법원의 허가를 얻어 사퇴한 권리를 회복할 수 있다.

제927조의 2(친권 상실과 친권자의 지정 등) ① 제909조 제4항부터 제6항까지의 규정에 따라 단독 친권자가 된 부 또는 모, 양부모(친양자의 양부모를 제외한다) 쌍방에게 다음 각 호의 어느 하나에 해당하는 사유가 있는 경우에는 제909조의 2 제1항 및 제3항부터 제5항까지의 규정을 준용한다. 다만, 제2호와 제3

호의 경우 새로 정하여진 친권자 또는 미성년후견인의 임무는 미성년자의 재산에 관한 행위에 한정된다.
1. 제924조에 따른 친권상실의 선고가 있는 경우
2. 제925조에 따른 대리권과 재산관리권 상실의 선고가 있는 경우
3. 제927조 제1항에 따라 대리권과 재산관리권을 사퇴한 경우
4. 소재불명 등 친권을 행사할 수 없는 중대한 사유가 있는 경우
② 가정법원은 제1항에 따라 친권자가 지정되거나 미성년후견인이 선임된 후 단독 친권자이었던 부 또는 모, 양부모 일방 또는 쌍방에게 다음 각 호의 어느 하나에 해당하는 사유가 있는 경우에는 그 부모 일방 또는 쌍방, 미성년자, 미성년자의 친족의 청구에 의하여 친권자를 새로 지정할 수 있다.
1. 제926조에 따라 실권의 회복이 선고된 경우
2. 제927조 제2항에 따라 사퇴한 권리를 회복한 경우
3. 소재불명이던 부 또는 모가 발견되는 등 친권을 행사할 수 있게 된 경우

(1) 친권의 소멸

1) 절대적 소멸원인

미성년 자녀의 사망(실종선고 포함), 미성년자가 성년자이 되거나 혼인한 때(제826조의 2)에 친권은 절대적으로 소멸한다.

2) 상대적 소멸원인

친권의 상대적 소멸원인은 다른 사람이 친권자가 되거나 후견이 개시되는 사유이다. 즉, 친권자가 사망(실종선고 포함)한 때, 혼인외의 자녀가 인지된 후 父가 친권자로 된 때(제909조 제4항), 자녀가 타인의 양자로 된 때(제909조 제1항), 부모의 이혼 또는 혼인의 무효 · 취소로 부모 중 일방이 친권자로 정하여진 때(제909조 제4항 · 제5항), 입양이 무효·취소되거나 양자가 파양된 때, 법원의 심판에 의하여 친권자가 변경된 때(제909조 제6항), 친권자가 대리권 또는 재산관리권을 사퇴한 때(제927조 제1항), 친권자가 친권상실의 선고를 받은 때(제924조)에 친권은 상대적으로 소멸한다.

(2) 친권의 상실

1) 의 의

친권은 자의 이익을 위한 의무적 성격을 내용으로 한다. 따라서 부 또는 모가 친권을 남용하거나 현저한 비행 기타 친권을 행사시킬 수 없는 중대한 사유가 있는 때 자의 친족 또는 검사의 청구에 의하여 그 친권의 상실을 선고함으로써 친권을 강제적으로 박탈하는 제도가 친권상실(親權喪失)이다. 친권상실은 미성년자의 사후적 보호수단이다.

2) 친권의 전부상실(친권의 상실선고)

부 또는 모가 친권을 남용하거나 현저한 비행 기타 친권을 행사시킬 수 없는 중대한 사유가 있는 때에는 법원은 미성년자의 친족 또는 검사의 청구에 의하여 그 친권의 상실을 선고할 수 있다(제924조). 부모가 공동으로 친권을 행사하는 경우에 친권상실선고도 개별적으로 하여야 하고 또 원인의 유무도 개별적으로 판단하여야 한다.

① 친권상실의 원인

㈎ 친권의 남용: 친권의 남용은 친권을 불법적으로 과도하게 행사하거나 적당한 행사를 게을리 하여 자의 복리를 해치는 경우를 말한다. 예컨대, 자에 대한 징계권의 남용(제915조), 자의 유기, 친권자의 이익을 위하여 子의 재산을 부당하게 처분하거나 자와 이해상반되는 행위(제921조)를 하는 경우 등이다. 친권자의 행위가 친권남용에 해당하는지 여부는 남용행위의 성질상 일률적으로 결정할 수는 없고 복리원칙을 기준으로 여러 사정을 고려하여 신축적으로 결정하여야 한다.

판례 친권자인 모가 미성년자인 자의 법정대리인으로서 자의 유일한 재산을 아무런 대가도 받지 않고 증여하였고 상대방이 그 사실을 알고 있었던 경우, 그 증여행위는 친권의 남용에 의한 것이므로 그 효과는 자에게 미치지 않는다. 이처럼 친권자의 법정대리권의 남용으로 인한 법률행위의 효과가 미성년인 자에게 미치지 아니한다고 하여 그 친권자의 친권이 상실되어야 하는 것은 아니며, 친권자가 자의 법정대리인으로서 소송대리인을 선임하여 그 증여에 기하여 이루어진 소유권이전등기의 말소를 구하는 소를 제기하였다고 하여 이를 금반언의 원칙에 어긋난 것으로 볼 수도 없다(대판 1997. 1. 24, 96다43928).

(나) 현저한 비행: 현저한 비행은 친권자의 소행이 심히 불량하여 자녀의 인격형성에 악영향을 미치거나 자녀의 재산을 현저하게 감소시킬 우려가 있는 경우이다. 예컨대, 부모의 방탕·상습도박·불륜 등과 같이 자녀의 성장에 나쁜 영향을 주거나 그 재산을 탕진할 위험이 있는 경우 등이다.

판례 현저한 비행의 판단은 친권자의 행위 자체만으로 결정할 수 없고, 구체적 사정을 고려하여 비행을 저지른 친권자를 대신하여 다른 사람으로 하여금 친권을 행사하게 하거나 후견을 하게 하는 것이 '자녀의 복리'를 위하여 보다 낫다고 인정되는 경우이어야 한다(대결 1993. 3. 4, 93스3). 이러한 경우가 아니라면 섣불리 친권상실을 인정하여서는 안 되며, 자녀들의 양육과 보호에 관한 의무를 소홀히 하지 아니한 모의 간통행위로 말미암아 부가 사망하는 결과가 초래된 사실만으로써는 모에 대한 친권상실선고사유에 해당한다고 볼 수 없다.

판례 남편이 행방불명이 되어 극심한 생활난으로 인하여 타인과 혼인한 경우에는(그 동기가 음란과 향락만을 위한 것이 아닌 경우는) 본조 소정의 친권상실의 사유에 해당하지 않는다(대판 1963. 9. 12, 63다197).

(다) 그밖의 중대한 사유: 친권을 행사시킬 수 없는 중대한 사유는 자와 친권자 사이의 이해상반행위, 친권남용의 여부, 부양이나 교육 등을 종합적으로 고려하여 결정하여야 한다(대판 1979. 9. 11, 79므34). 대체로 친권자의 행방불명, 중병, 정신병, 복역 등 구체적 사정에 따라 결정하여야 할 것이다.

판례 남편과의 불화로 남편과 자식들을 남겨두고 집을 나가 별거한 이후에는 전혀 자녀들을 돌보지 않았을 뿐 아니라 남편이 교통사고로 사망하게 되었는데도 그 장례식에 참석하지도 않았고, 장례문제를 의논하러 자녀들이 찾아가도 만나주지도 않으면서 남편의 교통사고에 대한 보상금을 전부 수령하여 거의 다 소비하여 버리는 등 자녀들의 부양에 대하여 전혀 노력하지 않고 있고, 자녀들도 동거시 자신들에게 가혹하게 대하였던 모를 불신하며 현재와 같이 할아버지 밑에서 보호 · 양육되기를 희망하는 경우는 친권을 행사할 수 없는 중대한 사유에 해당한다(대판 1991. 12. 10, 91므641).

② **친권상실원인의 존재시기**

사실심 변론종결 당시에 친권상실의 원인이 존재하고 있어야 한다. 친권상실심판사건 심리 중에 그 원인이 소멸하여 존재하지 아니하는 경우는 친권상실심판을 선고할 수 없다. 과거에 비행이나 친권남용이 있더라도 현재는 개과천선하였고, 자녀의 복리를 해칠 위험이 없고 달리 다른 사람에게 미성년 자녀를 맡겨서 키울만한 상황이 아닌 경우, 친권상실선고를 하여서는 안 된다(대결 1993. 3. 4, 93스3).

③ **친권상실선고의 청구권자 등**

친권상실선고는 제777조의 규정에 의한 친족 또는 검사·시·도지사 또는 시장·군수·구청장의 청구에 의하여 가정법원이 한다(제924조, 아동복지법 제15조). 미성년자 본인은 친권상실청구권자가 아니다. 이 경우 우선 가정법원에 조정을 신청하여야 한다(가소법 제2조 제1항 마류 사건 6호, 제50조). 친권상실선고의 재판이 확정된 때에는 그 재판을 청구한 사람이 그 내용을 신고하여야 한다(가족관계등록법 제79조 제2항).

판례 제924조나 제925조의 규정에 의한 친권상실이나 대리권, 관리권상실을 청구할 수 있는 자가 그러한 청구권을 포기하는 것을 내용으로 하는 계약은 公序良俗에 위배하여 無效라 할 것이다(대판 1977. 6. 7, 63다197).

④ **친권상실의 효과**

㈎ **대리권 등의 상실**: 친권자가 친권상실선고를 받으면 미성년 자녀의 보호·교양권 및 재산관리권을 상실하고, 자녀의 신상에 관한 법률행위 내지 재산에 관한 법률행위의 대리권·동의권을 상실한다.

㈏ **후견의 개시**: 공동친권자 중 일방이 친권상실선고를 받은 경우, 다른 일방이 친권행사자로 되고(제909조 제3항), 공동친권자 쌍방 또는 단독친권자가 친권상실선고를 받은 때에는 후견이 개시된다(제928조). 특히 이혼 등으로 인하여 단독친권자가 된 부 또는 모가 친권상실의 선고를 받은 경우, 가정법원은 친권자를 지정하거나 미성년후견인을 선임할 수 있다(제927조의 2 제1항).

㈐ 부모와 자녀 사이의 직계혈족으로서 발생한 권리의 소멸여부: 친권상실선고를 받은 부모는 자녀의 혼인 등에 대한 동의권도 상실하게 되는가?

㉠ 소멸설: 부모의 혼인동의권은 부모의 의사를 존중하는 데 있는 것이 아니라 전적으로 자녀보호를 목적으로 하는 것으로써 실질적으로 친권의 작용으로 보아야 하기 때문에 친권상실자에게는 동의권을 주지 않는 것이 바람직하다.[23)]

㉡ 불소멸설: 친권을 상실하더라도 부모와 子간에 직계혈족으로서 발생한 권리들 예컨대, 자녀의 혼인동의권(제808조), 입양에 관한 대락권(제869조), 부양의 권리 · 의무(제974조 1호), 상속에 관련된 권리 · 의무(제1000조, 제1001조, 제1112조) 등에 대하여는 아무런 영향을 미치지 않는다.[24)]

【참 고】 미성년자 입양에 대한 부모의 동의
부모가 친권상실의 선고를 받은 경우 부모의 동의 불요(제870조 제1항).

㉢ 절충설: 친권상실선고로 인하여 친권자는 장래에 향하여 친권을 전면적으로 상실하게 되지만, 부양 · 상속 등에 관하여는 영향을 받지 않는다고 한다.[25)]

㉣ 소 결: 혼인동의 등은 부모의 자격에서 하는 것이지 친권자로서의 권리가 아니므로, 친권자가 친권상실선고를 받더라도 부모 내지는 직계혈족의 자격으로 가지는 권리에는 아무런 영향이 없다고 할 수 있다. 따라서 친권을 상실한 부모도 혼인동의권(제808조 제1항)을 가지며, 부양과 상속의 권리의무는 존속한다.

3) 친권의 일부상실(대리권·재산관리권의 상실)

법정대리인인 친권자가 부적당한 관리로 子의 재산을 위태롭게 한 때에는 법원은 제777조에 규정한 자녀의 친족 또는 검사의 청구에 의하여 그 법률행

23) 김주수 · 김상용, 친족 · 상속법, 411면.

24) 송덕수, 신민법강의, 1868면(E-173); 이경희, 가족법, 249면.

25) 김용한, 친족상속법, 217면.

위의 대리권과 재산관리권의 상실을 선고할 수 있다(제925조).

① 요 건

㈎ 친권자의 부적당한 관리로 인하여 자녀의 재산을 위태롭게 할 것: 부적당한 재산관리는 반드시 친권자의 악의에 기할 것일 필요는 없다. 그리고 재산을 위태롭게 하는 사정이 있으면 충분하고 반드시 재산이 상실되어야 하는 것은 아니다.

㈏ 친족의 청구가 있을 것: 제777조의 규정에 의한 子의 친족의 청구가 있어야 한다. 조정전치주의가 적용되므로 청구권자는 먼저 가정법원에 조정을 신청하여야 한다(가소법 제2조 제1항 마류 사건 6호, 제50조).

② 상실의 효과

대리권·재산관리권의 상실은 친권의 일부 제한을 의미하므로, 친권 그 자체에는 영향이 없다. 따라서 공동친권자 중 일방이 대리권·재산관리권을 상실하면 다른 일방이 단독으로 대리권·재산관리권을 행사하고, 미성년 자녀의 신분상 행위에 대하여는 여전히 친권을 공동으로 행사한다. 단독친권자가 대리권 등을 상실하면 대리권·재산관리권만을 행사하기 위하여 후견이 개시된다(제928조). 이혼 등으로 단독친권자가 된 부 또는 모가 대리권 등을 상실하는 경우, 가정법원은 미성년자의 재산에 관한 행위를 위해 친권자를 지정하거나 미성년후견인을 선임할 수 있다(제927조의 2 제1항). 그밖에 법률행위의 대리권과 재산관리권을 상실한 친권자는 미성년자의 후견인을 지정하는 유언도 할 수 없다(제931조 제1항 단서).

4) 실권회복

실권회복이란 상실된 친권자의 권한을 회복시키는 것을 말한다. 친권상실선고 내지 법률행위의 대리권 및 재산관리권의 상실 후 그 상실선고의 원인이 소멸되었을 때에는 가정법원은 본인 또는 제777조의 규정에 의한 친족의 청구에 의하여 실권회복을 선고할 수 있다(제926조).

(3) 대리권·재산관리권의 사퇴와 회복

1) 사 퇴

① 본래 친권의 포기 또는 사퇴는 원칙적으로 인정되지 않고, 정당한 사유가 있는 경우에만 허용된다. 즉, 법정대리인인 친권자는 정당한 사유가 있는 경우(장기부재, 중병, 복역 등) 가정법원의 허가를 얻어 그 법률행위의 대리권과 재산관리권을 사퇴할 수 있다(제927조 제1항, 가소법 제2조 제1항 라류사건 2호). 따라서 신상의 권리·의무에 대하여는 사퇴가 인정되지 않는다. 예컨대, 자에 대한 법정대리권을 행사하지 않을 것을 선언하거나 합의하더라도 무효이다.

② 공동친권자의 일방이 대리권·재산관리권을 사퇴한 경우에 다른 일방의 친권자가 단독친권자가 된다. 공동친권자 쌍방 또는 단독친권자가 대리권·재산관리권을 사퇴한 경우 후견개시 여부는 대리권과 재산관리권의 상실의 경우와 같다.

2) 회 복

사퇴의 사유가 소멸되면, 가정법원의 허가를 얻어 사퇴한 권리를 회복할 수 있다(제927조 제2항, 가사소송법 제2조 제1항 라류 사건 12호).

(4) 친권상실과 친권자의 지정 등

① 인지, 이혼, 혼인의 취소 등으로 인하여(제909조 제4항~제6항) 단독 친권자가 된 부 또는 모, 양부모(친양자의 양부모를 제외함) 쌍방에게 ㉮ 친권상실의 선고가 있는 경우(제924조), ㉯ 대리권과 재산관리권 상실의 선고가 있는 경우(제925조), ㉰ 대리권과 재산관리권을 사퇴한 경우(제927조 제1항), ㉱ 소재불명 등 친권을 행사할 수 없는 중대한 사유가 있는 경우에는 부 또는 모, 미성년자, 미성년자의 친족은 그 사실을 안 날로부터 1개월, 그 사실이 있는 날로부터 6개월 내에 가정법원에 친권자로 지정할 것을 청구할 수 있다(제927조의 2 제1항, 제909조의 2 제1항).

만일 이 친권자 지정 청구기간 내에 지정 청구가 없을 경우 가정법원은 직권으로 또는 청구권자의 청구에 의하여 미성년후견인을 선임할 수 있다(제927조의 2 제1항, 제909조의 2 제3항). 또한 가정법원은 이러한 후견인 선임청구가 미성년자의 복리를 위하여 적절하지 않다고 인정하면 청구를 기각할 수 있으며, 이 경우 직권으로 친권자를 지정할 수 있다(제927조의 2 제1항, 제909조의 2 제4항).

다만, 대리권과 재산관리권 상실의 선고가 있는 경우(제925조), 대리권과 재산관리권을 사퇴한 경우(제927조 제1항), 새로 정하여진 친권자 또는 미성년후견인의 임무는 미성년자의 재산에 관한 행위에 한정된다(제927조의 2 제1항 단서).

② 가정법원은 친권자가 지정되거나 미성년후견인이 선임된 후 단독 친권자이었던 부 또는 모, 양부모 일방 또는 쌍방에게 ㉮ 실권의 회복이 선고된 경우(제926조), ㉯ 사퇴한 대리권과 재산관리권을 회복한 경우(제927조 제2항), ㉰ 소재불명이던 부 또는 모가 발견되는 등 친권을 행사할 수 있게 된 경우에는 그 부모 일방 또는 쌍방, 미성년자, 미성년자의 친족의 청구에 의하여 친권자를 새로 지정할 수 있다(제927조의 2 제2항).

제2절 後 見

1. 서 언

후견은 제한능력자나 그밖에 보호가 필요한 사람을 보호하기 위한 제도이다. 개정민법(2012. 2. 10, 법률 제11300호)상의 후견은 법정후견과 임의후견으로 구분된다. 법정후견에는 미성년후견·성년후견·한정후견·특정후견이 있으며, 임의후견은 후견계약에 의한 후견을 말한다.

개정민법에서는 기존의 금치산·한정치산제도를 폐지하고, 성년후견제도를 도입하였다. 개정민법은 보호의 필요가 있는 성년자의 인간의 존엄에 비추어 그의 의사와 능력을 가능한 한 적극적으로 고려할 수 있도록 하는데 그 목적을 두고 있다(2013. 7. 1. 시행).

후견은 가족관계의 측면과 재산관계의 측면을 동시에 가지고 있는 제도이다(민법은 위임과 친권의 규정을 후견인에 준용한다(제956조)).

2. 미성년후견

(1) 후견의 개시

> 第928條(미성년자에 대한 후견의 개시) 미성년자에게 친권자가 없거나 친권자가 법률행위의 대리권과 재산관리권을 행사할 수 없는 경우에는 미성년후견인을 두어야 한다.

1) 후견개시의 원인

미성년자에게 친권자가 없거나 친권자가 법률행위의 대리권과 재산관리권을 행사할 수 없는 경우에는 후견이 개시된다(제928조).

① 미성년자에게 친권자가 없는 경우

공동친권자인 부모 중 일방이 사망하거나 친권을 상실한 때에는 다른 일방이 단독친권자가 되므로 후견이 개시되지 않는다. 그러나 공동친권자인 부모가 동시에 사망하거나 친권을 상실한 경우, 단독친권자가 사망하거나 친권상실의 선고를 받은 경우, 심신상실·행방불명 기타 사유로 사실상 친권을 행사할 수 없는 경우에는 후견이 개시된다.

② 미성년자의 친권자가 법률행위의 대리권과 재산관리권을 행사할 수 없는 경우

친권자가 대리권과 재산관리권을 상실하였거나 사퇴한 경우에는 이 부분에 한하여 후견이 개시된다.

2) 후견개시의 신고

후견인은 취임일부터 1개월 이내에 후견개시의 신고를 하여야 한다(가족관계등록법 제80조 제1항). 이는 보고적 신고이다.

(2) 후 견 인

> 第930條(후견인의 수와 자격) ① 미성년후견인의 수(數)는 한 명으로 한다.
> ② 성년후견인은 피성년후견인의 신상과 재산에 관한 모든 사정을 고려하여

> 여러 명을 둘 수 있다.
> ③ 법인도 성년후견인이 될 수 있다.
>
> **제931조(유언에 의한 미성년후견인의 지정 등)** ① 미성년자에게 친권을 행사하는 부모는 유언으로 미성년후견인을 지정할 수 있다. 다만, 법률행위의 대리권과 재산관리권이 없는 친권자는 그러하지 아니하다.
> ② 가정법원은 제1항에 따라 미성년후견인이 지정된 경우라도 미성년자의 복리를 위하여 필요하면 생존하는 부 또는 모, 미성년자의 청구에 의하여 후견을 종료하고 생존하는 부 또는 모를 친권자로 지정할 수 있다.
>
> **제932조(미성년후견인의 선임)** ① 가정법원은 제931조에 따라 지정된 미성년후견인이 없는 경우에는 직권으로 또는 미성년자, 친족, 이해관계인, 검사, 지방자치단체의 장의 청구에 의하여 미성년후견인을 선임한다. 미성년후견인이 없게 된 경우에도 또한 같다.
> ② 가정법원은 친권상실의 선고나 대리권 및 재산관리권 상실의 선고에 따라 미성년후견인을 선임할 필요가 있는 경우에는 직권으로 미성년후견인을 선임한다.
> ③ 친권자가 대리권 및 재산관리권을 사퇴한 경우에는 지체 없이 가정법원에 미성년후견인의 선임을 청구하여야 한다.

1) 후견인의 수

미성년후견인의 수는 한 명으로 한다(제930조 제1항). 미성년후견인은 자연인에 한하며, 법인은 미성년후견인이 될 수 없다(제930조 제3항의 반대해석).

이는 후견인의 책임소재를 분명히 하고 사무의 신속처리를 도모하기 위한 것이다. 1인의 후견인이 수인의 피후견인을 후견하는 것은 무방하다.

2) 후견인의 순위

1순위 후견인은 지정후견인이며, 2순위는 선임후견인이다. 개정민법에서는 법정후견인 제도를 폐지하였다.

① 지정후견인

지정후견인은 친권자가 지정한 후견인이다. 즉, 미성년자에게 친권을 행사하는 부모는 유언으로 미성년후견인을 지정할 수 있다(제931조 제1항 본문). 친권을 행사하는 부모만이 유언으로 후견인을 지정할 수 있으므로, 친권상실 등의 사유로 친권을 행사할 수 없는 부모는 후견인을 지정할 수 없다. 또한 법률행위의 대리권과 재산관리권이 없는 친권자도 후견인을 지정할 수 없다(제931조 제1항 단서). 한편, 미성년후견인이 지정된 경우라도 가정법원은 미성년자의 복리를 위하여 필요하다면, 생존하는 부 또는 모, 미성년자의 청구에 의하여 후견을 종료하고 생존하는 부 또는 모를 친권자로 지정할 수 있다(제931조 제2항).

② **선임후견인**

유언으로 지정된 미성년후견인이 없는 경우에는 가정법원은 직권으로 또는 미성년자, 친족, 이해관계인, 검사, 지방자치단체의 장의 청구에 의하여 미성년후견인을 선임한다(제932조 제1항 1문). 미성년후견인이 없게 된 경우에도 같다(제932조 제1항 2문).

【참 고】 이해관계인
피후견인의 재산이 관리되는 데에 법률상의 이해관계를 가지는 자로서 피후견인의 채권자·채무자 등을 말한다. 미성년자 자신도 의사능력이 있는 한 선임청구를 할 수 있다.

그리고 가정법원은 친권상실의 선고나 대리권 및 재산관리권 상실의 선고에 따라 미성년후견인을 선임할 필요가 있는 경우에는 직권으로 미성년후견인을 선임한다(제932조 제2항). 친권자가 대리권 및 재산관리권을 사퇴한 경우에는 지체 없이 가정법원에 미성년후견인의 선임을 청구하여야 한다(제932조 제3항).

(3) 후견인의 결격 · 사퇴 · 변경

제937조(후견인의 결격사유) 다음 각 호의 어느 하나에 해당하는 자는 후견인이 되지 못한다.
1. 미성년자
2. 피성년후견인, 피한정후견인, 피특정후견인, 피임의후견인
3. 회생절차개시결정 또는 파산선고를 받은 자
4. 자격정지 이상의 형의 선고를 받고 그 형기(刑期) 중에 있는 사람
5. 법원에서 해임된 법정대리인
6. 법원에서 해임된 성년후견인, 한정후견인, 특정후견인, 임의후견인과 그 감독인

> 7. 행방이 불분명한 사람
> 8. 피후견인을 상대로 소송을 하였거나 하고 있는 자 또는 그 배우자와 직계혈족
>
> **제939조(후견인의 사임)** 후견인은 정당한 사유가 있는 경우에는 가정법원의 허가를 받아 사임할 수 있다. 이 경우 그 후견인은 사임청구와 동시에 가정법원에 새로운 후견인의 선임을 청구하여야 한다.
>
> **제940조(후견인의 변경)** 가정법원은 피후견인의 복리를 위하여 후견인을 변경할 필요가 있다고 인정하면 직권으로 또는 피후견인, 친족, 후견감독인, 검사, 지방자치단체의 장의 청구에 의하여 후견인을 변경할 수 있다.

1) 결 격

후견인의 임무를 수행하는데 적당하지 않은 일정한 사유가 있는 사람에 대하여는 후견인이 될 수 없도록 하고 있다. 결격자에 해당하는 자는 ㉠ 미성년자, ㉡ 피성년후견인, 피한정후견인, 피특정후견인, 피임의후견인, ㉢ 회생절차개시결정 또는 파산선고를 받은 자, ㉣ 자격정지 이상의 형의 선고를 받고 그 형기(刑期) 중에 있는 사람, ㉤ 법원에서 해임된 법정대리인, ㉥ 법원에서 해임된 성년후견인, 한정후견인, 특정후견인, 임의후견인과 그 감독인, ㉦ 행방이 불분명한 사람, ㉧ 피후견인을 상대로 소송을 하였거나 하고 있는 자 또는 그 배우자와 직계혈족이다(제937조).

【참 고】
현재 외국인은 후견인이 될 수 있음(다문화가정이 늘고 있는 현실에 대응하기 위한 것임).

2) 사 임

후견인은 정당한 사유가 있는 경우에는 가정법원의 허가를 받아 사임할 수 있다. 이 경우 그 후견인은 사임청구와 동시에 가정법원에 새로운 후견인의 선임을 청구하여야 한다(제939조).

3) 변 경

가정법원은 피후견인의 복리를 위하여 후견인을 변경할 필요가 있다고 인

정하면 직권으로 또는 피후견인, 친족, 후견감독인, 검사, 지방자치단체의 장의 청구에 의하여 후견인을 변경할 수 있다(제940조).

(4) 후견인의 임무

1) 미성년자의 신분에 관한 임무(권리 · 의무)

> **제945조(미성년자의 신분에 관한 후견인의 권리 · 의무)** 미성년후견인은 제913조부터 제915조까지에 규정한 사항에 관하여는 친권자와 동일한 권리와 의무가 있다. 다만, 다음 각 호의 어느 하나에 해당하는 경우에는 미성년후견감독인이 있으면 그의 동의를 받아야 한다.
> 1. 친권자가 정한 교육방법, 양육방법 또는 거소를 변경하는 경우
> 2. 미성년자를 감화기관이나 교정기관에 위탁하는 경우
> 3. 친권자가 허락한 영업을 취소하거나 제한하는 경우
>
> **제948조(미성년자의 친권의 대행)** ① 미성년후견인은 미성년자를 갈음하여 미성년자의 자녀에 대한 친권을 행사한다.
> ② 제1항의 친권행사에는 미성년후견인의 임무에 관한 규정을 준용한다.

① 양 육 권

미성년자의 후견인은 미성년자의 신분에 관하여 친권자와 동일한 권리의무를 갖지만 일정한 제한을 받는다. 후견인은 미성년자인 피후견인의 보호·교양(제913조), 거소지정(제914조), 징계(제915조), 유아의 인도청구에 관하여 친권자와 동일한 권리·의무를 가진다(제945조 본문). 그러나 ㉠ 친권자가 정한 교육방법, 양육방법 또는 거소를 변경하는 경우, ㉡ 미성년자를 감화기관이나 교정기관에 위탁하는 경우, ㉢ 친권자가 허락한 영업을 취소하거나 제한하는 경우에는 미성년후견감독인이 있으면 그의 동의를 받아야 한다(제945조 단서).

② 신분행위의 대리권과 동의권

미성년후견인은 법률상 미성년자의 신분과 관련한 일정한 행위에 관하여 대리권과 동의권을 가진다.

㈎ 대리권을 가지는 경우

㉠ 혼인적령 미달자의 혼인 및 미성년자가 동의권자의 동의 없이 한 혼인에

대한 취소(제817조), ㉡ 인지청구의 소제기(제863조), ㉢ 13세 미만인 미성년자의 입양에 대한 승낙(제869조 제2항), ㉣ 미성년자가 행한 입양의 취소(제885조), ㉤ 13세 이상의 미성년자가 동의권자의 동의 없이 양자가 된 경우의 입양의 취소(제886조), ㉥ 13세 미만인 미성년자의 재판상 파양의 청구(제906조 제1항), ㉦ 친양자 입양에 대한 승낙(제908조의 2 제1항 5호), ㉧ 상속의 승인 · 포기(제1019조 · 제1020조), ㉨ 법정대리인으로서 가사소송법에 의한 신분관계의 소제기(가소 제23조, 제28조, 제31조) 등이다.

㈏ 동의권이 있는 경우

미선년후견인은 미성년자의 친족법상의 일정한 행위에 대하여 동의권을 가지는데, 약혼(제801조), 혼인(제808조 제1항) 등에 관하여 동의할 권한을 갖는다.

㈐ 친권의 대행

미성년후견인은 미성년자를 갈음하여 미성년자의 자녀에 대한 친권을 행사한다(제948조 제1항). 이 경우의 친권행사에는 후견인의 임무에 관한 규정이 준용된다(제948조 제2항).

2) 미성년자의 재산에 관한 임무(권리 · 의무)

제941조(재산조사와 목록작성) ① 후견인은 지체 없이 피후견인의 재산을 조사하여 2개월 내에 그 목록을 작성하여야 한다. 다만, 정당한 사유가 있는 경우에는 법원의 허가를 받아 그 기간을 연장할 수 있다.
② 후견감독인이 있는 경우 제1항에 따른 재산조사와 목록작성은 후견감독인의 참여가 없으면 효력이 없다.

제942조(후견인의 채권 · 채무의 제시) ① 후견인과 피후견인 사이에 채권 · 채무의 관계가 있고 후견감독인이 있는 경우에는 후견인은 재산목록의 작성을 완료하기 전에 그 내용을 후견감독인에게 제시하여야 한다.
② 후견인이 피후견인에 대한 채권이 있음을 알고도 제1항에 따른 제시를 게을리한 경우에는 그 채권을 포기한 것으로 본다.

제943조(목록작성전의 권한) 후견인은 재산조사와 목록작성을 완료하기까지는 긴급필요한 경우가 아니면 그 재산에 관한 권한을 행사하지 못한다. 그러나 이로써 선의의 제삼자에게 대항하지 못한다.

> 제944조(피후견인이 취득한 포괄적 재산의 조사 등) 전3조의 규정은 후견인의 취임 후에 피후견인이 포괄적 재산을 취득한 경우에 준용한다.
>
> 제946조(재산관리에 한정된 후견) 미성년자의 친권자가 법률행위의 대리권과 재산관리권에 한정하여 친권을 행사할 수 없는 경우에 미성년후견인의 임무는 미성년자의 재산에 관한 행위에 한정된다.
>
> 제949조(재산관리권과 대리권) ① 후견인은 피후견인의 재산을 관리하고 그 재산에 관한 법률행위에 대하여 피후견인을 대리한다.
> ② 제920조 단서의 규정은 전항의 법률행위에 준용한다.

① 재산조사 등

㈎ 재산조사와 재산목록작성

후견인은 지체 없이 피후견인의 재산을 조사하여 2개월 내에 그 목록을 작성하여야 한다. 다만, 정당한 사유가 있는 경우에는 법원의 허가를 받아 그 기간을 연장할 수 있다(제941조 제1항). 그리고 후견감독인이 있는 경우에는 이러한 재산조사와 목록작성은 후견감독인의 참여가 없으면 효력이 없다(제941조 제2항). 한편, 후견인은 재산조사와 목록작성을 완료하기까지는 긴급 · 필요한 경우가 아니면 그 재산에 관한 권한을 행사하지 못한다(제943조 본문). 이에 위반한 후견인의 행위는 무권대리행위로 되어(대판 1997. 11. 28, 97도1368) 효력이 생기지 않는다. 그러나 이 무효로써 선의의 제삼자에게 대항하지 못한다(제943조 단서).

㈏ 후견감독인에 대한 후견인의 채권 · 채무의 제시

후견인과 피후견인 사이에 채권·채무의 관계가 있고 후견감독인이 있는 경우에는 후견인은 재산목록의 작성을 완료하기 전에 그 내용을 후견감독인에게 제시하여야 한다(제942조 제1항). 만약 후견인이 피후견인에 대한 채권이 있음을 알고도 제시를 게을리한 경우에는 그 채권을 포기한 것으로 본다(제942조 제2항).

㈐ 피후견인이 취득한 포괄적 재산의 조사 등

후견인의 취임 후 피후견인이 포괄적 재산을 취득한 경우에도 제941조 내지 제943조의 규정이 준용된다(제944조).

② 재산관리권·대리권·동의권

(가) 대리권과 재산관리권

후견인은 피후견인의 법정대리인이 된다(제938조 제1항). 따라서 후견인은 피후견인의 재산을 관리하고 그 재산에 관한 법률행위에 대하여 피후견인을 대리한다(제949조 제1항). 후견인이 피후견인의 재산을 관리함에 있어서는 선량한 관리자의 주의로써 하여야 한다(제956조, 제681조).

한편, 미성년자의 친권자가 법률행위의 대리권과 재산관리권에 한정하여 친권을 행사할 수 없는 경우(대리권 등을 상실했거나 사퇴한 경우)에 미성년후견인의 임무는 미성년자의 재산에 관한 행위에 한정된다(제946조). 이 경우 후견인의 임무는 미성년자의 재산에 관한 행위에 한하며, 미성년자의 신분상 행위에 관하여는 친권자가 계속하여 친권을 행사하게 된다.

(나) 동 의 권

미성년후견인은 법정대리인으로서 재산행위에 대하여 대리권 외에 동의권도 가진다. 미성년자에게 의사능력이 있을 경우 동의를 하여 스스로 법률행위를 할 수 있도록 하고 있다(제5조~제7조).

③ 후견인의 권한에 대한 제한

제949조의 3(이해상반행위) 후견인에 대하여는 제921조를 준용한다. 다만, 후견감독인이 있는 경우에는 그러하지 아니하다.

제950조(후견감독인의 동의를 필요로 하는 행위) ① 후견인이 피후견인을 대리하여 다음 각 호의 어느 하나에 해당하는 행위를 하거나 미성년자의 다음 각 호의 어느 하나에 해당하는 행위에 동의를 할 때는 후견감독인이 있으면 그의 동의를 받아야 한다.

1. 영업에 관한 행위
2. 금전을 빌리는 행위
3. 의무만을 부담하는 행위
4. 부동산 또는 중요한 재산에 관한 권리의 득실변경을 목적으로 하는 행위
5. 소송행위
6. 상속의 승인, 한정승인 또는 포기 및 상속재산의 분할에 관한 협의

② 후견감독인의 동의가 필요한 행위에 대하여 후견감독인이 피후견인의 이익

이 침해될 우려가 있음에도 동의를 하지 아니하는 경우에는 가정법원은 후견인의 청구에 의하여 후견감독인의 동의를 갈음하는 허가를 할 수 있다.
③ 후견감독인의 동의가 필요한 법률행위를 후견인이 후견감독인의 동의 없이 하였을 때에는 피후견인 또는 후견감독인이 그 행위를 취소할 수 있다.

제951조(피후견인의 재산 등의 양수에 대한 취소) ① 후견인이 피후견인에 대한 제3자의 권리를 양수(讓受)하는 경우에는 피후견인은 이를 취소할 수 있다.
② 제1항에 따른 권리의 양수의 경우 후견감독인이 있으면 후견인은 후견감독인의 동의를 받아야 하고, 후견감독인의 동의가 없는 경우에는 피후견인 또는 후견감독인이 이를 취소할 수 있다.

제952조(상대방의 추인 여부 최고) 제950조 및 제951조의 경우에는 제15조를 준용한다.

제956조(위임과 친권의 규정의 준용) 제681조 및 제918조의 규정은 후견인에게 이를 준용한다.

(가) 제3자에 의한 재산관리권의 배제

미성년자에게 재산을 무상으로 수여한 제3자가 미성년후견인의 관리에 반대하는 의사를 표시한 경우에는 후견인은 그 재산을 관리하지 못한다(제956조, 제918조). 이 경우 제3자가 재산관리인을 지정하지 않았을 때에는 가정법원이 관리인을 선임한다.

(나) 대리권의 제한

후견인이 피후견인의 행위를 목적으로 하는 채무를 부담할 경우에는 피후견인(본인)의 동의를 얻어야 한다(제949조 제2항, 제920조 단서). 또한 후견인도 친권자의 경우와 같이 미성년자인 피후견인을 대리하여 근로계약을 체결할 수 없다(근로기준법 제67조 제1항).

(다) 이해상반행위의 경우

후견인에 대하여는 제921조가 준용된다(제949조의 3). 따라서 후견인과 피후견인 사이에 이해가 상반되는 행위를 하는 경우, 후견인은 법원에 피후견인의 특별대리인의 선임을 청구하여야 하고(제921조 제1항 참조), 후견인이 그의 후견을 받는 수인의 피후견인 사이에 이해상반되는 행위를 하는 경우에는 법원에 피후견인 일방의 특별대리인의 선임을 청구하여야 한다(제921조 제2항 참조). 그러나 후견감독인이 있는 경우에는 그가 피후견인을 대리하게 되므로(제940조의 6 제3항), 특별대리인의 선임을 청구할 필요가 없다(제949조의 3 단서).

㈑ 후견인의 대리행위 등에 관한 후견감독인의 동의

후견인이 피후견인을 대리하여 일정한 행위를 하거나 미성년자의 일정한 행위에 동의를 할 때는 후견감독인이 있으면 그의 동의를 받아야 한다(제950조 제1항). 즉, ㉠ 영업에 관한 행위, ㉡ 금전을 빌리는 행위, ㉢ 의무만을 부담하는 행위, ㉣ 부동산 또는 중요한 재산에 관한 권리의 득실변경을 목적으로 하는 행위, ㉤ 소송행위, ㉥ 상속의 승인·한정승인 또는 포기 및 상속재산의 분할에 관한 협의 등의 경우, 후견감독인이 있으면 그의 동의를 받아야 한다. 또한 후견인이 피후견인에 대한 제3자의 권리를 양수하는 경우에도 후견감독인이 있으면 후견은 그의 동의를 받아야 한다(제951조 제2항).

후견감독인의 동의가 필요한 행위에 대하여 후견감독인이 피후견인의 이익이 침해될 우려가 있음에도 동의를 하지 않는 경우에는 가정법원은 후견인의 청구에 의하여 후견감독인의 동의를 갈음하는 허가를 할 수 있다(제950조 제2항).

㈒ 후견감독인의 동의 없는 후견인의 행위의 효력

후견감독인의 동의가 필요한 법률행위를 후견인이 후견감독인의 동의 없이 하였을 때에는 피후견인 또는 후견감독인이 그 행위를 취소할 수 있다(제950조 제3항, 제951조 제2항). 후견감독인의 동의 없는 후견인의 행위에 대한 취소권은 행사상의 일신전속권이므로 채권자대위권의 목적이 될 수 없다(대판 1996. 5. 31, 94다35985).

후견인이 후견감독인의 동의를 필요로 하는 경우에 이를 얻지 않고 대리행위를 하였을 경우, 그것은 무권대리행위이며 상대방이나 제3자는 후견감독인에 대하여 추인여부를 최고할 수 있다(제952조, 제15조). 다만, 행위의 상대방이 과실 없이 동의를 받은 것으로 믿고 그렇게 믿을 만한 정당한 이유가 있으면 제126조의 표현대리가 성립될 수 있다(대판 1997. 6. 27, 97다3828).

후견감독인의 동의가 필요한 법률행위를 후견인이 후견감독인의 동의 없이

한 경우에 발생하는 취소권은 제146조에 의하여 추인할 수 있는 날로부터 3년 내에, 법률행위를 한 날로부터 10년 내에 행사하여야 한다(대판 1993. 7. 27, 92다52795). 여기에서 '추인할 수 있는 날'이라 함은 취소의 원인이 종료한 후를 의미한다.

판례 미성년자 또는 친족회가 민법 제950조 제2항에 따라 제1항의 규정에 위반한 법률행위를 취소할 수 있는 권리는 형성권으로서 민법 제146조에 규정된 취소권의 존속기간은 제척기간이라고 보아야 할 것이지만, 그 제척기간 내에 소를 제기하는 방법으로 권리를 재판상 행사하여야만 되는 것은 아니고, 재판 외에서 의사표시를 하는 방법으로도 권리를 행사할 수 있다고 보아야 할 것이다(대판 1993. 7. 27, 92다52795).

(5) 후견인의 보수

제955조(후견인에 대한 보수) 법원은 후견인의 청구에 의하여 피후견인의 재산상태 기타 사정을 참작하여 피후견인의 재산중에서 상당한 보수를 후견인에게 수여할 수 있다.

제955조의 2(지출금액의 예정과 사무비용) 후견인이 후견사무를 수행하는 데 필요한 비용은 피후견인의 재산 중에서 지출한다.

법원은 후견인의 청구에 의하여 피후견인의 재산상태 등을 참작하여 피후견인의 재산으로 보수를 줄 수 있다(제955조). 후견인은 친권자 대신 미성년 자녀를 보호하고 교양하는 등 그 임무수행에 상당한 시간과 노력을 제공하기 때문이다. 그밖에 후견인이 후견사무를 수행하는데 필요한 비용은 피후견인의 재산 중에서 지출한다(제955조의 2).

(6) 미성년자를 위한 후견의 종료

제957조(후견사무의 종료와 관리의 계산) ① 후견인의 임무가 종료된 때에는 후견인 또는 그 상속인은 1개월 내에 피후견인의 재산에 관한 계산을 하여야 한다. 다만, 정당한 사유가 있는 경우에는 법원의 허가를 받아 그 기간을 연장할 수 있다.
② 제1항의 계산은 후견감독인이 있는 경우에는 그가 참여하지 아니하면 효력이 없다.

제958조(이자의 부가와 금전소비에 대한 책임) ① 후견인이 피후견인에게 지급할 금액이나 피후견인이 후견인에게 지급할 금액에는 계산종료의 날로부터 이자를 부가하여야 한다.
② 후견인이 자기를 위하여 피후견인의 금전을 소비한 때에는 그 소비한 날로부터 이자를 부가하고 피후견인에게 손해가 있으면 이를 배상하여야 한다.

제959조(위임규정의 준용) 제691조, 제692조의 규정은 후견의 종료에 이를 준용한다.

1) 종료사유

후견의 종료에는 후견 그 자체가 종료하는 절대적 종료와 현재 후견임무를 수행하는 후견인의 임무가 종료하는 상대적 종료가 있다.

① 절대적 종료

피후견인의 사망, 피후견인인 미성년자의 성년 도달 또는 혼인에 의한 성년의제, 친권상실선고의 취소 등으로 친권자의 친권행사가 가능해진 경우, 미성년자에 대하여 새로이 친권자가 생기는 경우(입양, 인지) 등과 같이 후견의 필요성이 없어져 후견관계 자체가 소멸해 버리는 경우 후견은 절대적으로 종료한다.

② 상대적 종료

후견인의 사망, 후견인의 실종선고・결격・사임・변경 등과 같이 후견 그 자체는 종료하지 않지만 현재 후견임무를 수행하는 후견인의 임무가 종료하는 경우이다. 후견종료의 사유는 이를 다른 일방에게 통지하거나 또는 다른 일방이 이를 안 때가 아니면 그 종료로써 다른 일방에게 대항할 수 없다(제959조, 제692조).

2) 후견종료시 후견인의 임무

① 관리의 계산

후견인의 임무가 종료된 때에는 후견인 또는 그 상속인은 1개월 내에 피후견인의 재산에 관한 계산을 하여야 한다(제957조 제1항 본문). 다만, 정당한 사유가 있는 경우에는 법원의 허가를 받아 그 기간을 연장할 수 있다(제957조

제1항 단서). 그리고 이 계산은 후견감독인이 있는 경우에는 그가 참여하지 아니하면 효력이 없다(제957조 제2항).

② 이자의 부가 및 손해배상

후견인이 피후견인에게 지급할 금액이나 피후견인이 후견인에게 지급할 금액에는 계산종료의 날로부터 이자를 부가하여야 한다(제958조 제1항). 그리고 후견인이 자기를 위하여 피후견인의 금전을 소비한 때에는 그 소비한 날로부터 이자를 부가하고 피후견인에게 손해가 있으면 이를 배상하여야 한다(제958조 제2항).

③ 후견종료와 긴급처리

후견종료의 경우에 급박한 사정이 있는 때에는 후견인, 그 상속인이나 법정대리인은 피후견인, 그 상속인이나 법정대리인이 스스로 그 사무를 처리할 수 있을 때까지 그 사무의 처리를 계속하여야 하며, 이 경우에는 후견의 존속과 동일한 효력이 있다(제959조, 제691조). 그리고 후견인 또는 피후견인 중 일방에 후견종료의 사유가 발생한 경우에는 이를 상대방에게 통지하거나 상대방이 이를 안 때가 아니면 그 종료로써 상대방에게 대항하지 못한다(제959조, 제692조).

3) 후견종료의 신고

후견이 종료한 때(미성년자가 성년으로 된 경우 제외)에는 후견인이 1개월 이내에 후견종료의 신고를 하여야 한다(가족관계등록법 제83조).

(7) 미성년후견감독인

미성년후견과 성년후견의 경우 후견감독기관으로는 가정법원과 후견감독인(미성년후견감독인 · 성년후견감독인)이 있다. 후견감독인제도는 2011. 3. 7. 민법개정시 친족회제도가 폐지되면서 신설된 것이다.

> **제940조의 2(미성년후견감독인의 지정)** 미성년후견인을 지정할 수 있는 사람은 유언으로 미성년후견감독인을 지정할 수 있다.
>
> **제940조의 3(미성년후견감독인의 선임)** ① 가정법원은 제940조의 2에 따라 지정된 미성년후견감독인이 없는 경우에 필요하다고 인정하면 직권으로 또는 미성

년자, 친족, 미성년후견인, 검사, 지방자치단체의 장의 청구에 의하여 미성년후견감독인을 선임할 수 있다.
② 가정법원은 미성년후견감독인이 사망, 결격, 그 밖의 사유로 없게 된 경우에는 직권으로 또는 미성년자, 친족, 미성년후견인, 검사, 지방자치단체의 장의 청구에 의하여 미성년후견감독인을 선임한다.

제940조의 5(후견감독인의 결격사유) 제779조에 따른 후견인의 가족은 후견감독인이 될 수 없다.

제940조의 6(후견감독인의 직무) ① 후견감독인은 후견인의 사무를 감독하며, 후견인이 없는 경우 지체 없이 가정법원에 후견인의 선임을 청구하여야 한다.
② 후견감독인은 피후견인의 신상이나 재산에 대하여 급박한 사정이 있는 경우 그의 보호를 위하여 필요한 행위 또는 처분을 할 수 있다.
③ 후견인과 피후견인 사이에 이해가 상반되는 행위에 관하여는 후견감독인이 피후견인을 대리한다.

제940조의 7(위임 및 후견인 규정의 준용) 후견감독인에 대하여는 제681조, 제691조, 제692조, 제930조 제2항 · 제3항, 제936조 제3항 · 제4항, 제937조, 제939조, 제940조, 제947조의 2 제3항부터 제5항까지, 제949조의 2, 제955조 및 제955조의 2를 준용한다.

1) 후견감독인의 지정과 선임

미성년후견인을 지정할 수 있는 사람은 유언으로 후견감독인을 지정할 수 있는데(제940조의 2), 이것이 지정 미성년후견감독인이다. 한편, 제940조의 2에 따라 지정된 미성년후견감독인이 없는 경우, 그 지정이 필요하다고 인정되면 가정법원은 직권으로 또는 미성년자, 친족, 미성년후견인, 검사, 지방자치단체의 장의 청구에 의하여 미성년후견감독인을 선임할 수 있다(제940조의 3 제1항). 그리고 가정법원은 미성년후견감독인이 사망, 결격, 그 밖의 사유로 없게 된 경우에는 직권으로 또는 미성년자, 친족, 미성년후견인, 검사, 지방자치단체의 장의 청구에 의하여 미성년후견감독인을 선임한다(제940조의 3 제2항).

미성년후견인은 1명만 두도록 하고 있지만, 미성년후견감독인은 여러 명을 둘 수 있고, 법인도 후견감독인이 될 수 있다(제940조의 7, 제930조 제2항 · 제3항). 후견감독인이 여러 명인 경우의 권한행사 등에 관하여는 제949조의 2가 준용된다(제940조의 7, 제949조의 2).

한편, 후견감독인이 선임된 경우에도 필요하다고 인정되면 가정법원은 직권으로 또는 청구권자(미성년자나 피성년후견인 · 친족 · 이해관계인 · 검사 · 지방자치단체의 장이나 후견감독인)의 청구에 의하여 추가로 후견감독인을 선임할 수 있다(제940조의 7, 제936조 제3항). 가정법원이 후견감독인을 선임할 때에는 피후견인의 의사를 존중하여야 하고, 피후견인의 건강, 생활관계 등의 사정도 고려하여야 한다(제940조의 7, 제936조 제4항).

2) 후견감독인의 결격 · 사임 · 변경

후견감독인의 결격사유로는 후견인의 결격사유(제940조의 7, 제937조) 이외에 제779조에 따른 후견인의 가족은 후견감독인이 될 수 없다(제940조의 5). 적절한 감독을 위하여 미성년후견인과 가까운 위치에 있는 그의 가족(즉, 배우자 · 직계혈족 · 형제자매와, 직계혈족의 배우자 · 배우자의 직계혈족 · 배우자의 형제자매로서 후견인과 생계를 같이 하는 자)은 후견감독인이 되지 못한다.

후견감독인은 정당한 사유가 있는 경우에는 가정법원의 허가를 받아 사임할 수 있고, 이 경우 그 후견감독인은 사임청구와 동시에 가정법원에 새로운 후견감독인의 선임을 청구하여야 한다(제940조의 7, 제939조).

한편, 가정법원은 피후견인의 복리를 위하여 후견감독인을 변경할 필요가 있다고 인정하면 직권으로 또는 피후견인 · 친족 · 후견감독인(복수인 경우) · 검사 · 지방자치단체의 장의 청구에 의하여 후견감독인을 변경할 수 있다(제940조의 7, 제940조).

3) 후견감독인의 임무

① 후견감독인은 후견인의 사무를 감독하며, 후견인이 없는 경우 지체 없이 가정법원에 후견인의 선임을 청구하여야 한다(제940조의 6 제1항). 그리고 후견감독인은 피후견인의 신상이나 재산에 대하여 급박한 사정이 있는 경우 그의 보호를 위하여 필요한 행위 또는 처분을 할 수 있다(제940조의 6 제2항). 또한 후견인과 피후견인 사이에 이해가 상반되는 행위에 관하여는 후견감독인이 피후견인을 대리한다(제940조의 6 제3항). 그밖에 후견감독인은 선관주의를 다하여 후견감독사무를 수행하여야 한다(제940조의 7, 제681조).

〈후견감독인의 감독내용〉

㉠ 재사조사와 재산목록 작성에 대한 참여(제941조 제2항), ㉡ 후견인과 피후견인 사이의 채권·채무를 제시받음(제942조 제1항), ㉢ 미성년자의 보호·교양방법 등에 관한 동의(제945조), ㉣ 후견인이 일정한 행위를 대리하거나 동의하는데 대한 동의와 그 위반행위의 취소(제950조), ㉤ 후견인이 피후견인에 대한 제3자의 권리를 양수하는데 대한 동의와 그 위반행위의 취소(제951조), ㉥ 후견인의 임무수행에 관한 보고와 재산목록의 제출요구 및 피후견인의 재산상황 조사(제953조), ㉦ 후견사무종료시의 관리계산에 대한 참여(제957조 제2항), ◎ 피후견인의 신체침해 의료행위에 대한 동의(제940조의 7, 제947조의 2 제3항) 등.

② 후견감독인은 피후견인의 신체를 침해하는 의료행위에 대하여 피후견인이 동의할 수 없는 경우에는 그를 대신하여 동의할 수 있다(제940조의 7, 제947조의 2 제3항). 이 경우 피후견인이 의료행위의 직접적인 결과로 사망하거나 상당한 장애를 입을 위험이 있을 때에는 가정법원의 허가를 받아야 한다. 다만, 허가절차로 의료행위가 지체되어 피후견인의 생명에 위험을 초래하거나 심신상의 중대한 장애를 초래할 때에는 사후에 허가를 청구할 수 있다(제940조의 7, 제947조의 2 제4항). 또한 후견감독인이 피후견인을 대리하여 피후견인이 거주하고 있는 건물 또는 그 대지에 대하여 매도, 임대, 전세권 설정, 저당권 설정, 임대차의 해지, 전세권의 소멸, 그 밖에 이에 준하는 행위를 하는 경우에는 가정법원의 허가를 받아야 한다(제940조의 7, 제947조의 2 제5항).

③ 여러 명의 후견감독인이 있는 경우, 가정법원은 직권으로 여러 명의 후견감독인이 공동으로 또는 사무를 분장하여 그 권한을 행사하도록 정할 수 있고, 이를 변경하거나 취소할 수 있다(제940조의 7, 제949조의 2).

④ 후견감독인에 대하여는 위임에 관한 제681조(수임인의 선관의무)·제691조(위임종료시의 긴급처리)·제692조(위임종료의 대항요건)가 준용된다(제940조의 7).

4) 후견감독인의 보수 등

법원은 후견감독인의 청구에 의하여 피후견인의 재산상태 기타 사정을 참작하여 피후견인의 재산중에서 상당한 보수를 후견감독인에게 수여할 수 있다(제940조의 7, 제955조). 그리고 후견감독인이 후견감독사무를 수행하는 데 필요한 비용은 피후견인의 재산 중에서 지출한다(제940조의 7, 제955조의 2).

5) 후견감독의 종료

후견감독의 종료에는 후견 그 자체가 종료하는 경우(예컨대, 피후견인의 사망 등)와 후견은 종료하지 않으나 현재 후견감독임무를 수행하는 후견감독인의 임무가 종료하는 경우가 있다. 후자의 경우는 후견감독인의 사망·사임·변경·결격의 사유가 발생하였을 때 등이다(제940조의 7, 제937조, 제939조, 제940조). 후견감독종료의 사유는 이를 상대방에게 통지하거나 상대방이 이를 안 때가 아니면 이로써 상대방에게 대항하지 못한다(제940조의 7, 제692조).

후견감독종료의 경우 급박한 사정이 있는 때에는 후견감독인, 그 상속인이나 법정대리인은 피후견인, 그 상속인이나 법정대리인이 스스로 그 사무를 처리할 수 있을 때까지 그 사무의 처리를 계속하여야 한다(제940조의 7, 제691조).

3. 성년후견

(1) 성년후견제도의 체계와 후견의 개시

1) 성년후견제도의 체계

성년후견제도에서는 지속적·포괄적 보호제도로서 성년후견과 한정후견이라는 두 가지 유형을 인정하면서, 각각의 유형에 탄력적인 운영을 가능하게 하는 구조를 채택하고 있다. 나아가 이러한 지속적인 보호를 목적으로 하는 제도를 인정함과 동시에 요보호인의 다양한 욕구와 필요에 대처할 수 있도록 하기 위하여 일회적·특정적 보호제도(특정후견)와 계약에 의한 후견(임의후견)을 도입하였다.

특히, 성년후견에는 법정후견의 보충성 원칙이 적용되는데, 임의후견계약이 체결되어 가족관계등록부에 등록되어 있는 경우, 가정법원은 원칙적으로 법정후견을 개시하지 않는다(제959조의 20 제1항 참조).

근거	보호의 범위	제도의 명칭	후견의 개시 등	비고
법률 (법정후견)	지속적 · 포괄적	성년후견	일정한 청구권자의 청구에 의한 가정법원의 심판(제9조)	–본인의 의사고려 –성년후견인에게 재산사무를 포괄하는 대리권이 부여됨. 다만, 가정법원이 이를 줄일 수 있음.
		한정후견	성년후견과 동일(제12조)	–가정법원이 후견인의 사무의 범위는 정함. 다만, 그 사무의 범위 내에서는 포괄적 대리권이 부여됨.
	일회적 · 특정적	특정후견	청구권자의 청구에 의한 가정법원의 특정후견 심판(제14조의 2)	–특정후견은 본인의 의사에 반하여 할 수 없음. –가정법원이 특정후견인에게 기간과 범위가 특정된 대리권을 부여함.
계약 (임의후견)	계약 내용에 따라 결정	후견계약	후견계약의 성립(요식행위)	– 공정증서에 의한 체결 필요(제959조의 14 제2항)

2) 성년후견의 개시

성년후견은 질병, 장애, 노령 그밖의 사유로 인한 정신적 제약으로 사무를 처리할 능력이 지속적으로 결여된 사람에 대하여 본인, 배우자, 4촌 이내의 친족, 미성년후견인, 미성년후견감독인, 한정후견인, 한정후견감독인, 특정후견인, 특정후견감독인, 검사 또는 지방자치단체의 장의 청구에 의하여 가정법원의 심판으로 개시한다(제9조 제1항). 가정법원의 성년후견개시 심판이 있는 경우에는 그 심판을 받은 사람(피성년후견인)의 성년후견인을 두어야 한다(제929조).

이와 같이 성년후견은 본인, 배우자, 4촌 이내의 친족 등 일정한 청구권자의 청구에 의하여 가정법원의 심판으로 개시되므로, 가정법원은 직권으로 절차를 개시할 수 없다. 성년후견절차는 법원의 직권에 의하여 개시되지 않기 때문에, 근친이 없는 사람에 대하여 성년후견을 할 수 있도록 공익의 대표자로서 검사에게, 그리고 정신장애자 · 노령자의 일상에 대하여 보다 전문성을 가지고 접근할 수 있는 관련 지방자치단체의 장에게도 청구권을 인정하고 있다.

(2) 성년후견인

1) 성년후견인의 선임 · 결격

> **제929조(성년후견심판에 의한 후견의 개시)** 가정법원의 성년후견개시심판이 있는 경우에는 그 심판을 받은 사람의 성년후견인을 두어야 한다.
>
> **제936조(성년후견인의 선임)** ① 제929조에 따른 성년후견인은 가정법원이 직권으로 선임한다.
> ② 가정법원은 성년후견인이 사망, 결격, 그 밖의 사유로 없게 된 경우에도 직권으로 또는 피성년후견인, 친족, 이해관계인, 검사, 지방자치단체의 장의 청구에 의하여 성년후견인을 선임한다.
> ③ 가정법원은 성년후견인이 선임된 경우에도 필요하다고 인정하면 직권으로 또는 제2항의 청구권자나 성년후견인의 청구에 의하여 추가로 성년후견인을 선임할 수 있다.
> ④ 가정법원이 성년후견인을 선임할 때에는 피성년후견인의 의사를 존중하여야 하며, 그 밖에 피성년후견인의 건강, 생활관계, 재산상황, 성년후견인이 될 사람의 직업과 경험, 피성년후견인과의 이해관계의 유무(법인이 성년후견인이 될 때에는 사업의 종류와 내용, 법인이나 그 대표자와 피성년후견인 사이의 이해관계의 유무를 말한다) 등의 사정도 고려하여야 한다.

① 성년후견인의 선임

성년후견개시의 심판이 있는 경우, 가정법원은 그 심판을 받은 사람(피성년후견인)의 성년후견인을 직권으로 선임한다(제929조, 제936조 제1항). 그리고 선임된 성년후견인이 사망, 결격, 그 밖의 사유로 없게 된 경우에도 가정법원은 직권으로 또는 피성년후견인, 친족, 이해관계인, 검사, 지방자치단체의 장의 청구에 의하여 성년후견인을 선임한다(제936조 제2항). 또한 가정법원은 성년후견인이 선임된 경우에도 필요하다고 인정하면 직권으로 또는 피성년후견인, 친족, 이해관계인, 검사, 지방자치단체의 장이나 성년후견인의 청구에 의하여 추가로 성년후견인을 선임할 수 있다(제936조 제3항).

한편, 가정법원이 성년후견인을 선임할 때에는 피성년후견인의 의사를 존중하여야 하며, 그 밖의 제반사정을 고려하여야 한다(제936조 제4항). 성년후견인의 선임시 고려하여야 할 제반사정은 피성년후견인의 건강, 생활관계, 재산상황, 성년후견인이 될 사람의 직업과 경험, 피성년후견인과의 이해관계의 유무(법인이 성년후견인이 될 때에는 사업의 종류와 내용, 법인이나 그 대표자와 피성년후견인 사이의 이해관계의 유무를 말한다) 등이다.

② 성년후견인의 결격, 사임, 변경

성년후견인의 결격, 사임, 변경에 관한 사항은 미성년후견인의 경우와 동일하다(제937조, 제939조, 제940조).

2) 성년후견인의 수

> 제930조(후견인의 수와 자격) ① 미성년후견인의 수(數)는 한 명으로 한다.
> ② 성년후견인은 피성년후견인의 신상과 재산에 관한 모든 사정을 고려하여 여러 명을 둘 수 있다.
> ③ 법인도 성년후견인이 될 수 있다.

피성년후견인의 후견인인 성년후견인은 피성년후견인의 신상과 재산에 관한 모든 사정을 고려하여 여러 명을 둘 수 있다(제930조 제2항). 그리고 법인도 성년후견인이 될 수 있다(제930조 제3항). 성년후견인의 임무는 피성년후견인의 재산과 신상의 사무를 모두 관리하는 것이므로(예컨대, 피성년후견인이 상당한 재산을 가진 경우에는 그 관리의 임무가 쉽지 않아 보호에 불충분한 점이 있을 수 있다), 다수의 후견인을 선임할 수 있도록 한 것이다.

3) 성년후견인의 임무(권리 · 의무)

> 제947조(피성년후견인의 복리와 의사존중) 성년후견인은 피성년후견인의 재산관리와 신상보호를 할 때 여러 사정을 고려하여 그의 복리에 부합하는 방법으로 사무를 처리하여야 한다. 이 경우 성년후견인은 피성년후견인의 복리에 반하지 아니하면 피성년후견인의 의사를 존중하여야 한다.
>
> 제947조의 2(피성년후견인의 신상결정 등) ① 피성년후견인은 자신의 신상에 관하여 그의 상태가 허락하는 범위에서 단독으로 결정한다.
> ② 성년후견인이 피성년후견인을 치료 등의 목적으로 정신병원이나 그 밖의 다른 장소에 격리하려는 경우에는 가정법원의 허가를 받아야 한다.
> ③ 피성년후견인의 신체를 침해하는 의료행위에 대하여 피성년후견인이 동의할 수 없는 경우에는 성년후견인이 그를 대신하여 동의할 수 있다.

④ 제3항의 경우 피성년후견인이 의료행위의 직접적인 결과로 사망하거나 상당한 장애를 입을 위험이 있을 때에는 가정법원의 허가를 받아야 한다. 다만, 허가절차로 의료행위가 지체되어 피성년후견인의 생명에 위험을 초래하거나 심신상의 중대한 장애를 초래할 때에는 사후에 허가를 청구할 수 있다.
⑤ 성년후견인이 피성년후견인을 대리하여 피성년후견인이 거주하고 있는 건물 또는 그 대지에 대하여 매도, 임대, 전세권 설정, 저당권 설정, 임대차의 해지, 전세권의 소멸, 그 밖에 이에 준하는 행위를 하는 경우에는 가정법원의 허가를 받아야 한다.

제949조의 2(성년후견인이 여러 명인 경우 권한의 행사 등) ① 가정법원은 직권으로 여러 명의 성년후견인이 공동으로 또는 사무를 분장하여 그 권한을 행사하도록 정할 수 있다.
② 가정법원은 직권으로 제1항에 따른 결정을 변경하거나 취소할 수 있다.
③ 여러 명의 성년후견인이 공동으로 권한을 행사하여야 하는 경우에 어느 성년후견인이 피성년후견인의 이익이 침해될 우려가 있음에도 법률행위의 대리 등 필요한 권한행사에 협력하지 아니할 때에는 가정법원은 피성년후견인, 성년후견인, 후견감독인 또는 이해관계인의 청구에 의하여 그 성년후견인의 의사표시를 갈음하는 재판을 할 수 있다.

제954조(가정법원의 후견사무에 관한 처분) 가정법원은 직권으로 또는 피후견인, 후견감독인, 제777조에 따른 친족, 그 밖의 이해관계인, 검사, 지방자치단체의 장의 청구에 의하여 피후견인의 재산상황을 조사하고, 후견인에게 재산관리 등 후견임무 수행에 관하여 필요한 처분을 명할 수 있다.

① 성년후견인이 여러 명인 경우의 권한행사 등

성년후견인이 여러 명인 경우, 가정법원은 직권으로 그들이 공동으로 또는 사무를 분장하여 그 권한을 행사하도록 정할 수 있고(제949조의 2 제1항), 이러한 결정을 변경하거나 취소할 수 있다(제949조의 2 제2항). 만일, 가정법원이 성년후견인의 사무분장 등에 관한 결정을 하지 않은 경우에는 민법의 원칙에 따라 각자 권한을 행사할 수 있다고 할 것이다(제119조).

그리고 여러 명의 성년후견인이 공동으로 권한을 행사하여야 하는 경우에 어느 성년후견인이 피성년후견인의 이익이 침해될 우려가 있음에도 법률행위의 대리 등 필요한 권한행사에 협력하지 아니할 때에는 가정법원은 피성년후견인, 성년후견인, 후견감독인 또는 이해관계인의 청구에 의하여 그 성년후견인의 의사표시를 갈음하는 재판을 할 수 있다(제949조의 2 제3항).

② **피성년후견인의 복리와 의사존중**

성년후견인은 피성년후견인의 재산관리와 신상보호를 할 때 여러 사정을 고려하여 그의 복리에 부합하는 방법으로 사무를 처리하여야 한다(제947조 1문). 이 경우 성년후견인은 피성년후견인의 복리에 반하지 아니하면 피성년후견인의 의사를 존중하여야 한다(제947조 2문). 성년후견인이 이러한 피성년후견인의 복리배려와 의사존중의무를 위반하여 임무를 수행하는 경우, 이는 후견인 변경의 사유가 될 수 있다(제940조). 또한 가정법원은 성년후견인의 임무수행이 피성년후견인의 복리에 부합하지 않는다고 판단하는 때에는 직권으로 또는 피후견인, 후견감독인, 제777조에 따른 친족, 그 밖의 이해관계인, 검사, 지방자치단체의 장의 청구에 의하여 피후견인의 재산상황을 조사하고, 후견인에게 재산관리 등 후견임무 수행에 관하여 필요한 처분을 명할 수 있다(제954조).

③ **피성년후견인의 신상보호**

㈎ 신상보호에 있어서 자기결정의 우선

피성년후견인은 자신의 신상에 관하여 그의 상태가 허락하는 범위에서 단독으로 결정한다(제947조의 2 제1항). 즉, 피성년후견인이 거주·이전·주거·면접교섭·의학적 치료 등 신상에 대한 결정을 내릴 수 있는 상태에 있는 한, 그의 의사가 가장 우선되어야 한다는 의미이다. 피성년후견인의 신상에 대한 결정은 일반적으로 법률행위가 아니므로 성년후견인이 대리할 수도 없고, 설령 그것이 가능하더라도 피성년후견인의 의사가 결정적인 의미를 갖게 되기 때문이다.

㈏ 가정법원의 감독

성년후견인이 피성년후견인의 신상문제를 결정할 때는 성년후견인의 권한남용을 방지하기 위한 감독이 필요하게 된다. 즉, 성년후견인이 피성년후견인을 치료 등의 목적으로 정신병원이나 그 밖의 다른 장소에 격리하려는 경우에는 가정법원의 허가를 받아야 한다(제947조의 2 제2항). 성년후견인이 치료 등의 목적으로 정신병원 그밖의 다른 장소에 피성년후견인을 격리하기 위해서는 반드시 가정법원의 사전허가를 받아야 하며, 이를 위반하는 경우에는 위법한 감금행위가 된다.

피성년후견인의 신체를 침해하는 의료행위에 대하여는 1차적으로 피성년후견인이 동의하여야 하지만, 피성년후견인이 동의할 수 없는 경우에는 성년후견인이 그를 대신하여 동의할 수 있다(제947조의 2 제3항). 즉, 피성년후견인이 자신의 신상에 관하여 단독으로 결정할 수 있는 신체적·정신적 상태에 있지 않는 경우, 예컨대 피성년후견인이 중태로 의식이 없는 상태에서 의학적 침습을 수반하는 수술이 필요한 경우에 그에 갈음하여 성년후견인이 보충적으로 동의할 수 있다. 그리고 이 경우 피성년후견인이 의료행위의 직접적인 결과로 사망하거나 상당한 장애를 입을 위험이 있을 때에는 가정법원의 허가를 받아야 한다. 다만, 허가절차로 의료행위가 지체되어 피성년후견인의 생명에 위험을 초래하거나 심신상의 중대한 장애를 초래할 때에는 사후에 허가를 청구할 수 있다(제947조의 2 제4항).

성년후견인이 피성년후견인을 대리하여 피성년후견인이 거주하고 있는 건물 또는 그 대지에 대하여 매도, 임대, 전세권 설정, 저당권 설정, 임대차의 해지, 전세권의 소멸, 그 밖에 이에 준하는 행위를 하는 경우에는 가정법원의 허가를 받아야 한다(제947조의 2 제5항). 이것은 피성년후견인의 주거와 관련된 성년후견인의 대리권 행사에 제한을 가하는 것으로써 엄밀한 의미에서 신상결정의 문제는 아니다. 그렇지만 이러한 법률행위는 피성년후견인의 주거에 크게 영향을 미치는 것으로써 신상보호와 관련되기 때문이다.

④ 성년후견인의 친족·상속법상의 행위에 관한 동의권·대리권

성년후견인은 피성년후견인의 약혼(제802조), 혼인(제808조 제2항), 협의이혼(제835조), 인지(제856조), 입양(제873조 제1항), 협의상·재판상 파양(제902조·제906조 제3항) 등에 관하여 동의권을 가진다. 그리고 성년후견인은 혼인취소(제817조), 인지청구의 소제기(제863조), 입양취소(제887조), 상속의 승인·포기(제1019조·제1020조), 가사소송법에 의한 신분관계의 소제기(가소 제23조·제28조·제31조) 등에 관하여 대리권을 가진다.

⑤ 성년후견인의 재산관리권과 법정대리권

제938조(후견인의 대리권 등) ① 후견인은 피후견인의 법정대리인이 된다.
② 가정법원은 성년후견인이 제1항에 따라 가지는 법정대리권의 범위를 정할 수 있다.
③ 가정법원은 성년후견인이 피성년후견인의 신상에 관하여 결정할 수 있는 권한의 범위를 정할 수 있다.
④ 제2항 및 제3항에 따른 법정대리인의 권한의 범위가 적절하지 아니하게 된 경우에 가정법원은 본인, 배우자, 4촌 이내의 친족, 성년후견인, 성년후견감독인, 검사 또는 지방자치단체의 장의 청구에 의하여 그 범위를 변경할 수 있다.

제949조의 3(이해상반행위) 후견인에 대하여는 제921조를 준용한다. 다만, 후견감독인이 있는 경우에는 그러하지 아니하다.

제950조(후견감독인의 동의를 필요로 하는 행위) ① 후견인이 피후견인을 대리하여 다음 각 호의 어느 하나에 해당하는 행위를 하거나 미성년자의 다음 각 호의 어느 하나에 해당하는 행위에 동의를 할 때는 후견감독인이 있으면 그의 동의를 받아야 한다.
1. 영업에 관한 행위
2. 금전을 빌리는 행위
3. 의무만을 부담하는 행위
4. 부동산 또는 중요한 재산에 관한 권리의 득실변경을 목적으로 하는 행위
5. 소송행위
6. 상속의 승인, 한정승인 또는 포기 및 상속재산의 분할에 관한 협의

② 후견감독인의 동의가 필요한 행위에 대하여 후견감독인이 피후견인의 이익이 침해될 우려가 있음에도 동의를 하지 아니하는 경우에는 가정법원은 후견인의 청구에 의하여 후견감독인의 동의를 갈음하는 허가를 할 수 있다.
③ 후견감독인의 동의가 필요한 법률행위를 후견인이 후견감독인의 동의 없이 하였을 때에는 피후견인 또는 후견감독인이 그 행위를 취소할 수 있다.

제951조(피후견인의 재산 등의 양수에 대한 취소) ① 후견인이 피후견인에 대한 제3자의 권리를 양수(讓受)하는 경우에는 피후견인은 이를 취소할 수 있다.
② 제1항에 따른 권리의 양수의 경우 후견감독인이 있으면 후견인은 후견감독인의 동의를 받아야 하고, 후견감독인의 동의가 없는 경우에는 피후견인 또는 후견감독인이 이를 취소할 수 있다.

제952조(상대방의 추인 여부 최고) 제950조 및 제951조의 경우에는 제15조를 준용한다.

(가) 재산관리권과 법정대리권의 범위

성년후견인은 피성년후견인의 법정대리인으로서(제938조 제1항), 포괄적으로 재산관리권과 법정대리권을 가진다. 따라서 성년후견인은 피성년후견인의 재산을 관리하고 그 재산에 관한 법률행위에 대하여 피성년후견인을 대리한다(제949조 제1항).

한편, 성년후견인은 법정대리인이지만, 그 대리권의 범위는 가정법원이 탄력적으로 조절할 수 있다. 즉, 가정법원은 피성년후견인의 신상과 재산에 관한 제반사정을 고려하여 적절하다고 생각되는 경우에는 성년후견인의 법정대리권의 범위를 조절할 수 있다(제938조 제2항 · 제3항). 또한 사정의 변화에 따라 법정대리인의 권한의 범위가 적절하지 않게 된 경우에는 가정법원은 본인, 배우자, 4촌 이내의 친족, 성년후견인, 성년후견감독인, 검사 또는 지방자치단체의 장의 청구에 의하여 그 범위를 변경할 수 있다(제938조 제4항).

참고적으로 미성년후견인은 법정대리인(제938조)으로서 재산행위에 대하여 대리권외에 동의권도 가지지만(제5조 제1항), 이와는 달리 성년후견인에게는 동의권이 없다(제10조 제1항 참조).

(나) 성년후견인의 법정대리권 행사의 제한

(ㄱ) 성년후견인이 피성년후견인의 행위를 목적으로 하는 채무를 부담하는 법률행위를 대리할 때에는 본인의 동의를 필요로 한다(제949조 제2항, 제920조 단서).

(ㄴ) 또한 후견인(미성년후견인 · 성년후견인)에 대하여는 제921조가 준용된다(제949조의 3, 가소 제2조 제1항 라류사건 16호 참조). 따라서 성년후견인이 피성년후견인의 이익을 침해할 수 있는 이해상반행위를 할 때에는 법원에 특별대리인의 선임을 청구하여야 한다(제949조의 3 본문, 제921조). 다만, 후견감독인이 있는 경우에는 그가 피성년후견인을 대리하여 특별대리인의 역할을 수행할 수 있으므로(제940조의 6 제3항), 특별대리인의 선임을 청구할 필요가 없다(제949조의 3 단서).

(ㄷ) 성년후견인이 피성년후견인을 대리하여 ㉠ 영업에 관한 행위, ㉡ 금전을 빌리는 행위, ㉢ 의무만을 부담하는 행위, ㉣ 부동산 또는 중요한 재산에

관한 권리의 득실변경을 목적으로 하는 행위, ㉤ 소송행위, ㉥ 상속의 승인·한정승인 또는 포기 및 상속재산의 분할에 관한 협의를 할 때에는 성년후견감독인이 있으면 그의 동의를 받아야 한다(제950조 제1항 1호~6호).

후견감독인의 동의가 필요한 행위에 대하여 성년후견감독인이 피성년후견인의 이익이 침해될 우려가 있음에도 동의를 하지 않는 경우에는 가정법원은 성년후견인의 청구에 의하여 후견감독인의 동의를 갈음하는 허가를 할 수 있다(제950조 제2항). 그리고 후견감독인의 동의가 필요한 법률행위를 성년후견인이 후견감독인의 동의 없이 하였을 때에는 피성년후견인 또는 성년후견감독인이 그 행위를 취소할 수 있다(제950조 제3항).

㈑ 다수의 성년후견인이 공동으로 또는 사무를 분장하여 그 권한을 행사하도록 가정법원이 결정한 경우(제949조의 2 제1항), 법정대리권의 행사가 제한된다.

㈐ 피성년후견인에 대한 제3자의 권리양수의 제한

성년후견인이 피성년후견인에 대한 제3자의 권리를 양수하는 경우에는 피성년후견인은 이를 취소할 수 있다(제951조 제1항). 이러한 행위는 피후견인과 성년후견인 사이의 이익을 충돌시킬 염려가 있기 때문이다. 다만, 성년후견감독인이 있으면 성년후견인은 후견감독인의 동의를 받아야 하고, 후견감독인의 동의가 없는 경우에는 피성년후견인 또는 후견감독인이 이를 취소할 수 있다(제951조 제2항). 이 경우 상대방의 추인여부 최고에 관한 규정이 준용된다(제952조).

⑥ 성년후견의 종료사유와 후견종료시의 임무

성년후견 종료사유와 종료 후 성년후견인의 임무는 미성년후견의 경우와 동일하다(제957조, 제958조, 제959조).

(3) 성년후견감독인

1) 성년후견감독인의 선임 · 결격

제940조의 4(성년후견감독인의 선임) ① 가정법원은 필요하다고 인정하면 직권으로 또는 피성년후견인, 친족, 성년후견인, 검사, 지방자치단체의 장의 청구에 의하여 성년후견감독인을 선임할 수 있다.
② 가정법원은 성년후견감독인이 사망, 결격, 그 밖의 사유로 없게 된 경우에는 직권으로 또는 피성년후견인, 친족, 성년후견인, 검사, 지방자치단체의 장의 청구에 의하여 성년후견감독인을 선임한다.

제940조의 5(후견감독인의 결격사유) 제779조에 따른 후견인의 가족은 후견감독인이 될 수 없다.

제940조의 6(후견감독인의 직무) ① 후견감독인은 후견인의 사무를 감독하며, 후견인이 없는 경우 지체 없이 가정법원에 후견인의 선임을 청구하여야 한다.
② 후견감독인은 피후견인의 신상이나 재산에 대하여 급박한 사정이 있는 경우 그의 보호를 위하여 필요한 행위 또는 처분을 할 수 있다.
③ 후견인과 피후견인 사이에 이해가 상반되는 행위에 관하여는 후견감독인이 피후견인을 대리한다.

제940조의 7(위임 및 후견인 규정의 준용) 후견감독인에 대하여는 제681조, 제691조, 제692조, 제930조 제2항 · 제3항, 제936조 제3항 · 제4항, 제937조, 제939조, 제940조, 제947조의 2 제3항부터 제5항까지, 제949조의 2, 제955조 및 제955조의 2를 준용한다.

(가) 성년후견감독인의 선임

(ㄱ) 성년후견감독인은 필수적 기관이 아니라 임의적 기관이다. 즉, 가정법원은 필요하다고 인정하면 직권으로 또는 피성년후견인, 친족, 성년후견인, 검사, 지방자치단체의 장의 청구에 의하여 성년후견감독인을 선임할 수 있다(제940조의 4 제1항). 또한 가정법원은 성년후견감독인이 사망, 결격, 그 밖의 사유로 없게 된 경우에는 직권으로 또는 피성년후견인, 친족, 성년후견인, 검사, 지방자치단체의 장의 청구에 의하여 성년후견감독인을 선임한다(제940조의 4 제2항).

(ㄴ) 후견감독인은 여러 명을 둘 수 있고, 법인도 후견감독인이 될 수 있다(제940조의 7, 제930조 제2항 · 제3항). 후견감독인이 선임된 경우에도 필요하다고 인정되면 가정법원은 직권으로 또는 피성년후견인 · 친족 · 이해관계인 · 검사 ·

지방자치단체의 장, 성년후견감독인의 청구에 의하여 추가로 성년후견감독인을 선임할 수 있다(제940조의 7, 제936조 제3항). 가정법원이 후견감독인을 선임할 때에는 피성년후견인의 의사를 존중하여야 하고, 피성년후견인의 건강, 생활관계 등의 사정도 고려하여야 한다(제940조의 7, 제936조 제4항).

(ㄷ) 여러 명의 성년후견감독인이 있는 경우, 가정법원은 직권으로 그들이 공동으로 또는 사무를 분장하여 그 권한을 행사하도록 정할 수 있고, 이를 변경하거나 취소할 수 있다. 그밖에 성년후견감독인이 공동으로 권한을 행사하여야 하는데 어느 후견감독인이 협력하지 않는 경우에는 가정법원에 그의 의사표시에 갈음하는 재판을 구할 수 있다(제940조의 7, 제949조의 2).

(나) 성년후견감독인의 결격

후견감독인에는 후견인의 결격사유에 관한 제937조가 준용되므로(제940조의 7, 제937조), 여기에 규정되어 있는 자도 후견감독인이 될 수 없다. 이외에 제779조에 따른 성년후견인의 가족은 후견감독인이 될 수 없다(제940조의 5).

2) 성년후견감독인의 임무 등

성년후견감독인의 직무, 보수, 후견감독의 종료에 관한 내용은 미성년후견감독인의 경우와 동일하다(제940조의 6, 제940조의 7).

4. 한정후견

(1) 한정후견의 개시

> 제959조의 2(한정후견의 개시) 가정법원의 한정후견개시의 심판이 있는 경우에는 그 심판을 받은 사람의 한정후견인을 두어야 한다.

질병, 장애, 노령, 그밖의 사유로 인한 정신적 제약으로 사무를 처리할 능력이 부족한 사람에 대하여 본인, 배우자, 4촌 이내의 친족, 미성년후견인, 미성년후견감독인, 성년후견인, 성년후견감독인, 특정후견인, 특정후견감독인, 검사 또는 지방자치단체의 장의 청구에 의하여 가정법원이 심판을 함으로써 한정후견은 개시한다(제12조 제1항). 가정법원은 한정후견개시의 심판을 할 때 본인의 의사를 고려하여야 한다(제12조 제2항, 제9조 제2항).

가정법원의 한정후견개시의 심판이 있는 경우에는 그 심판을 받은 사람(즉, 피한정후견인)의 한정후견인을 두어야 한다(제959조의 2).

(2) 한정후견인

> **제959조의 3(한정후견인의 선임 등)** ① 제959조의 2에 따른 한정후견인은 가정법원이 직권으로 선임한다.
> ② 한정후견인에 대하여는 제930조 제2항 · 제3항, 제936조 제2항부터 제4항까지, 제937조, 제939조, 제940조 및 제949조의 3을 준용한다.

성년후견인의 경우와 같이 한정후견인은 여러 명을 둘 수 있으며(제959조의 3 제2항, 제930조 제2항), 법인도 한정후견인이 될 수 있다(제959조의 3 제2항, 제930조 제3항).

한정후견개시의 심판이 있는 경우(제959조의 2에 따른), 한정후견인은 가정법원이 직권으로 선임한다(제959조의 3 제1항). 그리고 한정후견인에 대하여는 성년후견인의 선임에 관한 제936조 제2항부터 제4항이 준용된다(제959조의 3 제2항). 또한 제937조(후견인의 결격사유), 제939조(후견인의 사임), 제940조(후견인의 변경) 및 제949조의 3(이해상반행위의 경우의 특별대리인의 선임)도 한정후견인에 대하여 준용한다(제959조의 3 제2항).

(3) 한정후견감독인

> **제959조의 5(한정후견감독인)** ① 가정법원은 필요하다고 인정하면 직권으로 또는 피한정후견인, 친족, 한정후견인, 검사, 지방자치단체의 장의 청구에 의하여 한정후견감독인을 선임할 수 있다.
> ② 한정후견감독인에 대하여는 제681조, 제691조, 제692조, 제930조 제2항 · 제3항, 제936조 제3항 · 제4항, 제937조, 제939조, 제940조, 제940조의 3 제2항, 제940조의 5, 제940조의 6, 제947조의 2 제3항부터 제5항까지, 제949조의 2, 제955조 및 제955조의 2를 준용한다. 이 경우 제940조의 6 제3항 중 "피후견인을 대리한다"는 "피한정후견인을 대리하거나 피한정후견인이 그 행위를 하는 데 동의한다"로 본다.

가정법원은 필요하다고 인정하면 직권으로 또는 피한정후견인, 친족, 한정후견인, 검사, 지방자치단체의 장의 청구에 의하여 한정후견감독인을 선임할 수 있다(제959조의 5 제1항). 또한 한정후견감독인이 사망, 결격, 그 밖의 사유로 없게 된 경우에는 가정법원은 직권으로 또는 미성년자, 친족, 미성년후견인, 검사, 지방자치단체의 장의 청구에 의하여 한정후견감독인을 선임한다(제959조의 5 제2항, 제940조의 3 제2항).

한정후견감독인에 대하여는 제930조 제2항(후견인의 수)·제3항(후견인의 자격), 제936조 제3항(성년후견인의 추가선임)·제4항(성년후견인 선임시의 고려사항), 제937조(후견인의 결격사유), 제939조(후견인의 사임), 제940조(후견인의 변경), 제940조의 5(후견감독인의 결격사유), 제940조의 6(미성년후견인 · 성년후견인의 후견감독인의 직무)[26]이 준용된다(제959조의 5 제2항). 또한 한정후견감독인에 대하여는 제947조의 2 제3항부터 제5항까지(성년후견인의 신상결정 등), 제949조의 2(성년후견인이 여러 명인 경우 권한의 행사 등), 제955조(후견인에 대한 보수) 및 제955조의 2(후견인의 사무비용), 위임에 관한 제681조(수임인의 선관의무), 제691조(위임종료시의 긴급처리), 제692조(위임종료의 대항요건)를 준용한다(제959조의 5 제2항).

한편, 가정법원은 피한정후견인이 한정후견인의 동의를 받아야 하는 행위의 범위를 정할 수 있다(제13조 제1항). 일정한 행위에 관하여 한정후견인은 동의권을 가지는데, 한정후견인과 피한정후견인 사이에 이해가 상반되는 경우에는 후견감독인이 피후견인을 대리하거나 피후견인이 그 행위를 하는데 동의할 수 있다(제959조의 5, 제940조의 6 제3항).

(4) 한정후견인의 임무

> **제959조의 4(한정후견인의 대리권 등)** ① 가정법원은 한정후견인에게 대리권을 수여하는 심판을 할 수 있다.
> ② 한정후견인의 대리권 등에 관하여는 제938조 제3항 및 제4항을 준용한다.
>
> **제959조의 6(한정후견사무)** 한정후견의 사무에 관하여는 제681조, 제920조 단

26) 제940조의 6 제3항 중 "피후견인을 대리한다"는 "피한정후견인을 대리하거나 피한정후견인이 그 행위를 하는 데 동의한다"로 본다.

> 서, 제947조, 제947조의 2, 제949조, 제949조의 2, 제949조의 3, 제950조부터 제955까지 및 제955조의 2를 준용한다.
>
> **제959조의 7(한정후견인의 임무의 종료 등)** 한정후견인의 임무가 종료한 경우에 관하여는 제691조, 제692조, 제957조 및 제958조를 준용한다.

1) 한정후견인의 대리권

가정법원은 한정후견인에게 대리권을 수여하는 심판을 할 수 있고(제959조의 4 제1항), 한정후견인이 피한정후견인의 신상에 관하여 결정할 수 있는 권한의 범위를 정할 수 있다(제959조의 4 제2항, 제938조 제3항). 그리고 한정후견인의 권한의 범위가 적절하지 않게 된 경우에는 가정법원은 본인, 배우자, 4촌 이내의 친족, 한정후견인, 한정후견감독인, 검사 또는 지방자치단체의 장의 청구에 의하여 그 범위를 변경할 수 있다(제959조의 4 제2항, 제938조 제4항). 한정후견인이 대리권을 수여받은 경우에는 그는 그 범위에서 피한정후견인의 법정대리인이 된다.

한정후견인의 법정대리권의 행사 및 제한에 관하여는 기본적으로 성년후견인의 법정대리권에 관한 내용이 적용된다. 즉, 한정후견의 사무에 관하여는 제681조, 제920조 단서, 제947조, 제947조의 2, 제949조, 제949조의 2, 제949조의 3, 제950조부터 제955까지 및 제955조의 2가 준용된다(제959조의 6).

2) 후견종료시의 임무

한정후견의 종료사유와 종료 후 한정후견인의 임무는 미성년후견의 경우와 동일하다. 즉, 한정후견인의 임무가 종료한 경우에 관하여는 제691조, 제692조, 제957조 및 제958조를 준용한다(제959조의 7).

5. 특정후견

(1) 서 설

특정후견은 성년·한정후견과 달리 정신적 제약으로 인하여 사무를 처리할 능력이 결여되어 있거나 부족한 사람이 '일시적 사무' 또는 '특정한 사무'에 대하여 가정법원에 의한 후원을 받는 보호제도이다. 가정법원은 질병, 장애,

노령, 그밖의 사유로 인한 정신적 제약으로 일시적 후원 또는 특정한 사무에 관한 후원이 필요한 사람에 대하여 본인, 배우자, 4촌 이내의 친족, 미성년후견인, 미성년후견감독인, 검사 또는 지방자치단체의 장의 청구에 의하여 특정후견의 심판을 한다(제14조의 2 제1항). 또한 특정후견은 본인의 의사를 존중하여 행하여지는 특정적 보호제도이므로, 본인의 의사에 반하여 할 수 없다(제14조의 2 제2항). 한편, 특정후견은 지속적인 보호제도인 성년·한정후견과 달리 일시적·특정적 보호제도이므로 개시와 종료를 별도로 심판할 필요는 없다. 따라서 가정법원은 특정후견의 심판을 하는 경우에는 특정후견의 기간 또는 사무의 범위를 정하여야 한다(제14조의 2 제3항).

(2) 특정후견에 따른 보호조치

1) 가정법원의 처분

제959조의 8(특정후견에 따른 보호조치) 가정법원은 피특정후견인의 후원을 위하여 필요한 처분을 명할 수 있다.

특정후견심판이 있는 경우, 가정법원은 피특정후견인의 후원을 위하여 필요한 처분을 명할 수 있다(제959조의 8). 그 처분은 피특정후견인의 재산관리에 관한 것일 수도 있고 신상보호에 관한 것일 수도 있다. 그리고 피특정후견인을 위하여 관계인에게 특정행위를 명하는 것일 수도 있고, 부작위를 명하는 것일 수도 있다.

2) 특정후견인의 선임과 후견사무

제959조의 9(특정후견인의 선임 등) ① 가정법원은 제959조의 8에 따른 처분으로 피특정후견인을 후원하거나 대리하기 위한 특정후견인을 선임할 수 있다.
② 특정후견인에 대하여는 제930조 제2항·제3항, 제936조 제2항부터 제4항까지, 제937조, 제939조 및 제940조를 준용한다.

제959조의 10(특정후견감독인) ① 가정법원은 필요하다고 인정하면 직권으로 또는 피특정후견인, 친족, 특정후견인, 검사, 지방자치단체의 장의 청구에 의하여 특정후견감독인을 선임할 수 있다.

② 특정후견감독인에 대하여는 제681조, 제691조, 제692조, 제930조 제2항 · 제3항, 제936조 제3항 · 제4항, 제937조, 제939조, 제940조, 제940조의 5, 제940조의 6, 제949조의2, 제955조 및 제955조의 2를 준용한다.

제959조의 11(특정후견인의 대리권) ① 피특정후견인의 후원을 위하여 필요하다고 인정하면 가정법원은 기간이나 범위를 정하여 특정후견인에게 대리권을 수여하는 심판을 할 수 있다.
② 제1항의 경우 가정법원은 특정후견인의 대리권 행사에 가정법원이나 특정후견감독인의 동의를 받도록 명할 수 있다.

제959조의 12(특정후견사무) 특정후견의 사무에 관하여는 제681조, 제920조 단서, 제947조, 제949조의 2, 제953조부터 제955조까지 및 제955조의2를 준용한다.

① 특정후견인의 선임

가정법원은 특정후견에 의한(제959조의 8에 따른) 처분으로 피특정후견인을 후원하거나 대리하기 위한 특정후견인을 선임할 수 있다(제959조의 9 제1항). 성년 · 한정후견의 경우와 달리, 특정후견인의 선임은 필수적인 것이 아니다.

성년후견인의 경우와 같이, 특정후견인도 여러 명을 둘 수 있고(제959조의 9 제2항, 제930조 제2항), 법인도 특정후견인이 될 수 있다(제959조의 9 제2항, 제930조 제3항). 또한 특정후견인이 사망, 결격, 그밖의 사유로 없게 된 경우에는 가정법원은 직권으로 또는 청구권자의 청구에 의하여 특정후견인을 선임할 수 있고(제959조의 9 제2항, 제936조 제2항), 특정후견인이 선임된 경우에도 필요하다고 인정하면 추가로 성년후견인을 선임할 수 있다(제959조의 9 제2항, 제936조 제3항). 이외에도 특정후견인에 대하여는 성년후견인의 경우와 같이 후견인의 결격(제937조), 사임과 변경(제939조, 제940조)이 준용된다(제959조의 9 제2항).

② 특정후견사무

㈎ 특정후견인의 대리권

피특정후견인의 후원을 위하여 필요하다고 인정하면 가정법원은 기간이나 범위를 정하여 특정후견인에게 대리권을 수여하는 심판을 할 수 있다(제959조의 11 제1항). 또한 가정법원은 특정후견인의 대리권 행사에 가정법원이나 특정후견감독인의 동의를 받도록 명할 수 있다(제959조의 11 제2항). 이 경우에는 특정후견인은 피특정후견인의 법정대리인이 된다.

㈏ **특정후견사무에 관한 준용규정**

특정후견의 사무에 관하여는 제681조, 제920조 단서, 제947조, 제949조의 2, 제953조부터 제955조까지 및 제955조의 2를 준용한다. 즉, 여러 명의 특정후견인이 선임된 경우, 가정법원은 공동으로 또는 사무를 분장하여 그 권한을 행사하도록 정할 수 있으며, 이를 변경하거나 취소할 수 있다(제959조의 12, 제949조의 2). 특정후견인은 선량한 관리자의 주의로서 후견사무를 처리하여야 하며(제959조의 12, 제681조), 피특정후견인의 행위를 목적으로 하는 채무를 부담하는 법률행위를 대리하는 때에는 본인의 동의를 받아야 한다(제959조의 12, 제920조 단서). 또한 특정후견인은 피특정후견인을 보좌하고 후원하는 임무를 수행하며, 그의 복리를 배려하고 의사를 존중할 의무가 있다(제959조의 12, 제947조).

3) 특정후견감독인

가정법원은 필요하다고 인정하면 직권으로 또는 피특정후견인, 친족, 특정후견인, 검사, 지방자치단체의 장의 청구에 의하여 특정후견감독인을 선임할 수 있다(제959조의 10 제1항). 특정후견감독인의 선임・결격, 임무, 보수, 후견감독의 종료 등은 성년후견감독인의 경우와 같다. 즉, 특정후견감독인에 대하여는 제681조, 제691조, 제692조, 제930조 제2항·제3항, 제936조 제3항·제4항, 제937조, 제939조, 제940조, 제940조의 5, 제940조의 6, 제949조의 2, 제955조 및 제955조의 2를 준용한다(제959조의 10 제2항).

4) 특정후견의 종료

제959조의 13(특정후견인의 임무의 종료 등) 특정후견인의 임무가 종료한 경우에 관하여는 제691조, 제692조, 제957조 및 제958조를 준용한다.

특정후견의 종료사유와 종료 후 특정후견인의 임무는 미성년후견의 경우와 동일하다. 즉, 특정후견인의 임무가 종료한 경우에 관하여는 제691조, 제692

조, 제957조 및 제958조를 준용한다(제959조의 13).

6. 후견계약

(1) 의 의

> 제959조의 14(후견계약의 의의와 체결방법 등) ① 후견계약은 질병, 장애, 노령, 그 밖의 사유로 인한 정신적 제약으로 사무를 처리할 능력이 부족한 상황에 있거나 부족하게 될 상황에 대비하여 자신의 재산관리 및 신상보호에 관한 사무의 전부 또는 일부를 다른 자에게 위탁하고 그 위탁사무에 관하여 대리권을 수여하는 것을 내용으로 한다.

후견계약은 질병, 장애, 노령 그 밖의 사유로 인한 정신적 제약으로 사무를 처리할 능력이 부족한 상황에 있거나 부족하게 될 상황에 대비하여 자신의 재산관리 및 신상보호에 관한 사무의 전부 또는 일부를 다른 자에게 위탁하고 그 위탁사무에 관하여 대리권을 수여하는 것을 내용으로 하는 계약이다(제959조의 14 제1항). 이러한 후견계약에 의한 후견을 임의후견이라고 한다.

후견계약은 기본적인 구조에서 민법상의 위임계약(제680조)의 성질을 가지며, 단지 그 사무처리의 내용을 후견으로 하였다는 점에 특징이 있다. 따라서 후견계약은 원칙적으로 무상·편무계약이지만, 보수가 약정되는 경우에는 유상·쌍무계약이 된다(제686조 참조).

(2) 후견계약의 성립과 내용

> 제959조의 14(후견계약의 의의와 체결방법 등)
> ② 후견계약은 공정증서로 체결하여야 한다.
> ③ 후견계약은 가정법원이 임의후견감독인을 선임한 때부터 효력이 발생한다.
> ④ 가정법원, 임의후견인, 임의후견감독인 등은 후견계약을 이행·운영할 때 본인의 의사를 최대한 존중하여야 한다.
>
> 제959조의 17(임의후견개시의 제한 등) ① 임의후견인이 제937조 각 호에 해당하는 자 또는 그 밖에 현저한 비행을 하거나 후견계약에서 정한 임무에 적합하지 아니한 사유가 있는 자인 경우에는 가정법원은 임의후견감독인을 선임하지 아니한다.

> 第959조의 18(후견계약의 종료) ① 임의후견감독인의 선임 전에는 본인 또는 임의후견인은 언제든지 공증인의 인증을 받은 서면으로 후견계약의 의사표시를 철회할 수 있다.

1) 후견계약의 성립

후견계약은 임의후견을 받을 본인(즉, 피임의후견인)과 임의후견인이 될 상대방 사이의 계약에 의하여 성립한다. 임의후견인이 될 상대방은 여러 명일 수도 있고(이들 사이의 관계는 일반적인 대리의 법리에 따라 본인이 공동대리를 정하지 않은 한 각자대리가 원칙임: 제119조 참조), 법인이어도 상관없다. 다만, 후견계약은 공정증서로 체결하여야 한다(제959조의 14 제2항). 후견계약과 관련하여 분쟁이 발생하는 경우에는 이미 본인에게 의사능력이 부족하거나 결여된 상태에 있게 되므로, 그 계약을 체결할 때에는 보다 신중하게 하여야 할 뿐만 아니라, 분쟁에 대비하여 미리 그 내용을 명확하게 해 둘 필요가 있기 때문이다. 따라서 후견계약은 요식행위이며, 이러한 공정증서로 체결하지 않은 후견계약은 무효이다.

한편, 대리에 의하여 후견계약을 체결할 수 있는지에 관하여는 명문의 규정을 두고 있지 않기 때문에 해석상의 문제가 있다. 예컨대, 법정대리인인 부모가 정신적 제약이 있는 미성년 자녀를 위하여 후견계약을 체결할 수 있도록 하기 위해서는 대리도 인정하여야 할 것이다.[27]

2) 후견계약의 효력발생

후견계약은 가정법원이 임의후견감독인을 선임한 때부터 효력이 발생한다(제959조의 14 제3항). 후견계약의 효력발생 시기는 원칙적으로 당사자들이 후견계약에서 정한 바에 따를 것이지만, 당사자들이 그 시기를 정하지 않은 경우도 있을 수 있고, 그 시기를 정한 경우라도 계약에서 합의한 정신상태에 도달하였는지를 판단하는 것이 쉽지 않다. 따라서 가정법원으로 하여금 효력발생시기를 명확히 함과 동시에 임의후견감독인의 선임에 의하여 임의후견인에

27) 김형석, 가족법연구 24권 2호(2010. 7), 153면.

대한 감독을 가능하게 하기 위한 것이다. 이러한 임의후견감독인의 선임은 후견계약에 대하여 법률이 부과하는 일종의 법정조건이다.

한편, 가정법원은 임의후견인이 결격사유(제937조)에 해당하는 자 또는 그 밖에 현저한 비행을 하거나 후견계약에서 정한 임무에 적합하지 아니한 사유가 있는 자인 경우에는 임의후견감독인을 선임하지 않는다(제959조의 17 제1항). 이것은 본인의 보호를 위하여 부적절한 임의후견인의 후견사무가 개시되지 않도록 하기 위한 것으로써, 가정법원이 그 임의후견감독인을 선임하지 않는 방법으로 후견계약의 효력발생을 저지할 수 있다.

3) 후견계약의 철회

임의후견감독인의 선임 전에는 본인 또는 임의후견인은 언제든지 공증인의 인증을 받은 서면으로 후견계약의 의사표시를 철회할 수 있다(제959조의 18 제1항).

4) 임의후견의 내용

임의후견의 내용은 후견계약에 따라 당사자가 정한 바에 의한다. 즉, 임의후견인은 본인이 수여한 대리권 등에 기초하여 후견사무를 처리한다. 임의후견인은 본인의 승낙이 있거나 부득이한 사유가 없는 한 복임권이 없으며(제120조, 제682조), 승낙이 있거나 부득이한 사유가 있더라도 포괄적인 복대리인의 선임은 허용되지 않는다.

가정법원, 임의후견인, 임의후견감독인 등은 후견계약을 이행·운영할 때 본인의 의사를 최대한 존중하여야 한다(제959조의 14 제4항).

(3) 임의후견감독인

1) 임의후견감독인의 선임

> 제959조의 15(임의후견감독인의 선임) ① 가정법원은 후견계약이 등기되어 있고, 본인이 사무를 처리할 능력이 부족한 상황에 있다고 인정할 때에는 본인, 배우자, 4촌 이내의 친족, 임의후견인, 검사 또는 지방자치단체의 장의 청구에 의하여 임의후견감독인을 선임한다.
> ② 제1항의 경우 본인이 아닌 자의 청구에 의하여 가정법원이 임의후견감독인을 선임할 때에는 미리 본인의 동의를 받아야 한다. 다만, 본인이 의사를 표시

> 할 수 없는 때에는 그러하지 아니하다.
> ③ 가정법원은 임의후견감독인이 없게 된 경우에는 직권으로 또는 본인, 친족, 임의후견인, 검사 또는 지방자치단체의 장의 청구에 의하여 임의후견감독인을 선임한다.
> ④ 가정법원은 임의후견임감독인이 선임된 경우에도 필요하다고 인정하면 직권으로 또는 제3항의 청구권자의 청구에 의하여 임의후견감독인을 추가로 선임할 수 있다.
> ⑤ 임의후견감독인에 대하여는 제940조의 5를 준용한다.
>
> 제959조의 16(임의후견감독인의 직무 등)
> ③ 임의후견감독인에 대하여는 제940조의 6 제2항 · 제3항, 제940조의 7 및 제953조를 준용한다.

가정법원은 후견계약이 등기되어 있고, 본인이 사무를 처리할 능력이 부족한 상황에 있다고 인정할 때에는 본인, 배우자, 4촌 이내의 친족, 임의후견인, 검사 또는 지방자치단체의 장의 청구에 의하여 임의후견감독인을 선임한다(제959조의 15 제1항). 이 경우 본인이 아닌 자의 청구에 의하여 가정법원이 임의후견감독인을 선임할 때에는 본인이 의사를 표시할 수 없는 경우 외에는 미리 본인의 동의를 받아야 한다(제959조의 15 제2항).

한편, 임의후견감독인이 없게 된 경우에는 가정법원은 직권으로 또는 본인, 친족, 임의후견인, 검사 또는 지방자치단체의 장의 청구에 의하여 임의후견감독인을 선임한다(제959조의 15 제3항). 그리고 가정법원은 임의후견임감독인이 선임된 경우에도 필요하다고 인정하면 직권으로 또는 제3항의 청구권자의 청구에 의하여 임의후견감독인을 추가로 선임할 수 있다(제959조의 15 제4항). 임의후견감독인은 여러 명을 둘 수 있고, 법인도 임의후견감독인이 될 수 있지만(제959조의 16 제3항, 제940조의 7, 제930조 제2항 · 제3항), 임의후견인의 가족은 임의후견감독인이 될 수 없다(제959조의 15 제5항, 제940조의 5).

그밖에 임의후견감독인에 대하여는 그 결격사유, 사임, 변경, 임의후견감독인이 여러 명인 경우의 권한행사 등에 있어서 성년후견에 관한 규정이 준용된다(제959조의 16 제3항, 제940조의 7, 제937조, 제939조, 제940조, 제949조의 2, 제955조, 제955조의 2).

2) 임의후견감독인의 임무

> 제959조의 16(임의후견감독인의 직무 등) ① 임의후견감독인은 임의후견인의 사무를 감독하며 그 사무에 관하여 가정법원에 정기적으로 보고하여야 한다.
> ② 가정법원은 필요하다고 인정하면 임의후견감독인에게 감독사무에 관한 보고를 요구할 수 있고 임의후견인의 사무 또는 본인의 재산상황에 대한 조사를 명하거나 그 밖에 임의후견감독인의 직무에 관하여 필요한 처분을 명할 수 있다.
> ③ 임의후견감독인에 대하여는 제940조의 6 제2항 · 제3항, 제940조의 7 및 제953조를 준용한다.

임의후견감독인은 임의후견인의 사무를 감독하며 그 사무에 관하여 가정법원에 정기적으로 보고하여야 한다(제959조의 16 제1항). 그리고 임의후견감독인은 언제든지 임의후견인에게 그의 임무수행에 관한 보고와 재산목록의 제출을 요구할 수 있고, 본인(피후견인)의 재산상황을 조사할 수 있다(제959조의 16 제3항, 제953조). 한편, 이와 관련하여 가정법원은 필요하다고 인정하면 임의후견감독인에게 감독사무에 관한 보고를 요구할 수 있고, 임의후견인의 사무 또는 본인의 재산상황에 대한 조사를 명하거나 그 밖에 임의후견감독인의 직무에 관하여 필요한 처분을 명할 수 있다(제959조의 16 제2항).

임의후견감독인은 본인의 신상이나 재산에 대하여 급박한 사정이 있는 경우 필요한 처분을 할 수 있고(제959조의 16 제3항, 제940조의 6 제2항), 임의후견인과 본인 사이에 이해가 상반되는 행위에 대하여 본인을 대리한다(제959조의 16 제3항, 제940조의 6 제3항). 한편, 임의후견감독인에 대하여는 수임인의 선관주의(제681조), 위임종료시의 긴급처리(제691조), 위임종료의 대항요건(제692조)에 관한 규정이 준용된다(제940조의 7).

(4) 후견계약의 종료

> 제959조의 17(임의후견개시의 제한 등)
> ② 임의후견감독인을 선임한 이후 임의후견인이 현저한 비행을 하거나 그 밖에 그 임무에 적합하지 아니한 사유가 있게 된 경우에는 가정법원은 임의후견

> 감독인, 본인, 친족, 검사 또는 지방자치단체의 장의 청구에 의하여 임의후견인을 해임할 수 있다.
>
> **제959조의 18(후견계약의 종료)**
> ② 임의후견감독인의 선임 이후에는 본인 또는 임의후견인은 정당한 사유가 있는 때에만 가정법원의 허가를 받아 후견계약을 종료할 수 있다.
>
> **제959조의 19(임의후견인의 대리권 소멸과 제3자와의 관계)** 임의후견인의 대리권 소멸은 등기하지 아니하면 선의의 제3자에게 대항할 수 없다.

1) 정당한 사유로 인한 해지

후견계약이 효력을 발생한 후에는 위임계약에서와는 달리(제689조 참조) 그 해지를 극히 제한적으로만 허용한다. 즉, 임의후견감독인의 선임 이후에는 본인 또는 임의후견인은 정당한 사유가 있는 때에만 가정법원의 허가를 받아 후견계약을 종료할 수 있다(제959조의 18 제2항). 후견계약은 본인의 재산관리·신상보호를 목적으로 하고, 그에 대한 임의의 해지는 본인의 복리에 반할 우려가 있기 때문에 법원의 허가를 필요로 한다. 여기서의 정당한 사유는 후견계약의 당사자 어느 일방에 대하여 후견계약의 존속 및 그에 따른 후견사무의 계속을 더 이상 기대하기 어렵게 하는 중대한 사정을 말한다(예컨대, 임의후견인이 중병에 걸려 후견사무를 처리할 수 없는 경우, 본인이나 임의후견인의 해외 이주 등).

2) 임의후견인의 비행 등을 이유로 하는 해지

임의후견감독인을 선임한 이후 임의후견인이 현저한 비행을 하거나 그 밖에 그 임무에 적합하지 아니한 사유가 있게 된 경우에는 가정법원은 임의후견감독인, 본인, 친족, 검사 또는 지방자치단체의 장의 청구에 의하여 임의후견인을 해임할 수 있다(제959조의 17 제2항). 이 경우 새로운 임의후견인을 선임하는 절차는 정해져 있지 않다.

3) 해지의 효과

후견계약이 해지되면, 그 계약은 장래에 향하여 효력이 소멸하며, 소급하여 무효로 되지 않는다. 따라서 후견계약이 적법하게 해지되면, 후견계약에 기초하여 본인이 임의후견인에게 수여한 대리권도 소멸한다(제128조). 다만, 후견계약이 해지된 후에 임의후견인이 대리행위를 하는 경우에는 그와 거래한 상대방(제3자)이나 본인의 보호가 문제된다. 즉, 임의후견인의 행위가 무권대리로 되면 상대방이 불이익을 입게 되고, 그 행위가 표현대리로 인정되면 본인이 피해를 입게 되기 때문이다. 이러한 문제로 인하여, 임의후견인의 대리권 소멸은 등기하지 아니하면 선의의 제3자에게 대항할 수 없도록 하고 있다(제959조의 19). 따라서 제959조의 19는 제129조의 특칙이므로, 제129조는 후견계약에 적용되지 않는다고 할 것이다.

(5) 임의후견과 법정후견 사이의 관계(법정후견의 보충성)

> 제959조의 20(후견계약과 성년후견 · 한정후견 · 특정후견의 관계) ① 후견계약이 등기되어 있는 경우에는 가정법원은 본인의 이익을 위하여 특별히 필요할 때에만 임의후견인 또는 임의후견감독인의 청구에 의하여 성년후견, 한정후견 또는 특정후견의 심판을 할 수 있다. 이 경우 후견계약은 본인이 성년후견 또는 한정후견 개시의 심판을 받은 때 종료된다.
> ② 본인이 피성년후견인, 피한정후견인 또는 피특정후견인인 경우에 가정법원은 임의후견감독인을 선임함에 있어서 종전의 성년후견, 한정후견 또는 특정후견의 종료 심판을 하여야 한다. 다만, 성년후견 또는 한정후견 조치의 계속이 본인의 이익을 위하여 특별히 필요하다고 인정하면 가정법원은 임의후견감독인을 선임하지 아니한다.

임의후견은 본인의 의사에 기초하여 후견사무를 처리하는 것이므로 사적자치의 원칙에 따라 존중되어야 한다. 따라서 후견계약(임의후견)이 있는 경우에는 원칙적으로 법정후견이 개시되지 않는데, 이를 법정후견의 보충성의 원칙이라고 한다. 이로 인하여 후견계약이 등기되어 있는 경우에는 가정법원은 본인의 이익을 위하여 특별히 필요할 때에만 임의후견인 또는 임의후견감독인의 청구에 의하여 성년후견, 한정후견 또는 특정후견의 심판을 할 수 있다(제959조의 20 제1항 1문). 그리고 이 경우 후견계약은 본인이 성년후견 또는 한정후견 개시의 심판을 받은 때 종료된다(제959조의 20 제1항 2문).

또한 후견계약의 본인이 피성년후견인, 피한정후견인 또는 피특정후견인인 경우에 가정법원은 임의후견감독인을 선임함에 있어서 종전의 성년후견, 한정후견 또는 특정후견의 종료 심판을 하여야 한다(제959조의 20 제2항 본문). 다만, 성년후견 또는 한정후견 조치의 계속이 본인의 이익을 위하여 특별히 필요하다고 인정하면 가정법원은 임의후견감독인을 선임하지 아니한다(제959조의 20 제2항 단서). 본인의 복리 관점에서 보아 임의후견보다 법정후견에 의한 보호가 더 적합한 경우에는 가정법원은 법정후견을 유지할 수 있고, 이때에는 후견계약은 효력을 발생하지 않는다(제959조의 14 제3항).

제 7 장 扶 養

1. 서 언

(1) 부양제도 의의

부양이란 일정한 범위 내에 있는 친족이 상호 부조하여 생활을 유지시켜 주는 것을 말한다. 여기에서의 부양은 사법상의 친족적 부양, 즉 사적 부양을 의미한다.

한편, 사회보장제도로서의 국가의 공적 부조는 사적인 부양이 이루어질 수 없는 경우에 한하여 인정된다. 즉, 요부양자에게 부양의무자가 있고 그 의무자에게 부양능력이 있어 사적 부양이 가능한 경우에는 국가로부터의 공적 부조는 받을 수 없다.

(2) 부양의 성격

민법상 부양은 1차적 부양과 2차적 부양 등 두 가지로 보는 것이 일반적이다. 1차적 부양에는 부모의 미성숙자녀에 대한 부양 및 부부간의 부양이 해당하며, 2차적 부양에는 제974조의 친족적 부양이 해당한다고 본다.

1) 1차적 부양

1차적 부양은 배우자 사이(제826조 제1항), 부모와 미성년자 사이(제913)와 같이 부양 자체가 배우자와 친자라는 그 신분관계의 본질적 목적에서 당연히 요청되는 것이다. 부모에는 친부모와 양부모를 포함한다. 한편, 성년의 자와 부모 사이의 부양의무는 상호간의 부양의무이며 이는 친족적 부양으로서 2차적 부양에 해당하며, 계모자간의 부양이나 적모서자간의 부양도 2차적 부양이다.

1차적 부양은 부부관계나 친자관계 등 가족공동생활을 기초로 하여 인정되는 부양의무로서, 부양능력이 부족해도 부족한 범위 내에서 부양하여야 한다는 점이 특징이다.

2) 2차적 부양

2차적 부양은 배우자나 미성년자를 제외한 친족 사이의 부양관계를 말한다. 부양규정인 민법 제974조 상의 직계혈족 및 그 배우자 사이(직계혈족 중 부모의 미성년자에 대한 부양은 1차적 부양에 속하므로 제외된다), 기타 생계를 같이 하는 친족(8촌의 혈족, 4촌의 인척을 포함) 사이의 부양관계가 여기에 해당한다.

2차적 부양에서는 스스로 부양능력이 없는 요부양자에 대하여 부양의 여력이 있는 자가 부양의무자가 되며, 따라서 자기를 희생하지 않고 부양의 여력이 있는 범위 내에서만 부양의무를 부담하게 된다.

2. 부양청구권

(1) 부양청구권의 발생

> **제975조(부양의무와 생활능력)** 부양의 의무는 부양을 받을 자가 자기의 자력 또는 근로에 의하여 생활을 유지할 수 없는 경우에 한하여 이를 이행할 책임이 있다.

1) 부양의 필요성

부양청구권은 부양의 필요성이 있는 때에 발생한다. 즉, 부양청구권자는 자기의 자력이나 근로에 의하여 생활을 유지할 수 없는 경우에만 부양청구를 할 수 있다(제975조).

2) 부양의 가능성

부양의무자 측에서는 부양의 능력이 있는 경우에 한하여 부양의무를 부담한다. 즉, 부양의무자는 자기의 생활을 꾸려나갈 자력은 물론이고 요부양자의 생활을 도와줄 경제적 능력을 갖추어야 한다.

따라서 위와 같은 부양의 필요성과 부양능력의 존재라는 두 가지 요건이 모두 충족되어야 부양의무가 존속하며, 그 가운데 하나의 요건이라도 갖추지 못하게 되면 부양의무는 소멸한다.

3) 친자간 부양·부부간 부양에서는 부양의무자가 비록 어려운 경제상황에

있더라도 극빈상황에 놓이지 않는 한 요부양자에 대한 부양의무가 면책되지 않는다.

> 판례 이민간 딸이 주택에 입주하지 않으면 안 될 급박한 사정이 없음에도 불구하고, 마땅한 거처도 없이 지병에 시달리고 있는 아버지와 그를 부양하면서 동거하고 있는 남동생을 상대로 소유주택의 명도 및 퇴거를 청구하는 행위는 인륜에 반하는 권리남용에 해당된다(대판 1998. 6. 12, 96다52670).

(2) 부양청구권의 성질

> 제979조(부양청구권처분의 금지) 부양을 받을 권리는 이를 처분하지 못한다.

1) 신분적 재산권

부양청구권은 주로 경제적인 급부를 내용으로 하는 점에서 재산권적인 면을 가지고 있지만,[1] 그것은 신분관계로부터 발생하는 것이므로 신분관계와 불가분의 관계에 있다. 판례에서도 이러한 점을 고려하여 부양받을 권리를 일종의 신분적 재산권이라고 본다(대판 1983. 9. 13, 81므78). 따라서 부양청구권은 일반적인 재산권과는 다른 특징을 가지고 있다.

2) 부양청구권의 특성

① 부양청구권의 일신전속성

부양청구권은 채권(타인의 행위가 수반)에 유사한 신분적 재산권으로서 일신전속성을 가진다. 부양청구권은 행사상·귀속상의 일신전속권이므로 상속의 대상이 될 수 없고(제1005조 단서), 채권자대위권에 의한 대위청구나 대위수령도 할 수 없다(민법 제404조 제1항 단서).

② 부양청구권의 처분 등의 금지

부양청구권은 부양청구권자와 부양의무자 사이의 친족관계를 바탕으로 하여 발생하는 권리이므로 그 친족관계를 떠나 제3자에게 양도하거나 입질하는

1) 김주수 · 김상용, 친족 · 상속법, 462면.

등의 처분을 하는 것은 허용되지 않는다.

㈎ 부양청구권을 양도하거나 입질(채권질)하는 등 담보로 제공하지 못한다(제979조, 제331조 참조).

㈏ 부양청구권은 부양권리자의 채권자가 압류하지 못하므로(민사집행법 제246조 제1항 1호) 강제집행의 대상이 되지 않는다.

㈐ 부양의무자가 파산한 경우 부양청구권은 파산재단에 속하지 않는다(채무자 회생 및 파산에 관한 법률 제383조 제1항).

㈑ 부양청구권은 압류의 대상이 되지 못하므로 부양청구권을 수동채권으로 하여 상계할 수 없다(제497조).

다만, 부양청구권의 처분이 금지되는 것은 주로 장래 발생할 추상적인 부양청구권에 관한 것이다. 따라서 구체적으로 확정된 부양청구권 가운데 이미 이행기가 도달한 부분에 한하여는 이를 포기하거나 양도하는 것 또는 상계하는 것이 허용된다.

판례 이혼한 부부 사이에서 자에 대한 양육비의 지급을 구할 권리는 당사자의 협의 또는 가정법원의 심판에 의하여 구체적인 청구권의 내용과 범위가 확정되기 전에는 '상대방에 대하여 양육비의 분담액을 구할 권리를 가진다'라는 추상적인 청구권에 불과하고 당사자의 협의나 가정법원이 당해 양육비의 범위 등을 재량적·형성적으로 정하는 심판에 의하여 비로소 구체적인 액수만큼의 지급청구권이 발생한다고 보아야 하므로, 당사자의 협의 또는 가정법원의 심판에 의하여 구체적인 청구권의 내용과 범위가 확정되기 전에는 그 내용이 극히 불확정하여 상계할 수 없지만, 가정법원의 심판에 의하여 구체적인 청구권의 내용과 범위가 확정된 후의 양육비채권 중 이미 이행기에 도달한 후의 양육비채권은 완전한 재산권(손해배상청구권)으로서 친족법상의 신분으로부터 독립하여 처분이 가능하고, 권리자의 의사에 따라 포기, 양도 또는 상계의 자동채권으로 하는 것도 가능하다(대판 2006. 7. 13, 2006므751).

---

3) 기 타

① 부양청구권의 침해

부양청구권이 제3자에 의하여 침해된 경우(예컨대, 제3자가 부양의무자를 사망시켜 부양받을 권리가 소멸된 경우), 권리자는 제3자에 대하여 불법행위의 요건을 갖춘 때에는 손해배상을 청구할 수 있다(제750조).

② **부양청구권의 소멸**

㈎ 부양권리자가 생계능력을 회복하여 부양의 필요성이 없어지거나, 부양의무자가 부양능력이 없어져 부양할 수 없는 경우에는 부양청구권이 소멸한다.

㈏ 부양청구권은 원칙적으로 3년의 소멸시효에 걸린다(제163조 제1호).

(3) 부양의 권리 · 의무의 내용

1) 부양당사자의 범위

> 제974조(부양의무) 다음 각호의 친족은 서로 부양의 의무가 있다.
> 1. 직계혈족 및 그 배우자간
> 2. 삭제 〈1990.1.13〉
> 3. 기타 친족간(생계를 같이 하는 경우에 한한다.)

부양의무는 '친족인 직계혈족 및 그 배우자 사이', '기타 생계를 같이하는 친족 사이'에 생긴다(제974조).

① **직계혈족 및 그 배우자 사이의 부양**

㈎ 친자 · 직계혈족간의 부양

㈀ 친자간의 부양에 관한 민법상의 근거규정에 관하여 ㉠ 친권에 관한 제913조(보호 · 교양의 의무)에서 근거를 구하는 견해와, ㉡ 제913조만으로는 노부모에 대한 자식의 부양의무를 부과할 수 없기 때문에 직계혈족간의 부양의무를 규정하는 제974조에서 친자상호간의 부양의무를 도출하는 것이 타당하다는 견해가 있다.

㈁ 부모와 자녀(미성년인 자에 대한 1차적 부양의무관계는 제외), 조부모와 손자녀, 외조부모와 외손자녀 등 직계혈족간(모계혈족 포함)에 부양의무가 있다.

㈂ 시부모와 며느리, 사위와 장인 · 장모, 계부자간(가봉자), 계모자간, 적모서자간 등은 직계혈족의 배우자 사이로서 부양의무가 있다. 이러한 자들 사이에서는 생계를 같이 하지 않더라도 부양의무가 있다.

㈃ 혼인외의 출생자에 대하여는 모가 부양의무를 부담하지만, 부가 인지하면 부모가 공동으로 부양의무를 부담한다. 즉, 생부(生父)가 혼인외의

출생자를 인지하면 인지의 소급효로 인하여 생부는 자녀의 출생시부터 부양의무를 부담한다.

판례 혼인외의 출생자에 대한 부양의무는 부의 인지전이면 생모에게, 인지 후에는 부와 생모에게 공동으로 그 의무가 있다(대판 1979. 1. 23, 78다2023).

판례 제3자인 원고가 피고의 혼인외의 출생자를 양육 및 교육하면서 그 비용을 지출하였다고 하여도 피고가 동 혼인외 출생자를 인지하거나 부모의 결혼으로 그 혼인중의 출생자로 간주되지 않는 한 실부인 피고는 동 혼인외 출생자를 부양할 법률상 의무는 없으므로 피고가 원고의 위 행위로 인하여 부당이득을 하였다거나 원고가 피고의 사무를 관리하였다고 볼 수 없다(대판 1981. 5. 26, 80다2515).

㈏ 부부간의 부양

㈀ 부부간에는 동거·부양·협조의무의 한 내용으로 부양의무가 인정된다(제826조 제1항).

㈁ 별거중인 부부간에도 원칙적으로 부양청구권이 인정된다. 판례는 자활능력이 없는 아내에 대한 남편의 부양책임을 인정하지만, 남편과의 동거의무를 스스로 저버린 아내는 남편에게 부양청구를 할 수 없다고 한다(대판 1976. 6. 22, 75므17·18).

② 기타 생계를 같이하는 친족 간의 부양

㈎ 생계를 같이하는 친족(8촌 이내의 혈족, 4촌 이내의 인척) 간에는 촌수에 관계없이 부양의무가 있다(제974조 3호). 따라서 형제자매 사이라도 생계를 같이 하지 않는 경우에는 부양의무가 없다.

【참 고】
형제자매는 생계를 같이 하는지 여부와 상관없이 가족이 되지만, 부양의무에 있어서는 생계를 같이 하여야 한다(제779조 제1항 참조).

㈏ 부양의무자가 자기의 사회적 지위에 적합한 생활정도를 낮추지 않고 부양할 수 있을 만한 여유가 있을 때에 부양의무가 생긴다.

2) 부양당사자의 순위

> 제976조(부양의 순위) ① 부양의 의무있는 자가 수인인 경우에 부양을 할 자의 순위에 관하여 당사자간에 협정이 없는 때에는 법원은 당사자의 청구에 의하여 이를 정한다. 부양을 받을 권리자가 수인인 경우에 부양의무자의 자력이 그 전원을 부양할 수 없는 때에도 같다.
> ② 전항의 경우에 법원은 수인의 부양의무자 또는 권리자를 선정할 수 있다.
>
> 제978조(부양관계의 변경 또는 취소) 부양을 할 자 또는 부양을 받을 자의 순위, 부양의 정도 또는 방법에 관한 당사자의 협정이나 법원의 판결이 있은 후 이에 관한 사정변경이 있는 때에는 법원은 당사자의 청구에 의하여 그 협정이나 판결을 취소 또는 변경할 수 있다.

① 부양권리자의 순위

부양을 받을 권리자가 수인인 경우, 부양의무자의 자력이 그 전원을 부양할 수 없는 때에는 당사자의 협정으로 정하고 당사자간에 협정이 없는 때에는 법원은 당사자의 청구에 의하여 이를 정한다(제976조 제1항 2문). 이 경우 가정법원은 수인의 부양권리자를 선정할 수 있다(제976조 제2항).

② 부양의무자의 순위

부양의 의무 있는 자가 수인인 경우, 부양의무자의 순위는 우선 당사자의 협의로 정하고, 당사자 사이에 협정이 없는 때에는 가정법원이 당사자의 청구에 의하여 이를 정한다(제976조 제1항 1문, 가소 제2조 제1항 마류사건 8호). 이 경우 가정법원은 수인의 부양의무자를 선정할 수 있다(제976조 제2항).

③ 부양당사자의 순위 변경 또는 취소

부양을 할 자 또는 부양을 받을 자의 순위 등에 관하여 당사자의 협정이나 가정법원의 판결이 있은 후 이에 관한 사정변경이 있는 때에는 가정법원은 당사자의 청구에 의하여 그 협정이나 판결을 취소 또는 변경할 수 있다(제978조, 가소 제2조 제1항 마류사건 제8호).

(4) 부양의 정도와 방법

> 제977조 (부양의 정도, 방법) 부양의 정도 또는 방법에 관하여 당사자간에 협정이 없는 때에는 법원은 당사자의 청구에 의하여 부양을 받을 자의 생활정도와 부양의무자의 자력 기타 제반사정을 참작하여 이를 정한다.

1) 부양의 정도

① 부양의 정도는 원칙적으로 당사자의 협정에 의하고, 협정이 없는 때에는 당사자의 청구에 의하여 가정법원이 부양받을 자의 생활정도와 부양의무자의 자력 기타 제반사정을 참작하여 정한다(제977조). 여기에서 제반사정은 친족관계의 종류와 원근, 당사자의 생활상태나 과거의 교제관계, 생활 곤궁에 빠진 원인 등을 의미한다.

> 판례 부양권리자와 부양의무자 사이에 부양의 방법과 정도에 관하여 협정이 이루어지면 당사자 사이에 다시 협의에 의하여 이를 변경하거나, 법원의 심판에 의하여 위 협정이 변경, 취소되지 않는 한 부양의무자는 그 협정에 따른 의무를 이행하여야 하는 것이고, 법원이 그 협정을 변경, 취소하려면 그럴만한 사정의 변경이 있어야 하는 것이므로, 부양권리자들이 위 협정의 이행을 구하는 사건에서 법원이 임의로 협정의 내용을 가감하여 부양의무자의 부양의무를 조절할 수는 없다(대판 1992. 3. 31, 90므651,668).

② 구체적으로 판례에서는 부양의 정도를 의식주에 필요한 비용, 의료비, 최소한도의 문화비, 오락비, 교제비와 보통의 교육비 등이 이에 해당한다고 하고 있다(대판 1986. 6. 10, 86므46). 반면에 자녀의 혼인비용에 대하여 부모는 부담의무를 갖지 않는 것이므로 자녀는 부모에 대하여 혼인비용을 양육비로서 청구할 수 없다(대판 1976. 6. 12, 79다249).

> 판례 부양을 받을 자의 연령, 재능, 신분, 지위 등에 따른 교육을 받는데 필요한 비용도 부양료에 해당된다(대판 1986. 6. 10, 86므46).

> 참고판례 가정교사비용이나 학원비는 원칙적으로 교육비용이 아니므로 부양청구의 대상이 될 수 없다(서울고판 1976. 10. 29, 76나1878).

2) 부양의 방법

부양의 구체적 방법은 대체로 동거부양(引受扶養)과 금전(급여)급부부양으로 나누어진다. 동거부양은 당사자의 의사, 부양의무발생의 경위, 주거상황과 생활편의 등을 고려하여 정하여야 할 것이다. 그리고 금전급부부양은 매월 정기금으로 생활비를 금전으로 지급하는 것이 보통이며, 금전의 급부는 부양의 성질상 선불로 지급하여야 할 것이다.

3) 부양의 정도와 방법의 취소·변경

부양의 정도와 방법을 정하는 당사자 사이의 협정이나 법원의 심판이 있은 후 이에 관한 사정변경이 생긴 경우, 가정법원은 당사자의 청구에 의하여 그 협정이나 심판을 취소 또는 변경할 수 있다(제978조).

4) 부양의무의 이행확보

부양은 피부양자의 구호가 목적이므로 '신속한 이행'이 중요하다. 이를 위해 가정법원은 부양료의 지급을 명하는 심판을 할 때 부양권리자가 담보를 제공하지 않고도 가집행을 할 수 있음을 명하여야 한다(가소 제42조 제1항). 그리고 필요한 경우에는 가정법원은 직권으로 또는 당사자의 신청에 의하여 사전처분을 할 수 있다(가소 제62조).

또한 부양의무자가 심판에서 정한 방법에 따라 이행하지 않을 때에는 가정법원은 당사자의 신청에 의하여 일정기간 내에 그 의무를 이행할 것을 명하는 것과 함께 과태료를 부과할 수 있다(가소 제64조 제1항, 제67조). 그리고 금전의 정기적 지급을 명령 받은 자가 정당한 이유 없이 3기 이상 그 의무를 이행하지 않을 때에는 30일의 범위 내에서 의무자를 감치에 처할 수 있다(가소 제68조 제1항).

판례 부양의무불이행을 이유로 한 위자료청구의 가부(소극)

부양받은 권리는 일종의 신분적 재산권이므로 그 권리가 충족되지 않음에 관련되는 일반적인 정신상의 고통은 그 재산권의 실현에 의하여 회복되는 것이라고 봄이 상당하고 부의자에 대한 부양의무불이행으로 인한 회복할 수 없는 정신적 손해는 특별사정으로 인한 손해이다(대판 1983. 9. 13, 81므78).

(5) 부양료의 구상청구

1) 과거의 부양료청구

① 부양권리자의 부양의무자에 대한 과거의 부양료청구

부양의 권리자가 부양을 받지 못한 경우 부양의무자에게 과거의 부양료를 청구할 수 있을 것인가가 문제된다.

㈎ 학 설

㈀ 부정설: 과거의 부양료라도 현재에는 부양을 받아야 할 필요성이 없어진 상태이므로 지금부터 부양하면 되고 과거의 부양료를 청구할 수 없다고 보아야 하므로 과거의 부양료를 청구할 수 없다고 본다.[2)]

㈁ 긍정설: 부양료청구전에 부양을 필요로 하는 상태에 있었으므로 부양의무자에게 부양할 요건이 발생한 때부터 부양청구권이 발생하며 과거의 부양을 받지 못함으로써 채무를 부담하게 되었거나 건강을 해친 것과 같이 현재에도 과거의 부양료를 청구할 필요가 있을 수 있으므로 과거의 부양료도 청구할 수 있다고 본다.[3)]

㈏ 판 례: 부부간의 부양의무와 관련하여 과거의 부양료청구를 제한한다.

부부간의 상호부양의무(제826조 제1항)는 부부의 일방에게 부양을 받을 필요가 생겼을 때 당연히 발생한다. 그러나 과거의 부양료에 관하여는 특별한 사정이 없는 이상, 요부양자가 부양의무자에게 부양의무의 이행을 청구하였는데도, 상대방이 그 의무를 이행하지 않아 이행지체에 빠진 후의 부양료부분만을 달라고 청구할 수 있을 뿐이고, 상대방이 부양의무의 이행청구를 받기 이전의 과거의 부양료의 지급은 청구할 수 없다. 이것이 부양의무의 성질이나 형평의 관념에 합치된다고 할 것이므로, 부양료지급을 구하는 심판청구서가 피고에게 송달된 다음날부터의 부양료만의 지급을 명한 원심판결은 적법하다(대판 1991. 10. 8, 90므781).

---

2) 이희배, 가족법학론집, 707면.

3) 김주수 · 김상용, 친족 · 상속법, 468면; 이경희, 가족법, 300면.

② 부양의무자의 다른 부양의무자에 대한 과거의 부양료 상환청구

다수의 부양의무자 중 일부만이 부양의무를 이행한 경우 다른 부양의무불이행자를 상대로 과거의 부양료의 상환을 청구할 수 있을 것인지가 문제된다(예컨대, 부모 중 모가 홀로 자를 양육한 경우 모가 부를 상대로 과거의 양육비를 상환청구할 수 있는가이다).

(가) 학 설: 학설은 이를 긍정하는 것이 일반적이다.[4]

(나) 판 례: 종전의 판례에서는 과거의 양육비 상환청구를 부정하였지만, 현재의 판례는 종전의 태도를 변경하여 과거의 양육비 상환청구를 긍정한다.

종전판례 생모도 혼인 외 출생자에 대한 고유의 부양의무자이므로 생모가 그 자를 자진부양하여 왔고 또 부양하려 한다면 생부에게 과거 또는 장래의 양육비 청구를 할 수 없다(대판 1979. 5. 8, 79므3).

현재판례 부모 중 어린 자녀를 양육하는 어느 한쪽은 상대방에 대해 현재 및 장래에 있어서의 부양료 중 적정액의 분담을 청구할 수 있음은 물론이고, 부모의 자녀양육의무는 특별한 사정이 없는 한, 자녀의 출생과 동시에 발생하는 것이므로 과거의 양육비에 대하여도 상대방이 분담함이 상당하다고 인정되는 경우에는 그 비용의 상환을 청구할 수 있다(대판 1994. 5. 13, 92스21). 이 경우 법원이 분담비율이나 분담액을 정함에 있어서는 그 동안 자녀의 양육에 대해 부모 쌍방이 기여한 정도와 어린 자녀의 연령 및 부모의 재산상황 등 여러 가지 사정을 참작하여 과거의 부양료 액수를 정하게 된다.

(다) 과거의 양육비의 분담범위를 정하는 기준

부모 중 일방이 자녀를 양육하게 된 경위와 그에 소요된 비용의 액수, 그 상대방의 부양의무인식 여부와 그 시기, 부양료가 통상의 생활비인지 아니면 이례적이고 불가피하게 소요된 특별비용(치료비 등)인지 여부와 당사자들의 경제적 능력과 부담의 형평성 등 여러 가지 사정을 고려하여 분담액수를 정하여야 한다.

4) 김주수 · 김상용, 친족 · 상속법, 470면; 이경희, 가족법, 301면.

판 례 한쪽의 양육자가 양육비를 청구하기 이전의 과거의 양육비 모두를 상대방에게 부담시키게 되면 상대방은 예상하지 못하였던 양육비를 일시에 부담하게 되어 지나치게 가혹하며, 신의성실의 원칙이나 형평의 원칙에 어긋날 수도 있으므로, 이와 같은 경우에는 반드시 이행청구 이후의 양육비와 동일한 기준에서 정할 필요는 없고, 부모 중 한쪽이 자녀를 양육하게 된 경위와 그에 소요된 비용의 액수, 그 상대방이 부양의무를 인식한 것인지 여부와 그 시기, 그것이 양육에 소요된 통상의 생활비인지 아니면 이례적이고 불가피하게 소요된 다액의 특별한 비용(치료비 등)인지 여부와 당사자들의 재산 상황이나 경제적 능력과 부담의 형평성 등 여러 사정을 고려하여 적절하다고 인정되는 분담의 범위를 정할 수 있다(대판 1994. 5. 13, 92스21).

2) 장래의 부양료청구

종전의 판례에서는 미성년자의 장래의 부양료를 청구하기 위해서는 미성년자의 양육에 관한 약정이 있다는 등의 구체적인 청구권원이 있어야 한다고 보고, 아버지의 인도요구에 불응하고 스스로 자녀를 양육한 생모는 자활능력이 있건 없건 또 과거의 것이든 장래의 것이든 자의 아버지에게 부양료를 청구할 수 없다고 하였다(대판 1986. 3. 25, 86므17, 18).

그러나 이후의 판례에서는 태도를 변경하여 특별한 사정이 없는 한 장래에 있어서의 양육비 중 적정 금액의 분담을 청구할 수 있다고 본다(대판 1994. 5. 13, 92스21). 다만, 부모의 일방이 양육자로 정해졌음에도 양육권이 없는 다른 일방이 임의로 양육한 경우와 같은 위법한 양육의 경우에는 상대방에게 양육비를 청구할 수 없다고 본다(대판 2006. 4. 17, 2005스18, 19).

판 례 어떠한 사정으로 인하여 부모 중 어느 한쪽만이 자녀를 양육하게 된 경우에 일방에 의한 양육이 그 양육자의 일방적이고 이기적인 목적이나 동기에서 비롯한 것이라거나 자녀의 이익을 위하여 도움이 되지 아니하거나 그 양육비를 상대방에게 부담시키는 것이 오히려 형평에 어긋나게 되는 등의 특별한 사정이 있는 경우를 제외하고는 양육하는 일방은 상대방에 대하여 현재 및 장래에 있어서의 양육비중 적정 금액의 분담을 청구할 수 있다(대판 1994. 5. 13, 92스21).

3) 체당부양료의 구상

부양의무 없는 자가 부양을 한 경우 부양의무자에게 이를 구상할 수 있는지가 문제인데, 이를 긍정하는 것이 통설이다.

① 제3자의 부양료구상청구

부양의무 없는 제3자(생계를 같이 하지 않는 4촌 형)가 부양을 한 경우에는 법률상 의무 없이 부양의무자 대신 부양사무를 처리한 것이 되므로 사무관리가 성립되고(제739조), 또한 부양의무자는 그러한 제3자의 부양으로 인하여 출연을 면하고 이득을 얻었으므로 부당이득이 성립된다(제741조). 따라서 부양의무 없는 제3자는 사무관리자로서 부양의무자에 대하여 비용상환을 청구(구상청구) 할 수 있다.

② 부양의무자간의 구상청구

㈎ 부양의무자가 부양협의에 참여하지 않았거나 조정·심판의 당사자로 지정되지 않았다면, 그는 현실적인 부양의무가 없다. 그러므로 이러한 자에 대하여 이행자가 구상청구를 할 수 없다. 그러나 그가 고의적으로 협의에 응하지 않았거나, 협정 또는 심판에서 정해진 부담을 이행하지 않은 경우에는 구상권이 인정된다.[5]

㈏ 공동부담의 협정 없이 1인의 의무자가 전부의 부양의무를 이행한 후에 다른 의무자에 대하여 분담부분의 구상청구를 할 수 있는가.

> 판례 민법 제974조에 의하여 부양의 의무 있는 자가 여러 사람인 경우에 그 중 부양의무를 이행한 1인은 다른 부양의무자를 상대로 하여 이미 지출한 과거의 부양료에 대하여도 상대방이 분담함이 상당하다고 인정되는 범위에서 그 비용의 상환을 청구할 수 있는 것이고, 이 경우 법원이 분담비율이나 분담액을 정함에 있어서는 과거의 양육에 관하여 부모 쌍방이 기여한 정도, 자의 연령 및 부모의 재산상황이나 기타 제반 사정을 참작하여 적절하다고 인정되는 분담의 범위를 정할 수 있다(대판 1994. 6. 2, 93스11).

4) 부양료청구권의 소멸

① 시효소멸

부양료청구권은 단기소멸시효에 걸린다. 즉 부양권리자가 3년간 그 권리를

5) 김주수 · 김상용, 친족 · 상속법, 470면.

행사하지 않으면 그 권리는 소멸된다(제163조 제1호). 공동부양의무자가 상호간의 체당부양료의 구상청구권이나 제3자가 의무 없이 부양을 하여 생긴 구상권은 10년의 시효(제162조 제1항)에 걸린다고 해석할 것이다.[6)]

② **소송중의 당사자의 사망**

부양료의 지급을 청구하는 가사비송사건의 심리도중에 상대방이 사망한 경우, 그 청구권은 소멸되는가? 상대방의 상속인들이 상대방 사망시점까지 발생한 부양료의 지급의무를 법정상속분에 따라 상속하고, 그 비송절차를 수계하게 된다(서울가심 2001. 11. 15, 2000느단6731).

6) 박동섭, 친족상속법, 427면; 송덕수, 신민법강의, 1893면(E-203).

판례색인

사항색인

(ㅅ)

(ㅇ)

저 자 약 력

정 현 수(鄭 玹 秀)

법학박사(동국대학교 대학원)
법무부 가족법개정위원회 위원
현재 충북대 법학전문대학원 교수

가족법강의 I - 친족법

저 자 정 현 수 2013년 7월 10일 초판 인쇄
발행인 양 진 수 2013년 7월 17일 초판 발행
발행처 진 원 사

서울시 서초구 서초3동 1714-32 형덕빌딩 1층
전화 : 02) 916-1850 / 팩스 : 02) 916-3442
신고번호 제321-2512007002호
http://www.jinwonsa.co.kr
http://www.lawbookstore.co.kr

저자와의 협의하에 인지생략

ISBN : 978-89-6346-309-4 94360
ISBN : 978-89-6346-044-4 94360 (세트)

정가 25,000원